Zeitschrift des Bergischen Geschichtsvereins

Band 106

2019–2021

Im Auftrag des Bergischen Geschichtsvereins e.V.
und seiner wissenschaftlichen Kommission
herausgegeben von

Stefan Gorißen

Wuppertal 2023

Gedruckt mit Unterstützung des Landschaftsverbandes Rheinland

LVR
Qualität für Menschen

Bibliografische Information der Deutschen Nationalbibliothek

Die Deutsche Nationalbibliothek
verzeichnet diese Publikation
in der Deutschen Nationalbibliografie;
detaillierte bibliografische Daten sind im Internet
über http://dnb.d-nb.de abrufbar.

ISSN 0067-5792
ISBN 978-3-910986-00-8

www.bgv-gesamtverein.de

Satz und Layout: Bergischer Geschichtsverein

Gedruckt auf alterungsbeständigem Papier nach ISO 9706
Printed in Germany

Inhalt

Weitere Aufsätze

Rezensionen

Jahresberichte 2019–2021

Editorial

Im Jahr 2020 jährte sich zum 200. Mal der Geburtstag Friedrich Engels', jenes Barmer Kaufmannssohnes, der als einer der beiden Gründungsväter der sozialistischen Gesellschaftstheorie zu den bekanntesten und wichtigsten Persönlichkeiten des Bergischen Landes zählt. Auch wenn Engels den größten Teil seines Lebens in England zubrachte und von dort aus wirkte, blieb seine Prägung durch die Herkunft aus dem Wuppertal zeitlebens unverkennbar. Die Verbindungen von Friedrich Engels zum Bergischen Land waren Anlass für den Bergischen Geschichtsverein, sich dieser Persönlichkeit der Weltgeschichte auf einer Tagung am 6. und 7. März 2020, durchgeführt im Tagungszentrum „Heiliger Berg" der Kirchlichen Hochschule Wuppertal, zuzuwenden. Eingeladen waren namhafte Spezialisten zur Sozial- und Wirtschaftsgeschichte des 19. Jahrhunderts, zur Theorie und Geschichte des Marxismus im 19. und 20. Jahrhundert sowie zur bergischen Regionalgeschichte, die in 12 Vorträgen mit anschließenden Diskussionen die Person Friedrich Engels als Mensch des 19. Jahrhunderts historisierten und ihn als Philosophen, Historiker und Journalisten vor dem Hintergrund seiner bedeutenden Wirkungsgeschichte würdigten.

Auch wenn krankheitsbedingt einzelne Vorträge ausfallen mussten und insbesondere der vorgesehene öffentliche Abendvortrag von Tristram Hunt aus London, des Verfassers einer bedeutenden jüngeren Engels-Biographie, nicht gehalten werden konnten, durfte sich der Bergische Geschichtsverein doch sehr glücklich schätzen, die Tagung noch unmittelbar vor Einsetzen der umfassenden Beschränkungen des öffentlichen Lebens im Zuge der Covid 19-Pandemie des Jahres 2020 durchführen zu können.

Die mit der Covid 19-Pandemie einhergehenden Verwerfungen führten in den Folgemonaten dazu, dass der ursprüngliche Plan, die Tagungsbeiträge in einem Band in der Reihe „Bergische Forschungen" zu publizieren, nicht realisiert werden konnte. Um die Tagungsergebnisse dennoch dauerhaft festzuhalten und einem größeren Interessentenkreis zugänglich zu machen, hat sich die Wissenschaftliche Kommission entschlossen, den aktuellen Band der „Zeitschrift des Bergischen Geschichtsvereins" mit einem Themenschwerpunkt herauszugeben und die Konferenzbeiträge hier zu publizieren. Leider konnten nicht alle Beiträge der Tagung für den Druck zur Verfügung gestellt werden. Die Kommission freut sich aber, im vorliegenden Band auch den nicht gehaltenen Vortrag von Tristram Hunt zum Abdruck bringen und auch den ausgefallenen Beitrag von Detlef Vonde hier einrücken zu können. Darüber hinaus konnte der Strauß der Tagungsbeiträge für den vorliegenden Band um zwei Beiträge von Wilfried Nippel ergänzt werden.

Allen Autorinnen und Autoren dankt die Kommission für Ihre Geduld bei der Fertigstellung der vorliegenden Publikation.

Der Herausgeber

The Old Londoners

Friedrich Engels and Karl Marx in Britain

Tristram Hunt

"One accustoms oneself only with difficulty to the gloomy atmosphere and the mostly melancholy people, to the seclusion, the class divisions in social affairs, to the life in closed rooms that the climate prescribes" wrote Friedrich Engels of London. What is more, "one has to tone down somewhat the spirit of life brought over from the Continent, to let the barometer of zest for life drop from 760 to 750 millimetres until one gradually begins to feel at home."

Yet this low skied, pea-souped capital had its benefits, as "one finds oneself slowly blending in and discovers that it has its good side, that the people generally are more straightforward and trustworthy than elsewhere, that for scholarly work no city is so suitable as London, and that the absence of annoyances from the police compensates for a great deal."

Karl Marx and Friedrich Engels were, famously, Rhineland radicals: products of East Prussia, whose philosophy was deeply indebted to the German intellectual tradition. But Marx actually lived for most of his life in London; and Engels too. This city was as influential in their political progression and ideological development as the Continent, so it is only right that we reflect on their history in the capital. It was here they enjoyed great personal happiness with wives, families and – perhaps, above all – their friends; as well as painful personal losses and all the travails of bourgeois life.

The Journey to Hampstead

So, how did Marx and Engels arrive in North London? Friedrich Engels was born in 1820 in the town of Barmen (modern day Wuppertal), in the Rhineland district of western Germany into a strict, conservative, and God-fearing family. The Engelses were textile magnates whose successful family firm was part of a local economy oriented around the production of silk and spinning of cotton, alongside the bleaching and dyeing of textiles. His was a happy childhood. His upbringing offered no inkling of a revolutionary destiny: no broken home, no lost father, no lonely childhood.

But from an early age, Engels found the human costs of his family's prosperity hard to bear. Around him in the Wupper Valley – the "German Manchester" – was not just environmental pollution (the smog; the red-dyed rivers; the stench) but terrible social immiseration. At aged 19, Engels anonymously published his first critique of capitalism in a series of Letters from Wuppertal which traced the plight of factory workers, "in low rooms where people breathe in more coal fumes & dust than oxygen"; and lamented the creation of "totally demoralized people, with no fixed abode or definite employment, who crawl out of their refuges, haystacks, stables at dawn." He was not yet a communist, even a socialist, but a fierce young critic of the human costs of capitalism – even as it enriched his own family.

Though this is a far cry from the Wuppertal of today, the city remains a centre of business innovation. It is of course also the home of the renowned Von der Heydt Museum, and the Sculpture Park Waldfrieden, with its monumental Tony Cragg sculptures lining the path's embankments. Back in 2012, the Victoria & Albert Museum, too, became home to works by the Liverpool-born, German-based artist, as they took over the galleries, the newly pedestrianised Exhibition Road and our neighbouring institution, the Natural History Museum. This was the first large-scale public exhibition of the sculptor's work in London.

Engels' conversion to communism came at the University of Berlin in the early 1840s when through a reading of Hegel and then the Young Hegelians and then a meeting with the so-called "communist rabbi" Moses Hess, Engels converted the idea of human alienation from a religious conception to a political one. What was a question of theology and philosophy was transferred in Engels's hands into a political science: the move from idealism to materialism. This materialist philosophy was then consolidated by the social horrors he witnessed in Manchester during his apprenticeship for the family firm, 1842–1844.

On his way back to Prussia – where he was to compose his brilliant tract, The Condition of the Working Class in England – Engels hooked up with another young Prussian philosopher.

What is there left to say of Karl Marx? "He is a phenomenon who made a most deep impression", was how Moses Hess described him. "Be prepared to meet the greatest, perhaps the only real philosopher living now. When he will appear in public he will draw the eyes of all Germany upon him ... he combines deepest philosophical seriousness with cutting wit. Can you imagine Rousseau, Voltaire, Holbach, Lessing, Heine and Hegel combined – not thrown together – in one person? If you can, you have Dr. Marx."

Marx was born two years before Engels into a similarly bourgeois household along the banks of another tributary of the Rhine (the Mosel, rather than Wupper), but his upbringing was signally different to the tight pietism of the Engelses. Marx's father, Heinrich, an attorney and small-scale vineyard owner, was imbued with the ideals of the French Enlightenment, knowing his Voltaire and Rousseau by heart.

Marx's childhood, like Engels's early years, was a happy one spent making mud-pies with his sisters and getting into scrapes at school. But by the time Karl entered the University of Bonn at the age of 17, he had begun to distance himself from his family. Instead, he directed his emotional energies towards another family altogether: the von Westphalens – in particular, the beautiful Jenny von Westphalen. And, to everyone's surprise, Jenny – the sophisticated daughter of a Prussian aristocrat and "the most beautiful girl in Trier" – fell in love with the lively wit and dashing bravado of the hairy Jewish boy. In 1836 she broke with her officer fiancé and promised herself to the man she would come to call her "wild black boar", her "wicked knave" – and, the tag that finally stuck, her "Moor" (or "Mohr").

The young Marx was certainly wild. At Bonn University, he skipped Law Faculty lectures to become president of the Trier Tavern Club which involved raucous drinking sessions, nights in police cells and even a duel with a Prussian officer which he was lucky to escape with only a cut above the left eye. After a wasted year, Marx departed for Berlin where he abandoned legal studies for a philosophy PhD. Here too, he came across Hegel, then the work of the Young Hegelians and Moses Hess.

So by the time the two Prussian philosophers met up in Paris in 1844 – for a ten day drinkathon – they found themselves in total intellectual agreement. Like Engels, Marx saw that class-based capitalism progressively alienated man from himself. And, like Engels, he regarded the solution to this crisis of alienation lying in the property-less hands of the very class created by capitalism, the proletariat.

For the next forty years, their relationship barely faltered even amidst the most wretched of circumstances. Fundamental to this friendship was a division of responsibility: from Paris onward, Engels came to recognise Marx's superior ability to provide the ideological grounding of "our outlook." "Marx was a genius; we others were at best talented. Without him the theory would not be by far what it is today. It therefore rightly bears his name." This faith in Marx's genius was what convinced Engels to step back, sacrifice the development of his own ideas and play "second fiddle" to "so splendid a first fiddle as Marx." "How anyone can be envious of genius; it's something so very special that we, who have not got it, know it to be unattainable right from the start; but to be envious of anything like that one must have to be frightfully small-minded."

The next four years see Marx and Engels at their most collaborative as they shared lodgings in Paris and Brussels, returned to Manchester to research political economy, sought to develop their communism into a coherent philosophy (principally through works such as The German Ideology), and find a political vehicle for their thinking through The Communist League. Out of this, of course, emerges their most celebrated polemic, The Communist Manifesto.

But the Manifesto was better than the actualite and after the collapse of the 1848/49 revolution, Engels had to retreat to Manchester for twenty years to work for the family firm Ermen & Engels in order to support Marx and his attempts to produce a masterwork outlining their political philosophy. "The two of us form a partnership together", Marx soothingly explained, "in which I spend my time on the theoretical and party side of the business", while Engels's job was to provide the financial support by busying himself at commerce.

Jenny Marx had followed her husband across the Channel in September 1849 with her three small children and a fourth on the way – Heinrich Guido (nicknamed "Fawksey") who earned his incendiary soubriquet by being born on 5th November 1849. But with only irregular funds from freelance journalism & niggardly publishing contracts, Marx was in no position to support his family. Jenny Marx later described this period as one of "great hardship, continual acute privations, and real misery." Crammed together with under-nourished brothers and sisters in a series of grotty flats, this infancy of poverty and fatigue was to cut Guido's life horribly short. "Since coming into the world, he has never slept a whole night through – at most, two or three hours." For a lady of Jenny von

Westphalen's lineage, there was also the indignity of an existence spent harried across London by bakers, butchers, milkmen and bailiffs as Marx dodged bills and blagged new lodgings. It was a debilitating, humiliating, sickening time and young Guido suffered the effects. "Just a line or two to let you know that our little gunpowder-plotter, Fawksey, died at ten o'clock this morning", Marx wrote to Engels in November 1850. Jenny and Karl Marx were to lose two other children, Franziska and Edgar ("Colonel Musch"), to exactly the same noxious cocktail of poverty, damp and disease.

So the profits from Ermen & Engels up in Manchester were used to keep the Marxes from total immiseration and fund the writing of *Das Kapital*. "Dear Mr. Engels", as Jenny Marx was apt to address him, was regularly allocating over half his annual income to the Marx family – totalling between £3,000 – £4,000 (£300,000 – £400,000 in today's terms) over the twenty year period he was employed.

And that money, first of all, went to extract the Marx family from their Soho lodgings – what Jenny called the "evil, frightful rooms" in Dean Street – for a house in altogether more respectable Kentish Town. In 1855 the family moved into 9 Grafton Terrace, "a small house at the foot of romantic Hampstead Heath, not far from lovely Primrose Hill."

Whilst Marx took the tram down to the British Library Reading Room to work away on *Das Kapital*, the three Marx daughters were sent to South Hampstead College for Ladies. The week-end was reserved for yomps on the Heath. Jenny Marx would conjure up a lavish pic-nic (mostly from Engels's funds), while Karl would buy flagons of beer from Jack Straw's Castle. There were games of hide and seek, the shaking of chestnut trees, marches over into Highgate, and then, on the walk back to Kentish Town, Marx would lead his family in renditions of German folk-songs, Negro spirituals, and great chunks of Dante and Shakespeare. "We really thought we were living in a magic castle", as Jenny Marx put it. And, meanwhile, "poor old Engels was counting cotton reels in Manchester [...] The day that manuscript is sent off, I shall drink myself to kingdom come", Engels promised Marx in 1865. Inevitably, it would take another couple of year before the first volume of *Das Kapital* – "this economy shit" – was ready for the printers. But when it appeared, the relief was tangible. The sacrifice, the boredom, the barren frustration of the Manchester years had been worth it.

Marx combined in *Das Kapital*, in the apposite summary of Robert Skidelsky, "a dialectical theory of historical stages, a materialist theory of history (in which the struggle of classes replaces Hegel's struggle of ideas in humanity's ascent), an economic and moral critique of capitalist civilization (embodied in the exploitation and alienation theses), an economic demonstration that capitalism was bound to collapse (because of its contradictions), a call to revolutionary action, and a prediction (perhaps more an assurance) that communism would be the next – and final – historical stage." At the intellectual crux of *Das Kapital* was the theory of surplus value (which Engels regarded as Marx's second monumental discovery after historical materialism) which was the Alchemist's equation for explaining precisely how class exploitation occurs in a capitalist economy. For Marx, the enforced sale of the worker's labour-power for less than the exchange-value of the commodities produced by his labour-power was the ratchet by which the bourgeoisie were progressively enriched and the proletariat steadily alienated from his own labour and humanity.

Then in 1870, Engels himself left Manchester to move down to London. Today, Engels's four-storey, terraced home still stands at 122 Regent's Park Road opposite the Queens' pub and diagonally across the entrance to Primrose Hill. Thanks to the efforts of local resident Jenny Hutt (daughter of leading Communist Party activist Allen Hutt) a 1971 blue plaque from the Greater London Council marks the spot describing Engels rather anodynely as a "political philosopher." The first floor – which most Victorians would have used as their drawing room – was converted into Engels's vast study: an airy, well-lit studio with a polished, Norwegian pine floor, ceiling high bookcases, a magisterial fireplace and tall, French windows looking out onto the noisy bustle of Regent's Park Road and beyond to Primrose Hill.

Engels was a man of strict routine for whom the highlight of the day was visiting Marx around the corner at Maitland Villas. "Engels came to see my father every day", Tussy Marx remembered, "they sometimes went for a walk together but just as often they remained in my father's room, walking up and down, each on his side of the room, boring holes with his heel as he turned on it in his corner ... Frequently they walked up and down side by side in silence. Or again, each would talk about what was then mainly occupying him until they stood face to face and laughed aloud, admitting that they had been weighing opposite plans for the last half hour." When they did go for a walk, it was a brisk, discursive hike of "one and a half German miles" up and around Hampstead Heath where the Rhinelanders breathed in "more ozone than in the whole of Hanover."

This daily schedule had one exception. "On Sundays, Engels would throw open his house. On those puritanical days when no merry men can bear life in London Engels's house was open to all, and no one left before 2 or 3 in the morning", recalled the communist exile August Bebel. All and sundry – "socialists, critics and writers. Anybody who wanted to see Engels could just go" – were welcome at No. 122 for an afternoon of wine-fuelled discussion stomach-lined by "a fairly 'liberal' helping of meat and salad." The house speciality was a spring time bowel of Maitrank – a May wine flavoured with woodruff. There would be German folk songs round the piano or Engels reciting his favourite poem, The Vicar of Bray (which he later translated into German for the Social Democrat songbook, Vorwärts), while the cream of European socialism – from Karl Kautsky to William Morris to Wilhelm Liebknecht to Keir Hardie – played court to the man whom the British Marxist Henry Hyndman called the "grand Llama of the Regent's Park Road". Election nights to the German Reichstag were a particularly riotous affair. "Then Engels laid in a huge cask of special German beer, laid on a special supper, invited his very intimates. Then, as the telegrams came pouring in from all parts of Germany far into the night, every telegram was torn open, its contents read aloud by the General, and if it was victory we drank, and if it was defeat we drank."

For Engels's house was indeed the hub of international socialism in London during the 1870s and 80s. Marx and Engels had established the International Working Men's Association – later, the Socialist International – as their political vehicle for change. And as the International's corresponding secretary for Belgium, then Italy, Spain, Portugal and Denmark, Engels was placed in de facto charge of co-ordinating the proletarian struggle across the Continent. He masterminded this messy, hydra-headed machine all from his study at No. 122 Regent's Park Road. "Every day, every post, brought to his house newspapers and letters in every European language", recalled Paul Lafargue, "and it was astonishing how he found time, with all his other work, to look through, keep in order, and remember the chief contents of them all." "It was like a little Tower of Babel business", according to Tussy's lover Edward Aveling, "For not only those of us that were really of his family were present, but the Socialists from other countries made 122 Regent's Park Road their Mecca." This included Karl Kautsky, William Morris, Wilhelm Liebknecht, Keir Hardie and John Burns.

Given such an extensive calendar of communist festivities, it was no surprise Engels was watched by an array of security forces: the French, the Prussians, even the Metropolitan Police. For Engels, who otherwise valued the lack of British state harassment, these hapless officers were a source of amusement rather than annoyance. "We have every evening a bobby promenading before the house", he noted in 1883 as he and Carl Schorlemmer hid giggling behind the shutters. "The imbeciles evidently think we are manufacturing dynamite, when in reality we are discussing whisky."

Beyond the whisky, Bordeaux and Maitrank, what did Marx and Engels's time in North London produce in terms of political philosophy? Let me focus on two areas of Marxist thought which might have been influenced by Marx and Engels's time in North London.

The first is Engels's changing critique of capitalism.

For Engels was in London during the boom years of the mid-Victorian economy. The British economy, mirroring Engels's move from north to south, was shifting its profit centre from the industrial north to the City of London, with its financial services sector. "We here are now in the full swing of prosperity and thriving business", Engels wrote in 1871. "There is a surplus of capital on the market and it is looking everywhere for a profitable home; bogus companies, set up for the happiness of mankind and the enrichment of the entrepreneurs, are shooting up out of the ground like mushrooms. Mines, asphalt quarries, horse-drawn tramways for big cities, and iron works seem to be the most favoured at the moment." In Marxian terms, the British economy was on its way towards a more concentrated form of monopoly capitalism, which would only hasten the coming contradiction. And the surplus capital that resulted from this stock-market flotation was soon at work across the globe.

But what this centralising finance capitalism – with its wild swings, great riches, and equally celebrated bankruptcies – helped Engels to understand was the relentless instability of the modern market. As a manufacturer in the Manchester cotton trade, Engels was already well aware of how global fluctuations could suddenly put thousands out of work, close down industries, and impoverish entire communities – but now he saw this accelerating through the globalised financial system. Whereas Marx had only spoken of the "shaking" of capitalist production, Engels spoke more definitely of the "collapse" of capitalism. It was the beginnings of a debate which would mesmerise Marxist scholars for generations to come.

Secondly, Engels addressed the question of urban regeneration – or what we might call gentrification. From his study at No. 122 Regent's Park Road, he wrote a hugely important paper entitled "On the Housing Question" which interrogated the issue of urban space and class power in the context of what he calls "the spirit of Haussmann." Christened in honour of Baron Eugène Haussmann, the prefet of the Seine departement who had despotically transformed Paris from a cobbled, decaying medieval city into an imperial metropolis worthy of Napoleon III, the term "Haussmann" became a template for class driven, inner-city regeneration.

First of all, through economic forces. Just as the capitalist enriches himself from the industry of the proletarian by exploiting his labour power far above its exchange value, so when it comes to the property market if land values rise then old buildings are pulled down (with their working-class residents dispersed) and in their place shops, warehouses and public buildings are erected. And on demolition and construction sites across Manchester, Liverpool, Paris and Berlin, the bourgeoisie were exploiting the surplus value, the unearned increment, of land prices to reap huge profits at great human cost. "The result is that the workers are forced out of the centre of the towns towards the outskirts; that workers dwellings, and small dwellings in general, become rare and expensive and often altogether unobtainable."

However, the spirit of Haussmann could move in other ways. Under the guise of security, sanitation, or gentrification, Engels detected a growing tendency on the part of city government to exert its spatial authority in order to dictate the urban form – "whether this is done from considerations of public health and for beautifying the town, or owing to the demand for big centrally situated business premises, or owing to traffic requirements, such as the laying down of railways, streets, etc." For no matter what the justification, the result was always the same: "the scandalous alleys and lanes disappear to the accompaniment of lavish self-praise from the bourgeoisie on account of this tremendous success, but they appear again immediately somewhere else and often in the immediate neighborhood."

London, of course, suffered equally heavily from such Haussmanesque interventions in the mid-Victorian years: it was the slumlands of St Giles (New Oxford Street), Whitechapel (Commercial Road), Pimlico (Victoria Street), and Clerkenwell (Farringdon Road) which suffered at the hands of the bourgeois city authorities.

But, finally, London also offered the hope of a practical, socialist future. "On 4th May, 1890, the English proletariat, rousing itself from forty years of hibernation, rejoined the movement of its class." On its inaugural May Day march, London witnessed a bravura display of socialist prowess with workers and activists gathering from first light along the Victoria Embankment. Leading the procession were the dock labourers and gas workers of the East End, followed by the ranks of the Women's Trade Union League, the Bloomsbury Socialist Society, the North Camberwell Progressive Club, the East Finsbury Radical Club, West Newington Reform Club and myriad trade unions.

By the time the procession entered Hyde Park numbers had swelled to over 200,000 with radical banners and placards dotting the horizon. For Engels the rally heralded a symbolic shedding of Liberal confusion from the English working classes who, after the collapse of the mid-Victorian boom, had finally rediscovered their Chartist, socialist inheritance.

In spring 1889, Will Thorne, a socialist stoker at the Beckton gasworks, started to unite his fellow workers into a National Union of Gasworkers and General Labourers in an attempt to improve the site's appalling terms and conditions. Within four months, the union had some 20,000 members and Thorne had secured a cut in the basic working day from twelve hours to eight. In the tightly-knit communities of working-class east London, there was a long tradition of gasworkers doubling up as dock labourers and, after Thorne's reformation in industrial relations, the pressure was now on the reactionary dock corporations.

On 12 August 1889 Ben Tillett, the secretary of the small Tea Operatives Union, found himself besieged by men insisting he follow Thorne's lead and confront the dock owners. But his demands for an increase in wages from 4d to 6d an hour, with 8d for overtime and a minimum employment period of half a day, were rejected out of hand by dock bosses who remained confident that the East End's vast reserve army of labour would always undermine worker solidarity. Together with the socialist activists Tom Mann and John Burns, Tillett proved them wrong by founding the Dock, Wharf, Riverside and General Labourers' Union of Great Britain and Ireland.

Reading the reports of the strike in the London papers, Engels was ecstatic. "The dock strike has been won. It's the greatest event to have taken place in England since the last Reform Bills and marks the beginning of a complete revolution in the East End", he wrote breathlessly to Karl Kautsky in September 1889. "Hitherto the East End had been in a state of poverty-stricken stagnation, its hallmark being the apathy of men whose spirit had been broken by hunger, and who had abandoned all hope ... Then, last year, there came the victorious strike of the [Bryant & May] match-girls. And now, this gigantic strike of the most demoralized elements of the lot, the dock labourers [...]", he told Bernstein.

And this was the point: what was so encouraging about the dock labourers' protest was that even the residuum, the lumpen-proletariat now appeared ready to rise. "If Marx had lived to witness this! If these poor down-trodden men, the dregs of the proletariat, these odds and ends of all trades, fighting every morning at the dock gates for an engagement, if they can combine, and terrify by their resolution the mighty Dock Companies, truly then we need not despair of any section of the working-class."

And so London, Engels hoped, at the end of his life in the 1890s, might provide the revolutionary moment that all Marxists were hoping for. And, I have to report, they are still hoping ...

But if London did not provide the actual kindling of social revolution, it did provide Marx and Engels with the intellectual energy, personal freedom, and ideological impetus to form some of their most significant works. This country, this city, the birthplace of industrial capitalism also provided the architects of revolutionary socialism with the space and security they needed to bring it down.

Ein Eldorado der Fleißigen, ein Zion der Gläubigen

Die Herkunft von Friedrich Engels

Anne Sophie Overkamp

Als Friedrich Engels 1820 geboren wurde, gehörte das Wuppertal bereits seit fast einem Jahrhundert zu den führenden Gewerberegionen Deutschlands, ja Europas. Anders als manch anderer proto-industriellen Region gelang dem Wuppertal zudem ein erfolgreicher Übergang in die Mechanisierung und Frühindustrialisierung – Elberfeld und Barmen gehörten im 19. Jahrhundert zu den bedeutendsten industriellen Zentren in Deutschland. Dies alles ist hinlänglich bekannt und hat dazu geführt, Friedrich Engels' sehr frühe und sehr scharfe Kritik an den industriellen Verhältnissen und den daraus resultierenden erbärmlichen Lebensumständen des Proletariats auch mit seiner Herkunft aus dem Wuppertal zu erklären. Wie nicht zuletzt Stefan Gorißen in seinem Beitrag zu diesem Heft zeigt, waren Engels' Beschäftigung mit theoretischen Schriften und seine Erlebnisse in Manchester sicherlich von weit größerer Bedeutung für seine zunehmende Radikalisierung. Dennoch prägte die Barmer Herkunft, so die hier leitende These, entscheidend Friedrich Engels und dessen Werk. Dies gilt vor allem für sein Verhältnis zu Religion und (säkularer) Erlösung.

Erste Aufschlüsse hierüber gibt Engels selbst in seiner berühmten Frühschrift „Briefe aus dem Wuppertal", die er als Neunzehnjähriger in Bremen verfasste. Der Text erschien 1839 unter dem Pseudonym „Friedrich Oswald" in der Hamburger Zeitschrift *Telegraph für Deutschland*, einem der einflussreichsten Journale des Vormärz.[1] Engels war nicht der Erste, der sich an den Wuppertaler Verhältnissen stieß. Bereits in den 1770er Jahren klagte der spätere Erweckungsschriftsteller Heinrich Jung-Stilling anlässlich seines Umzugs nach Elberfeld über die *„große, glänzende, kleinstädtische, geldhungrige Kaufmannswelt* [...]*, wo Empfindsamkeit, Lektüre und Gelehrsamkeit lächerlich war."*[2] Und der Neuhumanist Friedrich Kohlrausch, der für einige Zeit am Anfang des 19. Jahrhunderts eine Privatschule in Barmen leitete, bemerkte lapidar über das Wuppertal: *„Das Bedürfnis des Kaufmannsstandes gab das Gesetz."* Damit hob Kohlrausch auf die von seiner Kernklientel gewünschte praxisorientierte und koedukative Ausrichtung der Schule ab, die mit seinen eigenen, von Wilhelm von Humboldt inspirierten Bildungsvorstellungen wenig übereinstimmte.[3] Auch das besondere religiöse Klima des Tals war schon länger bekannt. Der Bremer Theologe Menken bemerkte etwa Ende des 18. Jahrhunderts: *„In dieser Gegend ist überhaupt so viel Religiosität und Frömmigkeit, wie vielleicht in keiner anderen Gegend von Deutschland."*[4]

---

1 Vgl. MEGA I/3, S. 32–51; ebd., Apparat, S. 736–757.

2 Johann Heinrich JUNG-STILLING, Heinrich Stillings Jugend, Jünglingsjahre, Wanderschaft und häusliches Leben, Stuttgart 2013, S. 310.

3 Friedrich KOHLRAUSCH, Erinnerungen aus meinem Leben, Hannover 1863, S. 125.

Friedrich Engels, der zuvor nur einige kleinere Texte veröffentlicht hatte, formulierte in seinen „Briefen aus dem Wuppertal" jedoch eine besonders beißende und auch hellsichtige Kritik der sozialen Kosten der Frühindustrialisierung wie auch der Instrumentalisierung der Kirchen. Die Wuppertaler Textilindustrie hatte die Herausforderungen der französischen Zeit einigermaßen gut gemeistert, doch nach dem Ende der napoleonischen Abschottungspolitik war sie der englischen Konkurrenz gnadenlos ausgeliefert. Dort war die Mechanisierung schon deutlich weiter vorangeschritten und hatte ein bedeutendes technisches Niveau erreicht. Vielfach unterliefen die Engländer auch auf den überseeischen Märkten die Preise der bergischen Hersteller, zumal sie ihre Artikel meist aus mechanisch gesponnener Baumwolle anboten statt aus dem händisch versponnenen Leinen, das in der Wuppertaler Bandindustrie auch in den 1820er Jahren weiterhin vorherrschend verarbeitet wurde. Den Anpassungsdruck gaben die Wuppertaler Unternehmer an die Lohnarbeiter weiter; die Verarmung weiter Teile der Bevölkerung war die Folge, was noch verschärft wurde durch die immer wieder einbrechende Konjunktur. Teils mussten bis zu dreißig Prozent der Bevölkerung die Hilfe der Armeninstitute in Anspruch nehmen.[5]

Wenngleich Friedrich Engels die Auswüchse des Pauperismus eindringlich beschreibt, gilt seine eigentliche Kritik in den „Briefen aus dem Wuppertal" den religiösen Verhältnisse im Tal und vor allem den mystizistischen Auswüchsen des Christentums. Er schildert in dem Text ausführlich das Predigerangebot und widmet sich dabei vor allem den beiden Krummachers, das heißt Gottfried Daniel Krummacher sowie dessen Neffen Friedrich Wilhelm Krummacher, welche vor allem die reformierte Gemeinde Elberfeld prägten.[6] Beide Krummachers vertraten eine scharfe Orthodoxie und predigten die Prädestinationslehre, nach welcher bereits vorbestimmt ist, wer zu den Auserwählten Gottes gehört. Berühmt geworden ist Engels' Beschreibung von Friedrich Wilhelm Krummachers Predigtstil, der seinen Zuhörern im wahrsten Sinne des Wortes die Hölle heiß machte: *„Dann rennt er in alle Richtungen auf der Kanzel umher, beugt sich nach allen Seiten, schlägt auf den Rand, stampft wie ein Schlachtroß und schreit dazu, daß die Fenster klirren und die Leute auf der Straße zusammenfahren. Da beginnen denn die Zuhörer zu schluchzen; zuerst weinen die jungen Mädchen, die alten Weiber fallen mit einem herzzerschneidenden Sopran ein, die entnervten Branntweinpietisten, denen seine Worte durch Mark und Bein gehen würden, wenn sie noch Mark in den Knochen hätten, vollenden die Dissonanz mit ihren Jammertönen, und dazwischen tönt seine gewaltige Stimme durch all das Heulen hin, mit der er der ganzen Versammlung unzählige Verdammungsurtheile oder diabolische Scenen vormalt."*[7]

---

4 Gottfried Menken an seinen Vater 1792, zit. nach Adolf LAUFFS/Adolf WERTH, Geschichte der evangelisch-reformierten Gemeinde Barmen-Gemarke, Barmen 1927, S. 181.

5 Vgl. Wolfgang KÖLLMANN, Sozialgeschichte der Stadt Barmen, Tübingen 1960; Wolfgang HOTH, Die Industrialisierung einer rheinischen Gewerbestadt – dargestellt am Beispiel Wuppertal; Bernd WEISBROD, Wohltätigkeit und „symbolische Gewalt" in der Frühindustrialisierung. Städtische Armut und Armenpolitik im Wuppertal, in: Hans Mommsen u.a. (Hg.), Vom Elend der Handarbeit, Stuttgart 1981, S. 334–357.

6 Vgl. Hermann-Peter EBERLEIN, Album ministrorum der Reformierten Gemeinde Elberfeld. Prediger und Pastoren seit 1552, Bonn 2003.

Es scheint, als hätte Friedrich Engels aus Friedrich Wilhelm Krummachers „*narkotischen Predigten*“ zumindest einen gewissen Unterhaltungswert gezogen und sie für ihren ästhetischen Gehalt würdigen können. Immerhin hat er Krummacher vermutlich selbst predigen hören, während er dessen Elberfelder Kollegen – nach Engels „*lauter Nullen*“ – nur aus Berichten Wuppertaler Freunde und aus Rezensionen kannte.[8] Generell ist an dem Text bemerkenswert, dass Engels hauptsächlich über die „niederen Stände“ und deren Hang zum Proselytentum spricht. Religiöse Versponnenheit ist in Engels' Deutung in der elenden Lage der Handwerker vor allem ein Mittel, der Mühsal des Alltags zu entfliehen. Über die religiösen Praktiken der Fabrikherren schweigt er sich dagegen weitgehend aus, nennt nur den zweimaligen sonntäglichen Kirchgang der Pietisten unter ihnen sowie deren „*weites Gewissen*“, wenn es darum geht, Profitstreben und christliche Überzeugung in Einklang zu bringen.

In seiner unterschiedlichen Wertung der „niederen Volksklassen“ und der „gebildeten Stände“ greift Engels Ansichten auf, die bereits seit der Aufklärung in Bezug auf die Religion kursierten und die auch im Wuppertal ihren Niederschlag gefunden hatten. So hatte der Theologe Johann Salomo Semler bereits im 18. Jahrhundert eine „Privatreligion“ propagiert, in der sich persönliche Frömmigkeit in innerer Erfahrung und Überzeugung äußerte, nicht in Gehorsam gegenüber den äußeren kirchlichen Geboten und Gebräuchen. Diese „aufgeklärte“ Haltung gegenüber religiösen Lehren stand jedoch nur den mündigen Gläubigen offen, nicht dem Volk.[9] In der Folge führte diese mündige Auseinandersetzung mit verschiedenen theologischen Strömungen, auch unter den Wuppertaler Kaufmannsfamilien, zu Pluralisierung und Individualisierung in Glaubensdingen.[10] Diese wurde jedoch öffentlich kaum sichtbar, denn, und hier setzt Engels' Kritik ja auch an, Kirche und Religion wurden von den Kaufmannsfamilien auch als Herrschaftsinstrument eingesetzt – warum sonst sollten die „Pietisten“ unter den Kaufleuten ihre Leute bei den Predigerwahlen bestechen, wie Friedrich Engels es ihnen unterstellt?[11]

Den Kirchen und ihren Predigern kam im Wuppertal schließlich die Aufgabe zu, den Arbeitern Gehorsam und Duldsamkeit gegenüber ihrem diesseitigen Leiden zu vermitteln sowie auf „Moral und Sittlichkeit“ einzuwirken. Die Erweckungsbewegung, die im Wuppertal großen Zuspruch fand, wandte sich entsprechend vor allem an die unteren und mittleren Bevölkerungsschichten und versuchte, diese durch sich wiederholende Rührung und Ermunterung des Einzelnen aus dem Zustand der „religiösen Trägheit“ und des „Sündenschlafs“ zum geheiligten christlichen Leben zu erwecken.[12] Die gehobenen Schichten des Wuppertals sahen sich jedoch frei von dieser Notwendigkeit. Für sie

---

7 MEGA I/3, S. 39.

8 Vgl. ebd., Apparat, S. 738.

9 Vgl. Hans Erich BÖDEKER, Die Religiosität der Gebildeten, in: Karlfried Gründer (Hg.), Religionskritik und Religiosität in der deutschen Aufklärung, Heidelberg 1989, S. 145–195; Lucian HÖLSCHER, Geschichte der protestantischen Frömmigkeit in Deutschland, München 2005, S. 136.

10 Vgl. Anne Sophie OVERKAMP, Fleiß, Glaube, Bildung. Kaufleute als gebildete Stände im Wuppertal 1760–1840 (Bürgertum Neue Folge 20), Göttingen 2020, S. 349–355.

11 Vgl. MEGA I/3, S. 35.

12 Vgl. KÖLLMANN, Sozialgeschichte (wie Anm. 5), S. 199–201; Hermann HERBERTS, Alles ist

bildeten vielmehr säkulare Bildungsinhalte wie Konzert, Oper und Theater einen wichtigen Beitrag auch zur „moralischen Bildung" ihrer Kinder. In diesem Geiste verwahrte sich beispielsweise Fritz von der Heydt aus der als sehr orthodox bekannten Elberfelder Bankiersfamilie gegen die Maßregelungen seines Pfarrers. Dieser wollte ihm im Sinne der Kirchenzucht den Konzertbesuch versagen. Von der Heydt meinte darauf, es könne ja nicht angehen, dass *„ein jeder mit demselben Maß gemessen, dass von jedem dieselbe Lebensauffassung gefordert werden sollte, ohne Rücksicht auf Bildung u*[nd] *Stand."*[13]

Friedrich Engels' lebenslange scharfe Kritik an der Religion und den Kirchen, die sich mit der von Karl Marx traf und in dessen berühmtem Diktum *„Die Religion ist das Opium des Volkes"* gipfelte, hatte ganz entschieden ihren Ursprung im Wuppertal. Auch Engels' eigene Glaubenszweifel, seine Abkehr von den Heilsversprechungen der Kirche und schließlich sein Atheismus erwuchsen aus dem Bemühen, aus der spirituellen Enge des Wuppertals heraus zu gelangen.[14] Dennoch wurde er das Wuppertal und den dort so lebhaften religiösen Geist nie los. Die Gründe hierfür liegen jedoch hauptsächlich in seiner familiären Herkunft und der dort im Alltag praktizierten Religiosität.

Friedrich Engels verlebte eine, trotz aller später geäußerten Kritik, liebevolle, behütete und heitere Kindheit. Die Eltern führten eine vorbildliche Ehe; die vielen Geschwister und auch die Kinder der Manufakturmitarbeiter sorgten für zahlreiche Spielgefährten. Darüber hinaus kannte die Familie weder finanziellen Sorgen noch schlimmere Schicksalsschläge. Und der belesene und humanistisch gebildete Großvater mütterlicherseits, seines Zeichens Gymnasiallehrer, stand gerne bereit, um während ausgedehnter Besuche Friedrichs Interesse an griechischer Mythologie und dessen allgemeine Wissbegierde zu befriedigen.[15] Die musischen Interessen der Kinder wurden gefördert; Reitunterricht, Hausmusik, schöne Literatur, Kaffeekränzchen und allgemeines geselliges Beisammensein waren alle Teil der bürgerlichen, sehr biedermeierlich anmutenden Atmosphäre im großzügig gebauten und modisch eingerichteten Haus der Engels. Diese großbürgerliche Herkunft begleitete Friedrich Engels sein Leben lang und ließ ihn während der langen Jahre in Manchester dort ganz selbstverständlich einen Platz in der besseren Gesellschaft einnehmen.

Noch viel entscheidender für Friedrich Engels und sein Werk war jedoch die spirituelle Prägung durch das Elternhaus. Im Barmer Bruch wurde dabei eine ganz andere

---

Kirche und Handel ... Wirtschaft und Gesellschaft des Wuppertals im Vormärz und in der Revolution 1848/49, Neustadt/Aisch 1980, S. 94–99.

13 Carl Friedrich VON DER HEYDT, Mein Conflict mit der niederländisch-reformierten Gemeinde im Winter 1856, Bl. 20, zit. nach Birgit SIEKMANN, Das protestantische Profil der Familie von der Heydt, in: Geschichte im Wuppertal 9 (2000), S. 25–52.

14 Vgl. Tristram HUNT, The Frock-Coated Communist. The Life and Times of the Original Champagne Socialist, London 2009, S. 41–43; Wolfgang E. HEINRICHS, Friedrich Engels – Religion und Revolution, in: Geschichte im Wuppertal 30 (2021), S. 53–80.

15 Vgl. die zahlreichen Familienbriefe in Michael KNIERIEM, Die Herkunft des Friedrich Engels. Briefe aus der Verwandtschaft 1791–1847, Trier 1992. Mit Bezug darauf HUNT, Frock-Coated Communist (wie Anm. 14), S. 11 f. u. 19; Volkmar WITTMÜTZ, Friedrich Engels in der Schule, in: Geschichte im Wuppertal 29 (2020), S. 12–37, hier S. 12.

Glaubenspraxis gepflegt als der von Friedrich Engels persiflierte wütende Stil Friedrich Wilhelm Krummachers, jedoch eine, aus der es kein Entrinnen gab. Die Großeltern Friedrich Engels, Johann Caspar und dessen Frau Louise, geborene Noot, gehörten zu dem Kreis um den Wichlinghauser Arzt und Laienprediger Samuel Collenbusch (1724–1803), der sich 1784 im Tal niedergelassen hatte. In seinen religiösen Überzeugungen pflegte Collenbusch einen strengen Biblizismus, beeinflusst von Leibniz und von Schriften Württemberger Pietisten. Collenbusch wurde Begründer einer biblizistisch-spekulativen Sondergruppe des niederrheinischen Pietismus, die bereits auf die Erweckungsbewegung verweist.[16] Er schöpfte seine Anschauungen nur aus der Bibel und prüfte mit ihrer Hilfe jede Lehrmeinung, die ihm unterkam. Dabei ignorierte er auch gegebene Widersprüche in der Heiligen Schrift. Das Haus der Familie Engels war ein Zentrum für Collenbuschs Lehren. Hier versammelten sich neben den Familienangehörigen und den „Brüdern und Schwestern" aus Kaufmannsfamilien wie den Brügelmanns, Schleichers, Teschemachers, Keuchens und Lohmeyers auch Mitarbeiter der Engels. Dazu gehörten der Werkmeister Johann Melchior Kruse, der Manufakturarbeiter Wilhelm Pilgram und der bei der Wuppermannschen Färberei beschäftigte Johann Abraham Hülsberg. Die Konventikel waren konfessions- und ständeübergreifend, und sie überwanden auch zu einem Teil den Graben zwischen der Religion der „Gebildeten" und der „Ungebildeten".[17] Anders als die Anhänger Gerhard Tersteegens, einer weiteren prägenden Figur des Wuppertaler Pietismus, blieben die Collenbusch-Anhänger dem Gemeindeleben eng verbunden, wie sich nicht zuletzt an der Übernahme zahlreicher Posten in den Konsistorien sowohl der reformierten als auch der lutherischen Gemeinde durch die Teilnehmer dieses Zirkels zeigt.[18]

Die von der Familie Engels überlieferten Briefe lassen erkennen, dass sie dem in diesen Konventikeln gepflegten Anspruch, den gesamten Alltag zu spiritualisieren, sehr nahekamen.[19] Die 1791 geschlossene Ehe zwischen Johann Caspar Engels und Louise Noot wurde von beiden Ehepartnern als von der Vorsehung gefügt angesehen und ordnete sich damit in gängige Topoi pietistischer Lebensauffassung ein, wonach Gott im Leben des Einzelnen auch in dieser Hinsicht praktisch wirkte und den Gläubigen den rechten

16 Vgl. Johann Friedrich Gerhard Goeters, Der reformierte Pietismus in Bremen und am Niederrhein im 18. Jahrhundert, in: Martin Brecht / Hartmut Lehmann (Hg.), Geschichte des Pietismus. Bd. 2: Der Pietismus im achtzehnten Jahrhundert, Göttingen 1995, S. 372–427, hier S. 427.

17 Vgl. Michael Knieriem, Gelebte Religion und regionale Strukturpolitik der Engels im Barmer „Bruch", in: Hermann de Buhr u.a. (Hg.), Die Bergischen „ein Volk von zugespitzter Reflexion". Region – Schule – Mentalität, Wuppertal 1992, S. 72–101, hier S. 77. Vgl. auch Knieriem, Herkunft (wie Anm. 15), S. 102–105, 106 f. u. 356–358.

18 Abraham Siebel etwa war 1765 Kirchmeister, 1768 und 1778 Ältester der reformierten Gemeinde in Gemarke. 1768 und 1793 vertrat er die Gemeinde als Deputierter bei der bergischen Synode. Vgl. Johann Viktor Bredt, Geschichte der Familie Siebel, Marburg 1937, S. 99. Die Presbyterlisten vermerken zudem zahlreiche Mitglieder der Familien Brügelmann und Teschemacher. Die Keuchens und die mit den Engels ebenfalls befreundeten Familien Krebs und Heilenbeck wiederum gehörten zur Gemeinde Wupperfeld.

19 Ulrike Gleixner, Pietismus und Bürgertum. Eine historische Anthropologie der Frömmigkeit. Württemberg 17.–19. Jahrhundert, Göttingen 2005, S. 13.

Partner fürs Leben an die Seite stellte.[20] Dies galt auch für die Eltern von Friedrich Engels, Friedrich sen. und Elisabeth Franziska Mauritzia (genannt Elise), geb. van Haar. In deren Verlobungszeit und späteren Ehe bildete der gemeinsame Glaube den basso continuo des Zusammenlebens. Die Übereinstimmung im Glauben ließ im Übrigen auch die erst einmal heimliche Verlobung der beiden gerechtfertigt erscheinen: *„O, es wird mir immer klarer, daß wir für einander geschaffen, daß unser Zusammentreffen von dem gütigen Gotte geleitet wurde.* [...] *Auf diese Art wird uns unsere frühzeitige Bekanntschaft zum wahren Nutzen dienen und ein Mittel seyn, im Christenthum weiter zu kommen.*"[21] Ehe und Partnerschaft dienten also nicht so sehr dem persönlichen Glück als vielmehr dem Vorankommen im Glauben. Die während der heimlichen Verlobung innigsten Momente erlebten die Brautleute dann auch in der zwar räumlich getrennt, aber zeitlich parallel gehaltenen Gebetsstunde am Abend.[22] Der gemeinsame Glaube an Jesus Christus wurde so zu einer Ausdrucksmöglichkeit der weltlichen Liebe zwischen Mann und Frau.

Bemerkenswert ist, dass die Beziehung zwischen Mann und Frau in den Briefen von Friedrich und Elise als eine Liebe gleichberechtigter Partner gedacht wird und dies nicht nur in spiritueller Hinsicht. Das beispielsweise von den Württemberger Pietisten häufig gebrauchte Wort „Gehülfin" zur Beschreibung der Ehefrau taucht in diesen Briefen nicht auf, stattdessen weist Friedrich seiner künftigen Frau die Rolle seiner Lehrerin zu: *„O liebe Elise, ich denke mir die Ruhe, den tiefen innern Frieden so seelig, die ein Christ im ganzen Sinne des Wortes genießen muß.* [...] *Du, Herzens Elise, wirst mir darin eine herrliche Lehrerinn seyn.*"[23] Weiterhin verstand Friedrich ihren jeweiligen Wirkungsbereich, auch vor der Heirat, als ihren Beruf und wies damit auf die in den Wuppertaler Kaufmannskreisen Anfang des 19. Jahrhunderts noch erhaltene Vorstellung von der Gleichwertigkeit männlicher und weiblicher Arbeit hin.[24] Grundlage für persönliches Eheglück war jedoch die Übereinstimmung in religiösen Ansichten und, so schimmert es zwischen den Zeilen hindurch, spirituelle Ebenbürtigkeit. Von einer Hierarchisierung der Geschlechter ist bei diesem Paar nichts zu sehen, vielmehr weiteten sich die Kompetenzen beider Partner im Laufe des Ehelebens auch auf den Arbeitsbereich des anderen aus.[25] Für Friedrich Engels jun. bedeutete die gute und als gleichberechtigt verstandene Beziehung zwischen seinen Eltern im Übrigen auch, dass seine Mutter nicht nur immer wieder für ihn bei seinem Vater vermittelte, sondern ihm auch sehr eigenständig Gelder übermitteln konnte.[26]

---

20 Zur Eheauffassung im Pietismus vgl. ebd., passim.

21 Friedrich Engels an seine Braut Elise van Haar in Hamm, Barmen, 21.9.1816, in: KNIERIEM, Herkunft (wie Anm. 15), S. 264 f., Zitat S. 264.

22 Friedrich Engels an seine Braut Elise van Haar in Hamm, Barmen, 28. und 31.10.1816, in: ebd., S. 265 f., Zitat S. 267.

23 Friedrich Engels an seine Braut Elise van Haar in Hamm, Barmen, 3.2.1819, in: ebd., S. 373 f., hier S. 374.

24 Vgl. Friedrich Engels an seine Braut Elise van Haar in Hamm, Barmen, 3. und 4.7.1818 in: ebd., S. 322 f.

25 Vgl. OVERKAMP, Fleiß (wie Anm. 10), S. 247 u. 252.

26 Vgl. Georg FÜLBERTH, Revolution, Geld und Familienbande. Rekonstruktion verlorener

Michael Knieriem hat bereits herausgearbeitet, dass die religiösen Überzeugungen der Engels bis in die 1820er Jahre auch in wirtschaftlicher Hinsicht handlungsleitend waren. Sie verstanden ihre wirtschaftliche Tätigkeit als eine von Gott an sie gestellte Aufgabe; Gewinn wurde unter Gottes Segen erwirtschaftet. Zu ihren Lohnarbeitern pflegten die Engels ein patriarchalisches, aber fürsorgliches Verhältnis, das Wohnungsbau, Schulunterricht und Krankenversorgung einschloss.[27] Das persönliche Streben nach Wohlstand wurde dadurch gerechtfertigt, dass man dabei für andere und deren Arbeitsmöglichkeiten mit sorgte. Diese Maxime wurde auch an die Kinder weitergegeben.

Generell wurde den Kindern in der Familie Engels von klein auf beigebracht, Leben und Agieren im Diesseits stets mit Bezug auf das Jenseits zu führen. Doch die vielen Ermahnungen und Verweise auf Bibelverse, mit denen man die Kinder auf die rechte christliche Gesinnung verwies, wurden gemildert durch Liebe, Fürsorge, Verständnis und eine gewisse Großzügigkeit in materiellen Dingen. Als Friedrich sen. sich während seiner Ausbildungszeit in Frankfurt/Main genierte, den Flügel im Wohnzimmer seines Lehrherrn zu benutzen, gestattete ihm der Vater, sich einen eigenen anzuschaffen und in seine Stube stellen zu lassen. Auch die Fagottstunden wurden Friedrich bewilligt. Und obwohl Johann Caspar Engels Friedrich in seinen Briefen fortwährend anhielt, auch bei eventuell ungerechter Behandlung keinen Zwist mit dem Lehrherrn aufkommen zu lassen, sondern stattdessen zu verzeihen und wie ein echter Christ zu handeln, so suchte der Vater doch, die für den Sohn unangenehme Situation zu beenden. Statt die ausgemachten drei Jahre zu bleiben, durfte Friedrich bereits nach zwei Jahren wieder nach Hause zurückkehren – ein Entgegenkommen des Lehrherrn, das der Vater auch durchaus bereit gewesen wäre in harter Münze zu bezahlen.[28]

Trotz der verinnerlichten christlichen Gesinnung, zeigten sich die Engels nicht weltfremd, standen auch gewissen standesgemäßen Annehmlichkeiten des Lebens aufgeschlossen gegenüber und orientierten sich am Zeitgeschmack. So finden sich in der Korrespondenz durchaus Stellen, in denen es um modische Kleidung oder um das eigene Aussehen geht. Friedrich Engels sen. etwa wollte seiner Braut durchaus auch körperlich gefallen: *„Das Portrait von meiner Wenigkeit würde schon längst in Hamm seyn, wenn sich nicht auch da für den Augenblick ein mächtiges Hindernis in den Weg gelegt. Da ich nämlich aus guten Quellen weiß, wie gern die Mädchen Schnurrbärte sehen, sowohl in Original als Copie, so beschloß ich, mir einen wachsen zu lassen. Dieser erwähnte Schnurrbart ist nun so weit gediehen, daß ihm schon von mehreren Seiten Lob zu Theil geworden und er zum Abmahlenlaßen also fähig ist.“*[29]

Briefe von Friedrich Engels an seine Verwandten 1848–1850, in: Geschichte im Wuppertal 29 (2020), S. 38–49.

27 Vgl. Knieriem, Gelebte Religion (wie Anm. 17).

28 Vgl. die Briefe von Johann Caspar Engels an seinen Sohn Friedrich Engels in Frankfurt a.M. 1812–1814, abgedruckt in: Knieriem, Herkunft (wie Anm. 15).

29 Friedrich Engels an seine zukünftige Schwägerin Friederike von Griesheim, geb. van Haar, in Hamm, Düsseldorf, 2.1.1818, in: Knieriem, Herkunft (wie Anm. 15), S. 293 f. Zwanzig Jahre später berichtet im Übrigen auch der Sohn stolz über seinen gepflegten Schnurrbart. Vgl. Heinrichs, Friedrich Engels (wie Anm. 14), S. 60.

Jedoch stehen diese Passagen auf den Briefblättern meist kurz vor solchen mit eher geistlichem Inhalt. So berichtete Friedrich in dem gerade zitierten „Porträtbrief" weiter unten von seinem geistigen Umgang in Düsseldorf, wo er hauptsächlich mit der ebenfalls zum Collenbusch-Kreis zählende Familie Hoffmann verkehrte. Es sei ihm sehr lieb, *„in einer Familie freien Zutritt zu haben, wo man ungenirt ist und die mit einem ziemlich übereinstimmend denkt."* Diese Dopplung findet sich auch in anderen Briefen. So skizziert Friedrich etwa in einem Brief ein mögliches Trinkgelage, bei dem Elise unter Gläserklang gedacht werden solle. Am Ende dieses eher heiteren, scherzhaften Briefes, erfolgt jedoch die Ermahnung: *„Laß uns unter dem Frohsinn auch der ernsten Zeiten denken, welche uns besonders in dieser Woche* [der Karwoche] *an so wichtige und tröstende Ereigniße für unsere unsterbliche Seele erinnert und gegenseitig Gott bitten, daß sie nicht ohne Segen für uns vorübergehen möge!"*[30]

Die hier zitierten Quellen stammen aus einem privaten Kommunikationsraum; sie sind bestimmt für Familienmitglieder oder enge Freunde und Vertraute. Es zeigt sich in der Korrespondenz allerdings auch, dass sich für die Engels die privat ausgestaltete und kommunizierte Religion nicht von der öffentlich gelebten Religiosität unterschied.[31] Dafür sorgten nicht nur die halb-öffentlichen Konventikel und Gesprächskreise, an denen sie regelmäßig teilnahmen, sondern auch die bereits erwähnte Übernahme von Kirchenämtern sowie eine aktive Kollektentätigkeit, welche Mitglieder der Familie Engels von Haus zu Haus führte. Auch ließen sie Subskriptionslisten unter den ihnen sozial Gleichgestellten zirkulieren. Vor allem der Großvater, Johann Caspar (1753–1821), hatte bis kurz vor seinem Tod unermüdlich für die Gründung der Vereinigt-evangelischen Gemeinde Unterbarmen gewirkt. An dem Projekt hatte auch Friedrich Engels sen. Anteil, da er nach dem Tod seines Vaters ebenfalls erhebliche Summen für den Bau der Kirche spendete und so das Andenken an den für seine Frömmigkeit und christliche Menschenliebe bewunderten Vater bewahrte.[32]

Das alltägliche Leben im Hause Engels war somit durchdrungen von Spiritualität und ganz einer höheren Wahrheit verpflichtet. Blickt man nun auf Friedrich Engels' späteres Leben, seinen unbedingten Glauben an die Sache des Kommunismus, dessen Heilsversprechen für alle Menschen sowie Engels' Bereitschaft bis zur vollständigen Selbstaufgabe an dieser Sache mitzuarbeiten, wer wollte da nicht den langen Schatten seiner Herkunft entdecken? Es ist somit kein Zufall, dass Friedrich Engels Wuppertaler war.

---

30 Friedrich Engels an seine Braut Elise van Haar in Hamm, Barmen, 7.4.1819, in: KNIERIEM, Herkunft (wie Anm. 15), S. 390.

31 Vgl. hierzu auch Gert MELVILLE/Peter von Moos (Hg.), Das Öffentliche und Private in der Vormoderne, Köln 1998; Rudolf SCHLÖGL, Kommunikation und Vergesellschaftung unter Anwesenden. Formen des Sozialen und ihre Transformation in der Frühen Neuzeit, in: Geschichte und Gesellschaft 34 (2008), S. 155–224.

32 Vgl. Friedrich Engels an seine Braut Elise van Haar in Hamm, Barmen, 10.8.1819, in: KNIERIEM, Herkunft (wie Anm. 15), S. 402–404.

Ein „deutsches Manchester"?

Engels' „Umrisse zu einer Kritik der Nationalökonomie" und die Industrialisierung im Wuppertal

Stefan Gorißen

In der ersten und einzigen Ausgabe der von Arnold Ruge und Karl Marx herausgegebenen „Deutsch-Französischen Jahrbücher", die im Februar 1844 in Paris erschien, veröffentlichte der damals 23-jährige Friedrich Engels einen bemerkenswerten Essay mit dem Titel „Umrisse zu einer Kritik der Nationalökonomie". Die Bedeutung dieses Aufsatzes für die Entstehung dessen, was einmal als „wissenschaftlicher Sozialismus" bezeichnet werden sollte, ist nicht immer hinreichend gewürdigt worden. Karl Kautsky stand diese Bedeutung 1890 immerhin klar vor Augen, als er in einem Festbeitrag zu Engels 70. Geburtstag in der „Neuen Zeit" den Text folgendermaßen charakterisierte: *„Dieser Artikel ist wichtig, weil hier zuerst der Versuch gemacht wird, den Sozialismus auf die politische Oekonomie zu begründen.* [...] *Er ist die einzige bedeutende Arbeit aus der Zeit von Engels' geistiger Isolierung, aus der Zeit, in der der Einfluß von Marx auf ihn sich noch nicht geltend gemacht hatte. Gerade dieser Artikel aber wurde die Veranlassung zur Annäherung der beiden Männer* [...]".[1]

Marx war eigenem Bekunden nach von diesem Essay des in Manchester residierenden Wuppertaler Kaufmannssohns, dem er bis dahin erst einmal kurz in der Kölner Redaktion der „Rheinischen Zeitung" begegnet war, schwer beeindruckt. Er rechnete Engels' Skizze unter die wenigen *„inhaltsvollen und originellen deutschen Arbeiten"*[2] und noch 1859 sprach er mit Blick auf Engels' „Umrisse" im Vorwort zu seiner „Kritik der Politischen Ökonomie" von einer *„genialen Skizze zur Kritik der ökonomischen Kategorien"*.[3] Engels' Text soll für Marx nicht nur Anlass zu der einzigartigen Zusammenarbeit mit Engels geworden sein, sondern ihm überhaupt erst die Bedeutung der ökonomischen Perspektive für die Theorie einer kommunistischen Gesellschaft eröffnet haben. Ohne Zweifel war der Text von Engels für Marx erst der Anstoß, sich im Frühjahr und Sommer 1844 mit den Autoren der englischen ökonomischen Klassik zu beschäftigen.[4]

Im Nachhinein erweisen sich die „Umrisse", die Engels im Januar 1844 für den Druck fertigstellte, als ein erstaunlich weitreichend auf die spätere marxistische Gesellschafts-

---

1 Karl KAUTSKY, Friedrich Engels. Zu seinem siebzigsten Geburtstag, in: Die Neue Zeit 9 (1890–1891), Bd. 1, S. 220; zit. nach dem Kommentarband zur Marx-Engels-Gesamtausgabe: MEGA I/3, Apparat, S. 1114.

2 Karl MARX, Ökonomisch-philosophische Manuskripte, Heft III, in: MEGA I/2, S. 317.

3 Karl MARX, Zur Kritik der Politischen Ökonomie, in: MEW Bd. 13, S. 3–160, hier S. 10.

4 Gareth Stedman JONES, Karl Marx. Die Biographie, Frankfurt a.M. 2017, S. 199; Jürgen HERRES, Marx und Engels. Portrait einer intellektuellen Freundschaft, Ditzingen 2018, S. 19 u. 25f.

und Revolutionstheorie vorausgreifender Text.[5] Man kann ihn als eine Skizze lesen, die bereits die wesentlichen Themen und einige grundlegende Thesen dessen entwirft, was in den folgenden Jahrzehnten als marxistische politische Ökonomie ausgearbeitet werden sollte. Viele Überlegungen erscheinen in Engels „Umrissen“ verkürzt, vieles ließ sich in der hier vorgetragenen Form dann doch nicht halten, und der oft überhebliche Duktus ist meist überzogen und nicht immer gut zu ertragen, dennoch bleibt der Text unbestreitbar eine außerordentliche Leistung mit nachhaltig wirkenden Thesen.

Im Zentrum von Engels Kritik steht die Überlegung, dass alle sozialen und ökonomischen Verwerfungen in den frühindustriellen Gesellschaften vom Prinzip der Konkurrenz herrührten, das seinerseits im Privateigentum begründet sei. Offensichtlich unter dem Eindruck der Lektüre der Schrift „Qu'est ce que la propriété?“ des französischen Frühsozialisten Pierre-Joseph Proudhon zieht Engels hieraus die radikale, aber logische Schlussfolgerung, dass die Lösung aller Probleme nur in der Abschaffung des Privateigentums zu finden sei. Die akuten ökonomischen Probleme des Pauperismus ließen sich bei umfassender Nutzung wissenschaftlicher und technologischer Fortschritte und einer rationalen Planung des Marktgeschehens leicht lösen.

In der Literatur über Friedrich Engels wird häufig die These wiederholt, seine frühe Hinwendung zu Fragen der Ökonomie habe seine Grundlagen einerseits in Engels' Ausbildung zum Kaufmann im elterlichen Handelshaus und beim Bremer Kaufmann Heinrich Leupold gehabt. Zugleich seien andererseits aber die persönlichen Anschauungen von und Erfahrungen mit frühindustriellen Entwicklungen und Problemen im Wuppertal für Engels' Interesse an wirtschaftlichen Fragen prägend gewesen. Schon in seiner Jugend in Barmen und Elberfeld habe Engels, so die verbreitete Deutung unter Aufgreifen einer Redewendung des jungdeutschen Schriftstellers Ferdinand Gustav Kühne aus dem Jahr 1847, hier das „deutsche Manchester“[6] erlebt und sich dann auf dessen Analyse und Kritik geworfen. Die verbreitete Übernahme dieser Formulierung verkennt jedoch, dass Kühne sich seinerseits in polemischer Absicht auf Friedrich Engels und sein zu dieser Zeit in Deutschland bereits breit rezipiertes Buch „Die Lage der arbeitenden Klasse in England“ bezieht. Der Frage, welche Anschauungen über die Frühindustrialisierung Engels in seinen Jugendjahren in Barmen und Elberfeld konkret gewinnen konnte und was sich hiervon in seinem fundamentalen Essay „Umrisse zu einer Kritik der Nationalökonomie“ des Jahres 1844 tatsächlich wiederfindet, ist indes noch nicht systematisch nachgegangen worden. Im Folgenden soll die gewerblich-industrielle Entwicklung im Wuppertal zu Beginn der 1840er im Hinblick auf die Frage rekonstruiert werden, ob sich hier ein „Erfahrungsraum“ für Friedrich Engels vorfand, der erste Ansätze zur Konturierung des „Erwartungshorizont“[7] einer vom Privateigentum befreiten sozialistischen Gesellschaft bot.

---

5 Die maßgebliche Edition findet sich in der Marx-Engels-Gesamtausgabe: MEGA I/3, S. 467–494.

6 Ferdinand Gustav KÜHNE, Skizzen deutscher Städte, 3 Bde., Leipzig 1855; hier nach dem Wiederabdruck bei: Burkhard DIETZ (Bearb.), „Das deutsche Manchester“ – Ferdinand Gustav Kühnes Reise durch Barmen und Elberfeld, in: Jürgen Reulecke, Burkhard Dietz (Hg.), Mit Kutsche, Dampfroß, Schwebebahn. Reisen im Bergischen Land II (1750–1900) (Bergische Forschungen 19), Neustadt/Aisch 1984, S. 197–223.

Bereits an der Wende zum 19. Jahrhundert hatten die exportorientierten Textilgewerbe im Wuppertal eine bemerkenswerte Dichte und Vielfalt erreicht. Ausgehend von einer bis ins Spätmittelalter zurückreichenden gewerblichen Tradition des Bleichens von importiertem Leinengarn entwickelten sich im Tal seit dem 16. Jahrhundert Formen der Verarbeitung des Garns durch Zwirnen und Verweben zu Kordeln, Litzen und Bändern. Ausgangs des 17. Jahrhunderts trat neben diese Schmal- oder Bandweberei die Breitweberei an größeren Leinwandwebstühlen. Bereits im frühen 18. Jahrhundert beschränkten sich die Handwerker in den Wuppertaler Textilgewerben nicht mehr auf das Bleichen und Verweben importierter Leinengarne, sondern begannen auch Baumwolle zu verarbeiten. Da die verfügbaren Baumwollgarne bis in die zweite Hälfte des 18. Jahrhunderts von geringer Qualität waren, ließen sie sich lediglich zu Mischgeweben mit Leinenkette und Baumwollschuss verarbeiten, im Wuppertal meist als Siamosen bezeichnet (andere verbreitete zeitgenössische regionale Bezeichnungen waren Barchent oder Bombasine). In der Mitte des 18. Jahrhunderts begannen die Bandweber des Wuppertals dann außerdem mit der Verarbeitung von Seide, zunächst durch die Einarbeitung einzelner Seidengarne in Woll- und Leinenbänder, daneben aber auch durch die Herstellung von Bändern aus grober und geringwertiger Seide, der sogenannten „Florettseide". Angesichts der kontinuierlichen Ausdehnung der Weberei in den verschiedenen Branchen der Wuppertaler Textilgewerbe besaß die Garnbleiche in den letzten Jahren des 18. Jahrhunderts nur noch untergeordnete Bedeutung. Von etwa 13.000 Textilarbeitern – eine auf der Basis einer Gewerbezählung des Jahres 1792 geschätzte Zahl – waren nur noch etwa 1.000 als Bleicher oder Bleichknechte tätig. An der Schwelle zum 19. Jahrhundert war die Baumwolle die bedeutendste im Wuppertal verarbeitete Textilfaser.[8]

Das Wuppertaler Textilgewerbe lässt sich noch für die erste Hälfte des 19. Jahrhunderts als typische Protoindustrie[9] charakterisieren: Die Produktion, die dem Prinzip der Massenproduktion folgte, geschah in regionaler Verdichtung überwiegend dezentral in Form der Hausindustrie. Die Arbeitskräfte waren durch Handels- und Verlagsbezie-

---

7 Reinhart Koselleck, „Erfahrungsraum" und „Erwartungshorizont" – zwei historische Kategorien, in: Ders., Vergangene Zukunft. Zur Semantik geschichtlicher Zeiten, 2. Aufl. Frankfurt a.M. 1984, S. 349–375.

8 Neuere Überblicke zur Entwicklung der Textilgewerbe in Elberfeld und Barmen in der Frühen Neuzeit mit Hinweisen auf die ältere Literatur bei Stefan Gorissen, Gewerbe im Herzogtum Berg bis 1806, in: Stefan Gorißen/Horst Sassin/Kurt Wesoly (Hg.), Geschichte des Bergischen Landes, Bd. 1: Bis zum Ende des alten Herzogtums 1806 (Bergische Forschungen 31), 2. Aufl. Bielefeld 2016, S. 406–467; Nachweise zu den genannten Zahlen hier S. 433; ferner Anne Sophie Overkamp, Fleiß, Glaube, Bildung. Kaufleute als gebildete Stände im Wuppertal 1760–1840 (Bürgertum Neue Folge 20), Göttingen 2020, S. 59 ff.; Dies., Die Wuppertaler Schmalwarenindustrie im 19. Jahrhundert, in: ZBGV 105 (2017–2018), S. 21–38; Dies., Außenhandel und Heimarbeit. Die Industrialisierung des Wuppertaler Bandgewerbes, in: Michael Schäfer/Swen Steinberg/Veronique Töpel (Hg.), Sachsen und das Rheinland. Zwei Industrieregionen im Vergleich. Beiträge des 9. unternehmensgeschichtlichen Kolloquiums (Beiträge zur Wirtschaftsgeschichte Sachsens A/14), Leipzig 2021, S. 103–125.

9 Eine knappe neuere Zusammenfassung der Diskussion um Protoindustrialisierung und Protoindustrie bei Ulrich Pfister, Protoindustrialisierung, in: Friedrich Jaeger (Hg.), Enzyklopädie der Neuzeit, Bd. 10, Stuttgart/Weimar 2009, Sp. 505–514.

hungen an reiche Kaufleute gebunden, die wiederum vor allem in den beiden Orten Elberfeld und Barmen ihre Kontore besaßen. Die produzierten Waren wurden von diesen Kaufleuten auf entfernten, nicht selten sogar überseeischen Märkten vertrieben, während die verlegten Arbeitskräfte oftmals nach den Grundsätzen einer „dual economy" die heimgewerbliche Arbeit im Familienverbund mit einer kleinen, der Subsistenzsicherung dienenden Landwirtschaft kombinierten.[10]

Die zunehmende Bedeutung der Baumwollverarbeitung implizierte, dass auch die Garnproduktion in der Region selbst intensiviert werden musste. Bis zum Ende des 18. Jahrhunderts wurde die Rohbaumwolle, die überwiegend über Amsterdam importiert wurde, ausschließlich von Hand versponnen. Solange das Verspinnen der Baumwolle noch nicht mechanisiert durchgeführt wurde, benötigten die Gewerbe eine große Zahl von Spinnern, die in einem sich kontinuierlich ausdehnenden Radius um die Zentren im Wuppertal gesucht und vor allem in den südlich sich anschließenden Ämtern und Nachbarterritorien gefunden wurden. Die meist entfernt vom städtischen Zentrum wohnenden Spinner[11] waren über Unterverleger in das Produktionssystem eingebunden und lebten und arbeiteten unter überwiegend prekären Verhältnissen.[12] Die Zahl dieser protoindustriellen Arbeitskräfte im Herzogtum Berg kann für die Jahrhundertwende auf etwa 20.000 Personen geschätzt werden.

Die von Hand gesponnenen Baumwollgarne wiesen jedoch nicht die nötige Festigkeit und Homogenität auf, um sie zu reinen Baumwollstoffen verweben zu können. Solche als „Kattune" bezeichneten Gewebe wurden bis in die 1770er Jahre nahezu ausschließlich aus Indien importiert. Die Voraussetzungen zu ihrer Produktion waren im Wuppertal erst in den letzten Jahren des 18. Jahrhunderts gegeben, als die Weber auf meist aus England importierte, maschinell gesponnene Baumwollgarne zurückgreifen konnten.[13]

---

10 Vgl. Johannes Victor BREDT, Die Lohnindustrie dargestellt an der Garn- und Textilindustrie von Barmen, Berlin 1905. S. 44 ff. u. 62; Wolfgang KÖLLMANN, Sozialgeschichte der Stadt Barmen im 19. Jahrhundert (Soziale Forschung und Praxis 21), Tübingen 1960, S. 15 ff.

11 Friedrich Heinrich Jacobi bemerkt in seinem Bericht „über die Industrie der Herzogtümer Jülich und Berg" bereits 1774 über die Baumwollspinnerei: *„Die eine Hälfte diese Baumwolle wird im Märkischen, Schwarzenburgischen und Cöllnischen gesponnen, nur die andre im Ober-Bergischen."* W. GEBHARD (Hg.), Bericht des Hof-Kammerrats Friedrich Heinrich Jacobi über die Industrie der Herzogtümer Jülich und Berg aus den Jahren 1773 und 1774, in: ZBGV 18 (1882), S. 1–148, hier S. 32.

12 Johann Friedrich Frantz von STEINEN, Beschreibung der Kirchspiele Gummersbach, Lieberhausen, Gimborn und Müllenbach sowie des Klosters Marienheyde (zuerst 1805–1819), Nümbrecht 1983; Thomas BARTOLOSCH, Das Faktoreiwesen des Wuppertaler und des Siegerländer Textilgewerbes im Westerwald in der zweiten Hälfte des 18. Jahrhunderts, in: Dietrich Ebeling (Hg.), Aufbruch in eine neue Zeit. Gewerbe, Staat und Unternehmer in den Rheinlanden des 18. Jahrhunderts (Der Riss im Himmel. Clemens August und seine Epoche 8), Köln 2000, S. 105–128; DERS. (Bearb.), Müßiggang und Bettelei, Arbeitseifer und Gewerbefleiß. Die Oraniennassauische Zeit an der oberen Sieg von 1743 bis 1806. Ein Quellenband zur Regionalgeschichte (Siegener Beiträge 2008, Sonderband), Siegen 2008.

13 Hierzu wiederum mit Verweisen auf ältere Literatur Gerhard ADELMANN, Die Baumwollgewerbe Nordwestdeutschlands und der westlichen Nachbarländer beim Übergang von der vor-

Die die Baumwolle verarbeitenden Weber lebten im Unterschied zu den Spinnern in der Nähe der städtischen Zentren, hauptsächlich in den Ämtern Elberfeld und Barmen sowie in der nördlich angrenzenden Herrschaft Hardenberg. Nachdem im 18. Jahrhundert die relative Bedeutung der Bleicherei zurück gegangen war, bildeten die Weber hier die größte Gruppe protoindustrieller Arbeitskräfte. Sie verarbeiteten die aus dem ländlichen Umfeld gelieferten Garne zu Mischgeweben für Bekleidungsstoffe, aber auch zu Bettzeugen und Bändern. In ihrem Selbstverständnis und ihren Sozialformen orientierten sich die Wuppertaler Weber noch während des gesamten 18. Jahrhunderts am Muster klassischer Zunfthandwerker. Zwischen 1738 und 1781 war es ihnen sogar gelungen, mit landesherrlicher Genehmigung gegen den Widerstand der Kaufleute eine Weberzunft einzurichten, deren wichtigstes Ziel in der Kontrolle von Preisen und Volumen der handwerklichen Arbeit bestand. Auch wenn die bergische Regierung die Zunft nach heftigen Konflikten in der Stadt 1783 schließlich auflöste und die Lohngestaltung seither ganz den Marktverhältnissen folgte, blieben die Weber noch in der ersten Hälfte des 19. Jahrhunderts formal unabhängige Handwerker, die beim Bezug der benötigten Garne und beim Absatz ihrer Produkte zwar vom kaufmännischen Kapital abhingen, ihre Arbeitsgeräte und -räume aber in der Regel selbst besaßen[14] und auch während des Arbeitsprozesses Eigentümer der von ihnen verarbeiteten Materialien waren. Einzelnen Erfolgreichen unter ihnen gelang unter diesen Umständen der ökonomische Aufstieg vom Handwerker zum Unternehmer.[15] Zeiten ökonomischer Krisen trafen hingegen gerade diese formal unabhängigen Textilhandwerker schwer: So berichtete die Elberfelder Handelskammer während der schweren Krise der Jahre 1830/31 von einer *„entsetzlichen Armut“*, die durch Absatzstockungen hervorgerufen worden sei. In der Folge kam es Anfang September in Elberfeld zu einem großen Auflauf der arbeitenden Bevölkerung, der nach Ansicht der Handelskammer allerdings überwiegend von *„fremden Handwerksgesellen“* frequentiert wurde.[16]

---

industriellen zur frühindustriellen Zeit 1750–1815. Verflechtung und regionale Differenzierung (Beiträge zur Unternehmensgeschichte 11), Stuttgart 2001, bes. S. 18 ff. u. 38 ff.

14 Dies galt auch für die als Heimgewerbetreibende für die von Friedrich Engels Vater und Onkeln bis 1837 gemeinschaftlich betriebene Firma „Caspar Engels Söhne“ tätigen Weber und Wirker im Barmer Bruch. Diese protoindustriellen Arbeiter waren meist Eigentümer der von ihnen eingesetzten Webstühle und Bandmühlen, mit denen sie in ihren angemieteten Wohnräumen unter Einbeziehung aller Familienmitglieder ihr Einkommen erwirtschafteten. Eine Reihe der Arbeiter hatte darüber hinaus Garten- oder Ackerland gepachtet, einzelne verfügten sogar über Hausbesitz: Vgl. Michael Knieriem, „Gewinn unter Gottes Segen“. Ein Beitrag zur Firmengeschichte und geschäftlicher Situation von Friedrich Engels. Aus dem Archiv der Firma „Ermen & Engels“ in Engelskirchen (Nachrichten aus dem Engels-Haus 5), Wuppertal 1987, S. 6; Ders., Die Entwicklung der Firma Caspar Engels Söhne. Zugleich ein Beitrag zum sozialen Umfeld des jungen Engels (Nachrichten aus dem Engels-Haus 1), Wuppertal 1978 mit Quellennachweisen aus Eigentümerverzeichnissen und Katasteraufnahmen S. 93 ff. u. 105 ff.

15 Hierzu vor allem Bredt, Lohnindustrie (wie Anm. 10), S. 44 ff. u. 55 ff. Zur Auseinandersetzung um die Leinenweberzunft vgl. auch die stark polemisch gefärbte, inhaltlich nicht immer zuverlässige Arbeit von Martin Henkel, Zunftmißbräuche. „Arbeiterbewegung“ im Merkantilismus, Frankfurt a.M. / New York 1989, S. 150 ff.

16 Hermann Herberts, Alles ist Kirche und Handel … Wirtschaft und Gesellschaft des Wup-

Die Produktionsverhältnisse in den hausindustriellen Textilgewerben des Wuppertals lassen sich auch für 1840er Jahre nicht durch einen von Friedrich Engels in leuchtenden Farben geschilderten, alle übrigen Sozialformen überdeckenden Gegensatz zwischen Kapital und Arbeit angemessen beschreiben. Engels folgerte aus seiner kritischen Auseinandersetzung mit den Autoren der liberalen englischen Wirtschaftstheorie, dass den durch das Privateigentum erzeugten Konkurrenzverhältnissen zwangsläufig eine Tendenz zur Steigerung ins Extreme innewohne und dass hierdurch auch die Weiterentwicklung der Sozial- und Produktionsverhältnisse bestimmt werde. Neben der gesellschaftlichen Polarisierung zwischen Lohnempfängern auf der einen und Kapitaleignern auf der anderen Seite sah Engels in der Ausdehnung des Fabriksystems eine weitere, unvermeidliche Folge des auf Konkurrenz und Privateigentum fußenden Wirtschaftssystems. Anlässe zu einer konkreten Anschauung fanden sich indes im Wuppertal zu Beginn des Jahres 1844 auch für diese These kaum.

Die große Beliebtheit der aus Indien nach Europa importierten reinen Baumwollstoffe bot überall in Europa Unternehmern einen hohen Anreiz, solche Produkte selbst herzustellen und alle Stufen der Baumwollverarbeitung nach Möglichkeit in zentralisierten Produktionsstätten unter die eigene Kontrolle zu bringen. In England war es bereits 1771 Richard Arkwright nach der Errichtung der ersten wasserkraftgetriebenen Maschinenspinnerei gelungen, ein hochwertiges Baumwollgarn herzustellen, das zur Produktion von Baumwollstoffen geeignet war. Seine Anlage in Derbyshire mit den berühmten „Waterframes" wurde in England schon in den folgenden Jahren vielerorts nachgebaut. Damit steht die mechanische Baumwollspinnerei für den Beginn des Übergangs zu zentralisierten, fabrikindustriellen Produktionsweisen in Europa.[17]

Auf dem Kontinent eröffnete bereits 1784 der Elberfelder Kaufmann Johann Gottfried Brügelmann in Ratingen die erste mechanische Baumwollspinnerei nach englischem Muster. An der Wende zum 19. Jahrhundert beschäftigte die Brügelmannsche Fabrik bereits 226 Arbeitskräfte – überwiegend Frauen und Kinder –, die für den kontinuierlichen Betrieb von zu diesem Zeitpunkt 5.200 Baumwollspindeln sorgten. Das hier produzierte Maschinengarn war von hoher Qualität, wurde jedoch überwiegend nicht von Wuppertaler Baumwollwebern abgenommen, sondern meist außerhalb der Region abgesetzt. Die benötigte Rohbaumwolle bezog Brügelmann zunächst aus der Levante, im ausgehenden 18. und seit dem frühen 19. Jahrhundert dann vermehrt aus den USA.[18]

Trotz des Erfolgs der Brügelmannschen Fabrik fand das Unternehmen bis in die napoleonische Zeit hinein im Wuppertal kaum Nachahmer. Der Grund hierfür ist vor allem

---

pertals im Vormärz und in der Revolution 1848/49 (Bergische Forschungen 12), Neustadt/Aisch 1980, S. 122.

17 Stefan Gorissen, Art. „Fabrik", in: Friedrich Jaeger (Hg.), Enzyklopädie der Neuzeit, Bd. 3, Stuttgart/Weimar 2006, Sp. 747–751.

18 Eckhard Bolenz, Johann Gottfried Brügelmann. Ein rheinischer Unternehmer zu Beginn der Industrialisierung und seine bürgerliche Lebenswelt (Landschaftsverband Rheinland, Rheinisches Industriemuseum, Beiträge zur Industrie- und Sozialgeschichte 4), Köln 1993; Dietrich Ebeling, Johann Gottfried Brügelmann als frühindustrieller Unternehmer, in: Cromford–Ratingen. Lebenswelten zwischen erster Fabrik und Herrenhaus um 1800. Begleitbuch zur Dauerausstellung, hg. vom LVR-Industriemuseum Ratingen, Köln 2010, S. 63–73.

in der bereits in dieser Zeit übermächtigen englischen Konkurrenz zu suchen. Die Engländer erwiesen sich nicht nur als die besseren Techniker, sie besaßen vor allem in ihren Überseekolonien direkten Zugriff auf geeignete Rohbaumwolle. Erst als unter napoleonischer Herrschaft die britischen Waren weitgehend vom europäischen Markt ausgesperrt blieben, kam es zu weiteren Gründungen von mechanischen Baumwollspinnereien durch Wuppertaler Kaufleute. Die neuen Betriebe entstanden jetzt allerdings überwiegend auf der linken Rheinseite, da nur den hier angesiedelten Gewerben nach Angliederung der linksrheinischen Territorien an das französische Königreich der große französische Markt offenstand.[19]

Nachdem der Generalhandelskommissar Gottlob Johann Christian Kunth 1816 im Auftrag des preußischen Finanzministers von Bülow die mit dem Frieden an Preußen gefallene rheinische Provinz bereist hatte, berichtete er über die Lage des Baumwollgewerbes, das nach dem Zusammenbruch der napoleonischen Herrschaft erneut unter der übermächtigen englischen Konkurrenz litt. Kunth fand im Rheinland zwar *„noch alle Spinnereien … im Gange"*, betonte aber auch, dass sich die meisten Betriebe nur noch *„kümmerlich … erhalten"* hätten und seit dem Beginn der *„Concurrenz der Engländer … nicht* [mehr] *viel verdienen"* könnten. Die Organisation der Produktion in zentralisierten Fabriken erschien ihm unter diesen Umständen wenig Erfolg versprechend, das in den zentralisierten Spinnereien gebundene Kapital könne *„jetzt ohne Zweifel vorteilhafter benutzt werden."*[20] Kunth machte für die schlechte Lage der rheinischen Baumwollspinnereien vor allem einen technischen Rückstand gegenüber den englischen Fabriken verantwortlich. Es fehle an Investitionen in die nötige Modernisierung der Produktionsanlagen, *„ungeachtet jeder eingesteht, … daß seine Maschinen im Wesentlichen dieselben sind, welche man vor 12 oder 15 Jahren kannte."* Selbst in der Brügelmannschen Fabrik in Ratingen liefen noch 30 Jahre alte Maschinen aus der Gründungszeit, die *„jetzt ganz veraltet, verbraucht"* seien.[21] Die Unternehmer setzten Kunth zufolge lieber billige Kinderarbeit ein, statt die Produktion zu mechanisieren. Die Anlagen am linken Niederrhein seien oftmals allein im *„Vertrauen auf längere Dauer des Bonapart'schen Sperrsystems"* ohne ausreichende eigene Kapitalbasis gegründet worden. Die Unternehmer seien letztlich überwiegend Kaufleute geblieben, ihnen fehle ein Verständnis für die moderne Technik und ihre Bedeutung im Wettbewerb mit den englischen Unternehmen.

In den beiden ersten Jahrzehnten der preußischen Herrschaft standen die rheinischen Baumwollspinnereien der überlegenen britischen Konkurrenz bei gleichzeitig hohen Schutzzöllen in den Nachbarländern weitgehend hilflos gegenüber. Der gewerbe-

---

19 Vgl. ADELMANN, Baumwollgewerbe (wie Anm. 13), S. 105 ff.; Karl EMSBACH, Die soziale Betriebsverfassung der rheinischen Baumwollindustrie im 19. Jahrhundert (Rheinisches Archiv 115), Bonn 1982, S. 29 ff.

20 Zitate nach Frank HOFFMANN, Gründung und Aufbau der Baumwollspinnerei Hammerstein in Wuppertal (1835–1839). Ein Beitrag zur Geschichte der rheinischen Baumwollindustrie in der ersten Hälfte des 19. Jahrhunderts, in: Dietmar Petzina, Jürgen Reulecke (Hg.), Bevölkerung, Wirtschaft, Gesellschaft seit der Industrialisierung. Festschrift für Wolfgang Köllmann zum 65. Geburtstag, Dortmund 1990, S. 133–160, hier S. 134.

21 Friedrich GOLDSCHMIDT, Paul GOLDSCHMIDT (Hg.), Das Leben des Staatsraths Kunth, 2. Aufl. Berlin 1888, Zitate S. 272 f. u. 271.

statistischen Aufnahme des Jahres 1822 zufolge waren im Regierungsbezirk Düsseldorf insgesamt nur etwas mehr als 57.000 Spindeln in zentralisierten Spinnereien in Betrieb, darunter 21.000 Spindeln in neun Betrieben im Bergischen Land.[22] In den folgenden Jahren änderte sich an dieser Situation nur wenig. Die 1820er und frühen 1830er Jahre waren für die entstehende Baumwollindustrie schwierige, wiederholt durch schwere Krisen geprägte Jahre, in denen viele Betriebe der übermächtigen englischen Konkurrenz wenig entgegenzusetzen wussten. Die Zahl der Baumwollgarnproduzenten nahm im Rheinland in dieser Zeit überall ab. Zu Beginn der 1830er Jahre klagten rheinische Baumwollfabrikanten, dass sie nicht einmal mehr die Rohbaumwolle zu den Preisen beziehen könnten, zu denen britische Baumwollspinnereien ihre Maschinengarne anböten. Lediglich Firmen, die qualitativ minderwertige Baumwollgarne herstellten, wie sie von den britischen Maschinenspinnereien nicht geliefert wurden, konnten sich auf dem Markt behaupten, blieben hierbei aber auf ein dezentrales Produktionssystem im Verlagssystem bei zunehmend prekären Löhnen angewiesen.[23]

Zwischen der großen Krise im Baumwollgewerbe 1830/31, die auch im Wuppertal zur Schließung mehrerer Baumwollspinnereien führte,[24] und der Gewerbezählung des Jahres 1837 erhöhte sich die Zahl der Spindeln im Regierungsbezirk Düsseldorf nur geringfügig auf etwas mehr als 69.000, im Bergischen Land entwickelte sich die Zahl der Spindeln jedoch weiterhin rückläufig: In acht Spinnereien wurden jetzt nicht mehr ganz 18.000 Spindeln nachgewiesen, davon 12.800 in Elberfeld und Barmen.[25] Der räumliche Schwerpunkt der rheinischen Baumwollindustrie hatte sich Mitte der 1830er Jahre vollends in den Raum Mönchengladbach verschoben: Im Kreis Gladbach liefen im Jahr 1836 bereits 33.500 Spindeln und übertrafen damit die Vergleichszahl für Wuppertal um mehr als das Zweieinhalbfache.[26]

Von einer fabrikindustriellen Entwicklung der Baumwollspinnerei kann im Wuppertal zu diesem Zeitpunkt daher keine Rede sein. Die drei größten Betriebe im Bergischen Land, neben der Brügelmannschen Fabrik in Ratingen die Firmen von Johannes Andreas Oberempt auf Gut Rauental bei Barmen und von J. F. Dümmler & Haas in Sonnborn, be-

---

22 1816 wurden für die beiden Orte Elberfeld und Barmen 13.000 Baumwollspindeln gezählt, ein Wert, der sich in den Folgejahren kaum verändert haben dürfte. Vgl. Herberts, Kirche (wie Anm. 16), S. 8.

23 Vgl. Emsbach, Betriebsverfassung (wie Anm. 19), S. 37 f.; zusammenfassend jetzt auch Rudolf Boch, Das Bergische Land im 19. Jahrhundert (1814–1914), in: Stefan Gorißen/Horst Sassin/Kurt Wesoly (Hg.), Geschichte des Bergischen Landes, Bd. 2: Das 19. und 20. Jahrhundert (Bergische Forschungen 32), Bielefeld 2016, S. 171–267, hier S. 201 f.

24 Vgl. Herberts, Kirche (wie Anm. 16), S. 23 f. u. 27 f.

25 Wolfgang Hoth, Die Industrialisierung einer rheinischen Gewerbestadt – dargestellt am Beispiel Wuppertal (Schriften zur Rheinisch-Westfälischen Wirtschaftsgeschichte 28), Köln 1976, S. 163.

26 Gerhard Adelmann (Bearb.), Der gewerblich-industrielle Zustand der Rheinprovinz im Jahre 1836. Amtliche Übersichten (Veröffentlichung des Instituts für geschichtliche Landeskunde der Rheinlande an der Universität Bonn), Bonn 1967, S. 58 f.; vgl. auch die Gegenüberstellung der Entwicklungen im Regierungsbezirk Düsseldorf und im Kreis Gladbach für den Zeitraum 1818 bis 1861 bei Emsbach, Betriebsverfassung (wie Anm. 19), S. 262.

trieben jeweils etwas weniger als 5.000 Spindeln. Bei den verbleibenden fünf Firmen handelte es sich um kleine Klitschen, die auf dem Niveau eines größeren Handwerkbetriebs arbeiteten. Wie geradezu verschwindend klein die genannten Zahlen waren, zeigt nicht zuletzt der Vergleich mit England, wo in den 1830er Jahren in einzelnen größeren Baumwollspinnereien 40 bis 45.000 Spindeln liefen, in einer einzelnen Fabrik also etwa zweieinhalbmal so viele Spindeln wie im gesamten Bergischen Land.[27] Nahezu alle im Wuppertal mit der Baumwollverspinnung befassten Firmen unterhielten neben zentralen Werkstätten auch noch in den 1840er Jahren ein weit bedeutenderes Verlagsgeschäft, in dem sie eine schwer zu beziffernde Zahl von heimgewerblich tätigen Spinnern beschäftigen.[28]

Auch in den folgenden Jahren änderte sich dieses Bild nur langsam. Bis 1842, dem Jahr, in dem Friedrich Engels seine rheinische Heimat verließ und nach Manchester zog, wurde im Wuppertal eine einzige moderne Baumwollspinnerei gegründet: 1838 nahm die Maschinenspinnerei Hammerstein von Friedrich August Jung ihren Betrieb in Vohwinkel auf, die im Herbst 1839, am Ende der Aufbauphase, auf ca. 19.000 Spindeln produzierte, ihren vollen Produktionsumfang jedoch erst 1845 mit knapp 23.000 Spindeln erreichte.[29] Auch andere Spinnereien im Wuppertal investierten Anfang der 1840er in ihren Maschinenpark, so die Fa. J. A. Oberempt, die 1841 zwei Drosselmaschinen erwarb, oder die Fa. J. H. D. Kamp in Elberfeld, die englische Spinnmaschinen erwarb. Ungeachtet dieser Weiterentwicklungen wies die Baumwollspinnerei im Wuppertal auch in den 1840er Jahren noch immer nicht den Charakter zentralisierter, fabrikindustrieller Produktionsweisen auf: 1846 zählte man im Wuppertal insgesamt erst 34.250 Spindeln. Noch die Gewerbezählung des Jahres 1849 nannte als einzige große Baumwollspinnerei im Wuppertal das Jung'sche Unternehmen am Hammerstein.[30]

Im Bereich der Baumwollweberei gab es im Wuppertal bis zur Mitte der 1840er Jahre nur in einem Einzelfall Ansätze zu fabrikindustriellen Produktionsweisen. Die Fa. Gebr. Boeddinghaus in Elberfeld stellte 1844, anderthalb Jahre nach Engels' Abreise nach Manchester, zwölf dampfbetriebene Maschinenwebstühle auf.[31] Dieses Etablissement, das erste im Rheinland, das sich in der mechanisierten Baumwollweberei versuchte, fand vorerst jedoch keine Nachahmer: Noch 1849 liefen in Elberfeld-Barmen und Ronsdorf insgesamt lediglich 15 mechanische Webstühle, denen 5344 Handwebstühle gegenüberstanden. Auch in der Baumwollweberei blieben somit bis zur Mitte des 19. Jahrhunderts hausindustrielle Produktionsformen die Regel.[32]

Eine größere zentralisierte Werkstätte unterhielt schließlich auch die Fa. Bockmühl, Schlieper & Hecker, die 1828 eine Kattundruckerei eröffnete. Auf dem Fabrikgelände hatte bereits seit 1768 die Maschinenflechterei des Fabrikanten Johann Heinrich Bockmühl

27 Hoffmann, Gründung (wie Anm. 20), S. 137 f.

28 Vgl. hierzu auch die auf einer Auswertung der Überlieferung im Stadtarchiv Wuppertal fußende Arbeit von Herberts, Kirche (wie Anm. 16), bes. S. 49 ff.

29 Hierzu die vorzügliche Studie von Hoffmann, Gründung (wie Anm. 20), bes. S. 142 ff.

30 Herberts, Kirche (wie Anm. 16), S. 68 f.; Hoth, Industrialisierung (wie Anm. 25), S. 157.

31 Wilhelm Boeddinghaus (Hg.), Die Entwicklung der Firma Wilhelm Boeddinghaus & Cie in Elberfeld 1826–1866–1906, Elberfeld 1909.

32 Hoth, Industrialisierung (wie Anm. 25), S. 160.

bestanden,[33] ein Unternehmen, das noch zu Beginn der 1820er Jahren eine Ausnahmestellung im Wuppertaler Gewerbebezirk darstellte. In der jetzt durch den Enkel Friedrich Bockmühl eingerichteten Baumwolldruckerei, die die zu bedruckenden Baumwollstoffe aus England bezog, wurden schon bald nach der Gründung durch Dampfmaschinen angetriebene Druckwalzen eingesetzt, ein modernes Verfahren, das den älteren, im manufakturiellen Produktionssystem angewandten Plattendruck ablöste und den Übergang in die Fabrikindustrialisierung markierte.[34] Die Beschäftigtenzahl der Fa. Bockmühl, Schlieper & Hecker in den 1830er und 1840er Jahren ist leider nicht bekannt. Als es hier 1834 zu einem der ersten Streiks in den Wuppertaler Textilgewerben kam, sollen 56 Drucker mit ihren Streichjungen für ein Wochenende die Arbeit niedergelegt haben.[35] Wie viele Arbeiter sich dem Streik nicht angeschlossen und die Arbeit fortgeführt haben, muss offen bleiben. In jedem Fall zählte die Baumwolldruckerei damit zu Beginn der 1840er Jahren zu den wenigen größeren gewerblichen Betrieben im Wuppertal, die als Fabriken bezeichnet werden können.

Dass jenseits des Baumwollgewerbes zentralisierte fabrikindustrielle Produktionsweisen im Wuppertal keine nennenswerte Rolle spielten, kann nicht zuletzt anhand der nur zögerlichen Verbreitung von Dampfmaschinen in der Region belegt werden. Erste Dampfmaschinen wurden bereits 1825 in der Bandweberei von Abraham & Gebr. Frowein und 1827 in der Baumwollspinnerei P. C. Peill installiert.[36] Weitere kleinere Spinnereien und eine mechanische Werkstätte des Unternehmers Julius Blank kamen in den folgenden Jahren hinzu. Mehrere dieser Firmen überlebten die wirtschaftliche Krise der frühen 1830er Jahre nicht. Zwar arbeitete auch die Maschinenspinnerei in Hammerstein – parallel zur kostenfrei verfügbaren Wasserkraft der Wupper – bereits seit 1839 mit einer Dampfmaschine. Sie gehörte damit jedoch Anfang der 1840er Jahre zu einigen wenigen Einzelfällen im Wuppertal, die diese neue Technik nutzten. 1837 zählte man in Elberfeld und Barmen immer noch erst neun Dampfmaschinen, bis 1843 kamen lediglich zwei weitere hinzu. Erst die Gewerbetabellen für die Jahre 1846 und 1849 verzeichnen zwanzig bzw. 21 im Wuppertal installierte Dampfmaschinen.[37]

---

33 Vgl. BREDT, Lohnindustrie (wie Anm. 10), S. 58; Gustav GROTE, Johann Peter Baum und Juliane Bockmühl. Ihre Vorfahren und Nachkommen, Wuppertal 1950, S. 80; Reiner RHEFUS, Die Wuppertaler Textilindustrie und ihre Baudenkmale, in: Walter Buschmann (Hg.), Industriekultur. Düsseldorf und das Bergische Land, Essen 2016, S. 211–237, hier S. 215 f.

34 BREDT, Lohnindustrie (wie Anm. 10), S. 161; GROTE, Johann Peter Baum (wie Anm. 33), S. 80; HERBERTS, Kirche (wie Anm. 16), S. 15 ff.; RHEFUS, Wuppertaler Textilindustrie (wie Anm. 33), S. 216.

35 HERBERTS, Kirche (wie Anm. 16), S. 75.

36 Ebd., S. 10 u. 19; HOTH, Industrialisierung (wie Anm. 25), S. 150 f.; OVERKAMP, Fleiß (wie Anm. 8), S. 99.

37 Ebd., S. 152 ff.; vgl. auch Wolfgang HOTH, Die ersten Dampfmaschinen im Bergischen Land. Ein Kapitel rheinischer Industriegeschichte, in: Scripta Mercaturae 1 (1977), S. 73–97; DERS., Die Entwicklung der Industrien in Wuppertal, unter besonderer Berücksichtigung der Textilindustrie und der Zulieferindustrien, in: Kurt Düwell/Wolfgang Köllmann (Hg.), Rheinland-Westfalen im Industriezeitalter. Bd. 1: Von der Entstehung der Provinzen bis zur Reichsgründung, Wuppertal 1983, S. 96–113. Die Bemerkung hier auf S. 99, „daß 1840 sämtliche 25.506 Spindeln mit Dampfkraft angetrieben wurden, d.h. die Baumwollspinnerei in Wuppertal bereits völlig

Als Friedrich Engels im November 1842 von Barmen nach Manchester zog, waren also weder die sozialen Verhältnisse durch einen scharfen Gegensatz zwischen Lohnarbeit und Kapitaleinkommen geprägt noch dominierten fabrikindustrielle Produktionsverhältnisse die Wirtschaftsstruktur des Wuppertals. Zwar gehörten Elberfeld und Barmen und ihre Umgebung in dieser Zeit ohne Zweifel zu den wichtigsten Gewerbezentren im Deutschen Bund, die Produktion folgte aber noch ganz protoindustriellen Mustern und war überwiegend dezentral in der Betriebsform des Verlags organisiert. Dabei waren weder fehlende technische Kenntnisse, wie Beuth noch 1816 unterstellt hatte, noch eine vermeintlich rückständige Mentalität entscheidend für das Weiterleben der protoindustriellen Produktionsverhältnisse. Auch wenn widrige Marktverhältnisse angesichts der übermächtigen englischen Konkurrenz mit ihren Vorteilen beim Rohstoffbezug Investitionen in Maschinen und zentrale Produktionsstätten im Wuppertal lange Zeit unrentabel erscheinen ließen, waren sich Wuppertaler Kaufleute und Unternehmen doch der höheren Effizienz fabrikindustrieller Produktionsweisen durchaus bewusst, sie unternahmen jedoch nur in Einzelfällen seit den 1820er Jahren Versuche, die Produktion im Bereich der Baumwollspinnerei zu zentralisieren.

Dies galt nicht zuletzt auch für die Familie Engels, insbesondere für die Unternehmungen des gleichnamigen Vaters von Friedrich Engels.[38] Friedrich Engels sen. hatte sich 1836 aus der mit seinen Brüdern gemeinschaftlich geführten Fa. „Caspar Engels Söhne“ verabschiedet und 1837 mit den Brüder Ermen aus Manchester ein neues Kompaniegeschäft unter der Bezeichnung „Ermen & Engels“ gegründet. Ziel des Gemeinschaftsunternehmens war die Errichtung einer Baumwollspinnerei. Nachdem zunächst offenbar geplant war, das neue Werk im Barmer Bruch, in unmittelbarer Nachbarschaft des Wohnhauses der Familie Engels, zu errichten, entschieden sich beide Partner schon bald dafür, die Fabrik am Ufer der Agger im Oberbergischen in der Bürgermeisterei Engelskirchen zu planen. Zwei Gründe waren für die Wahl des neuen Standorts, der etwa 45km südlich des Stammhauses lag, ausschlaggebend: Zum einen stand mit der Agger ein starkes Wassergefälle zur Verfügung, das als Antriebsenergie genutzt werden sollte und zunächst sogar die ursprünglich geplante Installation einer Dampfmaschine überflüssig erscheinen ließ. Zum anderen fanden sich in der gewerbeschwachen oberbergischen Region hinreichend Arbeitskräfte, die zu niedrigeren Löhnen als die Spinner im Wuppertal beschäftigt werden konnten.[39] Möglicherweise wegen Problemen beim

industrialisiert war“, muss eher als Beleg für die verschwindend geringe Bedeutung der Maschinenspinnerei im Wuppertal gelesen werden, denn als Nachweis für einen fortgeschrittenen Industrialisierungsstand. Von den genannten Spindeln betreffen zu diesem Zeitpunkt etwa 20.000 allein die Jung'sche Spinnerei am Hammerstein. Die heimgewerblichen Spinner sind in der hier benutzten Quelle offensichtlich außer Betracht geblieben.

38 Zum folgenden vgl. vor allem Knieriem, Gewinn (wie Anm. 14) sowie Thomas Schleper, Mit Engels ins Industriezeitalter. Von Wasserkraft, Fabrikarbeit und Baukunst (Rheinisches Industriemuseum, Beiträge zur Industrie- und Sozialgeschichte 3), Köln 1991. Aufschlussreich ist darüber hinaus die Edition von Briefen aus dem Nachlass der Familie Engels: Michael Knieriem (Hg.), Die Herkunft des Friedrich Engels. Briefe aus der Verwandtschaft 1791–1847 (Schriften aus dem Karl-Marx-Haus 42), Trier 1991.

39 Vgl. hierzu die Briefe von Friedrich Engels an Peter Albert Ermen in Manchester vom 7.

Grundstückserwerb konnte mit den Bauarbeiten erst im Frühsommer 1840 begonnen werden. In der zweiten Jahreshälfte 1843 konnten dann endlich erste Probeläufe an den installierten Maschinen durchgeführt werden, der Beginn einer regulären Produktion ist auf das Jahr 1844 zu datieren. Nachdem in den Jahren 1845 und 1846 noch weitere Anbauten und Erweiterungen am Gebäudeensemble errichtet worden waren, beschäftigte die Fa. Engels an ihrem Engelskirchener Standort im Jahr 1847 159 Arbeiter, darunter 83 Frauen und 76 Männer. Bis 1855 stieg die Zahl der Beschäftigten auf schließlich 512 Arbeiter. Gewinne warf die Fabrik ausweislich der erhaltenen Bilanzen erstmals 1852 ab.[40]

Friedrich Engels jun., der seit November 1842 in der Manchester Niederlassung der Fa. Ermen & Engels beschäftigt war, wird die Pläne seines Vaters und des Geschäftspartners ohne Zweifel gekannt haben. Zum Zeitpunkt seiner Abreise nach England waren die Bauarbeiten in Engelskirchen noch in vollem Gange. Mit dem Einstieg in das Fabriksystem durch den Aufbau der Baumwollspinnerei in Engelskirchen dürfte sich in Friedrichs Augen ohne Zweifel auch die väterliche Firma vollends der radikalen Verwertungslogik des Privateigentums zugewandt haben. Für die von ihm prognostizierte Polarisierung der gesellschaftlichen Verhältnisse als notwendige Konsequenz eines entfesselten Konkurrenzprinzips stellte die Fabrikgründung allerdings genauso wenig einen Beleg dar wie die Entwicklung der Gewerbe im Tal der Wupper insgesamt.

Die Orientierung nach Manchester war für Wuppertaler Kaufleute in den 1820er und 1830er Jahren nicht ungewöhnlich.[41] Aus England importierte man maschinell hergestellte, qualitativ hochwertige Baumwollgarne, die vielfältiger eingesetzt werden konnten als die handgesponnenen heimischen Garne. Die Fa. „Caspar Engels Söhne" unterhielt bereits seit 1819 Handelsbeziehungen zur Fa. William Shenton & Co. in Manchester, für die seit 1820 Peter Albert Ermen als Korrespondent tätig war. Während einer Reise nach Manchester im Jahr 1827 lernte Friedrich Engels sen. seinen späteren Geschäftspartner kennen.[42]

Angesichts der übermächtigen englischen Konkurrenz blieben für die Mehrzahl der Elberfelder und Barmer Kaufleute und Unternehmer bis in die zweite Hälfte der 1840er Jahre eigene Investitionen in die Produktionssphäre ein riskantes, vielfach auch als aussichtslos angesehenes Geschäft. Den Weg aus der Krise hin zu Reichtum und Wohlstand sah man meist in einer Intensivierung des Handelsgeschäfts und in einer Ausdehnung der Handelsräume. Die wachsende Einbindung des regionalen Produktionssystems in überregionale, zu einem bedeutenden Teil auch transkontinentale Marktzusammenhänge war seit der Mitte des 18. Jahrhunderts unübersehbar. Wie Anne Sophie Overkamp auf der Basis örtlicher Kaufmannsbücher nachweisen konnte, spielte insbesondere der südamerikanische Markt für den Absatz der Wuppertaler Textilien bereits in der zweiten

---

und vom 24. März 1837, gedruckt in Knieriem (Bearb.), Herkunft (wie Anm. 38), S. 562–564 u. 566–568.

40 Knieriem, Gewinn (wie Anm. 14), S. 46; Schleper, Engels (wie Anm. 38), S. 63 ff.

41 Vgl. etwa den Nachweis für die Fa. Abraham Frowein bei Overkamp, Außenhandel (wie Anm. 8), S. 118.

42 Knieriem, Gewinn (wie Anm. 14), S. 16 f.; Ders, Die Brüder Ermen in Manchester. Biographische Anmerkungen zu Friedrich Engels' Geschäftspartnern, in: Jahrbuch des Instituts für Marxistische Studien und Forschungen 3 (1980), S. 312–320.

Hälfte des 18. Jahrhunderts eine bedeutende Rolle.[43] Nach dem Ende der Handelssperren im Kontext der napoleonischen Kriege bestand ein Hauptanliegen der Wuppertaler Kaufleute zunächst darin, die wiedergewonnene Handelsfreiheit unter Reaktivierung älterer Kontakte zu nutzen, um die gut gefüllten Warenlager zu leeren.[44] Auch die Zufuhr von Rohstoffen erfolgte im 19. Jahrhundert überwiegend unter Nutzung globaler ökonomischer Verflechtungen. Die Importe von Rohbaumwolle aus der Levante konnten den rasch wachsenden Bedarf der Wuppertaler Textilgewerbe an der Wende zum 19. Jahrhundert nicht mehr decken, und man sah sich gezwungen, den Rohstoff zunächst aus Indien,[45] nach Ende der napoleonischen Herrschaft dann mehr und mehr aus den USA zu beziehen.

Unter diesen Umständen mag es bezeichnend sein, wenn die Wuppertaler Kaufleute und Verleger angesichts der Absatzkrise zu Beginn der 1820er Jahre einen ökonomischen Ausweg in der Gründung einer Handlungskompagnie nach dem Muster der niederländischen und britischen Überseegesellschaften des 17. und 18. Jahrhunderts suchten. Die 1821 als Aktiengesellschaft gegründete „Rheinisch-Westindische Kompagnie" sollte für die Wuppertaler Gewerbe in einer kollektiven Anstrengung vor allem auf dem südamerikanischen Kontinent neue Absatzmärkte erschließen, indem das nötige Kapital für die teuren und gefährlichen Handelsreisen gemeinsam zusammengetragen wurde. Für den einzelnen Kaufmann sollte damit der Warenexport nach Übersee auch dann möglich werden, wenn er selbst nicht in der Lage war, die hiermit verbundenen langen Kapitalumschlagzeiten zu finanzieren. Zugleich hoffte man so, die regionale Kaufmannschaft von den Kommissions- und Speditionsfirmen in den niederländischen Nordseehäfen, die bislang die Verbindungen nach Übersee organisiert hatten, unabhängig zu machen und zugleich die Gründung von Handelsniederlassungen auf den westindischen Inseln sowie in Mittel- und Südamerika zu befördern. Während die Gesellschaft bis 1825 noch gute Gewinne erwirtschaften konnte, wie geplant Handelsniederlassungen in Mittel- und Südamerika gründete und widerholt die Kapitalsumme über die Ausgabe neuer Aktien aufstockte, ging bereits 1826 der Umsatz spürbar zurück. Der Niedergang setzte sich in den Folgejahren rapide fort, was nicht nur am Preisdumping der englischen Konkurrenz, die 1826 unter einer gravierenden Überproduktionskrise litt, lag. Vor allem zeigte sich Ende der 1820er Jahre, dass man die Aufnahmefähigkeit der lateinamerikanischen Märkte überschätzt hatte. Man sah man sich gezwungen, Lagerbestände mit Verlust loszuschlagen, woraufhin die Aktie rasch an Wert und Vertrauen einbüßte. 1832 wurde die schließlich die Liquidation des Unternehmens eingeleitet, die erst 1843 endgültig vollzogen war.[46]

---

43 Anne Sophie OVERKAMP, Of Tape and Ties: Abraham Frowein from Elberfeld and Atlantic Trade, in: Susanne Lachenicht (Hg.), Europeans Engaging the Atlantic. Knowledge and Trade, 1500–1800, Frankfurt a.M. 2014, S. 127–150; DIES., Elberfeld und der Atlantik. Strategien und Möglichkeiten eines proto-industriellen Kaufmannes im (Trans-) Atlantikhandel, 1760–1820, in: Vierteljahrschrift für Sozial- und Wirtschaftsgeschichte 107 (2020), S. 242–263.

44 OVERKAMP, Außenhandel (wie Anm. 8), S. 113.

45 RHEFUS, Wuppertaler Textilindustrie (wie Anm. 33), S. 216.

46 Zur Geschichte der Gesellschaft nach wie vor unverzichtbar Hans-Joachim OEHM, Die Rheinisch-Westindische Kompagnie (Bergische Forschungen 7), Neustadt/Aisch 1968; vgl.

Von transkontinentalen Handelsbeziehungen oder auch nur internationalen Verflechtungen spricht Friedrich Engels im Folgejahr in seinen „Umrissen zu einer Kritik der Nationalökonomie“ an keiner Stelle. Ganz offensichtlich knüpft er nicht an den Problemen an, die in der bergischen Kaufmannschaft in jenen Jahren intensiv diskutiert wurden.[47] Das zentrale Anliegen seines Textes ist es vielmehr, die Grundkategorien der Warenproduktion zu isolieren, in dialektischen Denkbewegungen ihre Widersprüchlichkeit nachzuweisen und – hierauf mit einer gewissen Unausweichlichkeit folgend – auf die zwangsläufig bevorstehende Überwindung der gegenwärtigen Verhältnisse zu schließen. Engels Text interessiert sich weniger für den sich überwiegend in der Distributionssphäre bewegenden Kaufmann und Verleger, wie er im Wuppertaler Wirtschaftsbürgertum der ersten Hälfte des 19. Jahrhunderts dominierte, sondern vielmehr für den Kapitalisten, der im Produktionssystem neue Verwertungsmöglichkeiten für sein im Privateigentum gegründetes Vermögen fand. Der Gegensatz zwischen Kapital und Arbeit, der zunehmend alle übrigen Differenzen überlagere, der Zwang zur kontinuierlich sich steigernden Verwertung des Kapitals, die Erfindung des Fabriksystems, das alle anderen gesellschaftlichen Ordnungssysteme, etwa die Familie, zerstöre – all dies führte Engels in seinem Essay auf das Prinzip des Privateigentums zurück. Und so wie die wirtschaftlichen Gegensätze zwischen den Produzenten unter den Bedingungen der Konkurrenz in Wirtschaftskrisen mündeten, so müssten die sich verschärfenden gesellschaftlichen Konflikte zwischen Kapital und Arbeit in Krisenzeiten unweigerlich zur Revolution und zur Überwindung der gegenwärtigen Verhältnisse führen.

Mit der dominierenden Orientierung auf Produktionssysteme, auf das Fabrikwesen und die hiermit verbundenen, sich zuspitzenden gesellschaftlichen Konflikte auf der einen Seite und mit den Möglichkeiten, die eine Nutzung der Potentiale technischer Neuerungen birgt, auf der anderen Seite, beschreibt Engels eine Welt, die in dieser Form im Wuppertal der 1840er Jahre noch keine Realität war. Vieles spricht dafür, dass Engels kühne Thesen zur politischen Ökonomie weniger von seinen Erfahrungen im Wuppertal geprägt waren, als vielmehr vor allem durch die schockierende Konfrontation mit den fortgeschrittenen industriellen Verhältnissen im Manchester der 1840er Jahre.

---

auch Rudolf Boch, Grenzenloses Wachstum? Das rheinische Wirtschaftsbürgertum und seine Industrialisierungsdebatte 1814–1857 (Bürgertum. Beiträge zur europäischen Gesellschaftsgeschichte 3), Göttingen 1991, S. 60ff; Ders., Bergische Land (wie Anm. 23), S. 187ff.

47 Hierzu mit Einzelnachweisen Boch, Wachstum (wie Anm. 46), vor allem S. 47–84.

Märkte, Menschen und Maschinen

Die Industrialisierung der Baumwollgewerbe in Großbritannien, im Rheinland und in Sachsen

Michael Schäfer

1. Protoindustrielle Vorläufe

Die Baumwolle und ihre industrielle Bearbeitung und Verwertung hatten für Friedrich Engels mindestens bis zu seinem Rückzug aus dem aktiven Geschäftsleben 1869 eine wichtige Rolle sowohl für seinen persönlichen Werdegang und sein Berufsleben als auch für sein schriftstellerisches Werk gespielt. Als Spross einer rheinischen Textilunternehmerfamilie war Engels frühzeitig mit dem Baumwollgeschäft vertraut, seine berufliche Ausbildung war auf die künftige Tätigkeit im Familienunternehmen ausgerichtet. Er war schon als junger Mann in der familieneigenen Großspinnerei in Manchester, dem globalen Zentrum der Baumwollindustrie, beschäftigt und hatte seine dort gesammelten Eindrücke in seiner berühmten Schrift zur Lage der arbeitenden Klasse in England verarbeitet. Gerade an der Genese der Baumwollindustrie manifestierte sich für Karl Marx, Friedrich Engels und viele ihrer Zeitgenossen die künftige industriell-kapitalistische Entwicklung in ihrer sichtbarsten und greifbarsten Form. Am weitesten fortschritten war dieser Prozess in Großbritannien, wo die Mechanisierung der Baumwollwarenfertigung bereits im ausgehenden 18. Jahrhundert einsetzte und zunächst die vorgelagerten Stufen des Garnspinnens, dann auch das Weben erfasste. Diese technologischen Innovationen waren verbunden mit einer grundlegenden Veränderung der Arbeitsorganisation. Die Produktion von Baumwollgarn und – später – auch von Webstoffen wurde zentralisiert, in Fabriken verlegt, in denen eine größere Zahl von Lohnarbeitern/innen beschäftigt war. Die britische Baumwollindustrie wurde so zu einem „Leitsektor" der Industriellen Revolution. Mit einer gewissen zeitlichen Verzögerung setzte die Industrialisierung der Baumwollwarenproduktion auch in Deutschland ein. Friedrich Engels' unternehmerischer Werdegang, sein Wechsel zwischen dem Wuppertal und der Baumwollmetropole Manchester, deuten an, dass die industriewirtschaftlichen Entwicklungen im „Pionierland" Großbritannien mit denen in Deutschland verbunden waren und beide in einer engen Beziehung zueinander standen.

Ein deutsch-britischer Vergleich des frühindustriellen Baumwollsektors wird sich also nicht zuletzt mit den Interdependenzen und Beziehungen zwischen den entstehenden Textilindustrien beider Länder beschäftigen müssen. Dabei ist allerdings zunächst zu bedenken, dass man kaum von der britischen Baumwollindustrie und noch viel weniger von der deutschen Baumwollindustrie sprechen kann. Hier wie dort bildete die Baumwollindustrie regionale Cluster, die jeweils eigentümliche Entwicklungen nahmen. In Großbritannien hatten sich bis zum Ausgang des 18. Jahrhunderts zwei große Baumwollregionen herausgebildet: (1.) in Lancashire im Nordwesten Englands mit Manchester und dem Umschlaghafen Liverpool; (2.) in der Grafschaft Lanarkshire in Südwest-Schottland um das Zentrum Glasgow. In Deutschland entwickelte sich die Baumwollindustrie regional verstreuter. Im Folgenden beschränke ich mich auf zwei der wohl bedeutendsten Cluster der frühindustriellen Baumwollwarenproduktion im preußischen Rheinland und im Südwesten des Königreichs Sachsen.[1]

Gemeinsam ist allen diesen regionalen Zentren der frühen Baumwollindustrie, den deutschen wie den britischen, dass sie in protoindustriellen Vorläufen gründeten. Hier wurden bereits in der Frühen Neuzeit Baumwolltextilien für den überregionalen Vertrieb gefertigt.[2] Im Raum Manchester und im Raum Glasgow wurden seit dem frühen 18. Jahrhundert Gewebe aus Baumwolle hergestellt. In beiden Fällen gründete die Baumwollwarenmanufaktur auf einer längeren Tradition der Leinenweberei. In den kursächsischen Textilstädten am westlichen Erzgebirgsrand, in Chemnitz, Glauchau, Hohenstein u.a., waren ebenfalls, zum Teil schon seit dem ausgehenden Mittelalter Leinenstoffe für den überregionalen Vertrieb gefertigt worden. Hier gingen die Weber seit der ersten Hälfte des 18. Jahrhundert sukzessive vom Leinen zur Baumwolle über. Im südlichen Vogtland um die Stadt Plauen wurden bereits um 1600 – neben der Leinwand – Baumwollstoffe, vor allem leichte, luftige Gewebe („Schleier", „Nesseltücher", später Musselin) gefertigt. Seit dem frühen 18. Jahrhundert breitete sich im Chemnitzer Raum die Strumpf- und Handschuhwirkerei aus, die ebenfalls ganz überwiegend Baumwolle als Werkstoff verwendete.[3] Das Wuppertal hatte sich nach einem landesherrlichen Garn- und Bleichprivileg für die Orte Barmen und Elberfeld zu einem Zentrum der Produktion und des Handels mit Leinentextilien entwickelt. Neben breiten wurden hier in besonderem Maße schmale Gewebe wie Bänder, Kordeln, Litzen und Schnüre gefertigt. Im Laufe des 18. Jahrhunderts vollzog sich auch hier ein partieller Übergang vom Rohmaterial Flachs zur Baumwolle. Am linken Niederrhein, um Mönchengladbach, schließlich

---

1 Vgl. allgemein: Sidney Pollard, Einleitung, in: Ders. (Hg.), Region und Industrialisierung. Studien zur Rolle der Region in der Wirtschaftsgeschichte der letzten zwei Jahrzehnte, Göttingen 1980, S. 11–31; Toni Pierenkemper, Zum regionalen Ansatz in der Wirtschaftsgeschichte, in: Ulrich Heß u.a. (Hg.), Unternehmen im regionalen und lokalen Raum 1750–2000, Leipzig 2004, S. 19–34; Karl Ditt, Vorreiter und Nachzügler in der Textilindustrialisierung. Das Vereinigte Königreich und Deutschland während des 19. Jahrhunderts im Vergleich, in: Hartmut Berghoff/Dieter Ziegler (Hg.), Pionier oder Nachzügler? Vergleichende Studien zur Geschichte Großbritanniens und Deutschlands im Zeitalter der Industrialisierung (Festschrift Sidney Pollard), Bochum 1995, S. 29–58.

2 Vgl. zum Protoindustrialisierungskonzept: Toni Pierenkemper, Gewerbe und Industrie im 19. und 20. Jahrhundert, München 1994, S. 51–55; zur Forschung: Peter Kriedte/Hans Medick/Jürgen Schlumbohm, Eine Forschungslandschaft in Bewegung. Die Proto-Industrialisierung am Ende des 20. Jahrhunderts, in: Jahrbuch für Wirtschaftsgeschichte 1998/2, S. 9–20; sowie Karl Ditt, Die Industrialisierung in Baumwoll- und Leinenregionen Europas: Eine Einführung, in: Ders., Sidney Pollard (Hg.), Von der Heimarbeit in die Fabrik: Industrialisierung und Arbeiterschaft in Leinen- und Baumwollregionen Westeuropas während des 18. und 19. Jahrhunderts, Paderborn 1992, S. 1–42.

3 Vgl. Michael Schäfer, Eine andere Industrialisierung. Die Transformation der sächsischen Textilexportgewerbe 1790–1890, Stuttgart 2016, S. 27–40.

wurde die Baumwollweberei erst im letzten Viertel des 18. Jahrhunderts eingeführt. In den Dörfern waren dort aber ebenfalls schon längere Zeit Leinenstoffe in Heimarbeit gewebt worden.[4]

In allen diesen Regionen und Revieren prägten sich Verlagsbeziehungen in unterschiedlicher Varianten und unterschiedlicher Intensität aus. In idealtypischer Zuspitzung lässt sich das „Verlagssystem" als Form der Warenproduktion beschreiben, in der ein Verleger, oft ein Kaufmann, Rohstoffe – in diesem Falle: Baumwolle oder Baumwollgarn – an die in eigener Werkstatt arbeitenden Arbeitskräfte verteilte, ihnen einen vereinbarten Arbeitslohn zahlte, die gefertigten Warenstücke wieder einsammelte, gegebenenfalls Endfertigungsarbeiten ausführen ließ, um sie dann dem Vertrieb zuzuführen. In den britischen Baumwollrevieren wurde die Verteilung des Garns und das Einsammeln der Gewebe gewöhnlich an Mittelspersonen (Zwischenverleger) delegiert. Im späteren 18. Jahrhundert finden sich hier auch Formen der zentralen Produktion, als einzelne Verleger dazu übergingen, eine größere Zahl von Handwebstühlen in geschlossenen Werkstätten aufzustellen, in denen bis zu 200 Lohnweber arbeiteten.[5]

In seiner klassischen Definition durch die historische Forschung wurde die Genese des Verlagssystems auf die Initiative unternehmender Kaufleute zurückgeführt, die das ländliche Arbeitskraftpotenzial nutzten wollten, um das städtische Zunfthandwerk und seine wachstumshemmenden Regularien zu umgehen. In Großbritannien waren die Zünfte bereits in der frühen Neuzeit stark rückläufig und spielten demnach auch in der nordwestenglischen und schottischen Leinen- und Baumwollmanufaktur keine Rolle mehr. Im Wuppertal hatte die „Garnnahrung", der Zusammenschluss der vom Garn- und Bleichmonopol privilegierten Personen, faktisch den wohlhabenderen Kaufleuten eine strategische Schlüsselposition verschafft. Sie beschäftigten die nicht zünftig organisierten Heimweber der näheren und weiteren Umgebung. Versuche im 18. Jahrhundert, in Barmen und Elberfeld eine Weberzunft zu etablieren, waren nur vorübergehend erfolgreich und scheiterten letztlich am Widerstand der Kaufmannschaft. Das linksrheinische Baumwollrevier gründete ebenfalls primär auf dörflicher Heimarbeit, ein Arbeitskräfte-Reservoir, das überwiegend von Verleger-Kaufleuten aus dem Wuppertal erschlossen worden war.[6]

---

4 Vgl. Dietrich EBELING, Frühindustrialisierung und Modernisierung in den nördlichen Rheinlanden 1750–1830, in: Cromford – Ratingen. Lebenswelten zwischen erster Fabrik und Herrenhaus um 1800, Ratingen 2010, S. 21–35, hier S. 24 f.; Karl EMSBACH, Die soziale Betriebsverfassung der rheinischen Baumwollindustrie im 19. Jahrhundert, Bonn 1982, S. 26–29 u. 74 f.

5 Vgl. Ulrich PFISTER, Verlagssystem, in: Friedrich Jaeger (Hg.), Enzyklopädie der Neuzeit, Bd. 14, Stuttgart 2011, S. 162–167; Duncan BYTHELL, The Handloom Weavers. A Study in the English Cotton Industry during the Industrial Revolution, Cambridge 1969, S. 33f; Mary B. ROSE, Firms, Networks and Business Values. The British and American Cotton Industries since 1750, Cambridge 2000, S. 23–27; Anthony COOKE, The Rise and Fall of the Scottish Cotton Industry, 1778–1914, Manchester/New York 2010, S. 103; Gerhard ADELMANN, Die Baumwollgewerbe Nordwestdeutschlands und der westlichen Nachbarländer beim Übergang von der vorindustriellen zur frühindustriellen Zeit 1750–1850, Stuttgart 2001, S. 64 u. 155 f.

6 Vgl. Franklin D. MENDELS, Proto-Industrialization: The First Phase of the Industrialization Process, in: Journal of Economic History 32 (1972), S. 241–261; Anne Sophie OVERKAMP, Fleiß,

Dagegen spielten in Sachsen die Zünfte, dort „Innungen" genannt, eine weit größere Rolle in der protoindustriellen Textilmanufaktur. In den Weberstädten des Chemnitz-Glauchauer Reviers war es den Leineweberinnungen vielerorts gelungen, auch die Fertigung von Baumwollstoffen zu monopolisieren, wenngleich dieser Anspruch auf den Dörfern der Umgebung kaum durchzusetzen war. Die Begutachtung der gefertigten Webstücke lag in der Hand der „Schauanstalten" der örtlichen Weberinnungen. Auf Lohn zu arbeiten, war den Webern ausdrücklich untersagt. Ihre staatlich sanktionierten „Innungsartikel" verliehen den städtischen Meistern zahlreiche Privilegien: vom Recht, die eigenen Gewebe zu färben und zu vermarkten, bis zur alleinigen Befugnis zur Verspinnung der Rohbaumwolle. Ob die Chemnitzer, Glauchauer oder Hohensteiner Webermeister diese Befugnisse auch nutzen konnten, stand allerdings auf einem anderen Blatt. Die Mehrzahl der Innungsweber konnte weder daran denken, ihre Waren selbst zu färben noch auf die Leipziger Messen zu ziehen. Mangels Kapital mussten sie ihren Materialeinkauf vorfinanzieren lassen und gerieten so in Abhängigkeit von ihren Abnehmern und Auftraggebern, die letztlich wie Verleger agierten und sich auch so nannten.[7]

Im südlichen Vogtland hatte sich die Baumwollweberei rund zwei Jahrhunderte früher als im Chemnitzer Raum etabliert. Als Schleiermacherei war sie zunächst ein Spezialgewerbe gewesen, das anfangs von Plauener Bürgertöchtern ausgeübt wurde, über dessen Organisation sich aber eine Plauener Kaufmannsgilde weitgehende Verfügungsrechte gesichert hatte. Noch im 18. Jahrhundert wurden die vogtländischen Baumwollstoffe, namentlich das Musselin, vornehmlich von unzünftigen, meist weiblichen „Würkern" gefertigt. Die Anstrengungen der städtischen Weberinnungen, in das Refugium der Baumwollwarenfertigung einzudringen, waren letztlich nur partiell erfolgreich.[8] Die sächsische Strumpfwirkerei wiederum war zwar ein überwiegend ländliches Gewerbe, doch hatten sich auch dort Zünfte bildet, die allerdings vergleichsweise wenige Privilegien und Verbietungsrechte besaßen. Während die Wirker in den Dörfern und Kleinstädten von Zwischenverlegern abhängig waren, konnten sich ihre Kollegen, die in der Nähe der städtischen Vertriebszentren der Branche (Chemnitz, Limbach, Hohenstein) wohnten, durch Einkauf der Roh- und Halbstoffe eine gewisse Unabhängigkeit sichern.[9] Eine Sonderstellung in der protoindustriellen Baumwollwarenwirtschaft nahm die Kattundruckerei ein, denn sie wurde gewöhnlich von Anfang an im „geschlossenen Etablissement" betrieben. Unternehmende Kaufleute und Handwerksmeister kauften Baumwollgewebe ein, ließen sie in größeren Werkstätten von unzünftigen Lohnarbeitern von Hand mit Mustern bedrucken und brachten sie auf eigene Rechnung auf die Märkte. In

---

Glaube, Bildung. Kaufleute als gebildete Stände im Wuppertal 1760–1840 (Bürgertum Neue Folge 20), Göttingen 2020, S. 54–62 u. 139–145; EMSBACH, Betriebsverfassung (wie Anm. 4), S. 28 f. u. 74.

7 Vgl. SCHÄFER, Industrialisierung (wie Anm. 3), S. 31–35 u. 54ff; Albin König, Die sächsische Baumwollenindustrie am Ende des vorigen Jahrhunderts und während der Kontinentalsperre, Leipzig 1899, S. 108–119.

8 Vgl. SCHÄFER, Industrialisierung (wie Anm. 3), S. 27–30; KÖNIG, Die sächsische Baumwollenindustrie (wie Anm. 7), S. 119–138.

9 Vgl. SCHÄFER, Industrialisierung (wie Anm. 3), S. 38ff; Felix IRMSCHER, Die Strumpfindustrie in Chemnitz und im Chemnitzer Kreise, Berlin 1929, S. 19–42.

größerer Zahl siedelten sich solche Betriebe seit den 1770er Jahren im südwestsächsischen Baumwollgürtel an, vor allem in den Zentren Plauen und Chemnitz, aber auch an einigen anderen Standorten des Landes.[10]

Sowohl die rheinische als auch die sächsische Baumwollwarenmanufaktur exportierten einen größeren Teil ihrer Produktion in Gebiete außerhalb der Landesgrenzen. Dies war nicht verwunderlich, denn weder das Kurfürstentum Sachsen noch gar das Herzogtum Jülich-Berg bot den heimischen Produzenten einen Binnenmarkt, der ihre Erzeugnisse auch nur annähernd hätte aufnehmen können. Baumwollwaren aus dem Wuppertal, dem Vogtland und der Chemnitzer Raum gingen in zahlreiche europäische Länder, nach Vorderasien und in die transatlantischen Siedlungsgebiete. Sie wurden auf den im Jahreszyklus stattfindenden Messen abgesetzt, über den im 18. Jahrhundert sich stark vermehrenden Kommissionshandel und zunehmend auch über regelmäßige Bestellungen auswärtiger Handelsfirmen vertrieben. Auf den deutschen, europäischen und überseeischen Märkten standen die im Rheinland und in Sachsen gefertigten Textilien in Konkurrenz mit ähnlichen Erzeugnissen anderer Regionen und hatten dabei oft mit Handicaps zu kämpfen: Zöllen, Einfuhrverboten, relativ hohen Transportkosten u.ä.m.[11] Dagegen genoss die britische Baumwollweberei des 18. Jahrhunderts die Vorteile eines großen und kaufkräftigen, nach außen hin geschützten Inlandsmarktes. Sie war im Windschatten der zunächst sehr viel bedeutenderen Wollwarenmanufaktur herangewachsen und hatte nicht zuletzt von dem Einfuhrverbot indischer Baumwollstoffe profitiert, das die Wollgewebehersteller durchgesetzt hatten. Der Exportanteil der britischen Baumwollwarenwirtschaft war zunächst eher bescheiden. Ihre Erzeugnisse konnten lange Zeit in Qualität und Preis nicht mit den indischen Geweben mithalten, die die *East India Company* in großen Mengen auf die europäischen Märkte brachte. Und auch gegen die billiger produzierende sächsische und rheinische Konkurrenz hatten die englische und schottische Baumwollweberei außerhalb der geschützten Heimat- und Kolonialmärkte nicht selten das Nachsehen.[12] Dies änderte sich im Laufe der 1780er Jahre grundlegend.

2. Die britische Herausforderung

Mit dem Beginn der Industrialisierung entwickelte sich zwischen der britischen und der deutschen Baumwollwarenwirtschaft eine Beziehungsgeschichte mit verteilten Rollen: In Großbritannien vollzog sich seit im ausgehenden 18. Jahrhundert sukzessive eine

---

10 Vgl. Volker SCHOLZ, Die Herausbildung und Entwicklung der Kattundruckerei in Chemnitz an der Wende vom 18. zum 19. Jahrhundert, in: Mitteilungen des Chemnitzer Geschichtsvereins 69 (1999), S. 144–152; KÖNIG, Die sächsische Baumwollenindustrie (wie Anm. 7), S. 157–162.

11 Vgl. SCHÄFER, Industrialisierung (wie Anm. 3), S. 64–81; OVERKAMP, Fleiß (wie Anm. 6), S. 69–92.

12 Vgl. Edward BAINES, Geschichte der brittischen Baumwollenmanufactur und Betrachtungen über ihren gegenwärtigen Zustand, Stuttgart/Tübingen 1836, S. 38–41 u. 62; ROSE, Firms (wie Anm. 5), S. 28 f.; DIES., Lancashire, die Baumwollindustrie und die Industrielle Revolution in Deutschland. Der Übergang zum Fabriksystem, in: Ditt/Pollard (Hg.), Heimarbeit (wie Anm. 2), S. 145 f.

grundlegende industrielle Transformation der Baumwollwarenproduktion. Deren Auswirkungen stellten die Wirtschaftsakteure in den deutschen Textilgewerbelandschaften vor Herausforderungen, auf die sie Lösungen und Antworten finden mussten. Man kann dies zunächst einmal an der Abfolge technologischer Innovationen in der Baumwollspinnerei festmachen. Seit den späten 1760er Jahren kam in England Handspinnmaschine, die *Spinning Jenny*, in Gebrauch, mit der eine größere Anzahl von Spindeln auf einmal bewegt werden konnte. Einige Jahre später folgten die ersten Spinnmaschinen, die mit Wasserkraft angetrieben werden konnten: von ihrem Erfinder *Water Frames* genannt. Schließlich gelang es seit den 1780er Jahren mit der *Mule*-Spinnmaschine, die die Konstruktionsprinzipien der beiden Vorgänger kombinierte, sehr feines Gespinst maschinell zu erzeugen.[13]

Mit dem auf den *Mules* gesponnenen Garn verfügte die britische Baumwollweberei nicht allein über einen billigeren, sondern auch noch einen wesentlich hochwertigeren Werkstoff als ihre kontinentaleuropäische Konkurrenz. Diese Neukonfiguration der Produktionsfaktoren machte sich zuallererst in denjenigen Textilrevieren bemerkbar, in denen vornehmlich feinere Baumwollgewebe gefertigt wurden. Bereits seit den frühen 1790er Jahren kam die vogtländische Baumwollwarenmanufaktur in massive Bedrängnis. Die Weber und Weberinnen in Plauen und Umgebung hatten sich in den vorausgegangenen Jahrzehnten fast ausschließlich auf die Herstellung von Musselin spezialisiert, einem leichten, luftigen Gewebe, für das relativ feine Garnsorten verwendet werden mussten. Nun wurden die Leipziger Messen und andere Umschlagplätze von Musselin aus Manchester und Glasgow zu konkurrenzlos niedrigen Preisen überschwemmt. Selbst die Probleme des britischen Textilexports in der napoleonischen Zeit, ihre Erzeugnisse auf die kontinentaleuropäischen Märkte zu bringen, konnten den Niedergang der vogtländischen Musselinweberei nicht stoppen. Im benachbarten Chemnitzer Revier machten sich die Fortschritte der britischen Maschinenweberei ebenfalls bemerkbar, wenn auch nicht so nachhaltig wie im Vogtland. Ein breites Produktspektrum ermöglichte es dort eher, auf weniger umkämpftes Terrain auszuweichen und sich auf die Fertigung von gröberen und robusteren Webwaren zu konzentrieren. Der Boom der Chemnitzer Kattundruckereien, die vornehmlich einfachere Baumwollgewebe verwendeten und diese durch den Druck aufwerteten, zeigt an, dass diese Strategie zumindest eine Zeitlang auch durchaus erfolgreich war.[14] Wenn sie nicht das Feld der höherwertigen und im allgemeinen auch gewinnträchtigeren Artikel räumen wollten, blieben den deutschen Baumwollwarenherstellern im Grunde drei Optionen: Erstens konnte man versuchen, die neue Spinnerei-Technologie ebenfalls einzusetzen. Das Problem da-

---

13 Vgl. Almut BOHNSACK, Spinnen und Weben. Entwicklung und Technik im Textilgewerbe, Hamburg 1981, S. 196–226; COOKE, Rise (wie Anm. 5), S. 102–108; Douglas FARNIE, Das Zeitalter der großen Erfindungen in der englischen Baumwollindustrie (1764–1834), in: Mitteilungen des Chemnitzer Geschichtsvereins 69 (1999), S. 45–53.

14 Vgl. Michael SCHÄFER, Textile Exportgewerbe und frühe Industrialisierung in Sachsen 1790–1850, in: Ders./Veronique Töpel (Hg.), Sachsen und die Welt. Eine Exportregion im Vergleich, Leipzig 2014, S. 131–154, hier S. 137–142; C. Knick HARLEY, Cotton Textile Prices and the Industrial Revolution, in: Economic History Review 51 (1998), S. 49–83.

bei war, dass solche Maschinen schwierig zu beschaffen oder nachzubauen waren. Das britische Parlament hatte die Ausfuhr von Spinnmaschinen verboten und selbst den Technikern, die mit der Konstruktion und dem Bau dieser Maschinen vertraut waren, die Ausreise untersagt. Ganz verhindern konnten die Briten den Technologietransfer auf den Kontinent damit nicht. Dem Elberfelder Verleger Johann Gottfried Brügelmann war es bereits in den frühen 1780er Jahren gelungen, einer *Water-Frame*-Maschine habhaft zu werden und sie außer Landes zu schmuggeln. 1784 eröffnete er in Ratingen die erste deutsche Maschinenspinnerei. Mit den *Water-Frames* ließ sich allerdings nur relativ grobes Garn herstellen, so dass sich die Plauener und Chemnitzer Verlagsunternehmer auf die Beschaffung oder den Nachbau von *Mule*-Spinnmaschinen konzentrierten. 1798 erhielt schließlich der Großkaufmann Carl Friedrich Bernhardt ein kurfürstliches Privileg, das ihm ein zehnjähriges Monopol für die Herstellung von *Mule*-Garn in Sachsen zusicherte. Sein Chemnitzer Konkurrent Konrad Wöhler hatte das Nachsehen und musste sich mit einem Privileg für die *Water-Frame*-Spinnerei begnügen. Beide „Spinnmühlen" wurden im Herbst 1800 nahe Chemnitz in Betrieb genommen. Nach Ablauf der zehnjährigen Privilegien nahm die Zahl der sächsischen Maschinenspinnereien unter dem Schutz der Kontinentalsperre in den Jahren nach 1810 rasch zu. Das Ziel aber, Baumwollgespinst in ähnlicher Qualität wie in Lancashire und Lanarkshire herzustellen, war damit noch nicht unbedingt erreicht. Den deutschen *Mule*-Spinnern wollte es mit ihren nachgebauten Maschinen nicht gelingen, die feineren Garnnummern zu konkurrenzfähigen Preisen spinnen.[15]

Die zweite Strategie der deutschen Baumwollweberei bestand darin, selbst britisches Maschinengarn zu verwenden. Seit Mitte der 1790er Jahre floss solches Garn in immer größeren Mengen nach Mitteleuropa. Und da die Löhne der deutschen Weber im Allgemeinen deutlich niedriger als die der britischen waren, konnte man hoffen, die höheren Transportkosten des Garns zu kompensieren. Doch war die Zufuhr von britischem Garn infolge der napoleonischen Kriege und der gegenseitigen Wirtschaftsblockaden der kriegführenden Mächte bis 1815 immer wieder unterbrochen oder stark verteuert.[16]

Schließlich verfolgten die unternehmerischen Akteure, drittens, die Strategie, den Staat zu veranlassen, durch protektionistische Maßnahmen die heimische Baumwollwarenmanufaktur vor ausländischer Konkurrenz zu schützen. Die linksrheinische Baumwollweberei erlebte während der französischen Zeit einen Boom, da sie Zugang zu einem großen, nach außen hin geschützten Binnenmarkt erhielt. Auf der rechtsrheinischen Seite sah man sich dagegen von den französischen Schutzzöllen von bisherigen Absatzmärkten ausgesperrt. Nicht wenige Verleger-Kaufleute und Weber zogen daher

15 Vgl. Schäfer, Industrialisierung (wie Anm. 3), S. 100–118; Hubert Kiesewetter, Das Bernhardsche Unternehmen und sein Einfluss auf die sächsische Maschinenspinnerei, in: Mitteilungen des Chemnitzer Geschichtsvereins 69 (1999), S. 9–37; Georg Meerwein, Die Entwicklung der Chemnitzer bzw. sächsischen Baumwollspinnerei von 1789 bis 1879, Berlin 1914, S. 20–36; Ebeling, Frühindustrialisierung (wie Anm. 4), S. 29; Emsbach, Betriebsverfassung (wie Anm. 4), S. 276 f.; Herbert Kisch, Die hausindustriellen Textilgewerbe am Niederrhein vor der industriellen Revolution, Göttingen 1981, S. 250 ff.

16 Vgl. Schäfer, Industrialisierung (wie Anm. 3), S. 106–118.

sogar aus dem Wuppertal ins Linksrheinische. Mit ähnlichen Problemen hatten auch die sächsischen Textilexportgewerbe zu kämpfen. Phasenweise mochten die Baumwollwarenhersteller zwar von der Aussperrung der britischen Konkurrenz von den kontinentalen Märkten profitieren. Doch sahen auch sie sich infolge der französischen Expansion und der kriegsbedingten Handelswegstörungen ihrerseits zunehmend von angestammten Absatzmärkten ausgeschlossen.[17] Die Baumwollunternehmer in Manchester und Glasgow wiederum konnten die Einbußen, die sie durch die französische Wirtschaftskriegs- und Handelspolitik auf dem europäischen Kontinent hinnehmen musste, augenscheinlich leichter kompensieren als ihre Wuppertaler, Chemnitzer und Plauener Konkurrenten. Ganz abgesehen davon, dass selbst die napoleonische Kontinentalsperre in der Praxis zahlreiche Schlupflöcher bot, öffneten sich dem britischen Baumwollwarenexport ertragreiche neue überseeische Märkte, vor allem in Lateinamerika.[18]

3. Versperrte Märkte

Nach dem Ende der napoleonischen Zeit wurden die Karten neu gemischt, sowohl was die Produktionstechnologie und deren Verfügbarkeit und Nutzbarkeit anging, als auch bezüglich der handelspolitischen Konstellationen in Europa und Übersee. Für die links- wie die rechtsrheinische Weberei brachte die Einverleibung in den preußischen Staatsverband eine spürbare Verbesserung ihrer Absatzmöglichkeiten. Ihr stand nun ein größerer Binnenmarkt offen, der zudem seit 1818 durch hohe Zölle gegen die auswärtige Konkurrenz abgeschirmt war. Besonders weh tat das preußische Zollgesetz von 1818 wiederum dem sächsischen Webwarenexport. Denn nun war nicht nur Einfuhr von Webwaren in das größere Nachbarland mit hohen Zöllen belegt, sondern auch die Abgaben für die Durchfuhr von Waren hatten sich stark erhöht. Um nach Hamburg, ihrem wichtigsten Ausfuhrhafen zu kommen, mussten die sächsischen Textilien wohl oder übel preußisches Staatsgebiet durchqueren, was den Warentransport beträchtlich verteuerte. Das Königreich Preußen war nicht der einzige europäische Staat, der nach 1815 zu einem verschärften handelspolitischen Protektionismus überging. Österreich, Frankreich, Russland, die italienischen und die meisten deutschen Staaten machten nach und nach ihre Grenzen für ausländische Importe dicht – nicht zuletzt, um ihre eigene Textilwirtschaft vor der übermächtigen britischen Konkurrenz schützen. Damit trafen sie aber vor allem das kleine Sachsen, das weder einen nennenswerten Binnenmarkt noch ein Kolonialreich in Übersee besaß.[19]

---

17 Vgl. EBELING, Frühindustrialisierung (wie Anm. 4), S. 30; EMSBACH, Betriebsverfassung (wie Anm. 4), S. 29; Jürgen REULECKE, Die industrielle Entfaltung des Wuppertals im 19. Jahrhundert, in: Horst Jordan/Heinz Wolff (Hg.), Werden und Wachsen der Wuppertaler Wirtschaft. Von der Garnnahrung 1527 zur modernen Industrie, Wuppertal 1977, S. 49–72, hier S. 55.

18 Vgl. Michael M. EDWARDS, The Growth of the British Cotton Trade, 1780–1815, Manchester 1967, S. 67–73.

19 Vgl. EMSBACH, Betriebsverfassung (wie Anm. 4), S. 33; Anne Sophie OVERKAMP, Außenhandel und Heimarbeit. Die Industrialisierung des Wuppertaler Bandgewerbes, in: Michael Schäfer/Swen Steinberg/Veronique Töpel (Hg.), Sachsen und das Rheinland. Zwei Industrieregio-

Die rheinische Baumwollweberei verfügte zwar nun über einen ungleich aufnahmefähigeren und zudem zollgeschützten Inlandsmarkt. Doch auch in Mönchengladbach und im Wuppertal spürten die Kaufleute und Verleger die sukzessive Schließung der europäischen Absatzmärkte. Daher wandte sich im Rheinland wie in Sachsen die Aufmerksamkeit auf die Erschließung neuer überseeischer Märkte. 1821 initiierten die rheinischen Textilkaufleute die Gründung einer gemeinsamen Exportorganisation, der Rheinisch-Westindische Kompagnie (RWK). Dies zielte vor allem darauf, in den gerade unabhängig gewordenen lateinamerikanischen Staaten Fuß zu fassen. Auch sächsische Textilverleger und Kaufleute beteiligten sich an der RWK. In Sachsen wurde zudem ein ähnliches Unternehmen in Gang gesetzt, die Elbamerikanische Kompanie. Fehlende Marktkenntnis, mangelhafte Kapitalausstattung und die durch Handelsprivilegien befestigte Marktdominanz der britischen Konkurrenz trugen dazu bei, dass beide Kompanien bereits nach wenigen Jahren liquidiert werden mussten. Seit der zweiten Hälfte der 1820er Jahre gelang es aber auf anderen Wegen, vor allem über den Kommissionshandel der Hansestädte Hamburg und Bremen, der deutschen Baumwollwarenwirtschaft transatlantische Absatzgebiete zu erschließen. Dies geschah allerdings weniger in Lateinamerika, wo die Aufnahmefähigkeit der Konsumgütermärkte bald an seine Grenzen stieß. Zum bevorzugten Ziel des Exports deutscher Web- und Wirkwaren wurden vielmehr die USA, wo die europäische Masseneinwanderung schier unbegrenzte Absatzmöglichkeiten zu versprechen schien.[20]

Eine andere Strategie, mit der die sächsischen wie die rheinischen Webwarenhersteller den widrigen handelspolitischen Konstellationen der 1820er und 1830er Jahren begegneten, bestand im Wechsel der Produktpalette. Gerade die älteren Baumwollreviere, wo es einen Pool gut ausgebildeter Arbeitskräfte gab, gingen in verstärktem Maße dazu über, gemusterte Gewebe herzustellen. Der Trend ging hier zudem zu Baumwoll-Woll-Mischgeweben und reinen Wollfabrikaten, also insgesamt zu hochwertigeren Produkten. Auch versuchte man durch Spezialisierung bestimmte Marktnischen zu besetzen. Im Wuppertal expandierte die Bandweberei, es wurden wollene und halbwollene Möbelstoffe hergestellt, auch verstärkt Seide verwendet. Im linksrheinischen Baumwollrevier verlegten sich die Weber und ihre Auftraggeber zunehmend auf die Fertigung halbwollener, samtener und seidener Artikel. Im Vogtland werteten die Verleger ihre ungemusterten weißen Gewebe auf, indem sie diese von Heimarbeiterinnen besticken ließen. Die Chemnitzer Weber fertigten nun vornehmlich Möbelstoffe, ihre Glauchauer Kollegen gemusterte Damenkleider, und die Hohensteiner Weber bunte Tischdecken. Das dafür benötigte hochwertige Baumwollgarn kam wie auch das (wollene) Kammgarn ganz überwiegend aus Großbritannien. Solche Artikel ließen sich auf zollgeschützten

nen im Vergleich, Leipzig 2021, S. 103–125, hier S. 113f; Schäfer, Industrialisierung (wie Anm. 3), S. 159 ff.

20 Vgl. Rudolf Boch, Grenzenloses Wachstum? Das rheinische Wirtschaftsbürgertum und seine Industrialisierungsdebatte 1814–1857, Göttingen 1991, S. 50–65; Ders, Transatlantikhandel Reloaded: Die Rheinisch-Westindische Kompagnie, in: Schäfer/Töpel (Hg.), Sachsen und die Welt (wie Anm. 14), S. 75–86; Schäfer, Industrialisierung (wie Anm. 3), S. 195 ff.

Auslandsmärkten leichter vermarkten, denn die Zölle fielen bei teuren Stoffen weit weniger ins Gewicht als bei billiger Massenware.[21]

Der Produktwechsel hatte aber noch einen weiteren Grund, der wiederum mit dem zweiten Industrialisierungsschub im britischen Textilsektor zu tun hatte. Seit Mitte der 1820er Jahren kamen nämlich in Lancashire und Lanarkshire zunehmend mechanische Webstühle in Gebrauch. Diese Maschinen taugten zunächst nur für einfache Stoffe, etwa für Rohgewebe, wie sie die Kattundruckereien brauchten. Nun drohten die Märkte im Segment der einfachen Qualitäten von britischer Maschinenware überschwemmt zu werden. Für die deutsche Baumwollweberei stellte sich daher die Frage, ob ein rascher Nachvollzug dieser technologischen Innovationen tatsächlich eine realistische Option zum Erhalt ihrer Konkurrenzfähigkeit war.[22]

In Sachsen hatte es in den Jahren nach 1815, also noch vor dem Durchbruch der Maschinenweberei in England, einige Versuche gegeben, mechanische Webstühle einzuführen. Diese Versuche waren augenscheinlich wenig erfolgreich, und zwar nicht allein wegen der bekannten Probleme des Technologietransfers.[23] Mit der einsetzenden Welle des europäischen Hochprotektionismus fehlte den sächsischen Herstellern einfach der Zugang zu aufnahmefähigen Märkten für solche Massenwaren. Zwar stand auch die britische Baumwollindustrie auf dem europäischen Kontinent oft vor geschlossenen Türen. Doch standen den britischen Textilien nicht allein ein kaufkräftiger Binnenmarkt offen, sondern auch bevölkerungsreiche Kolonien und politisch beherrschte Einflussgebiete in Asien und in Lateinamerika. Vor allem seit den 1830er Jahren erschloss sich der britische Baumwollwarenexport riesige Märkte in Indien und China. Im Rheinland und in Sachsen wanderte derweil die einfache Baumwollweberei in ländliche Gebiete ab, wo die Löhne so gering waren, dass man preislich noch eine Weile mit der Maschinenweberei mithalten konnte. In den Dörfern am Niederrhein etwa wurde nach 1815 einfache Billigware gefertigt und dafür niedrigste Garnnummern aus billigster indischer Baumwolle verwendet. Bei solcher Ware musste man keine britische Konkurrenz fürchten. In Sachsen verlagerten sich die Produktionsstandorte der einfachen Baumwollweberei vor allem in die südliche Oberlausitz. Dort stand mit der Krise des Leinenexportgewerbes ein großes (und sehr billiges) Arbeitskräftereservoir zur Verfügung.[24] In den Revieren, die

21 Vgl. EMSBACH, Betriebsverfassung (wie Anm. 4), S. 44f; REULECKE, Entfaltung (wie Anm. 17), S. 57f.; Gerhard ADELMANN, Strukturwandlungen der rheinischen Leinen- und Baumwollgewerbe zu Beginn der Industrialisierung, in: Vierteljahrschrift für Sozial- und Wirtschaftsgeschichte 53 (1966), S. 162–184, hier S. 172f; SCHÄFER, Industrialisierung (wie Anm. 3), S. 176–181 u. 190.

22 Vgl. S. D. CHAPMAN, The Cotton Industry in the Industrial Revolution, 2. Aufl. London 1987, S. 24; BYTHELL, Weavers (wie Anm. 5), S. 78–90.

23 Vgl. Michael SCHÄFER, Verzögerte Industrialisierung. Die Baumwollwarenmanufaktur in Südwestsachsen in der ersten Hälfte des 19. Jahrhunderts, in: Ders./Steinberg/Töpel (Hg.), Sachsen und das Rheinland (wie Anm. 19), S. 127–138, hier S. 132f.; DERS., Industrialisierung (wie Anm. 3), S. 168ff.

24 Vgl. D. A. FARNIE, The English Cotton Industry and the World Market, 1815–1896, Oxford 1979, S. 90–94; EMSBACH, Betriebsverfassung (wie Anm. 4), S. 38; SCHÄFER, Industrialisierung (wie Anm. 3), S. 206ff.

nach 1815 ihre Produktpalette auf hochwertigere Waren umgestellt hatten, scheint sich auch ein gewisser Wandel der Arbeitsorganisation vollzogen zu haben.

In der Terminologie der Neuen Institutionenökonomie verstärkten nun die *Principals* ihren Zugriff auf die *Agents*. Solange vornehmlich Kattune für die Druckereien oder ähnliche einfache glatte Stoffe produziert wurden, war eine penible Qualitätskontrolle nicht nötig. Bei den mit teurem Garn gewebten, gemusterten Stoffen reichte die oberflächliche Begutachtung der Zunft-Schauanstalten nicht mehr aus. Die Verlagsgeschäfte mussten dies nun selbst übernehmen. Die Auftraggeber gaben jetzt genaue Anweisungen an die Weber aus, etwa in Form von Webmustern. Im Wuppertal wie im Chemnitzer Raum kamen seit Ende der 1820er Jahre sog. Jacquardwebstühle zum Einsatz. Diese Stühle verfügten über ein Lochkartensystem, mit dem man die Musterung automatisieren konnte. Solche Geräte waren teuer, so dass die Verleger oft die Anschaffung vorfinanzieren mussten oder die Jacquardstühle ganz in ihrem Besitz blieben. In welchem Ausmaße die Textilunternehmer zur Manufaktur im engeren Sinne, also zur Aufstellung von Handwebstühlen in großen Fabriksälen, übergingen, ist in der Forschung nach wie vor umstritten. Die zeitgenössischen Quellen sind hier oft sehr unklar: „Manufaktur" bezeichnete im 18. und in der ersten Hälfte des 19. Jahrhunderts allgemein die Herstellung von Waren für überregionale Märkte, schloss demnach definitorisch die dezentrale Produktion im kleinen Handwerksbetrieb und der Heimweberstube ein. In Chemnitz gab es wohl im Vormärz einige größere Webmanufakturen. Für Glauchau, den anderen Hauptort des Reviers, heißt es aber in einem Zeitungsbericht von 1848, es sei hier „nur ein einziges Mal das System der geschlossenen Etablissements von einem jetzt nicht mehr bestehenden Hause angewendet worden. Wir haben durchgehende Hausindustrie." Insgesamt kann man wohl davon ausgehen, dass die Masse der Webstühle nach wie vor in den kleinen Werkstätten der Webermeister und Heimarbeiter standen.[25]

4. Die Baumwollspinnerei nach 1815

Die sächsische Baumwollspinnerei wiederum, die unter dem Schutz der napoleonischen Kontinentalsperre in den Jahren seit 1810 rapide gewachsen war, machte nach 1815, als britisches Garn wieder auf den Kontinent kam, eine Schrumpfungsphase durch. Seit den 1820er Jahren wuchs sie aber wieder und wies die bei weitem höchsten Produktionskapazitäten im innerdeutschen Vergleich auf. 1845 liefen 57,2 Prozent aller Baumwollspindeln der Zollvereinsstaaten in Sachsen. Trotzdem gelang es der sächsischen Baumwollspinnerei nie, selbst im eigenen Revier das britische Maschinengarn zu ersetzen. Nur bei den gröberen Sorten hielten die sächsischen Garne ihren Marktanteil. Im Vogtland, wo man feinere Garnsorten brauchte, schrumpfte die Baumwollspinnerei nach 1815 sogar beträchtlich. Ähnliches gilt auch für das Bergische Land, während am Niederrhein nur das allergröbste Garn gesponnen wurde. Dies lag auch daran, dass die rheinische Garnindustrie längst nicht den Zollschutz genoss wie die Weberei. Das preußischen Zoll-

25 Zitat: Dresdner Journal 31.10.1848, S. 1706. Vgl. Reulecke, Entfaltung (wie Anm. 17), S. 57; Schäfer, Industrialisierung (wie Anm. 3), S. 182ff; Wolfgang Uhlmann, Chemnitzer Unternehmer während der Frühindustrialisierung 1800 bis 1871, Beucha 2010, S. 49 f.

gesetz von 1818, das faktisch 1834 durch den Zollverein übernommen wurde, belastete Halbwaren wie Garn nur sehr mäßig. Die Zölle waren nach dem Gewicht berechnet: Dies hatte den Effekt, dass das deutsche Baumwollgarn, um so besser vor ausländischer Konkurrenz geschützt war, je billiger und schwerer es war.[26]

Die Gründe für die mangelnde Konkurrenzfähigkeit der deutschen Baumwoll-Spinnerei in der ersten Hälfte des 19. Jahrhunderts waren vielfältig. Da war natürlich immer noch der technologische Vorsprung der Briten, der sich in den 1830er Jahren tendenziell noch vergrößerte, als in den englischen und schottischen Revieren sog. Selfaktoren eingeführt wurden, wodurch der Spinnprozess teilweise automatisiert wurde. Die unmittelbare Nähe zu den großen Baumwoll-Umschlagplätzen, vor allem zum Haupteinfuhrhafen Liverpool, ermöglichte es den Spinnereiunternehmern in Manchester und Glasgow, sehr viel flexibler zu disponieren als ihren kontinentaleuropäischen Konkurrenten. Die riesigen Kapazitäten der regionalen Weberei, ebenso ihre Marktführerschaft auf den Exportmärkten, erlaubte es den britischen Spinnereien, sich auf wenige Garnsorten zu spezialisieren und sie in großen Chargen herzustellen. Selbst das feuchte Klima begünstigte die britische Baumwoll-Spinnerei: In Deutschland musste das Garn oft künstlich befeuchtet werden.[27]

Kein Wunder, dass kapitalkräftige deutsche Unternehmer-Kaufleute wie die Engels' zum Standort Manchester drängten. Überhaupt waren größere Teile des britischen Garn- und Fertigwarenexports nach Deutschland in der Hand deutscher Kaufleute. Schon Carl Friedrich Bernhardt, der um 1800 die Mulespinnerei in Sachsen einführte, hatte zuvor britisches Maschinengarn in Leipzig und Chemnitz verkauft. Auch er war an einer Baumwollspinnerei in Manchester beteiligt gewesen, was den Technologietransfer nach Sachsen stark erleichterte. Gerade an den Konstellationen in der Baumwollspinnerei machte sich die jahrzehntelange deutsche Schutzzolldebatte fest. Eine kräftige Erhöhung der Garnzölle – „Erziehungszölle" – sollten der deutschen Baumwollspinnerei helfen, technologisch aufzurüsten, um sie so in die Lage zu versetzen, auch das profitable Segment der hochwertigeren Garnsorten abzudecken. Doch gelang es den deutschen Baumwollspinnern bis 1879 nicht, die staatlichen Entscheidungsträger von dieser Logik zu überzeugen.[28]

---

26 Vgl. Michael Schäfer, Leitsektor oder Sorgenkind? Die sächsische Baumwollmaschinenspinnerei im 19. Jahrhundert, in: Yaman Kouli u.a. (Hg.), Regionale Ressourcen und Europa. Dimensionen kritischer Industrie- und Unternehmensgeschichtsschreibung (Festschrift Rudolf Boch), Berlin 2018, S. 19–36, hier S. 26–32; Ders, Industrialisierung (wie Anm. 3), S. 220–246; Hubert Kiesewetter, Industrielle Revolution in Deutschland. Regionen als Wachstumsmotoren, Stuttgart 2004, S. 174f.; Emsbach, Betriebsverfassung (wie Anm. 4), S. 38–43 u. 277f.

27 Vgl. Schäfer, Leitsektor (wie Anm. 26), S. 26ff.; Rudolf Martin, Der wirtschaftliche Aufschwung der Baumwollspinnerei im Königreich Sachsen, in: Jahrbücher für Geschichte, Verwaltung und Volkswirtschaft im Deutschen Reich 17/3 (1893), S. 1–59; Meerwein, Entwicklung (wie Anm. 15), S. 53–57.

28 Vgl. Schäfer, Industrialisierung (wie Anm. 3), S. 102f. u. 237–246; Chapman, Cotton Industry (wie Anm. 22), S. 41; Rudolf Boch, Staat und Industrialisierung im Vormärz: Das Königreich Sachsen (mit Vergleichen zu Preußen), in: Manfred Hettling u.a. (Hg.), Figuren und Strukturen

5. Der lange Weg zur Webfabrik

Die mechanische, kraftbetriebene Weberei machte jedenfalls bis 1850 weder im Rheinland noch in Sachsen große Fortschritte. In Sachsen gab es nach der Gründung des Deutschen Zollvereins in 1830er Jahren einen Versuch, eine große Maschinenweberei aufzubauen. Die Fabrik nahe Aue im Erzgebirge hatte eine Kapazität von 400 mechanischen Webstühlen, die mit einer Wasserkraftanlage angetrieben wurden. Das Unternehmen scheiterte aber bereits beim ersten Konjunktureinbruch Anfang der 1840er Jahre. Im Bergischen Land und am Niederrhein sah es wohl nicht viel anders aus. Hier gab es die ersten Maschinenwebereien seit Ende der 1820er Jahre, aber noch 1852 belief sich deren Gesamtbestand auf 361 Maschinenstühle. Zum Vergleich: In Großbritannien waren bereits 20 Jahre zuvor rund 100.000 Kraftstühle im Einsatz gewesen.[29]

Seit den 1850er Jahren kam aber auch die Maschinenweberei in den deutschen Textilregionen allmählich in Gang. Dies lag einmal wohl daran, dass sich das Spektrum der Webwaren, die maschinell hergestellt werden konnten, sukzessive erweiterte. Neben diesem *Push*-Faktor kann man eine Reihe von *Pull*-Faktoren benennen, die den Übergang zur Maschinenweberei in Sachsen, im Rheinland und anderen deutschen Baumwollrevieren begünstigten und antrieben. Zum einen war nach der Aufhebung des britischen Maschinenexportverbots 1842 die neueste Webstuhltechnologie auf dem europäischen Kontinent problemlos verfügbar. Zudem wurden nun auch in Deutschland brauchbare Textilmaschinen gebaut. Vor allem Chemnitz, das „sächsische Manchester", war zu einem Zentrum des Maschinenbaus geworden. Bei Maschinenwebstühlen für Woll- und Baumwoll-Woll-Mischgewebe gehörten Chemnitzer Firmen seit den 1850er Jahren zu den Marktführern, wenn auch bei den reinen Baumwollwebstühlen die britischen Fabrikate nach wie vor das Maß aller Dinge blieben.[30]

Zum zweiten näherte sich das Problem der Antriebsenergie einer Lösung. Auch in diesem Falle boten zwei britische Innovationen den Schlüssel zur Lösung: die Dampfmaschine und die Eisenbahn. In Großbritannien wurden Dampfmaschinen seit etwa 1800 in größerem Maße in den Baumwollspinnereien und Maschinenwebereien eingesetzt. Letztlich stand und fiel der Einsatz von Dampfmaschinen aber mit dem Preis des Energieträgers Kohle am jeweiligen Fabrikstandort. Die britischen Baumwollreviere befanden sich in dieser Hinsicht in einer vergleichsweise günstigen Lage: Steinkohle war in England, Schottland und Wales reichlich vorhanden. Die Vorkommen waren früh erschlossen worden und konnten über natürliche Wasserstraßen, ein dichtes Netz von Kanälen und schließlich seit den 1820er Jahren mit der Eisenbahn preisgünstig transportiert werden. In Südwestsachsen und im Wuppertal nutzten die Maschinenspinnereien zunächst die Wasserkraft der Flüsse. Allerdings war der Betrieb von Wasserkraftanlagen durch die jahreszeitlichen Schwankungen der Wasserstände ziemlich unzuverlässig; auch war die

(Festschrift Hartmut Zwahr), München 2002, S. 360ff.; Ders., Wachstum (wie Anm. 20), S. 115–121 u. 285ff.

29 Vgl. Schäfer, Industrialisierung (wie Anm. 3), S. 171–174; Emsbach, Betriebsverfassung (wie Anm. 4), S. 67f. u. 72.

30 Vgl. Schäfer, Industrialisierung (wie Anm. 3), S. 297ff.

in den Städten verfügbare Wasserkraft oft sehr begrenzt. In Sachsen siedelten sich nach 1815 daher gerade die neuen, modernen Spinnereien, die viel Antriebsenergie brauchten, in den Flusstälern des Erzgebirges an – mit allen Nachteilen einer solchen Standortwahl: dem Mangel an geeigneten Arbeitskräften, dem mühseligen Transport von Rohstoffen und Erzeugnissen, oft auch einer doppelten Kontorführung am Fabrikstandort und am städtischen Handelsplatz.[31]

Erste Dampfmaschinen wurden in sächsischen und rheinischen Baumwollspinnereien in 1820er Jahren eingesetzt. Gerade für die sächsischen Baumwollindustrie erwies sich die Kohleversorgung zunächst als schwierig. Die Produktionsstandorte lagen gewöhnlich weit von schiffbaren Flüssen entfernt. Steinkohlenlager waren im westlichen Erzgebirge zwar vorhanden, aber kaum erschlossen. Die Kohlenförderung um Zwickau und um Lugau und Oelsnitz südwestlich von Chemnitz begann in größerem Ausmaß erst Mitte der 1840er Jahre. Zur gleichen Zeit bekamen die ersten Weberstädte in Südwestsachsen einen Eisenbahnanschluss. In Chemnitz dauerte es aber noch bis 1858, bis eine Bahnverbindung ins nahe erzgebirgische Kohlengebiet eröffnet wurde. Im Rheinland waren die Bedingungen für den Kohlentransport durch die Nähe zum Rhein dagegen deutlich günstiger. Am Ende der 1840er Jahre besaß das Wuppertal zudem eine direkte Eisenbahnanbindung an das rasch expandierende Steinkohlenrevier an der Ruhr.[32] Die Chancen eines erfolgversprechenden Einstiegs in die industrielle Massenproduktion verbesserten sich schließlich auch dadurch, dass den deutschen Webwarenproduzenten nun wieder aufnahmefähigere Exportmärkte offenstanden. Die Gründung des Deutschen Zollvereins 1834 erweiterte die Absatzmöglichkeiten vor allem für die sächsischen Textilproduzenten. Seit den 1840er und 1850er Jahren öffneten sich auch die ausländischen Absatzmärkte wieder mehr für Baumwollwaren aus Sachsen oder dem Rheinland. Selbst traditionell protektionistische Länder wie Österreich, Russland und Großbritannien senkten nun ihre Einfuhrzölle auf Fertigwaren. In den 1860er und 1870er Jahren fielen schließlich in Europa die Zölle auf Textilien im Zuge der Freihandelspolitik fast ganz weg. Allerdings gilt dies nicht für den bei weitem wichtigsten Überseemarkt des deutschen Textilexports, die USA. Der Ausbruch des amerikanischen Bürgerkriegs bildete hier eine einschneidende Zäsur. Nicht nur, dass die jahrelange Blockade der Südstaaten in Europa eine scharfe Krise der Baumwolle verarbeitenden Branchen hervorrief – die Amerikaner erhöhten während des Krieges ihre Einfuhrabgaben und kehrten auch nach 1865 nicht wieder zu den vergleichsweise mäßigen Zöllen der Vorkriegszeit zurück.[33]

Die Schaffung und Verbesserung der technologischen, infrastrukturellen und handelspolitischen Voraussetzungen resultierte in den rheinischen und sächsischen Textilrevieren jedoch nicht unbedingt in einem beschleunigten Übergang zur Fabrikweberei.

---

31 Vgl. ebd., S. 229 f.

32 Vgl. ebd., S. 174 f. u. 299 ff.; Reulecke, Entfaltung (wie Anm. 17), S. 56, 60.

33 Vgl. Schäfer, Industrialisierung (wie Anm. 3), S. 304–319; Werner Krebs, Die Entwicklung der Glauchauer Textilindustrie bis zum Jahre 1870, Dissertation Frankfurt a.M. 1925, S. 101–104; Hans Jaeger, Wirtschaftspolitische Maßnahmen der USA, Russlands und Japans 1860 bis 1914, in: Hans Pohl (Hg.), Wettbewerbsbeschränkungen auf internationalen Märkten, Wiesbaden 1988, S. 63–78, hier S. 65 f.

Die seit den 1820er Jahren hinsichtlich Produktspektrum und Vermarktung vorgenommenen Weichenstellungen hatten augenscheinlich gewisse Pfadabhängigkeiten im Gefolge. Die Hinwendung zur Jacquard- und Musterweberei während des Vormärz verlangsamte auch noch Jahrzehnte später den Industrialisierungsprozess. Für gemusterte Gewebe, für feinere Qualitäten, auch für die im Wuppertal gefertigten Bandwaren konnten die Maschinenwebstühle nur allmählich adaptiert werden.

Zudem bot die dezentrale Produktionsweise den Unternehmern in einigen Zweigen der Textilwirtschaft nach wie vor gewichtige Vorteile. Wo nämlich die Marktbedingungen besonders volatil waren, konnte es aus unternehmerischer Sicht riskant sein, allzu viel Kapital in Maschinen und Fabrikgebäuden anzulegen. Dies traf etwa auf Branchen zu, die einem saisonalen Modezyklus unterworfen waren, wo sich im Jahresverlauf Phasen, in denen mit Hochdruck gearbeitet werden musste, und wochen- und monatelanger Produktionsstillstand abwechselten. Für stark exportorientierte Hersteller konnten veränderte Zollsätze und Einfuhrbestimmungen zu beträchtlichen Absatzschwankungen führen. Solche Konjunkturrisiken konnten auf die in eigener Werkstatt arbeiteten Verlagshandwerker und Heimarbeiter abgewälzt werden. Daher hielt sich die hausindustrielle Handweberei an zahlreichen Standorten im Rheinland und in Sachsen mindestens bis in die 1880er Jahre, ja stellenweise bis über die Wende zum 20. Jahrhundert hinaus.[34]

34 Vgl. Michael Schäfer, Global Markets and Regional Industrialization: The Emergence of the Saxon Textile Industry, 1790–1914, in: Juliane Czierpka u.a. (Hg.), Regions, Industries, and Heritage: Perspectives on Economy, Society, and Culture in Modern Western Europe, Basingstoke 2015, S. 116–135, hier S. 131ff; Ders., Industrialisierung (wie Anm. 3), S. 420 ff. u. 450 f.

Verdorbene Lesefrüchte

Engels gegen Engels an der Haspeler Brücke, 13. Mai 1849

Wilfried Nippel

Friedrich Engels ist bekanntlich am 11. Mai 1849 nach Elberfeld gekommen, um sich dem, seit dem Militäreinsatz am 9. Mai in seine ‚heiße Phase' eingetretenen Aufstand anzuschließen, mit dem die preußische Regierung zur Anerkennung der von der Frankfurter Nationalversammlung verabschiedeten Reichsverfassung genötigt werden sollte.[1] Er wurde vom Elberfelder Sicherheitsausschuss mit der Inspektion der Barrikaden beauftragt, dann aber am 14. Mai wegen des Verdachts, eine „rote Republik" anzustreben, wieder aus der Stadt hinauskomplementiert. Er folgte dieser Aufforderung am nächsten Tag, beteiligte sich noch am (vergeblichen) Versuch, in Gräfrath Waffen zu requirieren, und ging dann nach Köln.[2] Ab dem 19./20. Mai unternahm er gemeinsam mit Marx eine Rundreise (oder Irrfahrt) in Südwestdeutschland, um den Aufständischen (unerbetene) Ratschläge zu erteilen, begab sich Anfang Juni in die Pfalz und schloss sich Mitte dieses Monats dem von August Willich geführten Freicorps in der badisch-pfälzischen Revolutionsarmee an.

1. Die erste Version: Gustav Mayer und seine Quellen

Seit Anfang des 20. Jahrhunderts kursiert eine Geschichte, dass es während des Elberfelder Aufstandes zu einer Konfrontation zwischen Friedrich Engels und seinem Vater gekommen sei, und zwar an der, die Stadtgrenze zwischen Elberfeld und Barmen markierenden, Haspeler Brücke. Das wäre in doppelter Hinsicht symbolträchtig, zum einen wegen des Konflikts in der Familie Engels, zum anderen wegen des Kontrasts zwischen dem rebellierenden Elberfeld und dem staatsloyalen Barmen. Gustav Mayer, der erste Engels-Biograph, hat den Vorgang 1920 so dargestellt: „*Am Morgen des 13. Mai, des einzigen Sonntags, den er in Elberfeld verbrachte, scheint den Jüngling* [Engels war 28 Jahre alt – WN] *der Teufel geritten zu haben, daß er der Versuchung erlag, mit seiner roten Schärpe geschmückt, nach Barmen hinüberzugehen. Vielleicht wollte er als Inspektor der Elberfelder Barrikaden wirklich nur an der Brücke, die Elberfeld von Unterbarmen trennte, nach*

---

1 Siehe zum Aufstand insgesamt Klaus Goebel / Manfred Wichelhaus (Hg.), Aufstand der Bürger. Revolution 1849 im westdeutschen Industriezentrum, Wuppertal 1974; Michael Knieriem (Hg.), Michels Erwachen – Emanzipation durch Aufstand? Neustadt an der Aisch 1998.

2 Die Daten zu Engels' Aufenthalt in Elberfeld ergeben sich aus seiner eigenen, „falsche Gerüchte" dementierenden Darstellung in der „Neuen Rheinischen Zeitung", Nr. 300, 2. Ausgabe, 17. Mai 1849, datiert: Köln, 16. Mai; MEW 6, S. 500–502. Zu seiner Beteiligung an der Aktion in Gräfrath am 15. Mai siehe die Zeugenaussagen im Elberfelder Prozess 1850; in: Michael Knieriem, Der Prozeß gegen die Mai-Angeklagten in Elberfeld, in: Ders. (Hg.), Michels Erwachen (wie Anm. 1), S. 72 (Nr. 10) und 89 (Nr. 116).

dem Rechten sehen. Vielleicht hatte er auch die Absicht, die Barmer Arbeiter, die durch die von den Fabrikanten beherrschte Bürgerwehr niedergehalten wurden, aufzuwiegeln. [...] *Um jene Stunde scheint er nun auch seinem frommen Vater, der sich vielleicht gerade auf dem Kirchgang befand, in den Weg gelaufen zu sein.*“[3]

Mayer gründet seine Darstellung der Vater-Sohn-Begegnung auf zwei Quellen. Von dieser Begegnung ist erstmals in den 1901 veröffentlichten Erinnerungen von Ernst von Eynern (1838–1906) an seinen Vater Friedrich (1805–1882)[4] berichtet worden, in denen er auch auf seine Wahrnehmung des Elberfelder Aufstands als Elfjähriger eingeht. Ernst von Eynern spricht von der „*energischen Bürgerwehr*“, in der auch sein Vater diente. „*Die Schulen waren geschlossen, und wir Kinder fanden damit Zeit, vom morgens bis abends Soldat zu spielen und als Arrièregarde der Bürgerwehr die Stadt zu durchziehen*“. Ihm sei „*unvergeßlich*“, wie er gemeinsam mit seinem, nach Barmen geflüchteten Onkel über die Barrikaden an der Haspeler Brücke geklettert (und dann auf Waffen durchsucht worden) sei, um das Wohnhaus des Onkels in Elberfeld aufzusuchen, in dem sich „*fünf bergische Insurgenten*“ einquartiert hatten (von denen einer aber dem Gestellungsbefehl für die Landwehr folgen wollte). Der Gang nach Elberfeld sei auf Geheiß seines Vaters geschehen, damit er „*eine Erinnerung für sein ganzes Leben an diese hassenswürdigen schändlichen Tage der Empörung gegen unseren König behalten*“ solle. Er berichtet dann noch, wie sein Großvater bei einem Besuch in Elberfeld am 9. Mai in den Schusswechsel zwischen Aufständischen und Truppen geraten sei und um ein Haar von einer Kugel getroffen worden wäre.

Dann heißt es knapp: „*Eine andere Episode des damaligen Kampfes war eine Begegnung des alten* [gerade 53-jährigen – WN], *würdigen Fabrikbesitzers Friedrich Engels mit seinem auf den Barrikaden stehenden Sohne, dem bekannten Kommunisten Friedrich Engels. Über solche Unthat des Sohnes eines der angesehensten, in allen Ehrenstellungen der Stadt thätigen Bürgers war höchlichste Entrüstung, bei meinem Vater nicht am wenigsten.*“[5] Das

---

3 Gustav Mayer, Friedrich Engels. Eine Biographie, Bd. 1: Friedrich Engels in seiner Frühzeit, 1820 bis 1851, Berlin 1920, S. 360f. – In der 2. Aufl. 1934, ND Frankfurt a.M. 1975, S. 339, ist der letzte Satz verändert worden: „*Hier an der Grenze Barmens, dessen schwerblütigere Bevölkerung an dem Treiben der Elberfelder sich nicht beteiligte, scheint er nun auch seinem frommen Vater* [...]“. – Die hier geäußerte Kritik bezieht sich auf ein Detail in Mayers Darstellung, die insgesamt eine bewunderungswürdige Pionierleistung ist. Auch die Kritik an späteren Autoren gilt allein dem Umgang mit der Geschichte von der Haspeler Brücke.

4 Beide hatten ihre unternehmerische Tätigkeit mit diversen Ehrenämtern und jahrzehntelanger Mitgliedschaft im Barmer Stadtrat und im preußischen Parlament verbunden: der Vater ist 1849–1852, 1855–1860 und 1863–1873 (alt-)liberaler, der Sohn ununterbrochen 1879–1906 nationalliberaler Landtagsabgeordneter gewesen; siehe Wolfgang Köllmann, „Eynern, Ernst von“; „Eynern, Johann Friedrich von“, in: Neue Deutsche Biographie, Bd. 4 (1959), S. 710f. – Abweichend von der Familientradition engagierte sich Ernst von Eynern nicht in der Kirche, trat aber im Kulturkampf gegen den Katholizismus auf; siehe Birgit Siekmann, Religiöse Einstellungen von Unternehmern im Wuppertal im Zeitalter der Industrialisierung, in: Jan-Otmar Hesse / Christian Kleinschmidt (Hg.), Kulturalismus, neue Institutionenökonomik oder Theorienvielfalt. Eine Zwischenbilanz der Unternehmensgeschichte, Essen 2002, S. 63–83, hier S. 77–83.

5 Ernst von Eynern, Friedrich von Eynern. Ein bergisches Lebensbild, zugleich ein Beitrag zur

habe den Vater, zu dessen „Erziehungsmethode" gehörte, dass der Sohn sich sein eigenes Urteil bilden müsse, nicht daran gehindert, ihn (Ernst) dazu aufzufordern, bei seiner Englandreise (im Sommer) 1860 die Bekanntschaft des „gefährlichen Menschen" Friedrich Engels zu machen. Mit dem von seinem Vater besorgten Empfehlungsschreiben eines Engels-Bruders habe er Friedrich Engels in Manchester aufgesucht; dieser hab sich dann der Reisegruppe Eynerns für einen mehrtägigen Trip nach Wales angeschlossen.[6] Eynern gibt dann ausführlich Streitgespräche und lustige Episoden mit Engels wieder, der ihm anscheinend nicht unsympathisch erschienen ist.[7]

Die Geschichte mit der Vater-Sohn Begegnung an der Haspeler Brücke gehört erkennbar nicht zu den ‚unvergesslichen' persönlichen Erlebnissen Ernst von Eynerns. In seinen 1868 niedergeschriebenen Erinnerungen über seine Jugendjahre kommen die 1901 geschilderten (und weitere) Erlebnisse von 1849 vor, aber nicht die Geschichte von Engels.[8] Sie wird auf Schilderungen seines Vaters zurückgehen. Offen ist, wann der Vater das erzählt hat bzw. wann dies in dessen Kreisen diskutiert wurde, schon 1849, deutlich später, oder erst, als er im Juli 1860 (nachdem Engels erstmals wieder in Barmen erschienen war) seinen Sohn in London getroffen hat.[9]

Geschichte der Stadt Barmen, in: ZBGV 35 (1900–1901), S. 1–103, hier S. 33f. – Der Text ist im Sommer 1884 fertig gestellt, dann für die Publikation noch einmal überarbeitet worden; siehe Ernst von Eynern, Erinnerungen aus seinem Leben. Mitgeteilt von seinem Sohne Max von Eynern, o.O. 1909, S. 262.

6 Emil Croon, Bruder von Engels' Nichte Emma Engels, hat Engels am 7. August 1860 aus London mitgeteilt, Eynern würde gern dessen Bekanntschaft machen; am 15. August erschien bei Engels ein ihm von Carl Siebel „auf den Pelz" geschickter „junger Barmer"; Engels an Jenny Marx unter diesem Datum; am 4. September bedankte sich Eynern für die gemeinschaftlich verbrachten „schönen Tage von Bangor" (Wales); MEGA III/11, S. 105, 113 u. 133. Dass Eynern der von Siebel empfohlene Barmer war, belegen dessen 1868 niedergeschriebene Jugenderinnerungen; Eynern, Erinnerungen (wie Anm. 5), S. 36f. (mit den Daten der ab 18. August gemeinsam mit Engels unternommenen Reise). Ob es auch ein Empfehlungsschreiben eines Engels-Bruder gab oder Eynern 1901 etwas verwechselt hat, kann dahin gestellt bleiben.

7 Eynern, Friedrich von Eynern (wie Anm. 5), S. 34–36. – In Eynerns Darstellung seiner Begegnungen mit Engels 1860 mögen sich einige Ungenauigkeiten und Erinnerungsverschiebungen eingeschlichen haben. Dass Engels es abgelehnt habe, in der eigenen Firma besonders günstige Arbeits- und Lohnverhältnisse einzuführen, passt zu diversen Äußerungen von Engels, dass dies innerhalb des Kapitalismus keinen Sinn mache. Interessant, aber leider nicht überprüfbar, ist Eynerns Angabe, Engels habe sich geweigert, ihm die Fabrik in Manchester zu zeigen. Offen ist, was Eynern über Engels' Privatleben (dieser lebe „mit seiner Familie" in Manchester) wusste. Die angeblich von Engels erzählte Geschichte zum selbst herbeigeführten Ende der „Neuen Rheinischen Zeitung" kann in dieser Form nicht stimmen; offen ist, ob dies Engels oder Eynern zuzuschreiben ist. Dass Eynern Marx und Engels in der ersten Septemberhälfte 1872 in Scheveningen getroffen hat, als die beiden am Haager Kongress der Internationalen Arbeiter-Association teilnahmen, ist nicht zu bezweifeln. Eindeutig irrt sich Eynern, wenn er Engels „im letzten Jahrzehnt seines Lebens" (das wäre 1885–1895) bei Verwandtenbesuchen in Barmen getroffen haben will. Der letzte Familienbesuch war in Engelskirchen Ende Oktober bis Ende November 1873 wegen des Todes der Mutter.

8 Eynern, Erinnerungen (wie Anm. 5), S. 9–11.

9 Ebd., S. 35f. Ernst von Eynern hatte sich schon von September 1859 bis April 1860 zur Aus-

Nichts spricht für den wohl erstmals 1998 geäußerten Verdacht, es handele sich um eine Erfindung Ernst von Eynerns (siehe weiter unten, Abschnitt 3). Ernst von Eynern hat 1874 eine auf (wie auch immer zu bewertende) sachliche Kritik, nicht persönliche Polemik gründende Streitschrift „Wider die Socialdemokratie und Verwandtes" veröffentlicht,[10] und Engels hat ihn deshalb 1884 neben „*Heinrich von Sybel und andere*[n] *Treitschkes*" zu denjenigen gezählt, die „*beherrscht von dem unwiderstehlichen Drang, ihre grauenhafte Unkenntnis und ihren daraus begreiflichen kolossalen Mißverstand des Sozialismus immer aufs neue schwarz auf weiß zum besten geben*".[11] Könnte Eynerns stramm antisozialistische Einstellung, die ihm zeitweise in Barmen Drohungen eingebracht haben soll, die ihn um seine persönliche Sicherheit fürchten ließen,[12] und/oder Engels' Retourkutsche ein Motiv gewesen sein, die Geschichte von der Haspeler Brücke zu erfinden? Aber die Frage ist überflüssig, wenn die hier vorgeschlagene Lesart zutrifft, dass der Vater Friedrich von Eynern die Quelle ist.

Mayer hat die von Eynern mitgeteilte Vater-Sohn-Episode für glaubwürdig gehalten und ihr Datum aus einer anderen Quelle erschlossen, nämlich den Memoiren des Elberfelder Arztes und Mitglieds der deutschen Nationalversammlung Carl Heinrich Alexander Pagenstecher,[13] die 1913 von seinem Enkel herausgegeben worden sind. Dort ist von

bildung in London aufgehalten, ebd., S. 31–33, aber damals hat der Vater ihm diese Empfehlung anscheinend noch nicht gegeben.

10 Mit seinem Brief vom 4. September 1860 (oben, Anm. 6) hatte Eynern von Engels die Zusendung von dessen Schriften zu politischen, sozialen, nationalökonomischen Fragen erbeten, wie dieser ihm versprochen habe. Bei dem Versuch, Marx' *Kapital* durch „bürgerlich" aussehende Rezensionen bekannt zu machen (was Engels selbst in einem halben Dutzend Fällen gemacht hat), ist im Januar 1868 auf Initiative von Carl Siebel auch Eynern angeschrieben worden; er hat das abgelehnt, weil ihm die Kompetenz fehle, hatte sich aber das Buch gekauft; siehe Michael Knieriem, Zur 125. Wiederkehr des Erscheinens von Karl Marx' „Das Kapital", in: RB 42 (1992), Heft 4, S. 14–17. Eynerns Schrift von 1874 (im Umfang von 140 S.) zeigt Kenntnis einiger Texte von Marx und Engels sowie der Konflikte zwischen Lassalle- und Marx-Anhängern, kritisiert v.a. Lassalles Umgang mit Statistiken und sucht mit Zahlenmaterial aus Barmen zu belegen, dass von sozialer Not keine Rede sein könne.

11 Vorwort zu: Die Entwicklung des Sozialismus von der Utopie zur Wissenschaft, MEW 19, S. 187. Den renommierten Historikern Heinrich von Sybel, Die Lehren des heutigen Socialismus und Communismus, Berlin 1872 [zwei in Barmen im Mai 1872 gehaltene Vorträge] und Heinrich von Treitschke, Der Socialismus und seine Gönner, in: Preußische Jahrbücher 34 (1874), S. 67–110; 248–301 (und weitere Schriften), kann man getrost attestieren, billige Pamphlete produziert zu haben. Von Treitschke sind einige Briefe zu allgemeinpolitischen Fragen an Ernst von Eynern als nationalliberaler Parteifreund 1870/71 überliefert; siehe Hans Goldschmidt, Treitschke, Bismarck und die „Deutsche Geschichte im 19. Jahrhundert", in: Preußische Jahrbücher 246 (1934), S. 226–249, hier S. 237–240.

12 Nach Angabe seines Sohnes Max, der auch mitteilt, dass der Sozialist Wilhelm Hasselmann (in Elberfeld-Barmen gewählter Reichstagsabgeordneter 1874–1877 und 1878–1881) bei einer Versammlung in Barmen 1877 ausschließlich gegen Ernst von Eynern agitiert habe; Eynern, Erinnerungen (wie Anm. 5), S. 317.

13 Pagenstecher (1799–1869) war in Elberfeld gewählt worden, hatte sich in der Paulskirche der „Casino"-Fraktion angeschlossen; sein Mandat hat er Anfang November 1848 niedergelegt; zu Pagenstecher siehe auch den Beitrag von Michael Wiescher im vorliegenden Band.

Pagenstechers Begegnung mit Friedrich Engels an der Barrikade an der Haspeler Brücke am Sonntagmorgen (d.h. 13. Mai) die Rede. Ob Pagenstecher, der Engels als *„Doktor der junghegelschen Philosophie“* bezeichnet, sich an sein Gespräch mit Engels exakt erinnert hat, kann hier offen bleiben. Dass er sich im Datum geirrt hätte, ist jedoch unwahrscheinlich.[14] Pagenstecher liefert somit den Beleg, dass Engels am Morgen des 13. Mai an diesem Ort war, weiß (oder schreibt) allerdings nichts von einem Zusammentreffen von Vater und Sohn Engels. Es könnte, sofern geschehen, auch einen Tag zuvor[15] (Geburtstag des Vaters – wäre auch pikant gewesen) oder noch am 14. Mai stattgefunden haben.

2. Phantasievolle Zugaben

Gustav Mayer, der die Szene mit Engels' roter Schärpe koloriert hat,[16] hat sich auf den Sonntagmorgen festgelegt, erklärt nicht, warum dies eine gute Gelegenheit hätte sein können, die Barmer Arbeiter aufzuwiegeln (vor den Kirchen oder den Kneipen?), erwei-

14 Carl Heinrich Alexander PAGENSTECHER, Revolutionäre Bewegungen im Rheinlande 1830 bis 1850. Dritter Teil der Lebenserinnerungen, hg. v. Alexander Pagenstecher, Leipzig 1913, S. 66f. Pagenstecher hat demnach Engels prophezeit, dass angesichts der anstehenden militärischen Intervention die große Mehrheit der Bevölkerung aufgeben und bei einer Verteidigung die Stadt bombardiert werde. Engels antwortete, dazu werde es nicht kommen, weil man Mutter und Bruder (Daniel) des Ministers (August) von der Heydt (seit Dezember 1848 preußischer Handelsminister) als Geiseln genommen habe. Pagenstecher gehörte zu der dreiköpfigen Elberfelder Delegation, die am Abend des 13. Mai nach Düsseldorf und dann mit dem Nachtzug nach Berlin fuhr, um einen Verzicht auf Militäreinsatz und Zusage von Straffreiheit zu erreichen, was aber nicht gelang. Pagenstecher hat dies in seinen Memoiren (S. 68ff.) mit Datums- und Uhrzeitangaben geschildert.

15 Der kommissarische Landrat Melbeck hat am 13. Mai 1849 an den Regierungspräsidenten in Düsseldorf gemeldet, dass Engels *„gestern abend“* an der Barrikade an der Haspeler Brücke gesehen worden sei, *„wo er anordnete, dass diese Barrikade, um das Abprallen der Kugeln zu begünstigen, spitz auslaufe“*; Text in: KNIERIEM, Der Prozeß gegen die Mai-Angeklagten (wie Anm. 2), S. 47. Dass Engels am 12. Mai den Umbau dieser Barrikade geleitet habe, teilte der Barmen Unternehmer Victor Bredt am nächsten Tag einem Verwandten mit; Abdruck des Briefes bei Klaus GOEBEL, „Marx, Engels ... sind aus Elberfeld gewiesen“. Briefe aus Barmen über den Aufstand im Mai 1849, in: RB 31 (1981), Heft 4, S. 22–30, hier S. 27.

16 Das ist weder belegt noch wahrscheinlich. Vom Auftauchen roter Fahnen (und dem Tragen roter Schärpen) ist allerdings verschiedentlich die Rede gewesen, so in der Begründung für die Verhängung des Belagerungszustands über Elberfeld durch General von der Groeben am 16. Mai 1849; Text in: Ralf ROGGE (Hg.), „Wir werden siegen, wenn wir einig sind“. Quellen zur Revolution 1848/49 in Remscheid, Solingen, Wuppertal, Solingen 1998, Nr. 104. Ein Mitglied des Sicherheitsausschusses hat dies an der Barrikade an der Herzogstraße beobachtet, die Stoffe seien aus dem (am 9. Mai) demolierten Haus des Oberbürgermeisters von Carnap genommen worden; Carl HECKER, Der Aufstand zu Elberfeld, im Mai 1849, und mein Verhältniß zu demselben, Elberfeld 1849, S. 38f. Ebenso der Mitbegründer des Constitutionellen Clubs Carl BELTZ, Elberfeld im Mai 1849. Die demokratischen Bewegungen im Bergischen und der Grafschaft Mark, Elberfeld 1849, S. 33. Engels hatte damit offensichtlich nichts zu tun. Ein anderes Mitglied des Sicherheitsausschusses hat später behauptet, Engels habe heimlich in einer Nacht die

tert aber seine Rekonstruktion um die Vermutung, Vater Engels habe sich „vielleicht gerade auf dem Kirchgang befunden". Auf dessen Weg vom Wohnhaus am Barmer Bruch zur Unterbarmer Hauptkirche kann es aber keine zufällige Begegnung (Mayer: „in den Weg gelaufen") gegeben haben. Der Vater müsste vielmehr gezielt den mehr als zwei Kilometer langen Weg von Wohnhaus oder Kirche zur Stadtgrenze gemacht haben, entweder zu Fuß oder mit der Kutsche. Oder der Sohn müsste sich von der Haspeler Brücke weit in das Barmer Stadtgebiet begeben haben, ohne von der Barmer Bürgerwehr festgenommen worden zu sein. Dieser Punkt ist meines Wissens in der einschlägigen Literatur nie beachtet worden. Ich verdanke ihn einer freundlichen Mitteilung von Eberhard Illner.

Die Kirchgang-Version, ob auf dem Weg zur Kirche oder auf dem Rückweg, war einfach zu schön. Wurde sie zunächst noch als Vermutung weitergetragen,[17] so galt sie manchen später als Tatsache.[18]

---

schwarz-rot-goldenen Fahnen auf diversen Barrikaden durch rote ersetzt und deshalb aus der Stadt entfernt werden müssen, auch um ihn vor dem Zorn der Bürger zu schützen; Hermann Joseph Aloys Körner, Lebenskämpfe in der Alten und Neuen Welt. Eine Selbstbiographie, Bd. 2, Zürich 1866, S. 137. Dass die Ausweisung deshalb erfolgt sei, ist kaum glaubhaft. Nach eigener Darstellung, Neue Rheinische Zeitung, 17. Mai 1849 (MEW 6, S. 501), hat Engels nach seiner Ankunft in Elberfeld erklärt, er werde sich allein militärisch, nicht politisch engagieren, da im Augenblick „*nur eine schwarz-rot-goldene Bewegung möglich sei*". Am Morgen des 14. Mai habe ihm [Ernst Hermann] Höchster vom Sicherheitsausschuss erklärt, obwohl an seinem Verhalten nichts zu beanstanden sei, fürchteten die Elberfelder Bürger doch, „*er werde die rote Republik proklamieren*", was dann zum bekannten Beschluss des Sicherheitsausschluss vom gleichen Tag führte, Engels habe bei „*voller Anerkennung*" seiner Tätigkeit die Stadt zu verlassen, da „*seine Anwesenheit zu Mißverständnissen über den Charakter der Bewegung Anlaß geben könnte*". Der Sicherheitsausschuss hat weiter erklärt, dass er allen Bestrebungen entgegentreten werde, „*welche sich nicht auf die Anerkennung und Durchführung der deutschen Reichsverfassung beschränken*", und dass er allein die schwarz-rot-goldene Fahne als sein Banner anerkenne; Text in: Goebel / Wichelhaus (Hg.), Aufstand der Bürger (wie Anm. 1), S. 111. In seiner Anfang 1850 erschienenen Darstellung „Die deutsche Reichsverfassungskampagne" hat Engels geschrieben: „*Von Anfang an zeigte es sich, daß in Elberfeld nur unter der Fahne der Reichsverfassung* [...] *auf Erfolg zu rechnen war.* [...] *Die entschiedene Partei, die einzige, der es mit der Vertheidigung Ernst war, kam dadurch in eine schiefe Stellung. Sie erklärte sich für die Reichsverfassung. Aber die kleine Bourgeoisie traute ihr nicht, verlästerte sie in jeder Weise beim Volke, hemmte alle ihre Maßregeln zur Bewaffnung und Befestigung*"; MEGA I/10, S. 51f. Der wahre Grund für seine Ausweisung sei seine Forderung nach Entwaffnung der Elberfelder Bürgerwehr und Erhebung einer Zwangsabgabe zur Finanzierung des Aufstandes gewesen; ebd., S. 53f. Dass Engels kontraproduktive Provokationen vermieden hat, ist glaubhaft; das änderte aber nichts daran, dass er sich für viele als der ‚übliche Verdächtige' eignete.

17 Willy Andreas, Engels und das Rheinland, in: Die Westmark. Rheinische Monatsschrift für Politik, Wirtschaft und Kultur 1 (1921), S. 226–236, hier S. 231: „*Der Vater erlebte den Kummer, dem Sohn unter den Barrikadenmännern zu begegnen, vielleicht in dem Augenblick, als er selber gerade zur Kirche ging*". – Ohne Mayers ‚Zugabe' dagegen August Happich, Friedrich Engels als Soldat der Revolution, Leipzig 1931, S. 23f.: „*Auf der Barrikade an der Haspeler Brücke* [...] *hatte er eine Begegnung und Aussprache mit seinem Vater, die beinahe die äußeren familiären Beziehungen für immer gesprengt hätte*".

Die Symbolträchtigkeit der Episode ließ sich auch in etwas anderer Form ansprechen, indem die Funktion von Friedrich Engels sen. in der von seinem Vater mitbegründeten unierten Gemeinde Unterbarmens hervorgehoben wurde; er selbst hatte den Bau der Unterbarmer Hauptkirche organisiert und mitfinanziert. Engels sen. bekleidete, so heißt es, 1849 zum zweiten Mal seit 1835 das (jährlich wechselnde) Amt des für v.a. für Finanzen und Gebäude zuständigen Kirchmeisters.[19]

Wolfgang Köllmann sprach 1960 von einer *„tragisch anmutende Begegnung"*. Der *„Kirchmeister Friedrich Engels und der Revolutionär Friedrich Engels standen sich* [...] *gegenüber, aber die Barrikade zwischen beiden trennte nicht nur die Generationen, sondern sie deutete die Trennung der Welten an. Diese Begegnung war einer der großen historischen Augenblicke, die unvermerkt vorübergehen* [...]." [20] 1973 hieß es wiederum bei Köllmann:

> *„Geschichte verdichtet sich manchmal in Ereignissen von symbolhaftem Charakter.* [...] *In den Tagen des Elberfelder Aufstandes im Mai 1849 kam es zu einem solchen Ereignis: Der Barrikadeninspektor Friedrich Engels inspizierte die Barrikade an der Haspeler Brücke, der Grenze zwischen der aufständischen Stadt Elberfeld und der Stadt Barmen, deren Bürgerschaft sich für Neutralität entschieden hatte. Unter den Schaulustigen, die, eher mit Neugier als mit heimlichem Erschrecken, auf der Barmer Seite die Anstrengungen des Elberfelder Barrikadenbaus verfolgten, erschien auch der Kirchmeister Friedrich Engels. Vater und Sohn standen sich auf beiden Seiten der Barrikade gegenüber. Es ist nicht überliefert, ob sie miteinander sprachen oder gar, was sie miteinander sprachen. Aber das ist auch nicht wesentlich, sondern es ist die Tatsache dieser Begegnung an sich, in der sich in historischer Einmaligkeit prinzipielle Gegensätze manifestierten, die auch durch ein Wort oder gar einen Händedruck über die Barrikaden hinweg nicht hätten aufgehoben werden können."*

---

18 William O. HENDERSON, The Life of Friedrich Engels, London 1976, Bd. 1, S. 158, gibt die Darstellung von Mayer wieder – zufälliges Treffen des Sohnes mit roter Schärpe, der Barmen aufwiegeln wollte, mit dem aus der Kirche kommenden Vater –, stellt aber fest, dass Eynerns Darstellung kein sicherer Beweis sei, und Engels selbst nie davon berichtet habe. – Leonid F. ILJITSCHOW u.a., Friedrich Engels. Sein Leben und Wirken, Moskau 1973 [zuerst russisch 1970], S. 172: *„Als Engels die auf der Brücke errichtete Barrikade bestieg, erblickte ihn sein Vater, der gerade zur Kirche ging. Zwischen Vater und Sohn spielte sich eine heftige Szene ab"*. – Klaus GOEBEL, Der rheinische Friedrich Engels, in: Monatshefte für evangelische Kirchengeschichte des Rheinlandes 22 (1973), S. 131–160, hier S. 156: *„Auf den Barrikaden begegnete Engels seinem Vater, der damals Kirchmeister der Gemeinde Unterbarmen war, auf dem Wege zur Kirche"*. – Vgl. noch Michael DRIEVER, Auf den Spuren von Karl Marx und Friedrich Engels, Bielefeld 2020, S. 53: *„Einer Legende nach kommandierte er* [Friedrich Engels] *hier* [an der Haspeler Brücke] *gerade die Artillerie, als sein entsetzter Vater beim Gang zur Kirche vorbeikam"*.

19 Siehe Klaus GOEBEL, Friedrich Engels sen. 1796–1860, in: Wuppertaler Biographien, 9. Folge. Wuppertal 1970, S. 9–17, hier S. 11. Aber ist die Angabe 1849 korrekt? Hermann THÜMMEL, Geschichte der vereinigt-evangelischen Gemeinde Unterbarmen vom Jahre 1822 bis zum Jahre 1872 [1872], ND in: Geschichte der vereinigt-evangelischen Gemeinde Unterbarmen vom Jahre 1822 bis zum Jahre 1922, Barmen 1922, S. 80 (vgl. weiter 103 [Grabrede des Pastors Taube, 1860]) nennt ihn nämlich als Kirchmeister 1850.

20 Wolfgang KÖLLMANN, Sozialgeschichte der Stadt Barmen im 19. Jahrhundert, Tübingen 1960, S. 229 (mit Bezug auf die Darstellung von Ernst von Eynern).

Die Konfrontation zwischen dem Vertreter einer *„bürgerlichen Ordnung konservativer oder vielleicht auch liberaler Prägung"* und dem der *„proletarischen Revolution und eines neuen kommunistischen Ordnungsideals"* symbolisiert, so Köllmann, eine Auseinandersetzung, die bis in die Gegenwart den *„Gang der Weltgeschichte"* bestimmt habe.[21]

Was gesagt wurde, falls sie überhaupt miteinander gesprochen haben, muss der Fiktion überlassen bleiben.[22] Die Schilderung von Engels gegen Engels auf der Haspeler Brücke hat jedenfalls mit wechselnden Details Eingang in zahlreiche Darstellungen gefunden.[23]

---

21 Wolfgang KÖLLMANN, Der junge Friedrich Engels, in: ZBGV 86 (1973), S. 146–163, hier S. 146.

22 Das hatte es schon gegeben. Werner EGGERATH, Die Stadt im Tal. Erzählung, Berlin 1952, S. 18 hat die Szene so ausgemalt: *„Friedrich stieg auf ein Faß, näher zu seinem Vater, blieb ruhig, obwohl der andere heftig auf ihn einredete. ‚Vater, das* […] *kannst du nicht verstehen. Aber wer nicht entschieden gegen die Reaktion in jeder Form kämpft* […], *der hindert den Fortschritt!* […] *Man muß sich entscheiden* […]. *Du weißt, ich habe mich entschieden, ich stehe auf der Seite des Volkes, ich stehe auf der Seite, der die Zukunft gehört! Der Geschichte kann man nicht ausweichen, Vater!'. Da hat sich der alte Engels umgedreht, seinen Knotenstock fester gepackt und ist verärgert fortgestampft"*. Der fiktive Erzähler, der seinen beiden jugendlichen Zuhörerinnen noch rät, Engels' „Anti-Dühring" zu lesen, ist ein Wuppertaler Kommunist, der 1932 vor dem Landgericht den Prozess gegen zwei SA-Männer erwartet, die drei Arbeiter niedergeschossen hätten und wahrscheinlich mit einer geringen Strafe davonkommen würden. An diesem Ort fällt ihm die (falsch auf den 9. Mai datierte) Geschichte von der Haspeler Brücke ein – schade, dass die Phantasie nicht reichte, um auch Vater Engels Sprechblasen in den Mund zu legen. – Eggerath (1900–1977), aus Elberfeld stammend, verarbeitet in diesem Roman seine Erlebnisse als Leiter des KPD-Unterbezirkes Wuppertal 1932. Von Oktober 1947 bis Juli 1952 (Auflösung der Länder in der DDR) war er Ministerpräsident von Thüringen.

23 Oscar J. HAMMEN, Die roten 48er. Karl Marx und Friedrich Engels, Frankfurt a.M. 1972, S. 470: *„Als Engels dabei war, die Barrikade zu inspizieren, die die Wupper-Brücke nach Barmen versperrte, und mit seiner roten Schärpe ein schmuckes Bild abgab, erschien auf dem anderen Ufer plötzlich sein Vater. Der ältere Engels war entsetzt bei dem Anblick des Sohnes, wie er herausfordernd auf einer Barrikade stand. Es kam zu einer heftigen Auseinandersetzung deswegen"*. – Manfred KLIEM (Hg.), Friedrich Engels. Dokumente seines Lebens 1820–1895, Leipzig 1977, S. 245 (zum abgedruckten Zitat aus Eynern 1901): *„Diese Begegnung* […] *ist Vater wie Sohn als dramatischer Höhepunkt zeitlebens in Erinnerung geblieben und hat ihre weiteren Beziehungen maßgeblich beeinflußt"*. Der Vater habe wegen dieses Vorfalls jede finanzielle Unterstützung eingestellt, die Mutter schließlich erreicht, dass es zu einer kühlen Geschäftsbeziehung zwischen beiden gekommen sei. (Kliems Kommentar findet sich in wortgetreuer Übersetzung wieder bei John GREEN, Engels. A revolutionary life, London 2008, S. 144). – GOEBEL, Friedrich Engels sen. (wie Anm. 19), S. 16f., der Eynerns Darstellung zitiert, geht davon aus, dass Vater Engels sich durch diesen Vorfall *„bei Verwandten, Geschäftsfreunden, in Kirchengemeinde und Stadt"* kompromittiert sah, so dass ihr Verhältnis auf einen Tiefpunkt ankam. – Helmut HIRSCH, Friedrich Engels in Selbstzeugnissen und Bilddokumenten, Reinbek 1968, S. 61: Engels sei *„ausgerechnet am Sonntag mit einer roten Schärpe nach Barmen hinübergegangen und nachher an der Elberfelder Grenze von der Barrikade herab mit seinem Vater aneinandergeraten"*. – Hans Peter BLEUEL, Friedrich Engels. Bürger und Revolutionär, Bern 1981, S. 267, legt die Konfrontation mit dem *„Kirchmeister Friedrich Engels"* auf den 12. Mai: *„Die beklemmende Begegnung* […] *hat niemand aufgezeichnet, aber natürlich war sie Stadtgespräch. Noch ein Nachfahr der Barmer*

3. Die angeblich wahre Geschichte

Michael Knieriem, der früher auch die Vater-Sohn Geschichte für verlässlich bezeugt angesehen hatte,[24] hat 1998 eine andere Version präsentiert. Die Konfrontation zwischen Vater und Sohn sei eine *„Legende"*, die der *„konservative Ernst von Eynern später zum Besten gab. Aus lange Zeit unbekannt gebliebenen Familienbriefen wissen wir nun, daß Friedrich und sein Bruder Hermann auf der Brücke aufeinander zugegangen sind und sich umarmten. Dann sei jeder auf seinen Posten zurückgekehrt, der eine zur Barmer Bürgerwehr, der andere zu den Elberfelder Rebellen."*[25] Knieriem hat dies 2013 in seiner Rezension der Engels-Biographie von Tristram Hunt wiederholt; die *„schöne Legende"* von Vater und Sohn sei *„längst widerlegt"*, es sei um ein Zusammentreffen mit dem (zwei Jahre jüngeren) Bruder Hermann gegangen.[26]

Wegen dieses Neufundes wird Ernst von Eynerns Version als Phantasieprodukt dargestellt, das irgendwie ideologisch motiviert gewesen sei, wie die Etikettierung Eynerns als „konservativ" impliziert.[27] Die Möglichkeit, dass in späteren Erzählungen Varianten ein- und desselben Ereignisses vorkommen oder dass beide Versionen „schöne Legenden" sein könnten, wird nicht in Betracht gezogen.

Knieriem hat aber an den beiden genannten Stellen keinen Beleg für die von ihm für richtig gehaltene Version geliefert, was den Publikationsformaten geschuldet gewesen

---

Honoratioren notiert ein halbes Jahrhundert später ..."; es folgt das Zitat von Eynern über die Entrüstung seines eigenen Vaters.

24 Michael Knieriem / Brigitte Treude, Friedrich Engels – Seine Stellung in der Revolution 1848/49, in: Helmut Elsner / Michael Knieriem / Brigitte Treude, Karl Marx und Friedrich Engels. Ihre Stellung in der Revolution 1848/49, Schwerte 1979, S. 18–32, hier S. 26: Es sei *„vielleicht eine unvermeidliche Ironie des Schicksals, daß Engels ausgerechnet auf der Barrikade an der Haspeler Brücke, die Barmen von Elberfeld scheidet, sich einer Konfrontation mit dem Vater gegenübersieht. Da sind kaum mehr Worte vonnöten, um jede weitere, auch nur äußere familiäre Beziehung, beinahe für immer zu sprengen"*.

25 Michael Knieriem, Hinter den Elberfelder Barrikaden – Friedrich Engels, in: Ottfried Dascher / Everhard Kleinertz (Hg.), Petitionen und Barrikaden. Rheinische Revolutionen 1848/49, Münster 1998, S. 174–176, hier S. 175.

26 Michael Knieriem, Rezension Tristram Hunt, Friedrich Engels. Der Mann, der den Marxismus erfand, Berlin 2012, in: Marx-Engels Jahrbuch 2012/13, 309–312, hier S. 311. Bei Hunt, S. 233f. (im Original: The Frock-Coated Communist. The Revolutionary Life of Friedrich Engels, London 2009, S. 175) ist *„von liebenswerten Mythen und Legenden"* die Rede. *„Die von dem Barmer Fabrikanten Friedrich von Eynern beobachtete Begegnung* [...] *ist fast zu pathetisch, um wahr zu sein. Tatsächlich ist die Beweislage* [...] *ziemlich dünn"*. Im Gegensatz zu vielen anderen (Knieriem eingeschlossen) hat Hunt erkannt, dass Ernst von Eynern eine Erzählung seines Vaters wiedergegeben hat.

27 „Nationalliberal" (sachlich zutreffend) soll wohl den gleichen Verdacht wecken. Detlef Vonde, Auf den Barrikaden. Friedrich Engels und die gescheiterte Revolution von 1848/49, Wuppertal 2019, S. 81f.: Die Erzählung von der Vater-Sohn-Begegnung *„beruhte aber eher auf nachträglichen Phantasien des nationalliberalen Politikers Ernst von Eynern als auf belegbaren Fakten"*. Es folgt das Zitat aus Knieriem, Rezension Hunt (wie Anm. 26): längst widerlegt; tatsächlich Friedrich und Hermann.

sein mag, meines Wissens jedoch auch nicht an einem anderen Ort. Sein Beleg stammt aller Wahrscheinlichkeit nach aus einem 1993 publizierten Text von Heinrich Gemkow.[28] In diesem Aufsatz geht es um die Recherchen im Familienkreis, die Emil Engels (III, 1885–1951), Großneffe von Friedrich Engels, 1912 unternommen hat, um Gustav Mayer in seiner Arbeit an der Engels-Biographie zu unterstützen. Emil Engels hat seine Materialien 1946 an das Moskauer Institut für Marxismus-Leninismus gegeben,[29] von dort sind sie in das Parteiarchiv der KPdSU, schließlich in ein staatliches russisches Archiv gelangt.

Gemkow druckt die Schreiben ab, die Emil Engels auf seine Umfrage erhalten hatte. In einem dieser Briefe steht eine Alternativvariante zu dem tatsächlichen oder vermeintlichen Vorgang an der weltberühmten Brücke. Auguste Röhrig (1857–1940), eine Tante von Emil Engels, schreibt über ein „kürzlich" geführtes Gespräch mit Maria Reinhold (1833–1921), Witwe von Heinrich Reinhold (1798–1872), dem langjährigen Hausarzt der Familie Engels in Barmen:

> „[Maria] *Reinhold erzählte mir* [Auguste Röhrig] *kürzlich nochmal interessant von den Jahren 1848/49, und erwähnte u.a. wie auf der Haspeler Brücke die Brüder Friedrich und Hermann Engels sich gegenüber gestanden hätten; ich fragte sie, ob nicht deren Vater auch bei dieser Begegnung gewesen wäre? Darauf sagte sie: nein, das wollten die anderen Herren, seine Freunde nicht, und sie baten ihn, sein Bürgerwehramt für den Tag seinem 2. Sohne Hermann zu überlassen, für ihn sei's doch zu schmerzlich, seinem Ältesten so gegenüber treten zu müssen. Da wäre dann sein Sohn Hermann an seine Stelle getreten, und man hatte nachher erzählt, die beiden Brüder, die ein sehr herzliches Verhältniß zu einander gehabt hätten, wären auf der Brücke aufeinander zu gegangen und hätten sich umarmt, ehe sie sich dann als politische Feinde gegenübertraten, dann sei Jeder auf seinen Posten zurück gekehrt, der eine zur Bürgerwehr, der andre zu den Rebellen.*"[30]

Es spricht alles dafür, dass dies das Beweisstück für Knieriem war. Abgesehen davon, dass es nur *ein* Brief ist, den man eigentlich auch nicht als „Familienbrief" bezeichnen kann – was kann die Erinnerung einer über siebzigjährigen Person an Geschichten vom

28 Heinrich GEMKOW, Gustav Mayer und Emil Engels (III) im Briefwechsel, in: Geschichte im Wuppertal 2 (1993), S. 3–8. Gemkow dankt ausdrücklich Knieriem für zahlreiche bio- und bibliographische Hinweise.

29 Der Briefwechsel zwischen Emil Engels und Gustav Mayer sowie die Jugendbriefe von Friedrich Engels an die Gebrüder Graeber sind anscheinend schon 1925 als Photokopien an das Moskauer Institut gelangt. Für die Schenkung der Originale verlangte Emil Engels 1946 Auskunft über das Schicksal bzw. die Freilassung seines Sohnes Caspar, den er in sowjetischer Gefangenschaft vermutete, was sich aber als falsch herausstellte, da er bereits am 7. Februar 1945 gefallen war; siehe Galina GOLOWINA, Auf den Spuren des Archivs der Familie Engels. Zur Sammel- und Überlieferungsgeschichte des Briefwechsels zwischen Engels und seinen Verwandten aus der Zeit von 1851 bis 1895, in: Nachlass – Edition. Probleme der Überlieferung persönlicher Nachlässe des 19. Jahrhunderts und ihrer wissenschaftlichen Editionen. Berlin 2003 (Beiträge zur Marx-Engels-Forschung NF 2003), S. 38–48, hier S. 42f.

30 GEMKOW, Gustav Mayer und Emil Engels (wie Anm. 28). S. 4f. Der Brief ist nicht datiert, wird wie die anderen aus 1912 stammen. Röhrigs Kenntnis der Vater-Sohn-Geschichte könnte auf Eynern 1901 zurückgehen.

Hörensagen belegen, außer dass es zu einem nicht datierbaren Zeitpunkt diese Variante gegeben hat?

Offen ist, ob Gustav Mayer diese Auskunft als nicht belastbar verworfen oder ob Emil Engels diesen Brief nicht an ihn weitergeleitet hat. Wenn diese Version dennoch stimmen sollte, wofür soll die Episode dann stehen: Für die Tatsache, dass es nie zu einem definitiven Bruch zwischen den Brüdern gekommen ist?[31] Dass Friedrich Engels ein besonders inniges Verhältnis zu seiner Mutter hatte, diese auch in den Zeiten größter Spannungen konspirativen Briefkontakt mit ihm pflegte und heimlich Geld schickte,[32] ist bekannt. Erst kürzlich hat Mutter Engels auch einen Platz in der Brücken-Geschichte gefunden. Es sei *„nicht eindeutig geklärt, ob Friedrich an der Haspeler Brücke seinen Vater und seine Mutter getroffen hat, die auf dem Wege zur Kirche gewesen seien, oder seinen Bruder Hermann.“*[33]

4. Eine vergessene Quelle

Zu den Merkwürdigkeiten der hier nachgezeichneten Spekulationen in der Engels-Literatur gehört, dass sie eine Quelle ignoriert haben, die von Gemkow bereits 1958 publiziert worden ist.[34] Gemkow selbst hat sie erstaunlicherweise in seinem Text von 1993 nicht erwähnt, sondern nur festgestellt, die von Maria Reinhold bzw. Auguste Röhrig mitgeteilte widerspreche der von Eynern überlieferten und von Mayer übernommenen Version.[35]

Es geht um den Brief, den der Berliner Konsistorialrat und Hofprediger Karl Wilhelm Snethlage, Schwager von Friedrich Engels sen., am 19. März 1860 an den preußischen Innenminister geschrieben hatte. Namens der Familie bat er darum, Friedrich Engels

---

31 Bei der Regelung der Erbschaft nach dem Tod des Vaters ist Engels aber von seinen Brüdern ausgebootet worden und hat dies nur der Mutter zuliebe hingenommen (Brief an die Mutter, 27. Februar 1861; MEGA III/11, S. 377f.). Das Verhältnis zu Hermann ist danach als eher geschäftsmäßig zu bezeichnen, während er dem Bruder Emil zeitlebens für dessen Unterstützung bei der Regelung der Vertragsangelegenheiten in Manchester dankbar war (Beileidsschreiben an dessen Witwe, 1. Dezember 1884; MEW 36, S. 247). In seinem Testament hat Engels die Familie nicht bedacht, außer dass er seinem Bruder Hermann *„das jetzt in meinem Besitz befindliche Ölgemälde meines Vaters“* vermachte (MEW 39, S. 505).

32 Siehe nur die Briefe der Mutter an Engels in Lausanne, 28. und 30. August 1849; MEGA III/3, S. 383 u. 390.

33 Marlene Ambrosi, Friedrich Engels. Fabrikant – Gefährte – Sozialrevolutionär, Trier 2020, S. 101.

34 Heinrich Gemkow, Ein neuer Fund zur Biographie Friedrich Engels', in: Zeitschrift für Geschichtswissenschaft 6 (1958), S. 345–352, hier S. 349. Zum Anlass dieses Briefes und zu einigen irritierenden Feststellungen von Snethlage siehe Abschnitt 5 meines Aufsatzes zu Engels' Staatsbürgerschaft in diesem Band (unten S. 121–123).

35 In der unter Leitung von Gemkow von einem ‚Autorenkollektiv' des Instituts für Marxismus-Leninismus beim ZK der SED erstellten offiziösen Darstellung: Friedrich Engels. Eine Biographie, Berlin [1970], 5. Aufl. 1984, S. 218–221, wird bei der Darstellung von Engels' Beteiligung am Elberfelder Aufstand überhaupt nichts zur vermeintlichen Begegnung mit dem Vater gesagt.

jun., gegen den noch der Haftbefehl wegen Beteiligung am Elberfelder Aufstand in Kraft war, freies Geleit für 14 Tage zum Besuch des todkranken Vaters zu gewähren. Snethlage schreibt, der Sohn habe beim Elberfelder Aufstand *„bewaffnet auf der Barrikade seinen die Stadt Barmen verteidigenden Brüdern und seinem Vater“* gegenübergestanden. *„Das Verhalten des Sohnes ist für den Vater und die ganze Familie ein großer Schmerz gewesen“*. Die Familie wie der *„unglückliche Sohn“* wünschten sich deshalb die Möglichkeit zu dieser Begegnung.

Der Brief, dem ein leider verlorener Brief von Engels' Bruder Emil beigelegt war, beweist natürlich nicht, dass es genau so war, zumal Snethlage sich nicht gut informiert über das ‚schwarze Schaf' der Familie Engels zeigt. Er könnte etwas aufgebauscht oder missverstanden haben, um mit der Geschichte von der (wenn auch nur temporären) Heimkehr des verlorenen Sohnes moralischen Druck auf die Regierung aufzubauen. Weniger wahrscheinlich ist, dass Snethlage hier selbst etwas völlig frei erfunden hätte, was unter Umständen durch Nachfragen hätte widerlegt werden können.[36]

Fest steht nur, dass seit 1860 die Geschichte von der Begegnung mit Vater und Brüdern in der Welt war, die irgendwie auf die Engels-Familie zurückzuführen ist. Vielleicht, aber das ist Spekulation, hat auch Friedrich von Eynern daher seine Information bezogen. Dass angesichts der Besuche von Engels in Barmen 1860 und der im Raum stehenden Frage seiner Rückkehr seine Rolle im Mai 1849 wieder ein Thema war, belegt auch ein Gespräch von Carl Siebel mit Engels' Onkel Johann Caspar (III) in der Barmer Bürgergesellschaft „Concordia“ Ende Juli/Anfang August 1860, in dem darüber gestritten wurde, ob mit diesen Besuchen ein echter Gesinnungswandel einhergegangen sei (so die Vermutung von Caspar Engels) oder sich nur die Verbundenheit mit der Familie trotz der weiterhin bestehenden weltanschaulichen Differenzen (so Siebel) gezeigt habe. Dann geht es um die Frage, was 1849 hätte passieren können. Caspar Engels: *„Fritz* [hätte] *seinen Vater todtgeschossen, wenn er ihm damals in Elberfeld in den Schuss gekommen wäre“*; Siebel: *„Und Sie hätten ihren Neffen todtgeschossen.“*[37]

5. Offenes Ende

Es bleibt gewiss die Frage, ob es einen wahren Kern der kolportierten Geschichte gibt, egal, in welcher Familienaufstellung und ob in feindseliger Distanz, familiärer Verbundenheit oder einer Mischung aus beidem. In Engels' Briefen findet sich nichts dazu, wobei aber zu beachten ist, dass gerade die Briefe an seine Familie nur lückenhaft überliefert sind, was, wenn auch nicht im gleichen Maße, auch für die Familienbriefe an Engels gilt. Auch in seinen Publikationen findet sich keine Spur. Ferner ist in Wiedergaben von Gesprächen mit Engels durch andere Personen davon nicht die Rede. Es könnte mehrere

---

36 Snethlage verweist in seinem Schreiben an den Innenminister darauf, dass der Justizminister – der aus Elberfeld stammende Ludwig Simons –, der *„mit den Verhältnissen der Familie nicht unbekannt sein dürfte“*, dem Gesuch sicherlich zustimmen werde.

37 Carl Siebel an Engels, 2. August 1860; MEGA III/11, S. 101. Siebel berichtet ferner von Gerüchten, Engels habe ein Gnadengesuch gestellt; er habe dies als völlig ausgeschlossen bezeichnet.

und zu unterschiedlichen Zeiten verschiedene Gründe gegeben haben, warum Engels diese Szene, sollte sie denn stattgefunden haben, nicht erwähnt hat. Irritierender ist, dass sich in zeitgenössischen Presseberichten oder sonstigen Darstellungen zum Elberfelder Aufstand nichts gefunden hat. Bei einer wirklichen Begegnung müsste es Augenzeugen auf beiden Seiten gegeben haben, und jedenfalls Barmer Bürgerwehrmänner (eher als die Elberfelder Freischärler, zu denen Ortsfremde gehörten) hätten doch wohl wahrgenommen, wer sich hier traf; dann müssten sie anschließend größtmögliche Diskretion geübt haben.

Dieses ‚gesammelte Schweigen' kann dennoch nicht definitiv beweisen, dass die jedenfalls für 1860 bezeugte Erzählung ein Phantasieprodukt oder eine fromme Lüge gewesen ist. Es könnte immer noch ein Brief oder eine andere Quelle auftauchen, die neues Licht auf die Sache wirft. Eine erbauliche Geschichte – in welcher Variante auch immer – ist es allemal. Gar nicht erbaulich ist dagegen, wie mit ihr in Teilen der Engels-Literatur nach dem ‚Stille-Post-Prinzip' umgegangen worden ist.

„Wir verlangen mehr Gedankengehalt als die liberalen Phrasen“

Friedrich Engels und der Frühliberalismus

Ewald Grothe

Die Feststellung, dass Friedrich Engels dem Liberalismus feindselig gegenüberstand, wird wenig Erstaunen hervorrufen. Wenn hier aber Präziseres zum Thema beigetragen werden soll, dann bedarf es dennoch zunächst des quellenmäßigen Belegs, dass die Ausgangsthese tatsächlich stimmt. Nun wäre es leicht, solche Nachweise in den späteren Schriften von Engels aufzufinden; etwas aufwändiger wird dieses Unterfangen in den Briefen und Schriften vor 1848.

In der reichhaltigen biografischen Literatur über Friedrich Engels wurde sein Leben vor 1848 natürlich stets berücksichtigt. So ging es darin insbesondere um seine Prägung im Wuppertal, seine Beziehungen zu den frühen Sozialisten, seinen Aufenthalt in England oder seine Ansichten zur Industrialisierung.[1] Aber eine präzisere Bestimmung seines Verhältnisses zum zeitgenössischen Liberalismus blieb bei den bisherigen Studien im Gegensatz zur Auseinandersetzung mit dem Kapitalismus weitgehend eine Leerstelle.[2]

Nachfolgend sollen die wichtigsten Belege aus der Frühzeit Engels', seine Briefe und frühen Schriften bis 1848, in denen er sich über den Liberalismus äußerte, in Auszügen zusammengestellt werden.[3] Dabei gilt es, die Frage zu beantworten: Wie entwickelte sich die politische Einstellung von Engels in Auseinandersetzung mit dem Liberalismus, der im Vormärz sowohl in Ideen und Theorien als auch in der praktischen Politik (in den Landtagen und in der Presse) präsent war.

---

1 Tristram HUNT, Friedrich Engels. Der Mann, der den Marxismus erfand, Berlin 2012; Eberhard ILLNER / Hans FRAMBACH / Norbert KOUBEK (Hg.), Friedrich Engels. Das rot-schwarze Chamäleon, Darmstadt 2020; Rainer LUCAS / Reinhard PFRIEM / Hans-Dieter WESTHOFF (Hg.), Arbeiten am Widerspruch – Friedrich Engels zum 200. Geburtstag, Marburg 2020; Lars BLUMA (Hg.), Friedrich Engels. Ein Gespenst geht um in Europa. Begleitband zur Engelsausstellung 2020, Remscheid 2020; Detlef LEHNERT / Christina MORINA (Hg.), Friedrich Engels und die Sozialdemokratie. Werke und Wirkungen eines Europäers, Berlin 2020.

2 So auch in der neuesten gründlichen Untersuchung zur Ideengeschichte der Parteien im Vormärz: Philipp ERBENTRAUT, Theorie und Soziologie der politischen Parteien im deutschen Vormärz 1815–1848, Tübingen 2016. Hier kommt Engels zwar vor, aber seine Einstellung zum Liberalismus wird nicht thematisiert. Wie schief die Urteile zudem ausfallen können, zeigt sich bei HUNT, Engels (wie Anm. 1), S. 63, der davon spricht, dass Engels eine „Neigung zum liberalen Konstitutionalismus“ des Jungen Deutschland gezeigt habe. Dies trifft jedoch weder für Engels noch für die Autoren des Jungen Deutschland zu.

3 Die meisten der nachfolgenden Zitate dieses Beitrags werden in der bisherigen Sekundärliteratur kaum berücksichtigt.

1. Preußen und Deutschland im Vormärz bei Engels

Engels' früheste bekannte Äußerung über den Liberalismus fällt in das Jahr 1838. In einem Brief aus Bremen an seinen Schulfreund Wilhelm Graeber äußerte sich der gerade einmal 18-Jährige über Jacob Grimms Verteidigungsschrift. Diese hatte der Germanist nach seiner Entlassung als einer der sieben Göttinger Professoren, die 1837 gegen den Verfassungsbruch des hannoverschen Königs protestierten, abgefasst. Engels lobte sie als *„ausgezeichnet schön"*; es liege *„eine Kraft darin, wie man sie selten findet"*. In Bremen, so Engels, gebe es Literatur zu dem spektakulären Vorfall, die man in Preußen nie hätte drucken dürfen: *„ganz liberale Ideen etc., Räsonnements über den alten hannoverschen Lause-Bock, ganz herrlich"*.[4]

Auch die ersten Veröffentlichungen des knapp zwanzigjährigen Engels stammten aus seiner Bremer Zeit 1838/39, in denen die „Briefe aus dem Wupperthal" in der von Karl Gutzkow herausgegebenen Zeitschrift „Telegraph für Deutschland" erschienen. Hierin äußerte er sich vor allem über den Pietismus im Wuppertal, aber es gibt auch eine Stelle, die im Zusammenhang mit seiner Einstellung zum Liberalismus bezeichnend ist: Die Einwohner des Wuppertals, so Engels, seien *„sehr gute Preußen"* und *„allem Liberalismus gar sehr zuwider, alles, solange es Sr. Majestät gefällt, Ihnen den Code Napoléon zu lassen; denn mit ihm würde aller Patriotismus schwinden"*.[5] Bemerkenswert ist, welche Kombination sich hier findet: *„sehr gute Preußen"*, die im Sinne der Regierung den Liberalismus ablehnen, zugleich aber die (liberalen) Errungenschaften des französischen Rechts behalten möchten. Von beidem war offenbar der Patriotismus der Bewohner des Wuppertals abhängig. Engels beobachtete und differenzierte genau, er kommentierte hier – wie auch sonst – die politische Einstellung seiner Landsleute mit beißendem Spott.

Preußen als dem Land, in dem Engels' Geburts- und Heimatort Barmen lag, galt in den 1840er Jahren weiterhin sein Interesse: Das preußische Volk – schrieb er 1842 – habe *„seit einem Jahre"*, d.h. etwa seit der Thronbesteigung Friedrich Wilhelms IV. 1840, *„Aufschwung genommen"*, aber die Presse sei *„wieder die unfreiste"* und die öffentliche Meinung konzentriere sich auf Repräsentativverfassung und Pressefreiheit. *„Ist aber eine Repräsentation erst da, so läßt sich gar nicht absehen, welchen Gang Preußen dann nehmen wird."*[6] Zum einen beurteilte er die Konzentration der politischen Fragen auf Verfassung und Pressefreiheit durchaus kritisch, zum anderen aber bedeutete dies für ihn Hoffnung auf weitere politische Veränderungen, sobald man in Preußen ein Parlament erlangt habe. Engels' Perspektive auf die liberalen Kernziele Verfassung und Grundrechte war allerdings rein instrumentell. Wurden diese erreicht, bedeutete das eine Zwischenstufe zu seinem und der kommunistischen Mitstreiter nächsten Zielpunkt in Gestalt einer Revolution. Es gebe, so Engels zwei Jahre später 1844, *„innere Widersprüche, die das*

---

4 Brief an Graeber, 1838; MEW Bd. 41, S. 328. Mit dem *„Lausebock"* war König Ernst August von Hannover gemeint. Bezeichnend für die fehlende Berücksichtigung des Themas „Liberalismus" in der bisherigen Engels-Literatur ist, dass diese Briefstelle – wie auch andere der hier zitierten – in der Biographie von Hunt, Engels (wie Anm. 1) nicht erwähnt wird.

5 1839; MEW Bd. 1, S. 428.

6 Ebd., S. 453.

Wesen der konstitutionellen Monarchie ausmachen",[7] an diesen – so glaubte und hoffte er – könne das politische System zerbrechen. Diese inneren strukturellen Widersprüche der konstitutionellen Monarchie zeigte Engels auch in einer Karikatur auf die Thronrede Friedrich Wilhelms IV. bei der Eröffnung des Ersten Vereinigten Landtags in Berlin am 11. April 1847 in der „Deutsche-Brüsseler Zeitung". Die Unterschrift lautete: *„Ich und Mein Haus, Wir wollen dem Herrn dienen."* Das Bild zeigt einen mehrfach erhöht stehenden Monarchen, der den rechten Arm zum Himmel erhoben hat, um ihn herum stehen „Hofschranzen" aus dem Militär und im Hintergrund die Parlamentarier, die vorwiegend aus dem Bürgertum, der Bourgeoisie, stammen. Engels und mit ihm die Liberalen und Demokraten in Preußen fühlten sich geradezu provoziert von den Worten des Königs bei seiner Thronrede, dass sich niemals *„zwischen unseren Herr Gott im Himmel und dieses Land ein beschriebenes Blatt gleichsam als zweite Vorsehung eindränge, um uns mit seinen Paragraphen zu regieren und durch sie die alte, heilige Treue zu ersetzen."*[8] Das Programm des preußischen Königs im Jahr 1847 bestand also darin, keine Verfassungsgebung zu dulden. Nur ein Jahr später konnte er eine solche Haltung nicht mehr einnehmen.

2. Der Liberalismus als Mischung aus Patriotismus, Kosmopolitismus und „politischer Halbheit"

Der Liberalismus war für Engels eine politische Einstellung, die er aus Entfernung mit Vorbehalten betrachtete. Nur selten thematisierte er diese politische Bewegung oder ihre führenden Köpfe in seinen Briefen oder publizistischen Texten mit mehr als einem Satz. Die Beobachtung der praktischen Politik der Liberalen war zudem, je nach Aufenthaltsort, durch seine direkten Beobachtungen in England, Frankreich und Belgien geprägt. Das Zitat im Titel dieses Beitrags stammt weder aus einem Brief noch aus einem politisch-publizistischen Essay, sondern aus einer Kritik der deutschen Literaturszene, speziell der Vertreter des sogenannten Jungen Deutschland: Ludolf Wienbarg, so liest man 1842, sei *„der nobelste"*, Karl Gutzkow sei *„der Klarste, Verständigste"*, die Literatur müsse aus dem *„wirklichen Geist der Gegenwart"* geschrieben werden. Engels resümierte *„Wir verlangen mehr Gedankengehalt als die liberalen Phrasen"*, die man bei Gutzkow finde.[9]

In seinen publizistischen Essays differenzierte Engels zwischen dem nord- und dem süddeutschen Liberalismus. Er befand, dass der *„kosmopolitische Liberalismus der süddeutschen Stände"* auf die *„Bildung einer großen, freien, alliierten Menschheit"* hinarbeite, aber die *„Einseitigkeiten der kosmopolitischen Freisinnigkeit"* seien aufgedeckt worden.[10] In einem Artikel vom April 1842, geschrieben in Berlin und veröffentlicht in der „Rheinischen Zeitung", arbeitete Engels die Unterschiede zwischen dem nord-

---

7 Ebd., S. 571.

8 Zitiert nach Wolfgang J. Mommsen, 1848. Die ungewollte Revolution. Die revolutionären Bewegungen in Europa 1830–1849, Frankfurt a.M. 1998, S. 82.

9 MEW Bd. 1, S. 440. Die beiden Stücke „Patkul" oder „Die weiche Empfindsamkeit des Werner" stammten von Gutzkow aus den Jahren 1840/42.

10 MEW Bd. 41, S. 122f. (1841).

und dem süddeutschen Liberalismus heraus. *„Baden, Württemberg und Rheinbayern schienen die drei einzigen Altäre zu sein, auf denen das Feuer des allein würdigen, unabhängigen Patriotismus entflammen könnte“*.[11] Der norddeutsche Liberalismus sei *„anscheinend stiller, tatenloser“*, während der süddeutsche auf *„sich entwickelndes parlamentarisches Leben, auf seine Reden in den Kammern, auf seine Opposition“* poche, aber *„die Bewegung des Südens ist eingeschlummert, die Zähne der Räder* [...] *sind allmählich abgeschlissen“*.[12] Inzwischen sei der norddeutsche Liberalismus *„von gediegener politischer Gesinnung, von charakterfester, lebendiger Energie, von Talent und publizistischer Tätigkeit“*. Die französische Julirevolution 1830 habe für den deutschen Liberalismus ein Jahr des Erwachens bedeutet, aber die Theorie des Liberalismus laufe *„ins Allgemeine, Vage, Blaue“* hinaus. Sie sei *„weder deutsch, noch französisch, weder national, noch entschieden kosmopolitisch, sondern eben eine Abstraktion und Halbheit“*. Man wollte *„konstitutionelle Garantien“*, habe aber entgegengesetzte Mittel dazu eingesetzt.[13] Der norddeutsche Liberalismus besitze, so Engels 1842, im Unterschied zum süddeutschen *„eine entschiedene Konsequenz, eine Bestimmtheit in seinen Forderungen“*.[14] Der Liberalismus gerate allerdings zunehmend in ein *„komisches Dilemma“*, *„ob man erst liberal und dann deutsch oder erst deutsch und dann liberal sein solle“*.[15] Damit spielte Engels auf eine der Kernfragen des Liberalismus im 19. Jahrhundert an, ob man erst Freiheit und dann Einheit erringen oder die Ziele umgekehrt verfolgen solle. Der süddeutsche Liberalismus sei ein *„mißlungenes Experiment“*, er habe *„eine deutsche Opposition begründet, so eine politische Gesinnung in Deutschland möglich“* gemacht und *„das parlamentarische Leben erweckt“*, aber er ließ *„das Samenkorn, das in den deutschen Verfassungen lag, nicht einschlummern und verfaulen“*.[16] Aus der Sicht des Jahres 1842 hatte der süddeutsche Liberalismus der Jahre nach 1830 für Engels deutlich an Attraktivität eingebüßt, weil er die Mobilisierung des politischen Lebens nach den einschränkenden Beschlüssen des Deutschen Bundes von 1832 nicht hatte fortsetzen können. Dem norddeutschen Liberalismus billigte Engels nach dem aufsehenerregenden Auftreten der Göttinger Sieben dagegen mehr Entschlossenheit zu.

Engels schrieb dem Liberalismus mahnend ins Stammbuch: *„Es ist sehr an der Zeit, dem ewigen Gerede einer gewissen Partei von ‚historischer, organischer, naturgemäßer Entwickelung‘ vom ‚naturwüchsigen Staat‘ usw. entschieden entgegenzutreten und vor dem Volke jene glänzenden Gestalten zu entlarven.“* Preußen sei ein *„durch Politik, durch Zwecktätigkeit, durch den Geist entstandener Staat“*, es könne zum *„Musterstaat für Europa“* werden.[17] Statt auf Preußen zu hoffen, lobten aber die *„liberalen Zeitungsschreiber und Volksvertreter“* fälschlich England, die Parlamentshäuser, die freie Presse

11 Ebd., S. 246.

12 Ebd.

13 Ebd., S. 247. Zu Engels' Sicht auf Frankreich und die 1830er Jahre: HUNT, Engels (wie Anm. 1), S. 48f.

14 MEW Bd. 41, S. 248.

15 Ebd.

16 Ebd.

17 Ebd., S. 253f.

und die Geschworenengerichte.[18] Das Lob für England konnte Engels vor dem Hintergrund seiner eigenen Erfahrungen auf der Insel nicht teilen.

Der rheinische Liberalismus wurde bei Engels, der als Kind des Wuppertals aus dem Rheinland stammte, so gut wie gar nicht thematisiert. Weder die bekannten Protagonisten wie David Hansemann, Ludolf von Camphausen oder Hermann von Beckerath, noch deren Schriften oder politische Initiativen erwähnte er. Nur der Historiker Friedrich Christoph Dahlmann, der nach seiner Verbannung als Anführer der Göttinger Sieben seit 1842 in Bonn lehrte, wurde kurz und ironisch negativ bewertet. Übrigens galt dieses weitgehende Nichtbeachten auch andersherum für die Liberalen. Aber wieso hätten die meistens eine Generation älteren Liberalen sich auch über einen mittzwanzigjährigen Publizisten äußern sollen, der sich zudem teilweise unter Pseudonym und in ausländischen Presseorganen in Französisch oder Englisch zu Wort meldete? Über den rheinischen Provinziallandtag findet sich 1840 bei Engels eine einzige, aber bezeichnende Stelle in einem Brief an seine Schwester Marie: Beim *„Lügen"* sei der Landtag ganz groß; *„Wenn ich auf dem Landtag wäre, so ließ ich keinen zu Worte kommen."*[19] Zwar gebe es, so meinte er 1847, liberale Beamte und gesetzlichen Fortschritt, trotzdem herrsche eine *„deutsch-konstitutionelle Misère"*.[20] Alles in allem griffen aus Engels' Sicht die Reformen des Landtags zu kurz.

Gegenüber den deutschen politischen Entwicklungen hielt Engels den Westen Europas für weiter fortgeschritten. Besonders England und Frankreich standen für ihn, der sich wiederholt auf der britischen Insel aufhielt, im Fokus. Über den Mittelstand in England schrieb er: *„Sein Prinzip ist die Aufrechthaltung des Bestehenden; der ‚gesetzliche Fortschritt' und das allgemeine Stimmrecht würden bei der jetzigen Lage Englands eine Revolution unfehlbar nach sich ziehen."*[21] Das englische Parlament charakterisierte er nach einem Wort des schottischen Historikers Thomas Carlyle als *„Nationalplauderstube"*, dort gebe es einen *„langweiligen Zungenstreit um des Kaisers Bart"*.[22] *„Londoner Liberale"* träten unter dem *„Deckmantel philanthropischer und liberaler Phrasen"* für Freihandel ein.[23] Von England aus werde die Demokratie voraussichtlich ihren Siegeszug antreten. Besonders das von der englischen Reformbewegung der Chartisten geforderte allgemeine Wahlrecht fand bei Engels Sympathie und Zustimmung.

In Frankreich, so konstatierte Engels 1847, habe es nach der zermürbenden Herrschaft des *„Juste Milieu"* seit 1830 nunmehr einen *„entschiedenen Triumph der Demokratie über Bourgeois-Intrige"* gegeben.[24] Insbesondere richteten sich die Angriffe von Engels und dem Jungen Deutschland gegen die der Korruption verdächtigte französische Finanzwelt und gegen die Repräsentanten der Wirtschaft in Politik und Parlament. Die liberale Ökonomie habe die Gesetze des Privateigentums und das Fabriksystem entwi-

---

18 MEW Bd. 1, S. 526 (1843).

19 An Marie Engels, 1840; MEW Bd. 41, S. 470.

20 MEW Bd. 4, S. 310.

21 MEW Bd. 1, S. 455 (1842).

22 Ebd., S. 468 (1843).

23 MEW Bd. 4, S. 408 (1847).

24 Ebd., S. 409.

ckelt, als Folge des Privateigentums seien Handel und Konkurrenz entstanden. Dieser sei durch Verschwiegenheit und Verheimlichung *„legaler Betrug“*.[25] *„Die infame, niederträchtige, unsittliche Doktrin des Konkurrenzsystems ist Schlussstein des Systems der Handelsfreiheit“*.[26] Deshalb müssten Engels zufolge Fabriksystem, Handelsfreiheit und Privateigentum abgeschafft werden. Damit vertrat er Ansichten, die dem liberalen Denken völlig konträr gegenüberstanden.

Nachdem Engels am Ende der 1830er Jahre im „Telegraph für Deutschland“ veröffentlicht hatte, erschienen seine Artikel in den 1840er Jahren im Stuttgarter „Morgenblatt für gebildete Leser“, bei der Augsburger „Allgemeinen Zeitung“ und später vorwiegend in englischen und belgischen Organen, wie dem „Northern Star“, der Zeitung „La Réforme“ oder der „Deutsche-Brüsseler Zeitung“. In jedem Fall handelte es sich um entschieden liberale oder demokratische Blätter.

3. Engels' Hoffnung auf die Zukunft

In dem Artikel „Die Bewegungen von 1847“ zog Engels in der „Deutsche-Brüsseler Zeitung“ ein Resümee über die Entwicklung Preußens und Deutschlands seit 1830: 1847 sei *„das bewegteste Jahr, das wir seit langer Zeit gehabt haben“*, davor habe das Jahr 1830 *„den letzten Wendepunkt der Geschichte“* bedeutet. Französische Julirevolution und englische Reformbill von 1832 hätten den *„Sieg der Bourgeoisie“* gebracht, und Deutschland habe sich damals *„in voller Gärung“* befunden. *„Aber seit 1830 ging alles rückwärts.“* Die fortschrittliche Bewegung sei unterdrückt worden, 1840 sei Deutschland *„politisch tot“* gewesen, und in Hannover sei *„Herrn Dahlmanns superkluge Konstitution umgestoßen“* worden. Dies war fast die einzige Stelle, an der Engels einen deutschen Liberalen namentlich erwähnte; bezeichnenderweise tat er dies ironisch. Seine Haltung war klar: Das Eintreten für eine konstitutionelle Monarchie sei eine der typischen Halbheiten des Liberalismus, mit der man politisch nicht weiterkomme.

Nach 1840 habe die Reaktion, Engels zufolge, überall einen Höhepunkt erreicht. In Deutschland seien deshalb die *„Forderungen der Liberalen mit jedem Jahre heftiger“* geworden. 1847 hätten die *„Fortschrittsparteien fast aller Länder“* gesiegt, in Preußen habe es 1848 schließlich eine Konstitution gegeben gegen den Willen des *„unfruchtbaren Don Quijote von Sanssouci“*.[27] Die preußische Verfassung habe den *„Sieg der feudalistisch-patriarchalisch-absolutistisch-bürokratisch-pfäffischen Reaktion“* sichern sollen. 1847, so Engels, habe die preußische Bourgeoisie *„einen großen Schritt getan, sie hatte sich ein Forum erobert, dem König einen Beweis ihrer Macht gegeben und das ganze Land in Aufregung versetzt“*.[28] Gemeint war damit der Vereinigte Landtag, der 1847 als gemeinsame Versammlung der einzelnen Provinzialstände erstmals tagte, aber nicht erfolgreich abgeschlossen werden konnte.

25 MEW Bd. 1, S. 502f. (1844).

26 Ebd., S. 518.

27 MEW Bd. 4, S. 494–503 (1848). Gemeint war der preußische König Friedrich Wilhelm IV.

28 Ebd.

Die Parteien auf dem Landtag hätten eine *„Allianz zwischen Adel, Bürokraten, Pfaffen mit dem König"* gebildet, nun gebe es einen *„Kampf auf Tod und Leben"*. Es sei ein *„vortreffliches Jahr"* für die Bourgeoisie in Deutschland, sie mache kräftige Fortschritte und Engels fügte hinzu: *„wir gönnen ihr diesmal ihren Triumph"*. Engels setzte die Bourgeoisie, gemeint war das liberale Bürgertum, in seinem Geschichtsbild ebenso instrumentell wie zukunftsgewiss als *„Türöffner"* ein, denn es bahne den Weg für Demokraten und Kommunisten. In diesem Geist ließ er den ironischen Aufruf folgen: *„Kämpft also nur mutig fort, ihr gnädigen Herren vom Kapital! Wir haben Euch vorderhand nötig* [...] *usw."*[29] Engels' Auffassung vom Klassenkampf entsprang seinem dialektischen Denken: Erst trat die Bourgeoisie gegen König und Adel an, dann die Demokraten gegen die Bourgeoisie und schließlich die Kommunisten gegen die Demokraten. Immer waren es zwei Klassen, die gegeneinander einen Kampf auf Leben und Tod führten.

1847 schien für die Frühkommunisten zum entscheidenden Jahr zu werden, denn, so Engels: *„In Deutschland endlich steht der entscheidende Kampf zwischen der Bourgeoisie und der absoluten Monarchie erst bevor."* Die Kommunisten müssten für diese liberale Bourgeoisie gegenüber den Regierungen Partei ergreifen.[30] Die Forderungen der Bourgeoisie seien Verfassung, Pressefreiheit, öffentliches Gerichtsverfahren, Unabsetzbarkeit der Richter und Geschworenengerichte. Die Stellung der Parteien auf dem Vereinigten Landtag ergebe eine liberale Mehrheit und bedeute damit den *„Beginn einer neuen Epoche für dieses Land und für ganz Deutschland"*, nämlich den Sturz von Absolutismus und Adel sowie den Aufstieg der Bourgeoisie. Bald, so sagte Engels es voraus, gebe es eine Repräsentativverfassung und damit die *„Wiederholung des Jahres 1789 in Preußen"*. Gegen die liberale Regierung werde dann die demokratische Bewegung zu Felde ziehen, es komme zu einem *„Krieg bis aufs Messer"*.[31]

Die *„wahren Sozialisten"* waren aus Engels Sicht Reaktionäre, dagegen müssten die Kommunisten verantwortungsvoll handeln. Die Bourgeoisie sei *„der natürliche Feind"* der Kommunisten, weil deren *„Sturz unsere Partei zur Herrschaft bringt"*.[32] Noch sei die Bourgeoisie nicht die herrschende Klasse in Deutschland, wie es in England und Frankreich der Fall sei, sie habe aber einen gewissen Einfluss auf die Regierungen. Die sich neu bildende Klasse sei die der Kleinbürger; die Kleinbürger repräsentierten lokale, die Bourgeoisie universelle Interessen.[33] Nur die *„Partei der Bourgeoisie"* habe in Deutschland *„Chance auf Erfolg"*, während die Arbeiter politisch und gesellschaftlich noch nicht reif seien. Die entscheidende Fraktion im liberalen Bürgertum seien aber die Fabrikanten.[34] Am Ende werde die Bourgeoisie vom Proletariat verdrängt, dann komme auch das Ende der *„Klassen- und Kastenherrschaft"*.[35]

---

29 Ebd.
30 MEW Bd. 4, S. 379f.
31 Ebd., S. 34f.
32 Ebd., S. 42.
33 Ebd., S. 44–46.
34 Ebd., S. 52.
35 Ebd., S. 61.

Anfang 1848 schien sich für Engels die politische Entwicklung zu beschleunigen: Seine Vorhersagen über die bevorstehenden Triumphe der Bourgeoisie erfüllten sich schneller als erwartet.[36]

4. Resümee

1. Engels publizistische Hauptthemen waren Politik, Literatur und die Auseinandersetzung mit dem Pietismus. Grundsätzlich herrschte bei ihm eine europäische Sicht der politischen Bewegungen vor: Er schrieb über England, Frankreich, Belgien, Irland und Deutschland. Dabei nutzte er verschiedene Publikationsorgane. Dagegen gab es kaum eine Wahrnehmung des rheinischen Liberalismus im Speziellen, d.h. weder der Protagonisten noch des Provinziallandtags.

2. Engels' Sympathie galt der Demokratie, so trat er beispielsweise für den Chartismus in England ein. Seine Einstellung war hier ganz instrumentell, denn in einer Abfolge von Klassenkämpfen siege erst die liberale Bourgeoisie, dann die Demokratie und am Ende der Kommunismus.

3. Es gab bei Engels keine Entwicklung vom Liberalen zum Radikalen. Die Politisierung erfolgte kurz vor 1840 im Alter von fast zwanzig Jahren. Engels kam aus dem Erfahrungsraum des Wuppertals, wobei Religion, Literatur und Wirtschaft wichtige Themen seiner frühen Publikationen waren. Aber er löste sich davon und entwickelte einen eigenen Erwartungshorizont. Das „Politisieren" kritisierte er bei den Kaufleuten, denn deren „Halbheiten" verurteilte er; bei ihm war Politik gleichbedeutend mit Agitation und Kampf mit dem Endziel der kommunistischen Revolution.

4. Die politische Haltung von Friedrich Engels schwankte zwischen beißender Ironie und bitterem Spott; Polemik und Ironie dominierten. Seine Ausführungen strahlten einen

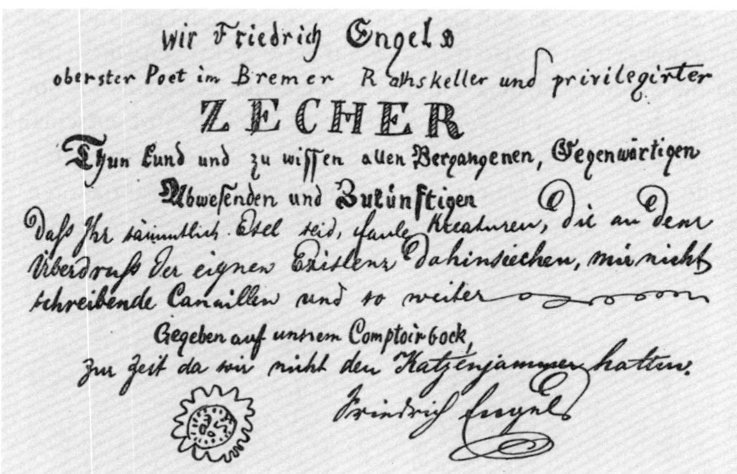
Wir Friedrich Engels
oberster Poet im Bremer Rathskeller und privilegirter
ZECHER
Thun kund und zu wissen allen Vergangenen, Gegenwärtigen
Abwesenden und Zukünftigen
Daß Ihr sämmtlich Ekel seid, faule Kreaturen, die an dem
Überdruß der eignen Existenz dahinsiechen, mir nicht
schreibende Canaillen und so weiter
Gegeben auf unsrem Comptoirbock,
Zur Zeit da wir nicht den Katzenjammer hatten.
Friedrich Engels

Abb. 1: Notiz von Friedrich Engels aus seiner Bremer Zeit.

36 Ebd., S. 514.

überheblichen Duktus aus. Dazu passte auch Engels' Blick auf die Welt, wie sie sich in einer seiner Skizzen zeigt: links der Weltschmerz und die moderne Zerrissenheit, oben der Kölner Kirchenstreit, darunter der noble, moderne Materialismus, die Frauenemanzipation und schließlich der Zeitgeist als Dampfmaschine. Daneben ist zu lesen: „*Wir Friedrich Engels oberster Poet im Bremer Rathskeller, und privilegierter Zecher thun kund und zu wissen allen Vergangenen, Gegenwärtigen, Abwesenden und Zukünftigen, dass Ihr sämtlich eitel seid, faule Kreaturen, die an dem Überdruß der eigenen Existenz dahinsiechen, mir nicht schreibende Canaillen und so weiter. Gegeben auf unserem Comptoirbock, zur Zeit, da wir nicht den Katzenjammer hatten. Friedrich Engels.*"

5. „*Das Jahr 1848 wird gut*", schrieb Engels angesichts der französischen Februarrevolution am 27. Februar 1848 in der Deutsche-Brüsseler Zeitung.[37] In der Tat brachte das Jahr 1848 viele Fortschritte, aber die Hoffnungen der deutschen Kommunisten erfüllten sich dennoch nicht. Profitiert von den politischen Entwicklungen 1848 haben Engels politische Feinde, zunächst die Liberalen, dann die Konservativen und auf längere Frist und nach vielen Umwegen schließlich auch die Demokraten.

37 Ebd., S. 528.

Zweite Geige?

Friedrich Engels und der Aufstieg der europäischen Sozialdemokratie (1875–1895)[1]

Christina Morina

„Ich habe mein Leben lang das getan, wozu ich gemacht war, nämlich zweite Violine zu spielen, und glaube auch, meine Sache ganz passabel gemacht zu haben. Und ich war froh, so eine famose erste Violine zu haben wie Marx.“[2] Diese Zeilen schrieb der 64-jährige Engels ein Jahr nach dem Tod seines Freundes Karl Marx an einen engen Vertrauten. Sie deuten einerseits all das an, was die bemerkenswerte Verbindung zwischen Marx und Engels ausmachte – menschliche und intellektuelle Zuneigung, Teamgeist und Zielbewusstsein. Andererseits verweisen sie exemplarisch auf die außerordentliche Anziehungskraft, die Marx und seine Ideen auf nicht wenige Zeitgenossen ausübten – und die hohe Hingabebereitschaft, die er nicht nur forderte, sondern auch inspirierte. Doch Engels' Beitrag zum Aufstieg der europäischen Sozialdemokratie lässt sich nur angemessen würdigen, wenn man – um in Engels' Bild zu bleiben – den Fokus auf das Ensemble weitet, in dem er seinen „Part“ spielte. Damit kommt zwangsläufig jene Handvoll von europäischen Intellektuellen in den Blick, deren durchaus orchestrierte Lebensläufe zwischen 1875 und 1895 eng mit Engels' Wirken verwoben waren und die in der Zeit zur Gründergeneration des Marxismus avancierten. Nicht Engels' einsames Spiel auf der zweiten Geige (wie die „Violine“-Metapher sinnidentisch zumeist verwendet wird), sondern dieses seinerzeit einmalige, transnational, politisch, intellektuell und persönlich intoniertes Zusammenspiel gibt Aufschluss darüber, wie aus Marx der Marxismus entstand.

1. Der Marxismus: One-man-show oder Generationsprojekt?

Friedrich Engels wird nicht erst seit der Veröffentlichung von Tristram Hunts beeindruckender Biografie im Jahre 2012 gern als „Der Mann, der den Marxismus erfand“ bezeichnet. Doch dieser nur für die deutsche Ausgabe gefundene Untertitel überspitzt die Hauptargumentation des Buches, denn Hunt nähert sich Engels durchaus nicht als dem einsamen Schöpfer des Marxismus, sondern als dessen „Mitbegründer“.[3] Aber ist es nicht

1 Zuerst publiziert unter: „Zweite Geige? Friedrich Engels und der Aufstieg der europäischen Sozialdemokratie (1875–1895)“, in: Detlef Lehnert / Christina Morina (Hg.), Friedrich Engels (1820–1895) und die Sozialdemokratie. Werke und Wirkungen eines Europäers (Historische Demokratieforschung 18), Berlin 2020, S. 149–163.

2 Brief an Johann Philipp Becker 15.10.1884, in: MEW Bd. 36, S. 218.

3 Tristram Hunt, Friedrich Engels. Der Mann, der den Marxismus erfand, Berlin 2012. Der Titel der englischen Originalausgabe (2009) lautet The Frock-Coated Communist. The Revolutionary Life of Friedrich Engels.

trotzdem plausibel anzunehmen, dass es ohne diesen Engels keinen Marxismus gegeben hätte – oder zumindest nicht in der Form, in der wir ihn kennen? Dass es Marx ohne das menschliche, intellektuelle, kommunikative und strategische Geschick von Engels wohl kaum zum „Namenspatron“[4] einer politischen Ideenbewegung mit europäischer, mithin welthistorischer Reichweite gebracht hätte? Da es jedoch unmöglich ist, diese kontrafaktischen Fragen in sinnvoller Weise zu beantworten, sollen sie hier mit Blick auf Engels' Rolle in der Entstehungsgeschichte des Marxismus im engeren und der europäischen Sozialdemokratie im weiteren Sinne in einer historischen Fragestellung präzisiert werden: Was genau war Engels' Anteil an der bemerkenswerten Wirkungsgeschichte der Marxschen Ideen? Wie kam es dazu, dass Sozialdemokraten und Sozialdemokratinnen nicht nur in Deutschland, sondern bald überall in Europa im Laufe der 1880er und 1890er Jahre „alle ihre Probleme, ihre Kampf- und Emanzipationsziele ganz in der Sprache des Marxismus“[5] formulierten? Diese zunehmende Dominanz des „semantischen Kampfes“ (Reinhart Koselleck) um die „Soziale Frage“ konnte in der Tat kaum das Werk eines Einzelkämpfers sein, so verführerisch die *one-man-show*-Perspektive auch sein mag, die jüngst die jahrzehntelange Domestizierung Engels' als „engster Freund“ in der realsozialistischen Hagiografie auf merkwürdige Weise umkehrte.[6] Ich möchte im Folgenden argumentieren, dass die Erfindung des Marxismus und die „freundliche Übernahme“ der sozialdemokratischen Bewegungen in Europa im letzten Drittel des 19. Jahrhunderts ein Generationsprojekt war, in dem Engels eine zentrale Rolle spielte, das er jedoch allein niemals hätte anstoßen, geschweige denn verwirklichen können. Es gilt somit, die Wirkung seines persönlichen Handelns ebenso wie seiner Ideen und Texte etwas genauer zu betrachten und damit den Blick zu weiten: auf das von ihm unterhaltene und in jeder Hinsicht bemerkenswerte Netzwerk von politischen Bündnissen und gelegentlich sogar Freundschaften, zu denen Marx, der etlichen Zeitgenossen in persönlicher Begegnung eigentlich als der Umgänglichere der beiden galt, in vergleichbarer Weise niemals fähig gewesen ist.

Dieser Aspekt des Lebens und Wirkens von Engels ist damit zugleich ein wichtiges Kapitel in der Gründungsgeschichte des Marxismus. Über die Frage nach den *ursprünglichen* Anziehungskräften der Marxschen Texte, Begriffe und Theorien habe ich mich andernorts mit den Biographien von neun Marxisten der ersten Stunde – genauer gesagt acht Marxisten und einer Marxistin –, geboren zwischen 1845 und 1870, befasst und dabei insbesondere die Aneignung, Übersetzung und Weiterentwicklung zentraler Marxscher Gedanken innerhalb der deutschen, österreichischen, französischen und russischen Sozialdemokratie zwischen etwa 1870 und 1900 in den Blick genommen.[7] Entstanden ist dabei das Gruppenporträt eines europäischen Netzwerks von Sozialdemokraten, die sich

---

4 Helmut FLEISCHER, Marxismus. Sieg der Ideologie über die Ideologiekritik, in: Ders. (Hg.), Der Marxismus in seinem Zeitalter, Leipzig 1994, S. 201–235, Zitat S. 203.

5 Hans-Ulrich WEHLER, Das Deutsche Kaiserreich 1871–1918, Stuttgart 1994, S. 88.

6 Vgl. z. B.: Evgenija A. STEPANOWA, Friedrich Engels. Sein Leben und Werk, Berlin (Ost) 1958; Richard SPERL, Friedrich Engels. Leben und Werk, Reichenbach 1970; Heinrich GEMKOW, Unser Leben. Eine Biographie über Karl Marx und Friedrich Engels, Berlin (Ost) 1981; Heinrich GEMKOW (Hg.), Friedrich Engels. Eine Biographie, Berlin (Ost) 1988.

7 Vgl. Christina MORINA, Die Erfindung des Marxismus, München 2017.

mit zunehmender Stringenz und Konsequenz als Marx' „Schüler" verstanden und seine Ideen zu popularisieren und anhand konkreter politischer Programme zu verwirklichen suchten. Friedrich Engels, der nicht nur aufgrund seines Alters nicht zu dieser Gründergeneration im engeren Sinne zählte, war in dieser Studie dennoch gewissermaßen der zehnte Mann – eine Art Metafigur, deren fundamentale Rolle weit über den *Anti-Dühring* und die späten Jahre als Marx' intellektueller Reichsverweser hinausreicht. Sein Name fiel in dieser Studie am häufigsten gar nicht im Zusammenhang mit der Entwicklung *nach* dem großen Aufbruch, als die SPD bei den Reichstagswahlen 1890 phänomenale 19,7 % der Stimmen holte und 1891 das Erfurter Programm die Vorherrschaft der Marxschen Position in der Bewegung besiegelte. Vielmehr spielte Engels in einem langen Jahrzehnt davor, zwischen 1875 und 1888 und damit in den entscheidenden *coming-of-age*-Jahren der meisten Angehörigen der ersten Generation marxistischer Intellektueller, seine maßgebliche Rolle. Im Folgenden soll dies an den frühen Jahren sozialdemokratischen Engagements von Eduard Bernstein und Jules Guesde exemplarisch verdeutlicht werden, die – *arguably* – zur Erfindung des Marxismus als politischer Ideenbewegung noch deutlich mehr und Konkreteres beigetragen haben als der „General".

2. Mittler und Meister: Freund Friedrich

Die Beziehung zwischen Marx und Engels, die hier durchaus als Folie verstanden wird für die *anderen* politischen Lebensbünde von Engels, war eine symbiotische, aber keineswegs konfliktfreie politische Freundschaft. Sie war eine geradezu *idealtypische* Freundschaft im Sinne Hannah Arendts: einerseits Ausdruck von „Menschlichkeit" und andererseits keine intime, rein persönliche Beziehung, sondern ein Weltverhältnis. Sie stellte „politische Ansprüche" und war stets „auf die Welt bezogen".[8] Entsprechend gilt es, die geteilte intellektuell-politische Verbundenheit ebenso anzuerkennen wie die emotionale Tiefe dieser Freundschaft, vor allem das hohe Maß an Selbstvertrauen und Sendungsbewusstsein, das die beiden trotz und quer durch alle Widrigkeiten teilten. Der einzigartige, mehr als vier Jahrzehnte umfassende Briefwechsel zeugt nicht zuletzt davon, wie wichtig die stete wechselseitige Bestätigung dieses Selbstverständnisses war.

Marx und Engels verstanden sich als „Söhne des Jahrhunderts",[9] dazu geboren und berufen, ihre Epoche zu erobern und nach den eigenen Vorstellungen zu prägen. Dieses sendungsbewusste Selbstverständnis, das auch und gerade die erste Epigonen-Generation teilte, entsprang weit mehr als jugendlicher Rebellionslust. Es war Ausdruck eines wachen, gründlichen Weltinteresses, einer nachhaltigen Welt-Befasstheit, ohne jedoch von den schlimmsten Verwerfungen des industriellen Zeitalters unmittelbar betroffen zu sein. Das genuin *politische* Programm, um das es Marx und Engels gestützt auf philosophische, historische, ökonomische und viele andere disziplinäre Studien letztlich ging, hat Marx 1844 in einem seiner wichtigsten Texte überhaupt formuliert, der *Kritik der Hegelschen Rechtsphilosophie*, von der nur die Einleitung zu seinen Lebzeiten erschien. In der darin enthaltenen bombastischen Mischung aus Religions- beziehungsweise Sys-

---

8 Hannah Arendt, Gedanken zu Lessing. Von der Menschlichkeit in finsteren Zeiten, München 1983, S. 4.

9 Vgl. dazu im Detail Morina, Erfindung (wie Anm. 7), S. 23–62.

temkritik und Wirklichkeitsdrang liegt einer der Urgründe für die Anziehungskraft, die Marx' Ideen entfalten konnten. Sie durchzog, mehr oder weniger explizit, alle weiteren zu Marx' und Engels' Lebzeiten publizierten und von den ersten „Schülern" intensiv gelesenen Kerntexte bis hin zum *Anti-Dühring*, auf dessen Bedeutung innerhalb der ersten Generation weiter unten noch einzugehen sein wird.

In einem Gedenkartikel zum 100. Geburtstag bezeichnete Eduard Bernstein im Vorwärts Engels als „*Mittler* der geistigen Errungenschaften seines Freundes Karl Marx". Ihm habe „jede Ruhmredigkeit" ferngelegen, zugleich sei seine „Arbeitsfähigkeit ins Fabelhafte" gegangen: „*Nur kraft ihrer konnte er Marx den Beistand leisten, den er ihm so willig geleistet hat und ohne den Marx wahrscheinlich in Verzweiflung hätte enden müssen.*"[10] Der Begriff des *Mittlers*, der bescheiden und arbeitsam steten Beistand leistet, war eine interessante, sicher nicht zufällige Wortwahl. Bernstein, der jüdischer Herkunft war, wird mindestens kursorisch mit dem alt- und neutestamentarischen Diskurs um das „Mittleramt" von Jesus Christus (und vor ihm Moses) vertraut gewesen sein, aber „Mittler" war seinerzeit ein gängiger, rein religiös besetzter Begriff.[11] Als Verbindung zwischen Gott und Mensch war dieses Amt dreigliedrig konstituiert: Es sollte der Offenbarung, der Prophezeiung und der Versöhnung dienen.[12] Man muss diese Metapher nicht überstrapazieren, um Bernstein darin zuzustimmen, dass Engels genau in diesem Sinne ein Mittleramt zwischen Marx und der vielstimmigen sozialdemokratischen Bewegung in ganz Europa ausübte. Ganz ohne sakralen Bezug kann man den „General" als ein geradezu idealtypisches Beispiel der jüngeren, stringent transkulturell ausgerichteten „Mittlerforschung" zuordnen, die Personen und Praktiken in den Blick nimmt, die in unterschiedlichster Form, nicht selten konflikthaft und dennoch „versöhnend", zu Kulturaustauschprozessen beitragen.[13]

Wie sah nun Engels' Ausübung dieses „Mittleramtes" im tagtäglichen politischen Geschäft aus? Blicken wir zunächst auf den jungen Bernstein, der als gerade 30-Jähriger das Sozialistengesetz und aus Berlin flüchtend 1879 in Zürich gemeinsam mit Georg von Vollmar die Redaktionsleitung des neu zu gründenden *Sozialdemokrat* übernahm. So wie er in den fünf Jahren zuvor in Berlin über die persönliche Begegnung und Bekanntschaft mit Bebel und Liebknecht zur sozialdemokratischen Bewegung gefunden hatte, fand er nun im Briefgespräch mit Engels zu einer „marxistischen" Haltung – wobei er diese Formulierung und auch den Begriff „Marxismus", ähnlich wie sein Freund Karl Kautsky,

---

10 Eduard Bernstein, Friedrich Engels. Gedenkworte zu seinem hundertsten Geburtstage, in: Vorwärts Nr. 584 (28.11.1920), S. 1 [Hervorhebung von Christina Morina].

11 Im Brockhaus von 1882 wurde er als „religiöser Begriff, der vom Alten Testament her ins Neue gekommen und auf Jesus Christus übertragen worden ist" bezeichnet und mit „Stellvertreter" bzw. „Vermittler" gleichgesetzt. Als neutestamentarischer Messias galt Christus demnach als der „*Vermittler und Stifter des neuen, vollkommenen, universalen und ewigen Bundes Gottes mit der Menschheit, dem das dreifache Mittleramt* [Prophet, Priester & König] *seine Vollendung fand*", vgl. Art. „Mittler", in: Brockhaus' Conversations-Lexikon, Bd. 11, Leipzig 1882, S. 778.

12 Vgl. dazu Wilfried Härle, Dogmatik, Berlin 2012, S. 312f. u. 321–326.

13 Mitunter ist explizit von „Helden der Versöhnung" die Rede, vgl. Nicole Colin u.a. (Hg.), Annäherung durch Konflikt. Mittler und Vermittlung, Heidelberg 2017, S. 9.

noch in Anführungszeichen setzte. Der Begriff hatte innerhalb der I. Internationale bereits eine eigene, eher negativ besetzte Vorgeschichte, doch die beiden gebrauchten ihn ab 1879 im Briefgespräch mit Engels erstmals im positiven Sinne, als Bezeichnung für eine entstehende „Schule" und politische Bewegung.[14]

Die Korrespondenz zwischen Engels und Bernstein zeigt einen mit allen Wassern gewaschenen Lehrer, der dem frischgekürten Redakteur inmitten einer nach den Sozialistengesetzen völlig demoralisierten Bewegung zahllose stilistische und inhaltliche Ratschläge gab und gleichzeitig unermüdlich erklärte, wie Marx richtig zu verstehen sei. Er zeigt andererseits einen Schüler, der sich „bescheiden, aber selbstbewußt und beharrlich"[15] zum eingeweihten wissenschaftlichen Sozialisten mauserte, zunehmend meinungs- und urteilsfreudig wurde – und der nicht ohne Stolz von einer die eigenen Transportkapazitäten über die deutsche Grenze strapazierenden Auflagensteigerung des Wochenblattes bis April 1884 auf 9200 berichtete.[16]

Dem einfühlsamen, schlauen, zugewandten und warmherzigen Engels, der beinahe jedem ein treuer Wegbegleiter wurde, der einmal sein Vertrauen gewonnen hatte, war daran ein wesentlicher Anteil beizumessen. Er widmete dem jungen Bernstein lange, offenherzige und streitlustige Briefe, die alles enthielten, was dieser brauchte: Zuspruch, Ermutigung, Lektürehinweise, Kontakte, Berichte aus dem Hause Marx, Lob und stets konstruktiv formulierte Kritik.[17] Engels bewegte Bernstein zum Umdenken: einerseits in Bezug auf die „edlen", „idealistischen" und rein „moralischen" Motive, die seine Berliner Jahre geprägt hatten; andererseits in Bezug auf die revolutionäre Ungeduld, die der später nur noch als großer Revisionist wahrgenommene Bernstein in den Anfangsjahren durchaus hegte. Das Geniale an Engels' Vermittlung war nun, dass Bernstein durch sie selbst zum Vermittler wurde, vor allem zwischen den „Londonern" und „unseren Leuten" in Deutschland, und, nicht minder wichtig, zum Vermittler zwischen den Generationen – so etwa, wenn er Engels vorschlug, über seine Erlebnisse im Badischen Feldzug von 1849 zu schreiben, worüber die Jüngeren noch allzu wenig wüssten.[18] Angesichts der Mischung aus Trübsal, Exilfrust und Revolutionseifer, die Bernsteins damalige Briefe enthielten, glänzte Engels in der Rolle des siegessicheren Pragmatikers: Sarkasmus, Verachtung und Verhöhnung seien die effektivsten Mittel gegen die reaktionären Gegner; Leisetreterei und Resignation angesichts der zerschlagenen Parteistrukturen in Deutschland seien ebenso Zeichen von Schwäche wie allgemeines „Revolutionsgeklapper" oder der inflationäre Gebrauch von „Kraftausdrücken" und „Gewaltworten".[19] Engels' konti-

---

14 Vgl. dazu ausführlich MORINA, Erfindung (wie Anm. 7), S. 149–156 u. 199–226. Zur Entstehung und Verbreitung der Begriffe Marxismus/marxistisch vgl. auch Georges HAUPT, Marx and Marxism, in: Eric Hobsbawm (Hg.), The History of Marxism, Brighton 1982, S. 265–289.

15 Thomas MEYER, Eduard Bernstein (1850–1932), in: Walter Euchner (Hg.), Klassiker des Sozialismus, Bd. 2: Von Jaurès bis Marcuse, München 1991, S. 203–217, Zitat S. 203.

16 Bernstein an Engels 15.4.1884, in: Helmut HIRSCH (Hg.), Eduard Bernsteins Briefwechsel mit Friedrich Engels, Assen 1970, S. 259. Die Auflagenzahlen stiegen tatsächlich von 3600 (Dezember 1879) auf 12000 (1885), vgl. Gerhard EISFELD/Kurt KOSZYK, Die Presse der deutschen Sozialdemokratie, Bonn 1980, S. 197.

17 Vgl. ausführlich MORINA, Erfindung (wie Anm. 7), S. 203ff.

18 Bernstein an Engels 15.9.1882, in: Eduard Bernsteins Briefwechsel (wie Anm. 16), S. 129.

nuierliche Zuwendung führte also nicht nur dazu, dass Bernstein bald einer der angesehensten sozialdemokratischen Redakteure Europas wurde, sondern hatte auch eine weit über dessen Person hinausgehende, politisch und intellektuell zähmende, ja *disziplinierende* Wirkung – eine gerade in der Gründungsphase einer politischen Bewegung kaum zu überschätzende Fähigkeit.

3. „Soldaten der Idee": Marxismus als Erfahrungsraum

In diesem brieflichen Zwiegespräch mit Bernstein klingt bereits an, dass Engels ein genuin transnationales, europäisch ausgerichtetes Netzwerk von Beziehungen, Kontakten, Korrespondenzen und Informationsquellen unterhielt. Dieses Netzwerk sollte man nicht nur als „community of discourse"[20] ernstnehmen, sondern auch als gemeinschafts- und identitätsstiftenden Erfahrungsraum. Dieser wird etwa dann gut sichtbar, wenn Engels sich mit der Frage nach der politischen beziehungsweise strategischen Relevanz von Exilerfahrungen auseinandersetzt. Das soll hier am Beispiel von Jules Guesde veranschaulicht werden, der im Laufe der 1870er Jahre eine bemerkenswerte persönliche Wandlung vollzog und enorme politische Wirkung entfalten sollte: Vom exilierten Kommunarden und glühenden Anarchisten entwickelte er sich binnen weniger Jahre zum organisationsversessenen Marxisten und Gründer der ersten marxistischen Arbeiterpartei Frankreichs. Die von ihm geleitete *L'Égalité* fand Marx' Lob ebenso wie die 1882 von Guesde und Paul Lafargue gegründete *Parti Ouvrier Français* (POF); sie sei die erste „unsrige" Partei.[21] Sie verschaffte den Londonern jenseits aller politischen Kalkulationen gewiss auch persönliche Genugtuung, denn damit schlugen ihre Ideen nun endlich dort Wurzeln, wo Marx und Engels sie als junge Exilanten zuerst formuliert hatten.

Jules Guesde verfügte über ein deftiges politisches Temperament. So wie in der Gründergeneration des Marxismus sonst nur Victor Adler war er ein praktischer „Kolporteur" (Adler über sich selbst), kein „Student" des Marxismus, der diesen mit eigenen Beiträgen weiterzudenken suchte, sondern ein praxisorientierter Adept einer Idee. Seine Anhänger, die Guesdisten, verstanden sich als „*Soldaten* der Idee" – wobei sie „l'Idée" auch im Französischen stets großschrieben.[22] Guesde las als Journalist, Exilant, Gefangener und Amnestierter eine eklektische Auswahl nationalökonomischer und politischer Bücher in mehreren Sprachen und saß schließlich im Mai 1880 in Marx' Londoner Arbeitszimmer, um gemeinsam mit Engels, Marx und Lafargue den Urtext eines französischen Arbeiterparteiprogramms zu formulieren. Von diesem sollte insbesondere die von Marx verfasste Präambel – die *Considérants*, deren Kerngedanke lautete, dass „die Produzenten nur dann frei sein können, wenn sie im Besitz der Produktionsmittel sind"[23] – in den Pro-

19 Engels an Bernstein 26.6.1879, 12.3.1881 u. 26.6.1882, in: Ebd., S. 10, 21 u. 107.

20 Robert WUTHNOW, Communities of Discourse. Ideology and social structure in the Reformation, the Enlightenment, and European socialism, Cambridge 1989, S. 481ff.

21 Die Belege und Details in MORINA, Erfindung (wie Anm. 7), S. 174f.

22 Zit. nach Robert STUART, Marxism at Work. Ideology, Class, and French Socialism during the Third Republic, Cambridge 1992, S. 25/Anm. 18.

23 Karl MARX, Einleitung zum Programm der französischen Arbeiterpartei, in: MEW Bd. 19, S. 238.

grammdebatten in Deutschland, Österreich und Russland in den späten 1880er Jahren eine nachhaltige Wirkung entfalten.

Als nun dieses besagte Treffen stattfand, war Guesde in London lange kein unbeschriebenes Blatt mehr. Über Carl Hirsch und Lafargue hatte man ihn als hitzköpfigen, aber klugen und redebegabten Macher schätzen gelernt. Guesde war zudem ein guter Bekannter von Gabriel Deville, der Ende der 1870er Jahre in Absprache mit Marx an einer französischen Synthese des *Kapitals* arbeitete und sich dabei auch an Engels' *Anti-Dühring*-Artikeln orientierte.[24] Er schätzte an Marx' Ideen insbesondere drei Gedankengänge: den Verweis auf den gesunden Menschenverstand, im Sinne einer Idee der Emanzipation, den Rekurs auf die soziale Wirklichkeit, also das Sein, und das Versprechen wissenschaftlich fundierter Erkenntnis, das Bewusstsein. Und schließlich vollzog Guesde wie die meisten anderen Marxisten der ersten Stunde seine eigentliche Marx-Rezeption über die Herausgeberschaft einer Zeitung. 1877 gründete er „L'Égalité", eine Zeitung mit „republikanischen Charakter", so das ‚mission statement' in der ersten Ausgabe: weil nur „Die Republik die höchste Stufe der politischen Entwicklung eines Staates ist und weil nur sie für eine ökonomische und soziale Revolution Platz" lasse. Zudem werde *L'Égalité* der Schaffung einer großen Partei dienen, die „im gegebenen Augenblick die Gewalt in den Dienst des Rechtes" stellen könne und werde.[25]

Mit diesem rührigen Zeitungsredakteur nun stehe man seit Längerem in sporadischem Kontakt, schrieb Engels 1881 an Bernstein, als Guesde von seinen Gegnern bereits häufiger als Marx' „Mundstück" denunziert worden war (wobei anti-deutsche Ressentiments hier eine nicht unwichtige Rolle spielten). Man habe ihm gelegentlich den einen oder anderen guten „Rat gegeben, der aber kaum jemals befolgt worden ist",[26] so Engels' lakonisches Urteil. Das bezog sich wohl nicht zuletzt auf die Londoner Beratungen zum französischen Parteiprogramm im Jahr zuvor, wo sich Marx und Engels zwar in der Theorie, aber eben nicht immer in der Praxis durchsetzen konnten; beispielsweise sah Guesde theoretisch durchaus ein, dass eine Mindestlohn-Forderung nach der marxistischen Logik keinen Sinn ergibt, bestand aber zu Mobilisierungszwecken darauf, diese trotzdem ins Programm zu schreiben.[27]

Dennoch hielt Engels Guesdes „Broschüren und Artikel [für] die besten, die in franz[ösischer] Sprache erschienen sind, und dabei ist er einer der besten Redner von Paris. [... W]ir haben ihn immer offen und zuverlässig gefunden."[28] Marx lobte die „L'Égalité" als

---

24 Das Buch erschien zwischen 1883 und 1948 sieben Auflagen, die Ausgabe von 1897 kostete 3,50 Francs (ungefähr die Hälfte eines damaligen durchschnittlichen Tageslohns). Das Werk wurde außerdem ins Spanische (1887), Italienische (1893), Russische (1900) und Englische (1900) übersetzt. Marx hat das Unternehmen trotz oder gerade wegen seiner „schlechten Erfahrungen" mit Übersetzungen unterstützt, Teile von Devilles Manuskript sowie Engels' kritische Einwände gegen die später fertiggestellten Teile vor seinem Tod eigenhändig überarbeitet. Vgl. Joy H. Hall, Gabriel Deville and the Abridgement of Capital, in: Proceedings of the Western Society for French History 10 (1982), S. 438–448, hier S. 440.

25 Zit. nach Claude Willard, Einführung, in: Jules Guesde. Ausgewählte Texte 1867–1882, Berlin 1962, S. 5–69, hier S. 30f.

26 Engels an Bernstein 25.10.1881, in: Eduard Bernsteins Briefwechsel (wie Anm. 16), S. 50.

27 Vgl. im Detail Morina, Erfindung (wie Anm. 7), S. 176f.

erstes „‚französisches' Arbeiterblatt im wahren Sinne des Worts", was vor allem Guesdes „Übergang zu uns" zu danken sei.[29] Nicht zuletzt belegt der Briefwechsel zwischen Engels und Bernstein, der von Zürich aus regen Anteil an den französischen Entwicklungen nahm, wie geschickt Engels dieses zwischen Sympathiegefühlen und strategischem Kalkül changierende, lange fragile politische Verhältnis navigierte. Gerade seine Einlassungen zu Guesdes Person und dessen Wert für die Bewegung belegen das locker-symbiotische Vertrauensverhältnis, das er in die vorderste Reihe der sozialistischen Bewegung Frankreichs hatte knüpfen können:

„Endlich Guesde", begann Engels einen seiner Pariser Lageberichte an Bernstein: *„Dieser ist von den Parisern theoretisch bei weitem der klarste Kopf und einer der wenigen, die an dem deutschen Ursprung des jetzigen Soz*[ialismus] *absolut keinen Anstoß nehmen.* [...] *Daß er herrschsüchtig sein soll, mag wohl sein. Jeder von uns ist herrschsüchtig in der Art, daß er seine Ansichten zu den herrschenden machen will.* [...] *Guesde hat ganz andere Fehler. Erstens den Pariser Aberglauben, daß immer mit dem Wort Revolution um sich geworfen werden muß. Und zweitens seine grenzenlose Ungeduld. Er ist nervenkrank, glaubt* [Guesde war damals 36 Jahre alt, starb aber hochbetagt erst 1922] *nicht lange mehr leben zu können und will nun mit Gewalt noch etwas Ordentliches erleben. Daher und aus seiner krankhaften Erregung der übertriebne, manches verderbende Tatendrang."*[30]

Dazu muss man wissen, dass Guesde für seinen schlechten Gesundheitszustand, der sich durch Exil und Haft noch verschärft hatte, geradezu berühmt war; er war sein Schicksal und zugleich Teil seines asketisch-revolutionären Images. Und, so Engels' Urteil, er hatte zugleich förderlichen und „verderblichen" Einfluss auf seine politische Arbeit. Ebenso belustigt wie nachsichtig notierte Engels an anderer Stelle, wie bodenständig Guesde im Parteikampf, der ja damals vor allem Redaktionsstubenkampf war, agierte. Der Mann plage sich in seiner Redaktion mit ideologisch zwielichtigen Leuten wie dem possibilistischen Bauernsohn Benoît Malon nur herum, weil er „als Schriftsteller echt französisch glaubte, einen *Arbeiter* neben sich nötig zu haben",[31] und weil er wider jede politische Vernunft noch immer eine „gewisse *persönliche* Zärtlichkeit für seine anarchistischen Ex-Brüder" empfinde.[32]

Auch wenn Guesdes Partei und das von Marx und Engels mitverfasste Maximalprogramm der POF auf lange Sicht in der französischen Bevölkerung auf viel weniger Zustimmung trafen als die reformsozialistischen Entwürfe u.a. der so verachteten Possibilisten, sorgte Engels über seine guten Verbindungen zu Bernstein und Victor Adler höchstpersönlich dafür, dass zumindest die „Considérants" in Deutschland und Österreich bekannt und berücksichtigt wurden. Georgi Plechanow nahm deren Kerngedanken 1887 in seinen (zweiten) Entwurf eines Programms für die russische Sozialdemokratie auf. In der offiziösen Parteigeschichtsschreibung wurde ihnen daher nicht ganz unerwartet eine „große Bedeutung für die Zurückdrängung kleinbürgerlich-utopischer

28 Engels an Bernstein 25.10.1881, in: Eduard Bernsteins Briefwechsel (wie Anm. 16), S. 49f.

29 Karl Marx an Friedrich Adolph Sorge, 5.11.1880, in: MEW Bd. 34, S. 475.

30 Engels an Bernstein 25.10.1881, in: Eduard Bernsteins Briefwechsel (wie Anm. 16), S. 49f.

31 Ebd., S. 52.

32 Engels an Bernstein 2./3.11.1882, in: Ebd., S. 153.

Auffassungen und die Durchsetzung wesentlicher Prinzipien des wissenschaftlichen Kommunismus" in ganz Europa zugesprochen.[33]

Schließlich gilt es gerade auch mit Blick auf diese Verbreitungsgeschichte auf die Bedeutung von Engels' „Anti-Düring" in der Genese des Marxismus einzugehen.[34] Die Artikel-Serie bzw. später das Büchlein spielten in den individuellen Marx-Lektüren der ersten Generation (die stets Marx-Engels-Lektüren waren) eine weniger hervorgehobene Rolle, als man vielleicht erwarten würde. Dies lag wohl vor allem daran, dass alle Protagonisten danach strebten, Marx im „Original" zu studieren und zu verstehen – und überzeugt waren, selbst *keiner* „Popularisierung" zu bedürfen. Dennoch leuchtet die große Resonanz des *Anti-Dühring* in den hierfür relevanten Quellen zur frühen Marx-Aneignungs- und Diskursgeschichte vielfältig auf.

Schon zu Lebzeiten galt Engels als „Meister der populären Darstellung", dessen „Schriften von allen denkenden Proletariern gelesen werden", so Kautsky in einer Würdigung im Jahre 1888. Die „Mehrzahl derjenigen, die sich mit dem Socialismus befassen, [schöpften] aus diesen Schriften die Kenntnis und das Verständnis der Marx-Engels'schen Theorie."[35] Für Kautsky gab es „kein Buch, das für das Verständnis des Marxismus so viel geleistet hätte wie dieses. Wohl ist das Marxsche ‚*Kapital*' gewaltiger. Aber erst durch den ‚*Antidühring*' haben wir das ‚*Kapital*' richtig lesen und verstehen gelernt."[36] Engels behandele „die wichtigsten Punkte des *gesammten modernen Wissens* vom Standpunkte der Marx-Engelsschen materialistischen Dialektik her."[37] Folglich schloss Kautsky sein erstes eigenes Buch „Karl Marx' Ökonomische Lehren" (1884), nicht etwa mit einem Kerngedanken aus dem „Kapital", sondern mit Engels' Prophezeiung, mit der Vergesellschaftung der Produktionsmittel im Kommunismus werde der Menschheit der Sprung „aus dem Reich der Nothwendigkeit in das Reich der Freiheit" gelingen – wenn auch ohne Engels an dieser Stelle explizit zu nennen.[38]

Auch Bernstein hielt die Streitschrift für die „großartigste wissenschaftliche Leistung auf dem Gebiet des Sozialismus nach Marx' ‚*Kapital*'";[39] für Lenin war es eines der *must-read*-„Handbücher jedes klassenbewussten Arbeiters".[40] Und nicht zuletzt auch Rosa Luxemburg, die in der Revolution von 1918/19 den späten Engels für die vermeintliche „nur-parlamentarische" Verweichlichung der Sozialdemokratie mitverantwort-

33 MEW Bd. 25, S. 809f.

34 Vgl. dazu ausführlich Christina MORINA, Marxismus und Sozialismus. Von den Anfängen einer politischen Selbstermächtigungsbewegung, in: Martin Endreß / Christian Jansen (Hg.), Karl Marx im 21. Jahrhundert. Bilanz und Perspektiven, Frankfurt a.M. 2020, S. 439–455.

35 Karl KAUTSKY, Friedrich Engels, in: Österreichischer Arbeiter-Kalender für das Schuljahr 1888, zit. nach MEGA I/31, S. 497.

36 Karl KAUTSKY, Erinnerungen und Erörterungen, Den Haag 1960, S. 209–222.

37 Kautsky, Friedrich Engels (wie Anm. 35), S. 500.

38 Karl KAUTSKY, Karl Marx' Ökonomische Lehren, Stuttgart 1912, S. 268. Er zitierte ohne explizite Referenz aus Friedrich Engels, Herrn Eugen Dührings Umwälzung, in: MEW Bd. 20, S. 264.

39 BERNSTEIN, Friedrich Engels (wie Anm. 10), S. 1.

40 Wladimir LENIN, Drei Quellen und drei Bestandteile des Marxismus, in: Ders.: Werke, Bd. 19, Berlin (Ost) 1965, S. 4.

Abb.: *Kautskys Geburtstagsgruß für Friedrich Engels 1884.*

Die Widmung unter einem Blumenstrauß überreichenden Selbstbildnis mit Bernstein lautete:

„Es gratulieren dem Fritze Engels
Zwei verrufene Züricher Bengels
der eine von beiden ist kein Christ
der andre nicht 'mal ein Jude ist."

Zit. nach: IISG Amsterdam, Marx-Engels Archive, L 2598, Karl Kautsky, 26.11.1884.

lich machen würde,[41] zitierte den Text als autoritative, allgemeinverständliche Darstellung der Marx schen Theorien und würdigte – wohlgemerkt unter Verweis auf Marx' persönliche Mitwirkung am *Anti-Dühring* – dessen „große Kürze und Einfachheit".[42] Das war wohl in der Tat das Geheimnis dieses weit verbreiteten, vielfach nachgedruckten und übersetzten Textes.

4. Fazit: Von Marx zum Marxismus

Ziel dieses Aufsatzes war es, die historische Würdigung bzw. Einordnung Engels' als „treuer Freund", Marx' Nachlassverwalter und Verfasser des *Anti-Dühring* um zwei Aspekte zu erweitern: Einerseits hatte Engels über die Moderation und Mitabfassung des ersten Entwurfs eines französischen Arbeiterparteiprogramms 1880 einen wichtigen Anteil an der Schaffung eines Dokuments, das wie eine Art ideologischer *blueprint* in

---

41 Hermann WEBER, Der Gründungsparteitag der KPD. Protokoll und Materialien. Politische Texte, Frankfurt a.M 1969, S. 178f. Auch wenn sie mutmaßte: *„Ich bin sicher: wenn man die Werke von Marx und Engels kennt, wenn man den lebendigen revolutionären, echten, unverfälschten Geist kennt, der aus allen ihren Lehren und Schriften atmet, so muß man überzeugt sein, daß Engels der erste gewesen wäre, der gegen die Ausschweifungen, die sich aus dem Nur-Parlamentarismus ergeben haben, gegen diese Versumpfung und Verlotterung der Arbeiterbewegung* [...] *zu protestieren und mit mächtiger Hand den Karren zurückzureißen, daß er nicht in den Sumpf hinabrollte."* Ebd.

42 Rosa LUXEMBURG, Aus dem literarischen Nachlaß von Karl Marx, in: Vorwärts Nr. 7 (8.1.1905), in: Dies.: Gesammelte Werke, Bd. 1/2. Hbd., Berlin (Ost) (1972), S. 462–476.

zukünftige, an Marx' Theorien ausgerichtete Parteiprogramme einfloss. Und da – mindestens – zwei Seelen in seiner Brust ruhten, nämlich die eines Dogmatikers und die eines Pragmatikers, konnte Engels letztlich gut damit leben, dass die marxistischen Prinzipien in einem allgemeinen Teil oder einer Präambel postuliert wurden und die konkreten Forderungskataloge dann aber auch davon abweichende, landesspezifische Ziele formulierten. Andererseits lässt sich Engels' Rolle als kongenialer Autor und politischer *match-maker* in der Gründerzeit des Marxismus nur angemessen nachvollziehen, wenn man das weitgespannte Netzwerk vor Augen hat, in dem er agierte: Ab Mitte der 1870er Jahre unterhielt er über persönliche Kontakte in die sozialdemokratischen Bewegungen in ganz Europa eine einzigartige politische Diskursgemeinschaft; er unterstützte, informierte und motivierte die darin eingebundenen, sich zunehmend als „Schüler" von Marx verstehenden Gesinnungsgenossen auf vielfältige Weise – immer wieder finanzierte er sie auch. Dabei verstand es Engels meisterhaft, die Marxschen Prämissen im Austausch mit lokalen Akteuren flexibel zu halten und auf die politische Praxis und Erfahrungswelt der Bewegungen vor Ort Rücksicht zu nehmen. Er genoss dafür nicht nur Respekt, sondern echte Zuneigung, wie ein 1884 von Kautsky – dessen tschechischer Vater Jan Theatermaler war und der in jungen Jahren selbst gern Künstler geworden wäre – gezeichneter und gedichteter Geburtstagsgruß illustriert.

Diese intellektuelle und strategische Flexibilität war, gepaart mit der bemerkenswerten Aufnahmewilligkeit und Hingabebereitschaft einer in der Begabung und Eignung sehr durchwachsenen Schar von ersten „Schülern", eine wesentliche Vorbedingung für die Dominanz, die Marx' Ideen im letzten Drittel des 19. Jahrhunderts in der europäischen Sozialdemokratie entfalten konnten.

Fremde Welten

Zivilisationsdiskurse Mitte des 19. Jahrhunderts: Engels, Faucher, Westermann

Detlef Vonde

In der deutschsprachigen, medialen Öffentlichkeit etablierten sich bereits in präkolonialer Zeit zivilisatorische Diskurse über fremde Welten, die zentrale Merkmale und Denkstrukturen vorwegnahmen, welche wir noch heute als verfestigte Vorurteile und tiefsitzende Ressentiments wiedererkennen.[1] Die völkischen Bewegungen des späten 19. Jahrhunderts und die NS-Ideologie konnten radikalisierend an Traditionen und (Vor-)Schulen eines sich verallgemeinernden Rassismus anschließen, wie sie sich im Laufe des 19. Jahrhunderts entwickelt und im frühen 20. Jahrhunderts auch wissenschaftlich in neuen Spezialdisziplinen (Anthropologie, Eugenik, Rassenhygiene, Vererbungslehre, Psychiatrie, Kriminalbiologie, Sozialforschung), in der sozialen Fürsorge, in der Hygienebewegung, in der Praxis des Kolonialismus und andernorts etabliert hatten.[2]

Bis ins Jahr 1884 hatte das Deutsche Reich noch keine Kolonien in Übersee. Ein bisher wenig beachteter gesellschaftlicher Effekt solch (prä)kolonialer Abstinenz war der Umstand, dass sich das Bürgertum als aufstrebende gesellschaftliche Klasse ideologisch damit eher auf dem Feld einer Mission nach innen gegenüber der entstehenden Arbeiterklasse bewegen oder aber auf sich selbst konzentrieren konnte. Anders als bei den aktiven Kolonialmächten fehlten hier die Impulse und Anlässe, Normen und Werte der eigenen Zivilisation nach außen, das heißt nach Übersee zu exportieren oder Kolonialpolitik ideologisch zu unterfüttern, indem man die so genannten Wilden und/oder Barbaren an – von Europa aus betrachtet – der Peripherie durch die unterstellte Höherwertigkeit der eigenen Kultur zu zivilisieren vorgab. „Zivilisation herrscht dort, wo ‚Barbarei' oder ‚Wildheit' besiegt sind. Zivilisation braucht ihr Gegenteil, um kenntlich zu bleiben."[3] Jürgen Osterhammel folgend verfestigte sich dieses Selbst- und Sendungsbe-

---

1 Auch wenn das Präfix „post" anderes suggeriert, lassen sich die folgenden Betrachtungen durchaus an Schnittstellen zu den „Postcolonial Studies" verorten, die auch Zeiträume in und während der Kolonisation umfassen können – hier als präkoloniale Variante. Einen älteren, aber gut strukturierten Überblick über Entstehung und Formen bietet Ulrike Lindner, Neuere Kolonialgeschichte und Postcolonial Studies, Version: 1.0, in: Docupedia-Zeitgeschichte, 15.4.2011, <http://docupedia.de/zg/lindner_neuere_kolonialgeschichte_v1_de_2011>, Zugriff: 15.3.2022.

2 Postkoloniale Perspektiven auf den Nationalsozialismus wurden insbesondere von Jürgen Zimmerer entwickelt. Vgl. Jürgen Zimmerer, Die Geburt des „Ostlandes" aus dem Geiste des Kolonialismus. Ein postkolonialer Blick auf die NS-Eroberungs- und Vernichtungspolitik, in: Sozial.Geschichte 1 (2004), S. 10–43; vgl. auch die Beiträge zur kolonialen Erinnerungskultur in: Ders. (Hg.), Kein Platz an der Sonne. Erinnerungsorte der deutschen Kolonialgeschichte, Frankfurt a.M. 2013.

wusstsein bereits im frühen 19. Jahrhundert im Fortschrittsglauben der westlichen bürgerlichen Gesellschaften, dem zufolge es gelte, die Grenzen von Natur und Chaos durch Forschung, Technik und zum allgemeinen Wohle in der Welt zu überwinden. Und dieser Glaube manifestierte sich auf verschiedenen Diskursebenen.

Zwei Textsorten höchst unterschiedlicher Provenienz und Reichweite stehen im Zentrum der folgenden Betrachtungen: Einerseits die in den um die Mitte des 19. Jahrhunderts an Popularität gewinnenden Publikumszeitschriften und Kulturmagazinen, wie Westermanns Monatsheften, gedruckten Reiseberichte, andererseits die Sozialreportagen und Surveys, wie die epochale Klassenanalyse von Friedrich Engels über „Die Lage der arbeitenden Klasse in England von 1845", die man heute als Pionierstudie der Sozialforschung bezeichnen kann, oder das Werk des französischen Journalisten und Politikers Léon Faucher „Études sur l'Angleterre", ebenfalls 1845 erschienen. Diese beiden Texte dienen im Folgenden als Beispiele für Varianten ethnisierender Sprachformen im zivilisatorischen Diskurs und als Spiegel für Werthaltungen der präkolonialen Zeit.

1. Zivilisation als bürgerliches Leitmotiv

Zivilisierung durch Ab- und Ausgrenzung von „Wildheit" wurde schon im Europa des späten 18. Jahrhunderts zu einem Leitmotiv der bürgerlichen Moderne und drückte sich anfangs noch in Formen positiv aufgeladener Mythen und populärer Erzählungen aus, etwa vom vermeintlichen Paradies, von der Exotik der Südsee und ihrer Bewohner*innen, den vermeintlich edlen und schönen, noch „unverdorbenen Wilden" und ihrer angeblich freien Sexualität, wie sie in den teils empathisch verklärenden Reiseberichten von Forschern und Entdeckern der Zeit zum Ausdruck kamen.[4] Das musste nicht immer deckungsgleich sein mit den vorgefundenen Realitäten vor Ort, sondern mochte eher männlichen Fantasien während einer langen, oft entbehrungsreichen Rückreise auf See entsprungen sein. Die Expeditionen stießen vor allem in Europa auf große Aufmerksamkeit eines an exotischen Erzählungen interessierten Publikums. Forschungsreisende agierten dabei im Auftrag von Regierungen und Kompagnien, aber auch auf eigene Rechnung im selbstgewählten Dienst an der Wissenschaft oder an der christlichen Mission in noch weitgehend unbekannten und vermeintlich gefährlichen Gegenden der Welt, für die keine zuverlässigen Wegweiser existierten.

Zivilisation: Das Standardlexikon der Zeit, das Conversations-Lexikon von F. A. Brockhaus aus dem Jahr 1865, definierte den Begriff so: „*Civilisation (vom lat. Civis, der Bürger) oder bürgerliche Gesittung nennt man die auf dem geselligen Verkehr beruhende und vorzugsweise in den äußeren Formen des Lebens sich darstellende Ausbildung des in geord-*

---

3 Jürgen OSTERHAMMEL, Die Verwandlung der Welt. Eine Geschichte des 19. Jahrhundert, München[2] 2016, S. 1172.

4 Walter RITZ, Die Sehnsucht nach der Südsee. Bericht über einen europäischen Mythos, Göttingen 1983. In den Reiseberichten des 18. und 19. Jahrhunderts von Autoren mit spätaufklärerisch philantropischer Orientierung liegen zudem Quellen vor, die ein idealisiertes Afrikabild zeigen und den Abstand zur europäischen Wirklichkeit markieren sollten. Vgl. dazu Heinrich LOTH, Audienzen auf dem schwarzen Kontinent. Afrika in der Reiseliteratur des 18. und 19. Jahrhunderts, Berlin 1988.

neten bürgerlichen Zuständen lebenden Menschen. Als eine äußerliche Lebensform kann sie daher auch rohen Völkern beim Mangel wahrer Bildung bis auf einen gewissen Grad mitgetheilt werden und dient dann als Weckungsmittel für eigentliche Cultur."[5] Ein halbes Jahrhundert später, als das Deutsche Reich sich dann selbst zum imperialen Player im Konzert der etablierten Kolonialmächte aufgeschwungen hatte, beschreibt der entsprechende Artikel in Meyers Großem Konversationslexikon Zivilisation als Modernisierungsprozess, Ausdruck und Ergebnis von allgemeinem Fortschritt. Zivilisation sei „*im Gegensatz zur Barbarei der Inbegriff derjenigen Bildungselemente, die zunächst zu einem geordneten bürgerlichen Zusammenleben erforderlich sind und in demselben herausgebildet wurden.* [...] *Die Z. ist die Stufe, durch die ein barbarisches Volk hindurchgehen muß, um zur höheren Kultur in Industrie, Kunst, Wissenschaft und Gesinnung zu gelangen.*"[6]

2. Nahe Fremde – Friedrich Engels in Little Ireland und Angel Meadow

Weil aber in Deutschland die Projektionsziele nach außen in Form von Kolonien bis 1884 schlicht fehlten, beschränkte sich dieser Trend zunächst auf die Perspektive einer inneren Mission.[7] Für das Bürgertum in der Mitte des 19. Jahrhunderts lebten die „Wilden" nicht nur in fernen, dunklen Kontinenten, sondern ganz real mitten in der bürgerlichen Gesellschaft – in nächster Nähe, in den Slums und Arbeiterghettos der gleichsam explodierenden Industriestädte. Die Sozialreportage, ein Genre, das sich seit der Jahrhundertwende insbesondere in Großbritannien, dem industriellen Vorreiterland, etabliert hatte, fand ein gleichermaßen interessiertes wie verunsichertes bürgerliches Lesepublikum, das selten in die hier behandelten hermetischen Welten vordrang. Doch es gab Ausnahmen, die sich auch der Öffentlichkeit mitteilten.

Einer, der sich vor allem in der Industriemetropole Manchester im Nordwesten Englands damals bestens auskannte, war der Barmer Unternehmersohn Friedrich Engels. Er hatte das Elend der Arbeiterslums von Little Ireland in Manchester und Salford mit eigenen Augen gesehen und genauestens analysiert. Die Industrie-Agglomeration galt ihm als steingewordener Nachweis der zerstörerischen Kraft eines schrankenlosen Kapitalismus. Die *Coke Town* (Charles Dickens' „Hard Times") übertraf in der Mitte des 19. Jahrhunderts ihre deutschen Varianten Barmen und Elberfeld im Tal der Wupper in Sachen Wachstum, Armut, ökologische Verwüstung, aber auch Reichtum um Längen: 1801 zählte Manchester 72.275 Bewohner, 1851 waren es bereits 303.382. Für den amerikanischen Historiker Lewis Mumford war dieses Manchester eine der *Shock Cities*, die er ebenso drastisch beschrieb, wie Friedrich Engels und andere. „In den neuen Industriestädten fehlte es an den elementarsten städtischen Dienstleistungen. Ganze Stadtviertel waren manchmal ohne Wasser, sogar ohne eigenen Brunnen. (...) Der „Bericht über den Zustand

---

5 Allgemeine deutsche Real-Encyklopädie für die gebildeten Stände. Conversations-Lexikon, 11. Aufl. Leipzig 1865 (F. A. Brockhaus), Bd. 4.

6 Meyers Großes Konversations-Lexikon. Ein Nachschlagewerk des allgemeinen Wissens, 6. Aufl. Leipzig / Wien 1909, Bd. 20.

7 Zum Begriff vgl. Jürgen OSTERHAMMEL, „The Great Work of Uplifting Mankind". Zivilisierungsmission und Moderne, in: Boris Barth / Jürgen Osterhammel (Hg.), Zivilisierungsmissionen. Imperiale Weltverbesserung seit dem 18. Jahrhundert, Konstanz 2005, S. 363–425.

großer Städte und Bezirke von 1845" stellt fest, dass in einem Teil von Manchester den Bedürfnissen von über 7.000 Menschen nur 33 Aborte dienten – also eine Toilette für jeweils 212 Menschen.[8] Eine laute, zischende und qualmende Zusammenballung von Menschen und ein neuer Typus von Stadt, in der die Klassengegensätze hart und räumlich kaum getrennt aufeinanderprallten. Die Zeitgenossen übertrafen sich mit immer drastischeren Beschreibungen und Metaphern, um ihren zwischen Irritation und Faszination wechselnden Empfindungen beim Betrachten der Verhältnisse Ausdruck zu verleihen – wenn sie sich denn überhaupt ins Auge des Sturms vorzudringen trauten. Die Slums von Salford stanken nicht nur zum Himmel, sie waren tatsächlich auch gefährlich. So entstand 1845 gleichsam durch teilnehmende Beobachtung eine der wichtigsten frühen Sozialstudien der Geschichte: Friedrich Engels' „Die Lage der arbeitenden Klasse in England".

Im Alter von 23 Jahren lernte der Barmer Fabrikantensohn während seines Aufenthaltes im Familienbetrieb Ermen & Engels in Salford, einer schmutzigen Vorstadt des „Industriemolochs" Manchester, die damals 22-jährige Mary Burns kennen, die ihn schließlich nach Little Ireland führte, einem Slum, der auch wegen der hier wohnenden irischen Arbeiter*innen so hieß, wie Marys Vater Michael Byrne, ein Färber, und ihre Mutter, Mary Conroy, beide Einwanderer*innen aus dem südirischen Tipperary. Mary Burns hatte das harte Arbeitsleben in der Textilfabrik schon im Alter von neun Jahren kennenlernen müssen. Sie war kaum vierzehn Jahre alt, als ihre Mutter starb. Edmund und Ruth Frow, Historikerpaar aus Salford, vermuten, dass sie und Friedrich sich in der dortigen Hall of Science kennen und lieben gelernt haben.[9] Vor allem hatte Mary die notwendigen Kontakte zum irischen Proletariat in den Milieus von Little Ireland und verschaffte Friedrich Zutritt zu dieser ansonsten verschlossenen, fremden Welt. In seinem Pionierwerk hat Engels dann der erstaunten Öffentlichkeit und einem davon sichtlich beindruckten Karl Marx seine Analysen präsentiert. Im Vorwort der englischen Ausgabe schrieb Engels an die Adresse der englischen Arbeiterschaft: „*I wanted to see you in your own homes, to observe you in your everyday life, to chat with you on your condition and grievances, to witness your struggles against the social and political power of you oppressors. I have done so: I forsook the company and the dinner-parties, the port-wine and champaign of the middle-classes, and devoted my leisure-hours almost exclusively to the intercourse with plain Working Men; I am both glad and proud of having done so.*"[10] Und Mary, eine der dürftigen Überlieferung folgend junge und lebensfrohe Arbeiterin, war es, die ihn in diese Terra Incognita der Arbeitermilieus von Little Ireland einführte, die weder er, geschweige

---

8 Lewis MUMFORD, Die Stadt. Geschichte und Ausblick. München 1984. Das Original erschien 1961 unter dem Titel „The City in History", S. 538 f.

9 Vgl. Edmund & Ruth FROW, Frederick Engels in Manchester and „The condition of the working class in England" in 1844 (Working Class Movement Library), Salford 1995 sowie Roy WHITFIELD, Frederick Engels in Manchester, Manchester 1988.

10 Friedrich ENGELS, Die Lage der arbeitenden Klasse in England. Nach eigener Anschauung und authentischen Quellen (1845), hg. v. Walter Kumpmann, München 1973, S. 11. Der Bezug auf diese Ausgabe der epochalen Schrift von Friedrich Engels ist gleichzeitig eine Referenz an den Herausgeber Walter Kumpmann, der jahrzehntelang als Lektor des dtv-Verlages Geschichte und Zeitgeschichte in das Blickfeld eines breiteren Publikums rückte.

denn sein künftiger Partner Karl Marx je zuvor je betreten hatten. Sie verschaffte Engels Informationen aus erster Hand – eine biografische und literarische Weichenstellung.

In seinen Analysen zur Entstehung der englischen Arbeiterklasse stellte Engels mit Blick auf die Entwicklung der „*Cottonopolis*" und ihrer heruntergekommenen Wohnviertel und Arbeiterghettos, wie dem berüchtigten Angel Meadow fest, dass dort vorwiegend die stark mit irischem Blut vermischte „*Arbeiterrace*" zu Hause sei. Angel Meadow, das größte Arbeiterquartier, wurde von der Rochdale Road, der Miller Street, der Cheetham Hill Road und der Gould Street begrenzt und umfasste 33 Hektar am Rande des Stadtzentrums von Manchester. Die 20.000 bis 30.000 Einwohner waren überwiegend mittellose Iren, die vor der großen Hungersnot geflohen waren, um in der Industrie von Manchester Arbeit zu finden, und nun unter erbärmlichen Bedingungen in Kellern unter Wohnhäusern lebten.[11] Engels nannte den Bezirk die Hölle auf Erden. Damit lag er nahe bei anderen Statements, wie der des Londoner Journalisten Angus Bethune Reach, der 1849 über den Slum von Angel Meadow schrieb: „*The lowest, most filthy, most unhealthy and most wicked locality in Manchester is called, singularly enough, 'Angel-meadow'. It is full of cellars and inhabited by prostitutes, their bullies, thieves, cadgers, vagrants, tramps and, in the very worst sties of filth and darkness, by those unhappy wretches the 'low Irish.'*"[12] Die Iren, von 1801 bis 1922 gleichsam durch England kolonialisiert, lebten über viele Jahrzehnte in bitterster Armut, bis die große Hungerkrise Mitte des 19. Jahrhunderts Millionen Menschen zur Auswanderung nach England oder in die USA zwang, um dem Hungertod zu entgehen. In England wurden sie zur Zielscheibe aggressiver Ressentiments, die auf tiefsitzenden Vorurteilen und Rassismus basierten.

Die Stadt Manchester und ihre Arbeitsmigrant*innen irischer Herkunft wurden in der Zeit zwischen 1832 und 1849 ausführlich und offiziell untersucht, wie aus einer Fülle von Parlamentsberichten, Romanen und Reiseberichten hervorgeht. Zu den aufschlussreichsten parlamentarischen Studien zählte der Bericht über die Lage der irischen Armen in Großbritannien von 1836 und die Untersuchungen des Dr. Lyon Playfair aus dem folgenden Jahrzehnt: „Reports on the state of large towns". Zahlreiche weitere Beschreibungen geben der Epoche ein anschauliches Profil, etwa die Romane „Sybil" von Benjamin Disraelis, „Hard Times" von Charles Dickens oder „Mary Barton" von Elizabeth Gaskell. Bahnbrechend im soziologischen Sinne war schließlich James P. Kays Studie über die Iren von 1832, die er im Auftrag der Gesundheitsbehörde von Manchester erstellte. Der Bericht von Alexis de Tocqueville über seine Reise nach Manchester im Jahr 1835 sowie die neun Jahre später erschienenen Abhandlungen von Léon Faucher und Friedrich Engels fügten weitere Perspektiven hinzu.[13]

---

11 Eine populär spektakuläre Geschichte und „die Realität" von Angel Meadow, „des abscheulichsten und gefährlichsten Slums der industriellen Revolution" legte der Journalist Dean Kirby vor, angeregt durch das Schicksal seines Ururgroßvaters William Kirby, der 1877 in Angel Meadow lebte und dort als Fischhändler arbeitete. Dean KIRBY, Angel Meadow. Victorian Britain's Most Savage Slum, Barnsley 2016.

12 Zitiert bei Rosemary WAKEMAN, A Modern History of European Cities: 1815 to the Present, London 2020, S. 36.

13 Vgl. John M. WERLY, The Irish in Manchester, 1832–1849, in: Irish Historical Studies 18 (1973), S. 345–358

Im Kapitel über die Irische Einwanderung bediente sich Engels in seinen detaillierten Milieuskizzen und Analysen ausführlich am zivilisatorisch-ethnisierenden Vokabular der Zeit,[14] in dem er Iren generell auf die Stufe von Wilden und Barbaren stellte, deren rabiate Umgangsformen nach getaner Arbeit regelmäßig in den exzessiven Genuss von Alkoholika mündeten.[15] *„Und da der arme Teufel doch einen Genuß haben muß und von allem andern ihn die Gesellschaft ausgeschlossen hat – so geht er hin und trinkt Branntwein. Der Branntwein ist das Einzige, was dem Irländer das Leben der Mühe wert macht – der Branntwein und allenfalls sein sorgloses, heiteres Temperament, und daher schwelgt er auch im Branntwein bis zur brutalsten Betrunkenheit. Der südliche, leichtsinnige Charakter des Irländers, seine Roheit, die ihn wenig über einen Wilden stellt, seine Verachtung aller menschlicheren Genüsse, deren er eben wegen dieser Roheit unfähig ist, sein Schmutz und seine Armut, alles das begünstigt bei ihm die Trunksucht – die Versuchung ist zu groß, er kann ihr nicht widerstehen, und so wie er Geld bekommt, muß er's durch die Kehle jagen.“*[16]

Doch – so Engels: *„Wie sollte er auch anders? Wie will die Gesellschaft, die ihn in eine Lage versetzt, in der er fast notwendig ein Säufer werden muß, die ihn in allem vernachlässigt und verwildern läßt – wie will sie ihn hernach verklagen, wenn er wirklich ein Trunkenbold wird?“*[17] Eine wichtige Formulierung in Engels' Darstellung, zeigt sie doch, dass er hier weniger einem Diskurs kultureller Überheblichkeit als den Ergebnissen detaillierter Analysen der sozialen Lage folgt, die persönlichkeitsbildend wirkte und sich in den düsteren Realitäten etwa der Slums von Salford und Manchester weiter ausprägte und künftig – das war entscheidend – die Bedingungen auf dem Arbeitsmarkt diktierte. *„Die Mehrzahl der Familien, die in Kellern wohnen, sind fast überall irischen Ursprungs. Kurz, die Irländer haben es herausgefunden, wie Dr. Kay sagt, was das Minimum der Lebensbedürfnisse ist, und lehren es nun den englischen Arbeitern. Auch den Schmutz und die Trunksucht haben sie mitgebracht. Diese Unreinlichkeit, die auf dem Lande, wo die Bevölkerung zerstreut lebt, nicht so viel schadet, die aber dem Irländer zur andern Natur geworden ist, wird hier in den großen Städten durch ihre Konzentration erst schreckenerregend und gefahrbringend. Wie es der Milesier zu Hause gewohnt war, schüttet er auch hier allen Unrat und Abfall vor die Haustüre und bringt dadurch die Pfützen und Kothaufen zusammen, die*

---

14 Nach seiner zweiten Reise durch englische Industriegebiete fasste der französische Historiker, Publizist und Politiker, Alexis de Tocqueville, bereits 1835 seine Beobachtungen über die Folgen der Industrialisierung in „L'Angleterre et l'Irlande. Le second voyage en Angleterre" zusammen. Für die Beschreibung der sozialen Gegensätze in Manchester wählte er den damals geläufigen Topos von „Sklaven und Herren": *„Hier ist der Sklave, dort der Herr; dort findet sich Reichtum einiger weniger, hier das Elend der großen Zahl; dort bringen die organisierten Kräfte der Menge zum Nutzen eines Einzelnen hervor, das die Gesellschaft zu leisten noch nicht vermocht hat. Hier zeigt sich die Schwäche des Individuums gebrechlicher und hilfloser als mitten in der Wüste."* Alexis de TOCQUEVILLE, Notizen über eine Reise nach England (1835), in: Wilhelm Treue / Karl-Heinz Manegold / Herbert Pönicke (Hg.), Quellen zur Geschichte der Industriellen Revolution, Göttingen 1966, S. 126–129, S. 128.

15 Vgl. auch Regina ROTH, Engels' Irlandbild in seiner „Lage der arbeitenden Klasse in England" von 1845, in: Marx-Engels-Jahrbuch 2011, Berlin 2012, S. 113–129.

16 Ebd., S. 113.

17 ENGELS, Lage (wie Anm. 10), S. 114.

die Arbeiterviertel verunzieren und ihre Luft verpesten. Wie zu Hause baut er sich seinen Schweinestall ans Haus, und wenn er das nicht kann, so läßt er sein Schwein bei sich im Zimmer schlafen. Diese neue abnorme Art von Viehzucht in den großen Städten ist ganz irischen Ursprungs; der Irländer hängt an seinem Schwein wie der Araber an seinem Pferd, nur daß er's verkauft, wenn es zum Schlachten fett genug ist – sonst aber ißt er mit ihm und schläft mit ihm, seine Kinder spielen mit ihm und reiten darauf und wälzen sich mit ihm im Kot, wie man das in allen großen Städten Englands Tausende von Malen sehen kann. Und was dabei für ein Schmutz, für eine Unwohnlichkeit in den Häusern selbst herrscht, davon kann man sich keine Vorstellung machen."[18]

3. James Kay, Léon Faucher und der fremde Blick

Die Untersuchung, auf die sich Engels hier bezieht, wurde ursprünglich im Jahr 1832 veröffentlicht. Dr. James Philips Kay (der spätere Sir James Kay Shuttleworth) war ein in Manchester praktizierender Mediziner, der sich ein umfassendes Wissen über die Bedingungen und Krankheiten der Arbeiterklasse aneignete. In den Jahren 1831/32 fungierte er als Sekretär der Gesundheitsbehörde von Manchester, die zur Bekämpfung der drohenden Cholera-Epidemie eingerichtet wurde, und deren Erfolg schließlich nicht zuletzt mit auf das Konto von James Kay und seinen Kollegen ging. In seinem Survey schildert Shuttleworth seine persönlichen Erfahrungen in der Cottonopolis, insbesondere die Armut in Manchester, deren Ursachen er der körperlichen Depression der Arbeiter*innen mit all ihren Begleiterscheinungen, wie moralischem Verfall und Anfälligkeit für Krankheiten, zuschreibt, ergänzt um Statistiken über Kriminalität und Sterblichkeit sowie um Vorschläge zur Verbesserung der Bedingungen der Arbeiterklasse. Diese wohl bekannteste Sozialreportage über die Bedingungen der Arbeiter im frühen 19. Jahrhundert ist noch immer eine sozialhistorische Quelle von hohem Rang.[19]

Ähnliche Formulierungen wählte der französische Journalist und spätere Innenminister unter Louis Napoléon, Léon Faucher, in seiner 1845 beinahe zeitgleich zu Engels Werk erschienen Publikation „Études sur l'Angleterre" (deutsch „England in seinen socialen und commerciellen Institutionen"): „*Vor einigen Jahren bildeten die irländischen Arbeiter den am tiefsten gesunkenen Theil der Bevölkerung; ihre Wohnungen waren die schmutzigsten und ungesundesten, und ihre Kinder am meisten vernachlässigt. In den von den Irländern bewohnten Kellern wurde heimlich schlechter Brandwein destilirt. Das Elend, das Fieber, die Trunkenheit, die Ausschweifung und der Diebstahl hatten hier ihre Wohnung aufgeschlagen. Hier flüchteten sich vorzugsweise Verbrecher und Vagabunden. Alle Tage kam es zu einer Schlägerei in die abscheulichen Spelunken, oder ein Verbrechen färbte sie mit Blut.*"[20] Faucher, der 1843 England besuchte, um das dortige Gesellschaftssystem

---

18 Ebd. Engels bezieht sich hier auf James Phillips KAY, The Moral and the Physical Conditions of the Working Classes employed in the Cotton Manufacture of Manchester, London 1832.

19 Vgl. dazu auch Bernd WEISBROD, „Visiting" and „Social Control". Statistische Gesellschaften und Stadtmissionen im viktorianischen England, in: Christoph Sachße / Florian Tennstedt (Hg.), Soziale Sicherheit und soziale Disziplinierung. Beiträge zu einer historischen Theorie der Sozialpolitik, Frankfurt a.M. 1986, S. 181–208.

20 Léon FAUCHER, England in seinen socialen und commerciellen Institutionen. Aus dem

zu studieren, veröffentlichte die Ergebnisse seiner Untersuchungen ursprünglich in der „Revue des Deux Mondes".[21]

Faucher befasst sich hier in aller Ausführlichkeit mit den sozialen Verhältnissen der irischen Migrant*innen in der Industriestadt, insbesondere mit der kollektiven Moral von Männern und Frauen, deren exzessives Genussverhalten er in aller Ausführlichkeit schildert: „*Die Fabrikmädchen kennen die Scham nicht. Ihre Sprache ist roh und obscön; wenn sie nicht frühzeitig heiraten, schließen sie unerlaubte Verbindungen, die sie noch mehr verderben als jene frühen Ehen. In den arbeitsfreien Zwischenstunden begegnet man häufig in der Umgebung der Stadt oder in abgelegenen Straßen Paaren von Arbeitern und Arbeiterinnen, welche die Launen des Augenblicks zusammengeführt hat. Zuweilen gehen sie miteinander in die Schenken und gewöhnen sich so an die doppelte Ausschweifung.*"[22] Der moralisierende Blick des bürgerlichen Betrachters führt aber auch zum ökonomischen Kern der Lage, wenn Faucher feststellt: „*Manchester muss als großer Arbeitsmarkt auch ein Sammelplatz des Elends sein; denn wenn die Industrie durch ihre unermessliche Ausdehnung hier mehr Beschäftigung bietet, so ruft sie auch in viel höherem Grade die Conkurrenz der Arbeiter hervor.*"[23] Damit ist er wiederum nah bei Engels oder vice versa, auch wenn er wie dieser Bezug nimmt auf die Studien von James Kay: „*Der niedrige Preis* [ihrer Arbeit] *hängt von den geringen Bedürfnissen in den halbwilden Lebensgewohnheiten dieser Menschen ab. Wenn sie also zur Hervorbringung des Reichthums beitragen, so muß ihre Barbarei und moralische Entwürdigung, welche die Folge davon ist, die Grenze des Wachstums bestimmen.*"[24]

4. Briefe aus dem deutschen Manchester

Was Engels für die Iren von Manchester und dem Mutterland des Kapitalismus insgesamt beschrieb, hatte auch für das „deutsche Manchester" an der Wupper seine Gültigkeit. Die dortigen Boomtowns Barmen und Elberfeld entwickelten sich in atemberaubendem Tempo zu einem der führenden deutschen frühindustriellen Zentren, mit einem hohen Maß an demografischer und räumlicher Verdichtung, durch schubweise Migrations- und Urbanisierungsprozesse.[25] Bereits 1829 schilderte ein zutiefst erschreckter Besucher seine Eindrücke in düstersten Farben: „*Elberfeld hat mir einen unheimlichen Eindruck hinterlassen; die Gegensätze auf diesem Menschenmarkte sind gar groß: kaufmännische Großhänse mit Schmerbäuchen und ausgearbeiteten Freßwerkzeugen, ausgehungertes Lumpengesindel, abgemagerte Gestalten mit Gesichtern, bleich von innerer sektiererischer*

Französischen von Julius Seybt, Bd. 1, Leipzig 1846, S. 271.

21 Die 1829 gegründete Revue des Deux Mondes gilt als Europas älteste noch existierende Kulturzeitschrift, deren Titel sich auf ihr Selbstverständnis in Sachen franko-amerikanisches Verhältnis bezieht.

22 FAUCHER, England (wie Anm. 21), S. 279.

23 Ebd., S. 292.

24 Ebd., S. 293.

25 Zum Folgenden ausführlich Detlef VONDE, Auf den Barrikaden. Friedrich Engels und die ‚gescheiterte' Revolution von 1848/49, Wuppertal 2019, S. 52 ff.

Arbeit, und dabei nachts auf den Straßen ein so roher Lärm liederlicher und betrunkener Menschen, wie mir selten vorgekommen ist.“[26] Das enge Tal war tatsächlich der Raum, in dem die sozialen Gegensätze der Zeit besonders markant aufeinanderprallten und physisch erfahrbar wurden: hier ein aufstrebendes Bürgertum, dort eine pauperisierte, sozial entwurzelte Handwerker-Arbeiterschaft – Reichtum und Armut als Erfahrungswelten auf engstem Raum.[27]

1839 schrieb Engels in seinen Briefen aus dem Wuppertale: „*Alle Kneipen sind, besonders Sonnabend und Sonntag, überfüllt, und abends um elf Uhr, wenn sie geschlossen werden, entströmen ihnen die Betrunkenen und schlafen ihren Rausch meistens im Chausseegraben aus.*“[28] Der drastisch steigende Alkoholkonsum ist für das 19. Jahrhundert gut belegt.[29] Lag in Preußen um 1800 der Pro-Kopf-Verbrauch von Branntwein pro Jahr noch bei 2 bis 3 Litern, so verdoppelte er sich in den folgenden zwei Jahrzehnten. Mitte der 1830er Jahre konsumierten 13 Mio. Preußen sage und schreibe 250 Mio. Liter hochprozentigen Branntwein. Die Gegenbewegung ließ nicht lange auf sich warten. Sozialreformer der Zeit stellten neben der sozialen Frage auch die Alkoholfrage und diskutierten deren Auswirkungen, vor allem auf die Arbeitsmoral. Aus den anglo-amerikanischen Städten gelangte die sogenannte Mäßigungsbewegung bald auch ins Wuppertal. 1843 gründeten sich sowohl in Barmen als auch in Elberfeld Enthaltsamkeitsvereine, welche der „im hiesigen Stadtgebiet zu Tage tretenden physischen und moralischen Verkommenheit“, der Brandweinpest, den Kampf ansagten.[30] Obwohl der Barmer Verein schon drei Jahre später bereits 1.900 Mitglieder zählte und damit der größte im gesamten Rheinland war, standen solche bürgerliche Moralanstalten weitgehend auf verlorenen Posten.[31] In den 1840er Jahren, wurden in Preußen mehr als acht Liter Schnaps pro Kopf und Jahr konsumiert, gemessen in reinem Alkohol.

Diese Befunde führten Engels zum Kern seiner Argumentation, zu den Konkurrenzverhältnissen auf dem entwickelten Arbeitsmarkt: „*Mit einem solchen Konkurrenten hat der englische Arbeiter zu kämpfen – mit einem Konkurrenten, der auf der niedrigsten Stufe*

---

26 So der Gothaer Buchhändler Perthes, zit. nach: Gerd Huck / Jürgen Reulecke (Hg.), Reisen im Bergischen Land um 1800, Neustadt / Aisch 1978, S. 216 f.

27 Insgesamt lebten rund 20 Prozent der Bevölkerung bis in die Mitte des 19. Jahrhunderts von der Armenunterstützung. Im Frühjahr 1847 war für Elberfeld von 4 bis 5.000 Arbeitslosen die Rede, was bei ca. 46.000 Einwohnern bedeutete, dass schätzungsweise jeder 3. männliche Bewohner ohne Einkommen war.

28 Friedrich Engels, Briefe aus dem Wupperthale, in: MEGA I/3, S. 736–756.

29 Vgl. James S. Roberts, Der Alkoholismus deutscher Arbeiter im 19. Jahrhundert. In: Geschichte und Gesellschaft 6 (1980), S. 220–242; Hasso Spode, Die Macht der Trunkenheit. Kultur und Sozialgeschichte des Alkohols in Deutschland, Berlin 1993 sowie Heinrich Tappe, Auf dem Weg zur modernen Alkoholkultur. Alkoholproduktion, Trinkverhalten und Temperenzbewegung in Deutschland vom frühen 19. Jahrhundert bis zum Ersten Weltkrieg, Wiesbaden 1994.

30 Karl Coutelle, Elberfeld 1852. Topographisch-statistische Darstellung, Elberfeld 1852, Nachdruck Wuppertal 1963, S. 43.

31 Sigrid Lekebusch, Das Vereinswesen, in: Stefan Gorißen / Horst Sassin / Kurt Wesoly (Hg.), Geschichte des Bergischen Landes, Bd. 2: Das 19. und 20. Jahrhundert (Bergische Forschungen 32), Bielefeld 2016, S. 397-425, hier S. 416.

steht, die in einem zivilisierten Lande überhaupt möglich ist, und deshalb auch weniger Lohn braucht als irgendein anderer." [32]

Die Vermischung von Klassenanalyse und zivilisatorischem Diskurs findet sich auch im 1848 gemeinsam mit Karl Marx publizierten „Manifest der Kommunistischen Partei": *„Die Bourgeoisie reißt durch die rasche Verbesserung aller Produktions-Instrumente, durch die unendlich erleichterten Kommunikationen alle, auch die barbarischsten Nationen in die Civilisation. Die wohlfeilen Preise ihrer Waaren sind die schwere Artillerie, mit der sie alle chinesischen Mauern in den Grund schießt, mit der sie den hartnäckigsten Fremdenhaß der Barbaren zur Kapitulation zwingt. Sie zwingt alle Nationen die Produktionsweise der Bourgeoisie sich anzueignen, wenn sie nicht zugrunde gehen wollen; sie zwingt sie die sogenannte Civilisation bei sich selbst einzuführen, d.h. Bourgeois zu werden. Mit einem Wort, sie schafft sich eine Welt nach ihrem eigenen Bilde.* [...] *Wie sie das Land von der Stadt, hat sie die barbarischen und halbbarbarischen Länder von den civilisirten, die Bauernvölker von den Bourgeoisvölkern, den Orient vom Occident abhängig gemacht."* [33] Marx und Engels verstanden den historischen Fortschritt von der Barbarei zur Zivilisation als einen Prozess, der Europa den Weg zu Urbanisierung (weg vom „dumpfen" Landleben) und Industrialisierung wies, zur fortschrittlichen Entfaltung kapitalistischer Produktionsverhältnisse. Den so skizzierten Fortschritt aber sahen sie als einen zutiefst widersprüchlichen Prozess, verbunden mit Formen von Barbarei, wie sie auch in der beschriebenen sozialen Lage der Iren als Folgen kapitalistischer Produktionsverhältnisse zum Ausdruck kam, die Friedrich Engels gleichsam als Ergebnisse einer Entdeckungsreise in nahe fremde Welten formulierte. Und wenn mehr als hundert Jahre später Lewis Mumford in seiner epochalen Darstellung zur globalen Geschichte der Stadt über die *Coketowns* als Paradiese der Paläotechnik schreibt: *„In solchen Ställen wurde eine Rasse von Krüppeln* [!] *aufgezogen. Armut und die Umwelt der Armut führten zu organischen Veränderungen"*, [34] belegt diese Formulierung auch die lange Haltbarkeit solcher Sprachmuster.

5. Leserevolution als Selbstoptimierung

Für die aufgeregten bürgerlichen Beobachter der Zeit war die vertraute Ordnung in der expandierenden Textilgewerbestadt des Wuppertals aus den Fugen geraten. Sie begegneten der „Kultur der Armut" mit besonderen sittlichen und moralischen Werten, Verhaltensmustern, Normen, Werthaltungen und Weltanschauungen, die der amerikanische Anthropologe Oscar Lewis Ende der fünfziger Jahre des letzten Jahrhunderts auf den Begriff gebracht hat.[35] Das liberale Reformbürgertum in den sich Mitte des 19. Jahrhunderts industrialisierenden deutschen Städten thematisierte ausführlich vor allem

---

32 Engels, Lage (wie Anm. 10), S. 114.

33 Karl Marx, Friedrich Engels, Manifest der Kommunistischen Partei, in: MEW Bd. 4, S. 459–493, hier S. 466.

34 Mumford, Stadt (wie Anm. 8), S. 543.

35 Oscar Lewis, Five Families. Mexican Case Studies in the Culture of Poverty, New York 1959; Ders., Die Kinder von Sanchez. Selbstportrait einer mexikanischen Familie, Düsseldorf / Wien 1963.

die soziale Frage und die ihm fremde Kultur zuwandernder ländlicher Unterschichten. Die Migrant*innen erschienen ihnen als städtische Plebejer, die dem Idiotismus des Landes[36] hatten entkommen können und die es jetzt im Sinne einer freien und harmonischen Entfaltung der bürgerlichen Gesellschaft zu befrieden und durch Disziplin und Bildung auf eine „höhere Kulturstufe" zu heben galt. Dieses ambitionierte Konzept einer inneren Mission verkümmerte allerdings in den Niederungen gesellschaftlicher Realitäten und blieb bloßes Wunschdenken, das – auch aus Gründen geringer Alphabetisierung der Arbeiter / Handwerker[37] – eher auf einen Prozess bürgerlicher Selbstoptimierung hinauslief, wie er in der sogenannten Leserevolution seit der ersten Hälfte des 19. Jahrhunderts zum Ausdruck kam. Die intellektuellen Zirkel, Lesegesellschaften und Salons der Zeit waren zwar gesellschaftlich ambitioniert, konzentrierten sich aber exklusiv auf die wohlhabenden bürgerlichen Kreise der Meistbegüterten und ließen alle anderen draußen. Ein Beispiel dafür ist die 1801 von zwei Dutzend Honoratioren gegründete Gesellschaft „Concordia" in der damals aufstrebenden Industriestadt Barmen.[38] Diese kopierte die populären Lesegesellschaften aus der etwas größeren Nachbarstadt Elberfeld. Dort hießen diese Gesellschaften programmatisch „Harmonie" oder „Erholung" und waren bereits gegen Ende des 18. Jahrhunderts zum Zwecke der geselligen Unterhaltung, Belehrung und Erholung ihrer Mitglieder gegründet worden. Solche neuen Lesegesellschaften waren die Bühne eines aufstrebenden und selbstbewussten, lokalen Bürgertums und Ausdruck von dessen Emanzipation gegenüber Kirche, Personenverbänden und geburtsständischen Grenzen.

Eine Mitgliedschaft in der Barmer „Concordia" war nicht gerade billig: 1817 zahlte ein potenzielles Mitglied zunächst 100 Taler Aufnahmegebühr und danach 15 Taler Mitgliedsbeitrag pro Monat, was über dem durchschnittlichen Monatsverdienst eines Gesellen im örtlichen Handwerk lag. Die Mitglieder der Concordia waren entsprechend zumeist wohlhabend und durchweg männlich. Frauen war eine Mitgliedschaft verboten. In der bürgerlichen Welt des aufstrebenden Wohlstands waren sie in den häuslichen Lebensbereich verwiesen, strikt ausgegrenzt von kaufmännischer und industrieller Arbeit, getrennt von den Assoziationen der wissbegierigen Männerwelt. Der exklusive bürgerliche Elberfelder Zirkel konnte sich eine umfangreiche Bibliothek leisten, die den Treffen und Vortragsabenden den besonderen Rahmen gab. Gelesen wurde praktisch alles, was das geistige Leben der Zeit bestimmte: Literatur, Zeitungen und Darstellungen zu Themenfeldern wie Politik, Wissenschaft, Kultur – gern auch Reise- oder Forschungsberichte aus der Ferne.[39]

Lesegesellschaften erreichten in deutschen Städten um die Jahrhundertwende zwar gerade einmal zwei Prozent der Bürger. Sie breiteten sich aber seit den 1830er Jahren selbst auf dem platten Lande aus, so dass es um 1848 kaum noch einen Ort ohne Lese-

---

36 MARX / ENGELS, Manifest (wie Anm. 33), S. 466.

37 1848 lag die Zahl der Analphabeten in Deutschland bei rund 20 Prozent. Vgl. Rudolf ENGELSING, Analphabetentum und Lektüre. Zur Sozialgeschichte des Lesens in Deutschland zwischen feudaler und industrieller Welt, Stuttgart 1973, S. 97.

38 Volkmar WITTMÜTZ, 200 Jahre Concordia, Wuppertal 2001.

39 1851 existierten in Elberfeld sieben Buchhandlungen, eine Leihbibliothek, fünf Buchdrukkereien und acht Lithografische Anstalten. Vgl. COUTELLE, Elberfeld 1852 (wie Anm. 30), S. 40 f.

und Geselligkeitsverein gegeben haben soll.[40] Seit der Mitte des 19. Jahrhunderts wurde das Lesen von Büchern und Zeitungen dann geradezu zum Volkssport. Zum Ende des Jahrhunderts hin hatte der expandierende Buchmarkt beste Konjunktur. 1889 wurden in Deutschland 18.000 neue Buchtitel gedruckt, 1913 bereits 35.000, Tendenz steigend.[41] Damit stand man an der Spitze der Buchproduktion in der Welt: Ausdruck einer „Leserevolution", welche bald auch über die Grenzen der bürgerlichen Bildungseliten hinauswies. Die neuen Zielgruppen waren jetzt Frauen, Kinder, Arbeiter – ein Resultat nicht zuletzt der inzwischen massenhaften Alphabetisierung.

Lesestoff fand das interessierte bürgerliche Publikum bereits in der ersten Hälfte des 19. Jahrhunderts reichlich. Ein besonders erfolgreicher Akteur auf dem expandierenden Buchmarkt war der Braunschweiger George Westermann, der 1838 seine gleichnamige Verlagsbuchhandlung eröffnete hatte. Westermanns Start-up verlegte vor allem Reiseliteratur, fremdsprachige Wörterbücher und Bestseller-Autoren wie Charles Dickens. Das Verlagsprogramm bediente in den Folgejahren die wachsende Nachfrage in Sachen Geografie, Wissenschaft und Technik. 1856 gelang dem Unternehmen mit der Kulturzeitschrift „Westermann's illustrirte deutsche Monats-Hefte. Ein Familienbuch für das gesamte geistige Leben der Gegenwart" der ganz große Wurf. Der anglophile Verleger orientierte sich dabei an erfolgreichen Vorbildern wie „Harper's Monthly" oder „Illustrated London News". Nach eigenem Bekunden ging es Westermann vornehmlich um eine attraktive Variante populärer Vermittlung wissenschaftlicher Erkenntnisse und Forschungsstände, ohne durch aufgeblähte Anmerkungsapparate die *„culturhistorischen Interessen"* des Lesepublikums zu überfordern. Das Konzept ging auf, nicht zuletzt ein Erfolg des langjährigen Redaktionsleiters Adolf Glaser, eines ehemaligen Kunsthändlers und Schriftstellers aus Mainz, der das Format erfolgreich bis 1907 betreute und zahlreiche renommierte Autoren wie Theodor Fontane, Friedrich Hebbel, Wilhelm Raabe oder Justus von Liebig für die Zeitschrift und den Verlag gewinnen konnte. Die Monatshefte starteten mit einer Auflage von 3.000 Exemplaren und überschritten im Jahr 1960 die Grenze von 100.000. Das lag u.a. an der bunten Mischung der Beiträge aus Belletristik, Populärwissenschaften und Reiseliteratur, die man reichhaltig und hochwertig zu illustrieren verstand. Kultur- und Familienzeitschriften verzeichneten in der zweiten Hälfte des 19. Jahrhunderts einen Bedeutungszuwachs, sie waren gleichsam das Fernsehen ihrer Zeit und standen am Beginn populärer Massenkommunikation[42] mit der Verbindung von Information und Unterhaltung unter der Maßgabe politischer Abstinenz.[43]

---

40 Paul RÖHRIG, Volksbildung, in: Karl-Ernst Jeismann / Peter Lundgreen (Hg.), Handbuch der deutschen Bildungsgeschichte, Bd. 3, München 1987, S. 338.

41 Vgl. Georg JÄGER, Medien. In: Christa Berg (Hg.), Handbuch der deutschen Bildungsgeschichte, Bd. 4: 1870–1918, München 1991, S. 473 ff.

42 Andreas GRAF, Familien- und Unterhaltungszeitschriften. Das Kaiserreich 1871–1918, in: Historische Kommission der Buchhändler-Vereinigung (Hg.), Geschichte des deutschen Buchhandels im 19. und 20. Jahrhundert. Bd. 1: Das Kaiserreich 1870–1918, Frankfurt a.M. 2001; Georg JÄGER (Hg.), Teil 2. Das Kaiserreich 1871–1918, Berlin / Boston 2013, S. 409.

43 Uwe SCHMIDT, 125 Jahre Westermanns Monatshefte. „Unser Thema: die Kultur": eine Zeitschrift und ihre Zeit in sechs Stationen, Braunschweig 1981, S. 163.

6. Neuestes aus der Ferne – Reiseberichte fürs Publikum

Die Rubrik „Neuestes aus der Ferne" in „Westermanns Monatsheften" versammelte seit 1856 in großer Zahl und an stets gleicher Stelle Artikel von bekannten zeitgenössischen Reiseschriftstellern und Wissenschaftlern wie dem Bremer Volkskundler Prof. Thomas Achelis („Die sittlichen Vorstellungen bei den Naturvölkern"), dem Ethnologen Leo von Frobenius, dem Zoologen und Mediziner Robert Hartmann („Schilderungen aus dem Innern von Ostafrika"), dem Kartografen Henry Lange, dem Journalisten Hermann Maron oder dem österreichischen Forschungsreisenden und Diplomaten Karl von Scherzer („Die deutsche Arbeit in außereuropäischen Ländern"). Der Historiker und Archivar Georg Kriegk schrieb über „Neuentstehende Varietäten des Menschengeschlechts", der Forschungsreisende und Botaniker fabulierte über „Die Kunst beim Neger" und der adelige Afrikareisende Joachim Graf von Pfeil und Klein-Ellguth entwarf „Bilder aus dem Schutzgebiet in Übersee".

Stilistisch folgten die Beiträge der Sprache der Zivilisierung, einem geläufigen Idiom des 19. Jahrhunderts. Das schlug sich gerade auch in populären Lesewerken und -zirkeln nieder. Deren Artikel und Beiträge gaben Zivilisation in europazentrischer Perspektive mehr oder weniger offen als Maßstab und Entwicklungsziel für alle die Teile der noch unbekannten Welt aus, wo „Wildheit und Ursprünglichkeit" noch nicht überwunden schienen. Die Reiseberichte und geografischen Skizzen der Hefte verfolgten dabei eine Art Globalisierung zivilisatorischer Normen auf dem Papier; denn für das einheimische Lesepublikum existierten Wildheit und Exotik nur in der Vorstellungswelt, die durch immer neue Reiseberichte von Forschern und Missionaren aus unbekannten und vermeintlich unberührten Teilen der Welt angeregt wurde. Die Selbstzuordung zu einer höheren, i.e. bürgerlichen und europäischen Zivilisation benötigte zur Abgrenzung solche Formen der Darstellung eines fremden Gegenübers. Reiseliteratur und geografischen Darstellungen in auflagenstarken und auf den breiten Geschmack abgestimmten Publikationen wie den „Monatsheften" begründeten im Zusammenspiel mit reichhaltigen Illustrationen eine visuelle Kultur, die auf Aussehen und körperliche Unterschiede zielte und diese mit kulturellen und gesellschaftlichen Verhaltensmustern zu verknüpfen suchte: eine Bilderwelt der Fantasie aus Naturschauspiel, Exotik und Erotik, verbunden mit zivilisatorischem Eifer und europäischer Überheblichkeit, wie sie besonders eindrucksvoll in Ludwig Hollaenders Gastbeitrag „Aus dem Bassutolande. Eine südafrikanische Skizze"[44] zum Ausdruck kommt. Hollaender gilt als einer der Begründer der Zahnheilkunde in Deutschland. 1857 war der frisch promovierte und mit Berta Hess verheiratete Arzt in den Oranje-Freistaat nach Südafrika ausgewandert, um dort zu praktizieren. Die Familie hatte sich nach langer Überfahrt an Bord eines Segelschiffes in Burghersdorp am Ostkap niedergelassen. Acht Jahre später kehrte Hollaender mit seiner Familie nach Deutschland zurück, vermutlich weil er für die Buren in Südafrika eingetreten war und deshalb von den Engländern als persona non grata ausgewiesen worden war. Ab 1866 veröffentlichte Hollaender dann Erlebnisberichte über seine Zeit in Südafrika. Die Baso-

44 Westermanns Jahrbuch der Illustrierten Deutschen Monatshefte. Ein Familienbuch für das gesamte geistige Leben der Gegenwart, Bd. 19, Braunschweig 1866, S. 620–634.

tho (früher auch Bassuto), über die er in den Monatsheften berichtete, sind ein Bergvolk im südlichen Afrika, das sich vermutlich in der ersten Hälfte des 19. Jahrhunderts erst herausbildete. Heute sind die rund zwei Millionen Basotho die dominierende Bevölkerungsgruppe in Lesotho.

„Es gilt von nun an ein Kampf auf Leben und Tod. Denn es ist unmöglich, daß eine weiße Bevölkerung neben einer unabhängigen schwarzen in Südafrika bestehen könnte. Der ungebildetste Weiße muß arbeiten, um sich seinen Lebensunterhalt zu erwerben – er braucht dazu nicht nur Brot und Fleisch, sondern die ihm angeborene Schamhaftigkeit und die mehr als tausendjährige Civilisation, deren Kind er immer bleibt, läßt es nicht zu, daß er ohne Kleidung einhergeht. Freiwillig oder unfreiwillig zollt jeder Weiße seinen Beitrag zu den Kosten der Civilisation, der je nach seinem Bildungsgrade bemessen ist. Je mehr Seife, Kleidungsstoffe, feinere und kräftigere Nahrung eine Nation verbraucht, um so civilisierter ist sie. Des Kaffirs einziges Kleid ist ein Ochsen-, Leoparden- oder Löwenfell und von Mais und Kaffirhirse und der Milch seiner Kühe lebt er Jahr aus Jahr ein ruhig und zufrieden mit sich selbst. Faullenzen ist seine höchste Lust – Arbeiten des Lebens größte Qual. Er ist der Herr der Schöpfung und seine Frau muß für ihn arbeiten. Er sitzt nur, gedörrten Dacha (Cannabis indica) aus einem Knochen rauchend, bei seinen Freunden, um mit ihnen so lange zu schwatzen, bis er betäubt von dem Genusse hinsinkt – oder er liegt auf dem Bauche, seinen Rücken in der Sonne bratend, während die Frau das Feld bestellt, den Mais erntet, die Kühe melkt und die Kinder reinigt, d.h. sie mit Fett einreibt. [...] *der Kaffir ist schon deshalb keiner Cultur und Civilisation fähig, weil er mit der Gewöhnung an europäische Kleider und europäische Lebensweise seine eigenen höchsten Vergnügungen – das Faullenzen und das Stehlen aufgeben muß.“*[45]

Hollaender übernahm mit der Bezeichnung „Kaffer“ für die im östlichen Teil Südafrikas lebenden Menschen einen Begriff, den schon die seit 1830 in der Missionsstation Wupperthal wirkenden Missionare, wie der Barmer Johann Gottfried Leipoldt, despektierlich in ihren Berichten über die angebliche Faulheit der Einheimischen benutzten. Hollaender treibt dies durch Formulierungen der Entmenschlichung auf die Spitze: *„Thatsachen sind störrische Beweisgründe und die Thatsache steht fest, dass aus einem Kaffir, mit oder ohne Missionär, noch nie ein Mensch im eigentlichen Sinne des Wortes, geworden ist.“*[46] Notiz am Rande: 1896 ermittelte die Staatsanwaltschaft gegen den inzwischen habilitierten, aber vergeblich um eine Professur der Zahnheilkunde in Halle kämpfenden Hollaender, der bereits wegen Beleidigung vorbestraft war, weil er angeblich Patienten, darunter auch Kinder, misshandelt hatte.

Weniger Kulturüberheblichkeit denn Irritation und Verwunderung kommen in den Schilderungen eines gewissen Paul Steins aus Tanger zum Ausdruck,[47] ein Autor, dessen biografische Daten im Dunkeln bleiben und über den nichts weiter bekannt ist, als dass er vermutlich als kulturinteressierter Handelsreisender in Spanien und Marokko unterwegs war. Sein Beitrag zieht das Lesepublikum in den Norden Afrikas nach Marokko, wo um 1860 unterschiedliche ethnische Einflüsse und koloniale Praktiken im Alltag

---

45 Ebd., S. 626.

46 Ebd., S. 628.

47 Westermanns Monatshefte, Bd. 18, Braunschweig 1865, S. 47–64.

dominierten. Das liest sich bei Stein so: „*Tanger ist ein wunderliches Gemisch aus Zivilisation und Barbarei, von Gutem und Schlechtem und alles so ineinander vermischt, daß nur schwer das Eine von dem Andern loszuschälen ist.*" Steins Irritation konkretisiert sich im Folgenden, wenn er die Eindrücke des Fremden näher zu beschreiben versucht, indem er unterschiedliche Kultureinflüsse in einer als chaotisch empfundenen Vermischung identifiziert: „*Sei es nun, daß sich der Nordeuropäer ganz besonders fremd auf dem heißen Boden Afrikas fühlt, und dadurch der Eindruck des Neuen, Fremdartigen sich hier mehr als anderwärts steigert – mir war es immer, ich sei in eine ganz andere Welt gerathen, die dem gewohnten der Heimath ganz ferne liege.* [...] *Im Marokkanischen weht noch durchweg echt afrikanische Luft, der ganze Typus des unseren Gewohnheiten Entgegengesetzten und Fremdartigen. Einzeln lässt sich das nur schwer schildern. Es liegt in allem, in der Erde, dem Himmel, der Landschaftsfärbung – den Menschen, so verschiedenartig durcheinandergewürfelt, und doch auch wieder in Vielem sich so ähnlich; die Verschmelzung von Uncultur und roher Sitten mit Gegenständen des Luxus und der Verfeinerung; das ganze Wesen vergangener Jahrhunderte mit dem Eindringen der Neuerungen, bald tragisch, bald komisch; das stolz erhobene Haupt des Muselmans, die nach vorn geneigte Haltung des Juden, mit den dunklen Augen in gleich tiefer Gluth ausschauend, der Eine mit gründlicher Verachtung alles dessen, was nicht Allah preist, der Andere lauernd, Nachtheil und Vortheil abwägend. Bei den Frauen ist es entgegengesetzt: die Jüdin ist stolz, schwer zugänglich – der Maurin dagegen fehlt nur die Gelegenheit, die freundlichste und gefälligste Frau zu sein.*"[48] Seine Schilderungen geraten im Folgenden zu einer kruden Mischung aus kulturellem Befremden, exotischer Neugier und erotischen Anspielungen, die von expliziten Illustrationen begleitet werden. „*Schöne Frauen gibt es viele unter den Maurinnen, obgleich die, welchen man auf der Straße begegnet, und die darum am leichtesten zu sehen sind, es nicht bekunden. Es sind dies meist Weiber ordinären Schlages; doch auch sie zeigen sich nur tief verhüllt vom Kopf bis zu den Füßen, lüften aber den Europäern sehr bereitwillig das dichte Tuch, sobald kein Maure in der Nähe, und geben sich äußerst zuthunlich. Es wäre jedoch in den meisten Fällen vortheilhafter, die rätselhafte Hülle nicht abzustreifen, denn selten blickt ein hübsches Gesicht hervor. Dazu haben sie noch die häßliche Gewohnheit, sich die Mitte der Stirn und des Kinnes in Form einer länglichen Bohne zu bemalen, was von höchst unangenehmer Wirkung ist. Die Jüdinnen dagegen sind fast ohne Ausnahme schön – selbst auf der Straße ist ihre Erscheinung imponirend. Es sind wahrhaft klassische Gestalten unter ihnen.*"[49]

„Die Ufer des Amazonenstromes"[50] ist der Titel eines redaktionellen Beitrags der „Monatshefte" über die Forschungsreise der US-Amerikaner William Lewis Herndon und Lardner Gibbon ins Amazonasgebiet. Herndon fuhr als Commander zunächst für die United States Navy zur See und leitete ab 1851 dann eine aufwändige Expedition in das Tal des Amazonas, das bis dahin weitgehend terra incognita war. Es ging in erster Linie um eine Erkundung ökonomisch verwertbarer Ressourcen. Seine Dokumentation über die mehr als 700 km lange Tour vom peruanischen Lima ins brasilianische Para, mitten

48 Ebd., S. 56 f.

49 Ebd., S. 50.

50 Ebd., S. 397–402.

durch den Dschungel, die er in Begleitung einer sechsköpfigen Gruppe, unter anderem mit Leutnant Lardner Gibbon unternahm, wurde als Reisebericht 1854 veröffentlicht. Westermanns Monatshefte brachten dazu übersetzte Zusammenfassungen und Auswertungen. Wenn es um die Bewohner des Amazonasgebietes ging, zeichnete Gibbon das freundliche Erscheinungsbild friedliebender, aber ungebildeter Wilder.

„Es leben 85 verschiedene indianische Volksstämme an den Ufern des Hauptstromes und seiner Nebenflüsse. [...] *Alle diese Indianer gehören der kupferfarbenen Race an und zeigen angenehme Gesichtszüge bei schlichten glänzenden schwarzen Haaren. Sie stehen auf einer sehr niedrigen Stufe der Bildung, wobei sie ziemlich friedliebend, gutmütig und etwas träge von Natur sind.* [...] *Sie gehen fast unbekleidet, nur mit einem Gurte oder Stücke Zeug um die Lenden, den Kopf oft mit einer Federkrone bedeckt, die nicht nur zum Schmuck, sondern vielmehr zum Schutze gegen die Heftigkeit der Sonnenstrahlen dient. Die Kinder haben meist einen angeschwollenen Bauch, der sich auch bei den Erwachsenen nicht ganz verliert und von dem Gebrauch des Erdessens herrührt, dem gerade diese Indianerstämme ergeben sind. Die Erde, welche sie, zu Kugeln geformt, verzehren, ist ein rötlich fetter Ton. Im Übrigen gibt Jagd und Fischfang ihnen Nahrung. Übrigens beträgt die Menge der freien Indianer nur ungefähr vier Procent der Gesamtbevölkerung Brasiliens, und große Strecken der Uferländer des gewaltigen Amazonenstromes sind nur von Affen, Kaimans und einer Fülle der seltensten und prächtigsten Thiersorten bewohnt. Bei der Annäherung der weißen Männer zeigten sich die Indianer anfangs scheu, dann zutraulich.“*[51]

„Australische Skizzen“[52] lautet der Titel des letzten hier zitierten Beispiels, verfasst von Dr. Johann Pessler, ein 1864 in den „Monatsheften“ erschienener Bericht über verbannte Straftäter als Kolonisten und die Ureinwohner von Neu-Südwales. Nähere Daten über den Autor liegen nicht vor. Seine Skizzen kreisen immer wieder um eine Thematik, die auf erregte Aufmerksamkeit beim Lesepublikum zielen mochte: Kannibalismus. *„Während des kurzen Aufenthaltes indes war es mehreren Verbrechern gelungen, ans Land zu entkommen, wo sie jedoch bald von den Schwarzen erschlagen oder durch Noth und Überdruss gezwungen wurden, sich wieder an die Schiffe auszuliefern. Nur einer von ihnen war glücklicher, denn er hatte in den Augen der schwarzen Damen, Dschins genannt, soweit Gnade gefunden, dass einige derselben sich der Absicht widersetzten, ihn gebraten vorzulegen oder sich zum Tanze mit seinem Nierenfett einzureiben, sondern mit echt weiblichem Tacte es vorzogen, sich mit ihm zu verheiraten. Auch Buckley, so hieß der junge Mann, wollte lieber durch die Ehe, als durch den Magen ‚ein Fleisch‘ mit den Schwarzen werden, wurde von dem Stamme als Bruder aufgenommen und sah bald eine zahlreiche Familie um sich versammelt.“*[53] Und an anderer Stelle heißt es: *„Ein Mr. Wills, der mit seiner Familie von elf Personen ziemlich weit ins Innere vorgedrungen war, und sich stets durch gütiges Benehmen gegen die Schwarzen ausgezeichnet hatte, schien deren Freundschaft in so vollständigem Maße zu besitzen, dass die hierdurch hervorgerufene Sorglosigkeit ihn mit Frau, Kindern und Dienstboten vor etwa einem Jahr das Opfer cannibalistischer Wildheit werden ließ.“*[54]

---

51 Ebd., S. 400.

52 Westermanns Monatshefte, Bd. 15, Braunschweig 1864, S. 395–409.

53 Ebd., S. 403 f.

7. Zivilisationsdiskurs und kollektive Selbstverständlichkeiten

All diesen Reiseberichten aus Westermanns Monatsheften der 1860er Jahre ist die Faszination des Exotischen, des Andersartigen, der *Racen*, wie sie es nannten, gemeinsam – stets ausgehend von Normen, die Weiße setzten. „Der arrogante Stolz auf die eigene Zivilisiertheit und der Glaube, zu ihrer weltweiten Verbreitung berechtigt und verpflichtet zu sein, waren zum einen pure Ideologie. Diese wurde in unzähligen Fällen benutzt, um Aggression, Gewalt und Raub zu rechtfertigen. Civilizational imperialism schlummerte in jeder Form von Zivilisierungsmission. Auf der anderen Seite aber war ein Überschuss der westeuropäischen und der neo-europäischen Gesellschaften an Dynamik und Einfallsreichtum nicht zu übersehen. Die Asymmetrie historischer Initiative schlug vorübergehend zugunsten des Westens aus. Die Anderen schienen keine Zukunft außer der mühsam nachholenden Imitation des Westens vor sich zu sehen. (...) Um 1860 gab es gute Gründe, die Welt so zu sehen.“[55] Der herablassende Blick, bisweilen auch in wohlmeinender Absicht, auf sogenannte „niedere Rassen“ war Ausdruck kollektiver Selbstverständlichkeit. Auch wenn ein ausformuliertes Konzept noch nicht vorlag, folgte diese Weltsicht seit dieser Zeit einem dominanten Rassismus,[56] der die Epoche prägen sollte. Jürgen Osterhammel und Boris Barth erfanden dafür den Begriff der Zivilisationsmissionierung „als eine besondere Variante der Fortschrittsidee“. Sie beruhe auf „der Überzeugung des Zivilisators von der eigenen Überlegenheit, aus der sich Selbstermächtigung zur Intervention in die Lebensumstände Anderer ableiten lässt, und der Erwartung einer gewissen Rezeptivität auf Seiten der zu Zivilisierenden.“[57]

Damit war man nicht weit von den entstehenden Rassekonzepten der Zeit entfernt, deren politische Variante der französische Schriftsteller und Diplomat Joseph Arthur Comte de Gobineau 1853/54 in seinem vierbändigen Essay „Versuch über die Ungleichheit der Menschenrassen“ auf die Behauptung zuspitzte, *„dass jede Zivilisation von der weißen Rasse stammt, dass es keine Zivilisation ohne die Einwirkung dieser Rasse geben“*[58] könne. In diesem Sinne wirkten die populärwissenschaftlichen und eingängigen Beiträge in den großen Publikumszeitschriften und Kulturmagazinen gleichsam wie populäre Vorschulen und Multiplikatoren des Rassismus in Form einer visuellen Kultur, die Aussehen und physische Unterschiede stets mit kulturellen, psychologischen und soziologischen Verhaltensmustern verband. Sie produzierten eine große Menge an Bildern und Fantasien, die etwas belegen sollten, was es nicht gibt. Und die Wissenschaft zog nach. Die zunächst eher randständige „Rasseforschung“ verband sich alsbald mit Formen des Sozialdarwinismus, indem sie empirisch beobachtbare physiognomische Unterschiede von Menschen in unterschiedliche Wertigkeiten übertrug, dies vor dem Hintergrund

---

54 Ebd., S. 408.

55 Osterhammel, Verwandlung (wie Anm. 3), S. 1187.

56 Ebd., S. 1221.

57 Barth / Osterhammel, Zivilisationsmissionen (wie Anm. 7), S. 365.

58 Joseph Arthur Comte de Gobineau, Essai sur l'inégalité des races humaines, Paris 1853/54, deutsche Ausgabe von Ludwig Schemann, Die Ungleichheit der Menschenrassen, Stuttgart 1900.

kollektiver Ängste vor einer Gefährdung durch die bloße Existenz vermeintlich anderer „Rassen" und einem Missverständnis von Darwins Evolutionstheorie als eines vermeintlich ständigen Kampfes ums Überleben. In dieser Vorstellungswelt lag dann der nächste Schritt nahe, auch Intelligenz, Kultur, psychische Eigenschaften etc. als Merkmale von „Rasse" auszuweisen, was der jungen Disziplin erhöhte Aufmerksamkeit und nicht zuletzt finanzielle Unterstützung von interessierter Seite verschaffte. So versuchte etwa der Industriemagnat Friedrich Krupp um 1900 den Zweig der sogenannten „Rassehygiene" durch ein hochdotiertes wissenschaftliches Preisausschreiben voranzubringen.[59] In scharfer Zuspitzung wurden hier von Fachleuten bereits Modelle diskutiert, auf naturwissenschaftlicher Grundlage Strategien zur natürlichen Ausmerze von angeblich genetischen Merkmalen und Eigenschaften zu entwickeln, die auf die Reetablierung einer sauberen, das heißt konfliktfreien Gesellschaft zielen sollten, welche im Zuge der rasanten Industrialisierung, Urbanisierung und der häufig beklagten, allgemeinen „Vermassung" des 19. und frühen 20. Jahrhunderts verloren gegangen sei. Um 1860, während der ersten Hochzeit von Publikums- und Kulturzeitschriften wie „Westermanns Monatshefte" und anderen Kultur-, Familien- und Unterhaltungszeitschriften mit ihren populären und vermeintlich harmlosen Neuigkeiten aus der Ferne lagen solche Konzepte noch fern aller Vorstellungen, aber die Denkmuster und ethnisierenden Sprachformen waren hier bereits angelegt. „In der zweiten Hälfte des 19. Jahrhunderts fanden zunehmend klare Hierarchisierungen der Menschheit immer breitere Akzeptanz."[60]

Vermeintliche „Barbaren" lebten in der Vorstellungswelt des 19. Jahrhunderts einerseits auf fernen Kontinenten, andererseits aber auch inmitten der westlichen Gesellschaften. Publikumszeitschriften mit ihren beliebten Reisberichten bedienten das zuerst genannte Klischee. Analytische Sozialreportagen, wie die von Friedrich Engels und Léon Faucher aber suchten gleichsam als Entdeckungsreisen in die „dunklen Kontinente" der Arbeiterquartiere, dieses Fremde im Schoße der sich entwickelnden kapitalistischen Klassengesellschaft und ihrer Gegensätze auf. Zwei Textsorten von unterschiedlicher Struktur, Zielgruppenorientierung und Reichweite geben als Varianten eines präkolonialen, zivilisatorischen Diskurses Hinweise darauf, wie sich um die Mitte des 19. Jahrhunderts der Gebrauch ethnisierender Sprach- und Denkmuster verallgemeinerte. Hier wurde ein zivilisatorischer Anspruch markiert, der stets exklusiv die „Anderen" als die „Fremden" festlegte – in Europa wie in Übersee. Engels aber bezog den Prozess der Zivilisation auf die fundamentalen Widersprüche der sich entwickelnden kapitalistischen Gesellschaft. Viele Jahre später vollzog er dann nicht nur einen Perspektivwechsel, sondern auch sprachlich einen nachholenden Stilwechsel, als er sich von seinen alten Vorurteilen über die Iren gelöst hatte und ein positives Irlandbild gewann.[61]

---

59 Vgl. Ulrich Herbert, Traditionen des Rassismus, in: Lutz Niethammer u.a., Bürgerliche Gesellschaft in Deutschland. Frankfurt a.M. 1990, S. 476.

60 Anke Fischer-Kattner, Spuren der Begegnung. Europäische Reiseberichte über Afrika 1760–1860, Göttingen 2015, S. 513.

61 Vgl. Gisela Holfter, Friedrich Engels im Kontext der deutschsprachigen Irlandrezeption im 19. Jahrhundert, in: Marx Engels Jahrbuch 2011, Berlin 2012, S. 16 ff.

Rätsel um Friedrich Engels' preußische Staatsbürgerschaft

Wilfried Nippel

Karl Marx war, wie schon in der ersten wissenschaftlich seriösen Biographie von Franz Mehring festgestellt wurde, zum 1. Dezember 1845 auf eigenen Antrag aus seiner preußischen Staatsbürgerschaft entlassen worden.[1] Spätestens seit Mitte der 1950er Jahre sind die entsprechenden Dokumente bekannt:[2] Marx' aus Brüssel gestellter Antrag, den er mit der Absicht, nach Amerika auszuwandern, begründet hatte, und der Abstimmungsprozess zwischen Trierer Oberbürgermeister, Regierungspräsident und Innenministerium, der zur Genehmigung des Gesuches führte, als einer *„sich bietenden günstigen Gelegenheit, dem des versuchten Hochverrats und des Majestätsverbrechens schuldigen Literaten Marx die Rückkehr in die diesseitigen Staaten* [d. h. Preußen – WN] *gänzlich und für immer abzuschneiden"*.[3]

Das Scheitern von Marx' Anträgen auf Restitution seines Staatsbürgerrechts 1848 und erneut 1861 ist in den MEGA-Bänden III/2 (1979) und III/11 (2005) umfassend dokumentiert worden. Die Eingaben von Marx, die amtlichen Bescheide, die Kommunikation zwischen verschiedenen Instanzen liegen vor. Die preußischen Behörden verneinten bei einem formal freiwilligen Verzicht auf die Staatsbürgerschaft jeden, wie auch immer begründeten Rechtsanspruch auf Wiedereinbürgerung. Marx blieb zeitlebens ein Staatenloser.

---

1 Franz Mehring, Karl Marx. Geschichte seines Lebens, [1918] ND Berlin 1960, S. 116. Damals bekannte Quellen waren v.a. der Artikel von Marx in eigener Sache vom 5. September 1848 (unten, Anm. 46) sowie Engels zur Biographie von Marx 1892 (unten, Anm. 67).

2 Hubert Schiel, Die Umwelt des jungen Karl Marx. Ein unbekanntes Auswanderungsgesuch von Karl Marx, Trier 1954, mit Dokumenten aus dem Stadtarchiv Trier. Die wichtigsten Funde hatte schon H. van Ham, Die Emigration von Karl Marx nach den Akten der Regierung Trier, in: HZ 168 (1943), S. 579–583, im Staatsarchiv Koblenz gemacht, was aber, da der Aufsatz im letzten Heft der HZ vor der kriegsbedingten Einstellung erschienen war, weitgehend unbekannt geblieben war.

3 Zitat aus der Stellungnahme des Trierer Regierungspräsidenten Auerswald vom 6. November 1845; van Ham, Emigration (wie Anm. 2), S. 581 f. [wieder in: Manfred Kliem (Hg.), Karl Marx. Dokumente seines Lebens, Leipzig 1970, S. 185f.]. Den Tatbestand „versuchter Hochverrat und Majestätsverbrechen" hatte das preußische Innenministerium im Inhalt des ersten (und einzigen) Heftes der „Deutsch-Französischen Jahrbücher" erkannt und deshalb am 16. April 1844 einen Haftbefehl gegen die Herausgeber Arnold Ruge und Marx sowie die Autoren Heinrich Heine (Spottgedicht auf König Ludwig I. von Bayern) und Ferdinand Cölestin [Carl Ludwig] Bernays (Veröffentlichung des Schlussprotokolls der Wiener Ministerialkonferenz, 12. Juni 1834) erlassen; Text in: Bert Andréas / Wolfgang Mönke, Neue Daten zur „Deutschen Ideologie", in: Archiv für Sozialgeschichte 8 (1968), S. 5–159, hier 43.

Friedrich Engels hatte, wie Michael Knieriem Mitte der 1970er Jahre entdeckt hat, schon vor Marx, nämlich im Frühjahr 1845, ebenfalls auf eigenen Antrag die Entlassung aus der preußischen Staatsbürgerschaft erhalten.[4]

Während Marx später erklärt hat, er habe sich 1845 davor schützen wollen, von Preußen mit Ausweisungsanträgen gegenüber seinem jeweiligen Gastland verfolgt zu werden (s. u. S. 113 f.), ist bei Engels nicht klar, was ihn zu seinem Schritt veranlasst hat. Noch rätselhafter ist, warum in seinem Fall der Verlust der Staatsbürgerschaft im Jahre 1845 später keine Rolle mehr gespielt hat.

Bedingt durch die Überlieferungslage, kann diese Problematik für Engels ab 1848 in diversen Punkten nur im Zusammenhang mit der Marx'schen Staatsbürgerschaftsfrage erörtert werden. Im folgenden Beitrag geht es darum, auf die offenen Fragen hinzuweisen, ohne dass definitive Lösungen angeboten werden könnten. Begründetes Nicht-Wissen ist besser als Scheingewissheit.

1. Engels' Auswanderungsgesuch

Engels hat am 7. April 1845 von Bonn aus beim Bürgermeister von Barmen, Wilckhaus,[5] eine Auswanderungsgenehmigung beantragt mit der Begründung, nach England übersiedeln zu wollen. Sein Antrag ist nicht überliefert, wird aber so im Schreiben des Barmer Bürgermeisters vom 14. April an die Bezirksregierung in Düsseldorf wiedergegeben. Der Bürgermeister empfiehlt, dem Gesuch schnell zu entsprechen; es handle sich um jene Person, über die er bereits mehrfach als kommunistischer Umtriebe verdächtigt berichtet habe[6] – wohl ein Wink mit dem Zaunpfahl, dass man so einen Unruhestifter loswerden könne. Die Bezirksregierung hat mit einem auf 24. April datierten Schreiben dem Gesuch des *„Landwehrmann I. Aufgebotes"*[7] auf *„Entlassung aus dem Preußischen Unterthanen-Verband"* stattgegeben und erklärt, dass der Verlust der preußischen Staatsbürgerschaft mit Aushändigung dieses Bescheids eintrete.[8] Die Urkunde ist wahrscheinlich nach Barmen geschickt und von dort an Engels nach Brüssel weitergeleitet worden.[9]

---

4 Michael KNIERIEM, Ein unbekanntes Auswanderungsgesuch Friedrich Engels' nach England, in: ZBGV 87 (1974/76), S. 105–109. – Für MEGA III/1 (1975) mit den Briefen bis April 1846 kam dieser Fund zu spät; er wäre als indirekt bezeugter Brief aufzunehmen gewesen.

5 Carl Wilhelm Wilckhaus, seit Februar 1831 ehrenamtlich, ab Dezember 1838 bis September 1848 (erster) besoldeter Bürgermeister von Barmen; siehe Susanne FIEDLER, Bürgermeister und Oberbürgermeister der Stadt Barmen in preußischer Zeit 1814 (1815)–1929, in: Geschichte im Wuppertal 17 (2008), S. 13–24, hier 14 f. Es findet sich auch die Schreibweise Wilkhaus.

6 In Wilckhaus' Bericht vom 16. März 1845 wird Moses Hess als die *„wegen communistischer Umtriebe"* überwachte Person bezeichnet, der *„junge Engels, Sohn des hiesigen Kaufmanns Fried. Engels"*, jedoch nur als Person erwähnt wird, die dem Vernehmen nach mit Hess in Kontakt stehe; Text in: Michael KNIERIEM, Zwei unbekannte Aktenstücke über die Elberfelder Versammlungen im Jahre 1845, in: Mitteilungen des Stadtarchivs, des Historischen Zentrums und des Bergischen Geschichtsvereins, Abteilung Wuppertal 1 (1976), Heft 1, S. 12–21, hier 17 f.

7 Bis zum 32. Lebensjahr.

8 Beide Dokumente bei KNIERIEM, Unbekanntes Auswanderungsgesuch (wie Anm. 4).

9 Bert ANDRÉAS / Jacques GRANDJONC / Hans PELGER, Karl Marx' Ausweisung aus Paris und

Engels hatte sich seit Mitte April in Brüssel aufgehalten, dort als Nachbar der Familie Marx Quartier genommen. Am 17. April, also noch vor der Entscheidung über sein Auswanderungsgesuch durch die Düsseldorfer Bezirksregierung, hatte er sich beim Brüsseler Bürgermeisteramt gemeldet und dort als Grund seines Aufenthalts die Vervollkommnung seiner Französisch-Kenntnisse angegeben. Vorgelegt hat er an diesem Termin ein Schreiben des Barmer Bürgermeisters zur Vorlage an der Universität Bonn, in dem Engels eine gute Führung bescheinigt und bestätigt worden war, dass er sein Studium mit Zustimmung seines Vaters – im Klartext: durch den Vater finanziert – aufnehme.[10]

Das Brüsseler Bürgermeisteramt informierte die Sicherheitspolizei und fügte (gut nachvollziehbar) hinzu, dass doch wohl weitere Dokumente erforderlich seien. Am 15. Mai gab es eine Nachfrage aus dem Büro der belgischen Sicherheitspolizei nach dem von Engels vorgelegten Schreiben des Barmer Bürgermeisters, merkwürdigerweise aber nicht nach weiteren Unterlagen.[11] Am 28. Mai sprach Engels mit Alexis Hody, dem Chef der Sicherheitspolizei; entweder hat Engels bei dieser Gelegenheit die preußische Entlassungsurkunde vorgelegt oder er hatte sie bereits zuvor eingereicht.[12] Auf dieser Basis hat er eine Niederlassungsgenehmigung für Brüssel erhalten; leider ist das entsprechende Dokument der belgischen Behörden nicht erhalten.[13]

Der Sachverhalt erscheint eindeutig: Engels ist auf Grund seines eigenen Antrags rechtskräftig aus der preußischen Staatsangehörigkeit entlassen worden. Seine weitere Geschichte zeigt dann, dass dies doch nicht so klar ist.

---

die Niederlassung von Marx und Friedrich Engels in Brüssel im Frühjahr 1845, in: Studien zu Marx' erstem Paris-Aufenthalt und zur Entstehung der Deutschen Ideologie, Trier 1990, S. 213–243, hier 235 f. – KNIERIEM, Unbekanntes Auswanderungsgesuch (wie Anm. 4), S. 109, hatte zunächst angenommen, Engels habe sich die Urkunde in Düsseldorf am 25. April abgeholt, dies dann später korrigiert: Michael KNIERIEM, Bekannte und unbekannte personengeschichtliche Daten zu Karl Marx und Friedrich Engels während der Brüsseler Zeit 1845–1848, in: Richard KUMPF (Hg.), Protokoll des internationalen Kolloquiums der Marx-Engels-Stiftung am 28. November 1980 in Wuppertal-Elberfeld, Wuppertal 1981, S. 72–107, hier 92.

10 Leider ist diese Bescheinigung nicht erhalten und auch das Datum nicht bekannt, damit offen, ob das Führungszeugnis aus Gefälligkeit ‚geschönt' geworden ist.

11 Beide Dokumente bei Michael KNIERIEM (Hg.), Über Friedrich Engels. Privates, Öffentliches und Amtliches. Aussagen und Zeugnisse von Zeitgenossen, Wuppertal 1979, S. 118 f.

12 Engels, 31. Mai 1845 (MEGA III/1, S. 276 f.) an seine Schwester Marie über dieses Gespräch: Laut Hody könne er mit seinem preußischen Auswanderungsschein nicht gefahrlos wieder nach Preußen einreisen. Hody sei nicht befugt, einem erst kürzlich zugezogenen Ausländer einen Pass auszustellen, habe ihm jedoch geraten, sich bei entsprechenden Verbindungen an das belgische Außenministerium zu wenden. Er habe dies über einen in Brüssel ansässigen deutschen Arzt (wahrscheinlich Friedrich Breyer) versucht, aber weil dies nicht schnell genug ging, müsse er auf die Reise zu Maries Hochzeit am 3. Juni verzichten.

13 ANDRÉAS / GRANDJONC / PELGER, Marx' Ausweisung (wie Anm. 9), S. 236 f., sprechen von Ende Mai. Die Angabe bei Manfred KLIEM (Hg.), Friedrich Engels. Dokumente seines Lebens 1820–1895, Leipzig 1977, S. 151, Engels' Aufenthaltsberechtigung habe bis zu einer Auswanderung in die USA gegolten, ist wohl Spekulation.

2. Mögliche Gründe für die Auswanderung

Engels hatte Ende August 1844 eine Ausbildung in Manchester beendet, auf der Rückreise einen etwa zehntägigen Aufenthalt in Paris eingeschoben, der den Beginn der engen Verbindung und Zusammenarbeit mit Marx begründete, und anschließend im Elternhaus in Barmen gewohnt und in der Firma des Vaters gearbeitet.

Warum er schließlich seine Auswanderungsgenehmigung beantragt hat, ist mangels eindeutiger Quellen nicht definitiv zu sagen. Eine Vermutung ist, dass er sich drohenden polizeilichen Verfolgungen entziehen wollte.[14] Damit hatte Engels bereits im Januar 1845 gerechnet,[15] nachdem er sich in den Monaten zuvor an Versuchen von „Kommunisten" beteiligt hatte, in Gründung befindliche Vereine „für das Wohl der arbeitenden Klassen" in Köln, Bonn und Elberfeld zu ‚übernehmen'.[16] Aber ob seine Sorge mit zurückliegenden oder mit geplanten Aktivitäten zu tun oder auch ganz andere Gründe hatte, ist nicht festzustellen.

Gemeinsam mit Moses Hess und Gustav Adolph Köttgen hat Engels dann am 8., 15., und 22. Februar „kommunistische Versammlungen" in Elberfeld durchgeführt.[17] Als eine für den 28. Februar geplante weitere Veranstaltung definitiv verboten wurde, ist Engels *„gesteckt worden"*, dass bei Missachtung des Verbotes *„Verhaftung und Klage"* folgen würden. Dass dies wegen der schon durchgeführten Versammlungen erfolgen könnte, hielt Engels jedoch für unwahrscheinlich. Man habe sich so schlau geäußert, dass man gegen sie kaum vorgehen könne; außerdem hätten Mitglieder des Landgerichts teilgenommen und der Oberprokurator (Oberstaatsanwalt) sich sogar an der Diskussion beteiligt.[18]

---

14 So Andréas / Grandjonc / Pelger, Marx' Ausweisung (wie Anm. 9), S. 237.

15 Engels an Marx, ca. 20. Januar 1845; MEGA III/1, S. 259.

16 Engels an Marx, Anfang Oktober 1844; MEGA III/1, S. 243–246; weiter 19. November; ebd., 250–256. Zu den Vereinsgründungen, den internen Konflikten und den zunehmenden Behinderungen durch die Behörden siehe Jürgen Reulecke, Sozialer Frieden durch soziale Reform. Der Centralverein für des Wohl der Arbeitenden Klassen in der Frühindustrialisierung, Wuppertal 1983.

17 Siehe Dieter Dowe, Aktion und Organisation. Arbeiterbewegung, sozialistische und kommunistische Bewegung in der preußischen Rheinprovinz 1820–1852, Hannover 1970, S. 82 ff.

18 Engels an Marx, 26. Februar 1845; MEGA III/1, S. 268. Im Bericht des Elberfelder Oberbürgermeisters Carnap an den Landrat, 25. Februar, heißt es, Köttgen habe ihm persönlich am 8. Februar, dem Tag der ersten Versammlung, die Einladung überreicht, die er aber nicht angenommen habe; er habe wiederum Köttgen persönlich über das Verbot der nächsten Versammlung und Verhaftungen der Redner bei dessen Missachtung informiert; Text in: Helmut Hirsch, Carnaps Bericht über die Elberfelder Versammlungen, in: Bulletin of the International Institute of Social History 8 (1953), S. 104–114, hier 108 und 113. Im Bericht des Düsseldorfer Regierungspräsidenten an den Innenminister vom 1. März heißt es, der Oberprokurator von Kösteritz habe sich *„in das Bestreben persiflirender Weise"* an der Debatte beteiligt; Text bei Knieriem, Aktenstücke über die Elberfelder Versammlungen (wie Anm. 6), S. 16 f. Der Oberprokurator musste später eine Stellungnahme abgeben. Am 7. April berichtete er an den Justizminister, er habe auf Einladung von Köttgen an der ersten Versammlung, einem Abendessen mit 30–40 Personen der höheren Stände, teilgenommen; zu Engels' Ausführungen zu kommunistischen

Die geplante weitere Versammlung hat nach Engels' eigener Darstellung am 1. März dennoch stattgefunden, aber nur als Abendessen *„mit Beefsteaks und Wein"*, ohne öffentliche Reden; Oberbürgermeister und Staatsanwalt seien in Begleitung bewaffneter, aus Düsseldorf abgesandter Polizisten anwesend gewesen, hätten jedoch keinen Anlass zum Einschreiten gesehen.[19]

Anlass des vorhergehenden Verbotes dieser Versammlung dürfte gewesen sein, dass erstmals mit dem Erscheinen einer vierköpfigen Deputation von Arbeitern gerechnet worden war; zuvor waren nach Wahrnehmung von Engels *„ganz Elberfeld und Barmen von der Geldaristokratie bis zur épicerie* [Einzelhändler], *nur das Proletariat ausgeschlossen"*, vertreten gewesen.[20]

Nachdem Hess und Köttgen in einem Protestschreiben am 6. März erklärt hatten, das Verbot weiterer Versammlungen ungeachtet seiner Unangemessenheit einzuhalten, sah Engels keine Gefahr einer strafrechtlichen Verfolgung mehr.[21] Eine rein private Runde, in der am 16. März Hess und Engels bis zwei Uhr morgens *„Kommunismus dozierten"*,[22] kann schwerlich ‚polizeiwidrig' gewesen sein.[23]

Gemeinden in Nordamerika habe er *„diejenigen Einwendungen gemacht, welche sich Jedem, der nicht von Traumbildern gefangen genommen, von selbst darbieten"*. Die Veranstaltung sei eher lächerlich als gefährlich gewesen. Der Innenminister Arnim-Boitzenburg war nicht überzeugt; schließlich sei die letzte Versammlung mit über 150 Teilnehmern quasi öffentlich gewesen, und grundsätzlich müsse die Verbreitung *„kommunistischer Grundsätze in einer Fabrikstadt wie Elberfeld"* energisch unterbunden werden; Innenminister an Justizminister, 13. Mai 1845; beide Berichte in: Jürgen Reulecke, Die erste sozialistische Versammlung in Deutschland. Ein unbekannter Augenzeugenbericht, in: ZBGV 87 (1974–1976), S. 97–104.

19 So Engels in seinem dritten (wie die vorhergehenden anonymen) Artikel zum „raschen Fortschritt des Kommunismus in Deutschland", in New Moral World, 10. Mai 1845; MEW 2, S. 517 f. (im englischen Original jetzt in: MEGA I/4 [2022], S. 543): Carnap hatte die Polizisten in seinem Bericht an den Landrat am 25. Februar angefordert; Text bei Hirsch, Carnaps Bericht (wie Anm. 18), S. 113 f.

20 Versammlungen in Elberfeld, in: Rheinische Jahrbücher zur gesellschaftlichen Reform [hg. v. Hermann Püttmann] 1 (1845), S. 35–97, hier S. 36: in eine „so vornehme Gesellschaft" hätten sich Proletarier sonst nicht getraut. – Engels an Marx, 22. Februar 1845; MEGA III/1, S. 267.

21 Offizielle Verbotsverfügung Carnaps vom 28. Februar 1845, auf Grund einer Anweisung der Bezirksregierung vom Vortag, adressiert an Köttgen, Hess und Engels; Erklärung von Hess und Köttgen vom 6. März; in: Versammlungen in Elberfeld (wie Anm. 20), S. 93–97 = Moses Hess, Briefwechsel, hg. von Edmund Silberner, Den Haag 1959, S. 113–116. In der Erklärung von Köttgen und Hess wird die Einladung an den Oberbürgermeister und den Oberprokurator sowie die Teilnahme zahlreicher Honoratioren hervorgehoben. Es sei um die Diskussion von Reformen gegangen, mit denen man einer Revolution vorbeugen könne. Engels hat diese Antwort nicht unterzeichnet, da er in Bonn und Köln gewesen ist; Versammlungen in Elberfeld, S. 94. Engels an Marx, 7. März; MEGA III/1, S. 268: dieser Protest zeige, dass man *„uns nichts anhaben könne"*. In seinem Artikel für „New Moral World" (wie Anm. 19) hat Engels ausgeführt, sie hätten sich, nachdem in der Stadt nach der dritten Versammlung das Gerücht von anstehenden Verhaftungen aufgekommen sei, selbst an den Oberbürgermeister gewandt und dann die Verbotsverfügung erhalten.

22 Engels an Marx, 17. März 1845; MEGA III/1, S. 273; zum wahrscheinlichen Teilnehmerkreis siehe Dowe, Aktion (wie Anm. 17), S. 85, Anm. 622.

Als weiterer Grund wird vermutet, der seit der Rückkehr ins Elternhaus schwelende Konflikt mit dem Vater sei so eskaliert, dass dieser seine ursprüngliche Zusicherung, ein Studium zu finanzieren, aber kein Geld für *„kommunistische Zwecke"* zu geben,[24] wieder zurückgenommen habe.[25] Am 22. Februar stand für Engels der Wechsel nach Bonn zu Ostern (23. März) fest.[26] In einem Brief an Marx vom 17. März schließt Engels nicht aus, dass der Vater ihn *„vor die Türe setzen"* werde, zeigt sich aber (auch um die Mutter nicht zu sehr zu belasten) entschlossen, die Wochen bis zum Studienbeginn in Bonn,[27] den er jetzt auf Anfang April datiert, durchzuhalten.[28]

Schließlich wird angenommen, Engels habe unbedingt mit Marx zusammenarbeiten wollen.[29] Auch das stellt sich als komplizierter heraus. Um den 20. Januar 1845 hatte Engels gegenüber Marx einen vier- bis sechswöchigen Aufenthalt in Paris für den Herbst und eine definitive Übersiedlung in etwa zwei Jahren angekündigt.[30] Marx hat ihn über seine Ausweisung aus Frankreich und den Weggang nach Brüssel (1. Februar) anscheinend nicht persönlich informiert. Als Engels am 22. Februar *„nach langem Hin- und Herschreiben von Köln aus"* die Brüsseler Adresse von Marx erfahren hatte, berichtete

---

23 Leonid F. ILJITSCHOW u.a., Friedrich Engels. Sein Leben und Wirken, Moskau 1973, S. 71, nennen als Zeichen der ernsten Bedrohung, dass der Berliner Polizeidirektor Duncker über die Verbindungen zwischen Kommunisten in Westfalen und im Rheinland (Engels, Hess, Köttgen) berichtet habe. Da der Bericht vom 15. Oktober 1845 stammt (Joseph HANSEN [Hg.], Rheinische Briefe und Akten zur Geschichte der politischen Bewegung 1830–1850, Bd. 1: 1830–1845 [1919], ND Düsseldorf 1997, S. 900, Anm. 2), kann es keinen Zusammenhang mit Engels' Weggang geben.

24 Engels an Marx, 7. März 1845; MEGA III/1, S. 268.

25 KLIEM, Engels (wie Anm. 13), S. 150; Marlene AMBROSI, Friedrich Engels, Fabrikant, Gefährte, Sozialrevolutionär, Trier 2020, S. 73.

26 Engels an Marx, 22. Februar 1845; MEGA III/1, S. 267.

27 Engels hatte die Studienberechtigung durch seinen Gymnasialbesuch bis Prima und den einjährig-freiwilligen Militärdienst erworben; tatsächlich immatrikuliert hat er sich in Bonn aber nicht; siehe KLIEM, Engels (wie Anm. 13), S. 148 f.

28 MEGA III/1, S. 273. – Eine Eskalation des Konflikts hatte Engels am 7. März (MEGA III/1, S. 269) für möglich gehalten, wenn sein Vater erführe, dass er Koautor der *Heiligen Familie* sei; er war wenig amüsiert, dass Marx ihn ohne sein Wissen und trotz seines geringen Textanteils auf das Titelblatt gesetzt und diesen ‚blasphemischen' Titel gewählt hatte. – Für die Eltern war nach Engels' Brief vom 17. März der sich in Elberfeld aufhaltende Hess der aktuell gefährlichste ‚Verführer' ihres Sohnes. Im gleichen Brief (S. 270) hat Engels mitgeteilt, dass er das *„erste Ding"* der *„englischen Sachen"*, d. h. *Die Lage der arbeitenden Klasse in England*, gerade an den Verlag abgeschickt hat, macht aber keine Andeutungen über mögliche Auswirkungen auf den Konflikt mit dem Vater. Das Buch erschien gut zwei Monate später, als Engels bereits in Brüssel war.

29 Pathetisch in der DDR-Literatur: Karl OBERMANN, Die Volksbewegung in Deutschland von 1844 bis 1846, in: Zeitschrift für Geschichtswissenschaft 5 (1957), S. 503–525, hier 516: *„um mit Marx gemeinsam an der Ausarbeitung des wissenschaftlichen Sozialismus zu arbeiten"*; Heinrich GEMKOW u.a., Friedrich Engels. Eine Biographie, Berlin [1970] ^{5}1984, S. 110: Engels wollte in der für Marx so schwierigen Lage unbedingt an dessen Seite sein.

30 MEGA III/1, S. 259.

er diesem über eine von ihm, „*als die Nachricht von der Expulsion herkam*", initiierte Geldsammlung im Rheinland und in Westfalen und kündigte einen kurzen Besuch in Brüssel für den Sommer an; dabei ging er noch davon aus, dass Marx wegen zu erwartender Demarchen der preußischen Regierung nicht auf Dauer in Brüssel bleiben könne und schließlich nach England gehen müsse.[31] Als Engels am 17. März Marx erneut über den Plan unterrichtete, gemeinsam mit Hess eine „*Bibliothek der vorzüglichsten sozialistischen Schriftsteller des Auslandes*" herauszugeben,[32] spricht er von seiner Absicht, in drei Wochen nach Brüssel zu kommen. Sie könnten entweder gemeinsam eine Einleitung für die Reihe verfassen oder „*wenigstens* [...] *das Ding besprechen*". Das hätte zwar mit dem Studienbeginn in Bonn kollidiert, klingt aber noch nach einem kürzeren Aufenthalt.[33] Unklar ist, wann und wie Engels erfahren hat, dass Marx nach längeren Verhandlungen Ende März 1845 ein Aufenthaltsrecht in Brüssel (verbunden mit der Auflage, sich tagespolitischer Publizistik zu enthalten) gewährt worden war.[34]

Bei Engels' Überlegungen für seine Zukunft können alle genannten Motive zusammengekommen sein, ohne dass sich ein definitives ausmachen ließe. Aber wie es zu seiner Entscheidung gekommen ist, eine Auswanderungserlaubnis zu beantragen, ist damit noch nicht geklärt.

Zwischen dem 17. März (danach sind keine Briefe von und an Engels bis zum 31. Mai überliefert) und dem 7. April 1845 (Einreichung des Auswanderungsgesuches) ist irgendein Ereignis zu vermuten, das ihn zu diesem Entschluss gebracht hat.

Wie valide die Information ist, Karl Wilhelm Snethlage, ein Schwager von Friedrich Engels sen., seit 1842 Konsistorialrat im preußischen Kultusministerium,[35] habe Engels den Wink gegeben, sich besser aus Preußen abzusetzen, ist offen; ebenso, wann das

---

31 MEGA III/1, S. 266f. Der avisierte Besuch wird im Zusammenhang mit einer geplanten Reise seiner Mutter und Schwestern nach Ostende erwähnt. – Dass Marx wahrscheinlich über Belgien nach England gehen müsse, hat Engels bereits am 2. Februar 1845 in einem Artikel für New Moral World (erschienen 8. März) angenommen; MEW 2, S. 514f. bzw. MEGA I/4, S. 540.

32 An Marx, 7. März 1845, heißt es zu dem Projekt: „*Wir haben hier vor*" und „*wir* [sind] *schon mit einem Verleger am Unterhandeln*". „Wir" heißt Hess und Engels; „hier" im Rheinland; MEGA III/1, S. 269. Am 17. März, nachdem Marx seine Vorstellungen brieflich mitgeteilt hatte, antwortet Engels, die Idee zur Herausgabe dieser Schriftenreihe sei „*uns Beiden*", d.h. Marx und Engels, gekommen, und Hess werde sich sicher beteiligen; MEGA III/1, S. 271. Zum Projekt siehe Renate MERKEL, Die von Marx und Engels geplante Bibliothek utopischer Sozialisten, in: Beiträge zur Geschichte der deutschen Arbeiterbewegung 5 (1966), S. 860–867.

33 MEGA III/1, S. 270. Weiter heißt es: „*Sind wir über die Grundlagen einverstanden, so können wir bei meiner Dorthinkunft, die ich wegen dieser Sache noch mehr betreiben werden, die Sache vollständig ins Reine bringen, und gleich ans Werk gehen*". Ist das auf den zuvor avisierten Besuch zu beziehen oder auf eine für später geplante definitive Umsiedlung?

34 Verpflichtungserklärung von Marx gegenüber dem Chef der Sicherheitspolizei, 22. März 1845, in: ANDRÉAS / GRANDJONC / PELGER, Marx' Ausweisung (wie Anm. 9), S. 220; ferner Marx an Heinrich Heine, 24. März 1845; MEGA III/1, S. 274.

35 Snethlage war seit 1822 Pfarrer in Unterbarmen gewesen, 1835 Superintendent in Elberfeld. 1843 (oder 1844) wurde er in Berlin auch Hofprediger, aber zunächst niederen Ranges; Oberhofprediger (nach dem Anciennitätsprinzip) erst 1863. Die öfters begegnende Angabe „Oberhofprediger seit 1842" ist nicht korrekt.

gewesen sein soll.[36] Snethlage konnte sich gewiss Zugang zu Ministern verschaffen.[37] Im Zweifel wäre sicherlich ein Hinweis von Snethlage ernst genommen worden. Ob er (wenn die Geschichte nicht nur ein Gerücht war) in diesem Fall über zuverlässige Informationen verfügte, weiß man nicht. Aber die Aufmerksamkeit im Innenministerium hat sich auf Hess konzentriert, ohne dass von Strafverfolgung die Rede gewesen wäre.[38]

Dass die Entscheidung, ins Ausland zu gehen (nach England, aber auch nach Belgien?), mit dem Vater abgestimmt war, ist eine naheliegende Vermutung, die man jedoch nicht als nachweisbare Tatsache darstellen sollte.[39] Der Weggang ins Ausland könnte der Familie recht gewesen sein, denn auch von Bonn aus hätte der missratene Sohn noch für einen Skandal sorgen können. Eine Auswanderung war insofern eine gesichtswahrende Lösung. Im Wuppertal kursierte denn auch das Gerücht, der junge Engels sei nach Amerika ausgewandert.[40] Wenn der Vater überhaupt die Zuwendungen eingestellt hat,[41] dann nur vorübergehend, da er spätestens seit Ende 1845 regelmäßig Geld überwiesen hat.[42]

---

36 Ferdinand Weerth, Kaufmann in Berlin (ein Bruder von Georg Weerth), hatte dies (wann?) „unter der Hand" erfahren; so Wilhelmine Weerth an Wilhelm Weerth, 24. Februar 1846; Marx-Engels-Jahrbuch 1 (1978), S. 413.

37 Siehe das Schreiben von Friedrich Engels sen., 7. Juli 1845, nachdem Snethlage für ihn beim Kabinettsminister Bodelschwingh ein Anliegen vorgetragen hatte; in: Michael KNIERIEM (Hg.), Die Herkunft des Friedrich Engels. Briefe aus der Verwandtschaft 1791–1847, Trier 1991, S. 595.

38 Im Bericht Carnaps an den Landrat (25. Februar 1845) erscheint Hess als die dominierende Figur und Köttgen in seiner Funktion als Versammlungsleiter, Engels eher in einer Nebenrolle; allerdings wird dem Sohn des *„sehr geachteten"* Barmer Kaufmanns attestiert, seine *„jetzigen communistischen Grundsätze"* bei seinen Aufenthalten in England und Frankreich *„in sich aufgenommen zu haben"*; HIRSCH, Carnaps Bericht (wie Anm. 18); S. 109. Im Schreiben des Regierungspräsidenten an den Innenminister vom 1. März heißt es, Köttgen und Hess stünden *„an der Spitze des Treibens"*; Engels wird nicht genannt, fiel unter *„die jungen Leute, die früher im Auslande gereist und deren Eltern zu der wohlhabenden Einwohnerklasse gehören"*; KNIERIEM, Aktenstücke über die Elberfelder Versammlungen (wie Anm. 6), S. 16 f. Seit Anfang März wurde zwischen den beteiligten Instanzen (von Kommunalbehörden über Bezirksregierung bis Innenminister) ventiliert, Hess den Aufenthalt in Elberfeld zu verbieten, wofür es jedoch keine rechtliche Handhabe gab; von Strafverfolgung scheint keine Rede zu sein; Edmund SILBERNER, Moses Hess. Geschichte seines Lebens, Leiden 1966, S. 220–222; DOWE, Aktion (wie Anm. 17), S. 89.

39 So u.a. Oscar J. HAMMEN, Die roten 48er. Karl Marx und Friedrich Engels, Frankfurt am Main 1972, S. 132; Hans Peter BLEUEL, Friedrich Engels, Bürger und Revolutionär, Bern 1991, S. 158: Vereinbarung, nach England zu gehen, die durch den Umzug nach Brüssel gebrochen wurde; Michael KNIERIEM, in: Marx-Engels Jahrbuch 2012/13, S: 310: *„Engels' Übersiedlung nach Brüssel war das Ergebnis eines sorgfältig geplanten Familienbeschlusses, der durch ein offizielles Auswanderungsgesuch auch behördlicherseits abgesegnet worden war"*, in seiner Rezension von Tristram HUNT, Friedrich Engels. Der Mann, der den Marxismus erfand, Berlin 2012, der Angst vor Verhaftung und Rücksichtnahme auf den Ruf der Familie angegeben hatte (S. 173).

40 Hess aus Elberfeld an Engels in Brüssel, Ende Mai / Anfang Juni 1845; MEGA III/1, S. 466.

41 So Gustav MAYER, Friedrich Engels. Eine Biographie, Bd. 1: Friedrich Engels in seiner Frühzeit [1920, [2]1934], ND Frankfurt am Main 1975, S. 219. Dafür spricht prima facie ein Brief von Georg Weerth aus Brüssel an seine Mutter, 19. Juli 1845; in: Marx-Engels-Jahrbuch 1 (1987), S. 407: Engels sei *„mit seiner Familie schrecklich zerfallen; man hält ihn für gottlos und verrucht, und*

3. Engels doch noch Staatsbürger? Testfall 1: 1848 / 49

Erstaunlich ist, dass sowohl Engels als auch die preußischen Behörden später die Aufgabe der Staatsbürgerschaft ignoriert haben – es sei denn, dass dieser Bescheid aus unbekannten Gründen als nicht rechtskräftig gegolten hätte und Engels dies bekannt gewesen wäre.

Als Marx und Engels am 11. April 1848 nach Köln kamen, um dort die in Gründung befindliche *Neue Rheinische Zeitung* (NRhZ) zu übernehmen (die dann unter dem Chefredakteur Marx ab 1. Juni erscheinen sollte), hat Marx zwei Tage später mit wenigen Zeilen das Kölner Bürgerrecht beantragt.[43] Ungeachtet der zwischenzeitlichen Zustimmung des Kölner Stadtrats erhielt er Anfang August den Bescheid, die Bezirksregierung habe dies als Antrag eines Ausländers auf Einbürgerung behandelt, über den nach freiem Ermessen zu entscheiden sei, was nicht zugunsten von Marx ausgefallen sei.[44]

In seinem beim Innenminister Ende August 1848 eingelegten Protest verwies Marx darauf, dass sein Entlassungsgesuch von Ende 1845 ein Akt der „Notwehr" gewesen sei, nachdem im April 1844 gegen ihn ein preußischer Haftbefehl ergangen, er Anfang 1845

---

der reiche Vater gibt seinem Sohn nicht einen Pfennig mehr zum Unterhalt". Das dürfte eine Übertreibung von Weerth bzw. Engels gewesen sein. Engels konnte sich jedenfalls eine sechswöchige Reise gemeinsam mit Marx nach Manchester und London leisten (ca. 12. Juli – ca. 24. August 1845).

42 Engels an seinen Schwager Emil Blank, 3. April 1846; MEGA III/1, S 283: Bitte, ihm für kurze Zeit Geld zu leihen; die vom Vater zum 1. April zu erwartende Zahlung habe sich verzögert; der Vater wolle ihm wohl auf der Durchreise nach London das Geld persönlich geben. Angesichts dieses Besuchs müsse er seine Sachen aus dem Pfandhaus auslösen. Er habe den ganzen Winter mit seinen Publikationen nichts verdient und daher mit seiner Frau (Mary Burns) ausschließlich vom Geld der Familie leben müssen, was nicht gereicht habe. – Möglicherweise sind Zahlungen auch über Ermen & Engels in Manchester erfolgt; siehe Michael KNIERIEM, „Gewinn unter Gottes Segen". Ein Beitrag zu Firmengeschichte und geschäftlicher Situation von Friedrich Engels, Wuppertal 1987, S. 56 f. Aus einem Brief der Mutter, 2. Dezember 1849; MEGA III/3, S. 417, geht hervor, dass es ein „jährliches" [Fixum] für Friedrich Engels in Brüssel und Paris gegeben hat. Siehe auch Georg FÜLBERTH, Revolution, Geld und Familienbande. Rekonstruktion verlorener Briefe von Friedrich Engels an seine Verwandten 1848–1850, in: Geschichte im Wuppertal 29 (2020), S. 38–49.

43 Marx an die Polizeidirektion Köln, 13. April 1848; MEGA III/2, S. 149, mit der unpräzisen Angabe, dass er nach Ende der „Rheinischen Zeitung" [31. März 1843] ins Ausland gegangen und auf seine preußische Staatsbürgerschaft verzichtet habe. (Anscheinend hat er die Genehmigung für selbstverständlich gehalten, möglicherweise auf Grund einer mündlichen Auskunft des damaligen Polizeidirektors Müller; so Marx im Schreiben an den Innenminister Kühlwetter, unten, Anm. 46.) Zwischenzeitlich hatte er aber seinen Auswanderungsschein von 1845 vorlegen müssen; siehe Gerhard BECKER, Zwei neuentdeckte Briefe von Karl Marx. Ergänzende Tatsachen zu seiner Biographie für das Jahr 1848, in: Zeitschrift für Geschichtswissenschaft 16 (1968), S. 306–326, hier 310.

44 Geiger, kommissarischer Kölner Polizeidirektor, an Marx, 3. August 1848; MEGA III/2, S. 159 f. (von Marx in seinem Brief an den Innenminister, 23. August, wiedergegeben). Zu den zwischenzeitlichen Abstimmungsprozessen zwischen verschiedenen Instanzen siehe BECKER, Neuentdeckte Briefe (wie Anm. 43).

wegen preußischer Demarchen aus Frankreich ausgewiesen worden war, und anschließend Preußen auch seine Ausweisung aus Belgien verlangt habe.[45] Er sei somit als politischer Flüchtling zu betrachten, dem nach einschlägigem Bundesbeschluss ein Recht auf Wiederaufnahme in die Staatsbürgerschaft zustehe.[46] Der Innenminister entgegnete knapp, nach selbst beantragter Entlassung gebe es kein Recht auf Wiedereinbürgerung; dieses lasse sich auch nicht aus dem genannten Bundesbeschluss ableiten.[47]

Für Marx war der in dieser Ablehnung *„versteckte Ausweisungsbefehl"*[48] Anlass, eine gewisse Zurückhaltung zu pflegen, zumindest bei Auftritten in der Öffentlichkeit. Gleichzeitig wurde im August 1848 bekannt, dass die Behörden auch gegen Angehörige anderer deutscher Staaten mit Ausweisung vorgehen könnten. Dem nassauischen Staatsbürger Karl Schapper, Veteran des Kommunistenbundes aus London, der inzwischen bei der NRhZ als Korrektor beschäftigt wurde, sich aber vor allem im großen Kölner Arbeiterverein (mit ca. 7.000 Mitgliedern) engagierte, wurde eine entsprechende

---

45 Zum Haftbefehl von 1844 siehe oben, Anm. 3. Er hatte sich erledigt durch die von Friedrich Wilhelm IV. am 20. März 1848 gewährte Amnestie; Text in: Karl OBERMANN (Hg.), Einheit und Freiheit. Die deutsche Geschichte von 1815 bis 1849 in zeitgenössischen Dokumenten, Berlin 1950, S. 283. – Ab Mitte 1844 hatte die preußische Gesandtschaft in Paris immer wieder die Ausweisung von Mitarbeitern der in Paris erscheinenden Zeitschrift „Vorwärts!" verlangt; zum Jahreswechsel stimmte die französische Regierung bezüglich Heinrich Börnstein (Hg. des Blattes), Bernays, Ruge und Marx zu. Marx musste Frankreich tatsächlich am 1. Februar 1845 verlassen, während die anderen aus unterschiedlichen Gründen die Ausweisung abwenden konnten; siehe Jacques GRANDJONC, „Vorwärts!" 1844. Marx und die deutschen Kommunisten in Paris, Berlin 1974, S. 96 ff. Zur Ausweisung aus Belgien am 1. März 1848 siehe Wilfried NIPPEL, Karl Marx, München 2018, S. 41–43.

46 Marx an Innenminister Kühlwetter, 23. August 1848; MEGA III/2, S. 159–161. (Dieses Schreiben ist am 5. September, noch vor Eingang von Kühlwetters Antwort, in der NRhZ veröffentlicht worden; MEGA I/7, S. 649–652.) Marx bezieht sich auf einen Beschluss des Bundestages [offiziell: Bundesversammlung] des Deutschen Bundes zugunsten des aktiven und passiven Wahlrechts heimkehrender politischer Flüchtlinge, die *„ihr Staatsbürgerrecht wieder angetreten haben"*, irrt sich aber mit der Datierung auf 30. März 1848. In dieser Sitzung war nur über die Zahl der Mandate für die künftige Nationalversammlung entschieden worden. Die von Marx angeführte Regelung ist nach vorhergehendem Beschluss des Vorparlaments vom 31. März am 7. April vom Bundestag nostrifiziert worden; Protokolle der Deutschen Bundesversammlung [Jg. 34] vom Jahre 1848. Sitzung 1 bis 70, Frankfurt am Main 1848, § 209, S. 317; § 215, S. 327–329; § 239, S. 353. Ob daraus ein Rechtsanspruch auf Wiedereinsetzung in die Staatsbürgerschaft herzuleiten war, muss dahin gestellt bleiben. Marx' spätere weitergehende Behauptung, er sei durch diesen Bundesbeschluss rechtskräftig wieder preußischer Staatsbürger geworden, trifft sicherlich nicht zu; Marx an den Berliner Polizeipräsidenten von Zedlitz-Neukirch, 6. April 1861; MEGA III/11, S. 431

47 Antwort von Innenminister Kühlwetter, 12. September 1848; MEGA III/2, S. 470.

48 Marx in der Sitzung des Kölner Arbeitervereins, 16. Oktober 1848; in: Herwig FÖRDER u.a. (Hg.), Der Bund der Kommunisten. Dokumente und Materialien, Bd. 1, 1836–1849, Berlin [1970] ^{2}1983, S. 854 f. Zuvor schon Engels in der Sitzung der Demokratischen Gesellschaft, 4. August: durch die rechtswidrige Versagung des Bürgerrechts werde Marx als Ausländer betrachtet, den man jederzeit ausweisen könne, in: Heinz BOBERACH (Hg.), Rheinische Briefe und Akten zur Geschichte der politischen Bewegung 1830–1850, Bd. 2, 2 (April-Dezember 1848), Bonn 1976, S. 345.

Verfügung zugestellt,[49] auf deren Vollzug dann verzichtet wurde, da die Behörden mit massiven Protesten rechnen mussten.[50]

Engels hat keinen Antrag auf Restitution seiner Staatsbürgerschaft gestellt – den man mit gleicher Begründung wie bei Marx hätte ablehnen können –, aber auch die preußischen Behörden haben ihn anscheinend nicht als Staatenlosen betrachtet, und weder sein Verhalten noch seine späteren Äußerungen deuten darauf, dass er sich im gleichen prekären Status wie Marx befunden hätte.[51]

Engels war, zusammen mit anderen Redakteuren der NRhZ und Vertretern des Arbeitervereins, bei den Demonstrationen und Versammlungen in Köln und Worringen im September 1848[52] an vorderster Front aktiv – während Marx sich hier nicht exponierte – und dann am 25. September aus der Stadt geflohen, um einer drohenden Verhaftung zu entgehen.[53]

---

49 NRhZ, 12. August 1848; MEGA I/7, S. 574 f., mit dem Argument, die deutsche Nationalversammlung habe bereits ein Reichsbürgerrecht beschlossen, dass jedem Deutschen Niederlassungsfreiheit in allen Mitgliedsstaaten garantiere; aber das war bei der ersten Lesung der Grundrechte, die damit noch nicht in Kraft gesetzt waren. Auf der Versammlung der Demokratischen Gesellschaft am 11. August hat Marx zu seinem eigenen, Engels zu Schappers Fall Stellung genommen; eine Deputation der Gesellschaft sollte bei Regierungspräsident und Polizeidirektor auf Rücknahme der Entscheidung in beiden Fällen drängen; MEGA I/7, S. 771; einen entsprechenden Beschluss hat auch der Kölner Arbeiterverein am 17. August gefasst; in: Der Bund der Kommunisten, Bd. 1 (wie Anm. 48), S. 830.

50 Siehe Armin M. KUHNIGK, Karl Schapper. Ein Vater der europäischen Arbeiterbewegung, Camberg 1980, S. 159 f.; Gerhard BECKER, Karl Schapper, in: Karl OBERMANN u.a. (Hg.), Männer der Revolution von 1848, Bd. 1, Berlin [2]1988, S. 123–147, hier 132 f.

51 Schade, dass es keine Antwort von Engels auf die ihm später von Sigismund Ludwig Borkheim gestellte Frage (18. März 1861; MEGA III/11, S. 398) gibt, ob er vor 1848 schon Flüchtling gewesen sei.

52 Die Proteste richteten sich v.a. gegen eine mögliche Auflösung der preußischen Nationalversammlung durch die Krone und gegen die Entscheidung der deutschen Nationalversammlung, dem Waffenstillstand von Malmö, den Preußen im namens des Deutschen Bundes gegen Dänemark geführten Krieg um Holstein eigenmächtig abgeschlossen hatte, doch noch zuzustimmen; vor allem die radikale Linke empörte sich über die „Volksverräter" der Paulskirche; siehe u.a. HAMMEN, Die roten 48er (wie Anm. 39), S. 349 ff.; Eberhard ILLNER, Barrikaden ohne Kampf. Köln im September 1848, in: Ottfried DASCHER / Everhard KLEINERTZ (Hgg.), Petitionen und Barrikaden, Münster 1998, S. 309–313; Jürgen HERRES, 1848/49, Revolution in Köln, Köln 1998, S. 81 ff.; Marcel SEYPPEL, Die Demokratische Gesellschaft in Köln 1848/49, Köln 1991, S. 216 ff.

53 Anklageerhebung durch die Staatsanwaltschaft gegen Engels, Wilhelm Wolff und Heinrich Bürgers am 25. September 1848; Veröffentlichung des Steckbriefes am 4. Oktober; MEGA III/2 [App.], S. 777 und 1017. Der Vorwurf, „Komplott zum Umsturz", bezog sich auf die Reden in der Versammlung in Worringen am 17. September; Gerhard BECKER, Karl Marx und Friedrich Engels in Köln 1848–1849. Zur Geschichte des Kölner Arbeitervereins, Berlin 1963, S. 134. Zu dieser Versammlung, auf der auch die „rote Republik" gefordert wurde, siehe den von Engels stammenden Bericht, NRhZ, 19. September 1848; MEGA I/7, S. 721 f. Am 20. September soll Engels nach einem Bericht der „Deutschen Zeitung" in einer Volksversammlung, die ihre Solidarität mit den Barrikadenkämpfern in Frankfurt bekundete, den Lynchmord vom 18. Sep-

Über Barmen,[54] Brüssel, wo er festgenommen und dann über die französische Grenze abgeschoben wurde, und Paris ging er (wörtlich, da per Fußmarsch) in die Schweiz,[55] zunächst nach Genf, dann nach Bern, wo er am 15. November eine Aufenthaltserlaubnis als politischer Flüchtling beantragte,[56] die ihm am 9. Dezember 1848, befristet bis 1. April 1849, bewilligt wurde.[57] Ausgewiesen hat er sich mit dem französischen Reisepass, den ihm der Pariser Polizeipräfekt am 30. März 1848 für ein Jahr ausgestellt hatte.[58]

Ende Dezember 1848 / Anfang Januar 1849 rechnete Engels auf Grund des Ausgangs anderer Prozesse, dass er von einem Geschworenengericht freigesprochen werde, schreckte aber vor einer möglichen längeren Untersuchungshaft zurück.[59] Mitte Januar war er sich sicher, gefahrlos zurückkehren zu können, beantragte in Bern Ausreisepapiere, kam am 23. oder 24. Januar 1849 in Köln an und stellte sich am 26. Januar dem Untersuchungsrichter, der ihm mitteilte, er habe eine Verfahrenseröffnung abgelehnt.[60]

Nachdem Marx am 7. und 8. Februar in zwei Prozessen freigesprochen worden war, forderte der Kölner Festungskommandant Oberst Engels am 17. Februar 1849 von den Zivilbehörden, Marx im Interesse der öffentlichen Sicherheit auszuweisen.[61] Das wurde als

---

tember an den Nationalversammlungsmitgliedern Lichnowsky und Auerswald unter Jubel des Publikums gerechtfertigt haben; MEGA I/7, S. 778 f. Wie weit dies zutrifft, ist offen (ebd. [App.], S. 1654 f.).

54 Bei diesem Aufenthalt bzw. in (verlorenen) Briefen nach Brüssel hat ihm der Vater dringend geraten, sich von seinen politischen Freunden und Aktivitäten loszusagen und in die USA auszuwandern, wo er sicher eine Anstellung in einem Handelshaus finden werde; Brief der Mutter an Friedrich Engels in Brüssel, nach 4. Oktober 1848; MEGA III/2, S. 476; wiederholt in einem Brief nach Bern, 5./6. Dezember 1848; ebd., S. 527.

55 Siehe François Melis, Engels' Wanderung durch Frankreich und die Schweiz im Herbst 1848, in: MEGA-Studien 1995/1, S. 61–92, und MEGA I/8 [App.], S. 612 ff., jeweils detailliert zu Engels' Aufenthalt in der Schweiz.

56 MEGA III/2, S. 169.

57 Michael Knieriem, Engels als politischer Flüchtling in der Schweiz im Sommer 1849, in: Marxistische Studien. Jahrbuch des IMSF 6 (1983), S. 367–375, hier 368. Engels' Antrag auch in MEW 6, S. 571 f. und MEGA III/2, S. 169 f.

58 Knieriem (Hg.), Über Friedrich Engels (wie Anm. 11), S. 132; François Melis, Zur Gründungsgeschichte der Neuen Rheinischen Zeitung, in: MEGA-Studien 1998/1, S. 3–63, hier 13. Marx hatte am gleichen Tag einen entsprechenden Pass erhalten; seiner ist überliefert, der von Engels nicht; Kliem, Engels (wie Anm. 13), S. 203, hat diesen „rekonstruiert" (S. 620, Anm. 74).

59 Das Argument hatte Engels schon in seinem Aufenthaltsgesuch in Bern vorgebracht (oben, Anm. 56). Angesichts der geringen Chancen, bei politischen Delikten Verurteilungen durch Geschworenengerichte zu erreichen, war monatelange Untersuchungshaft ein probates Mittel der Staatsanwaltschaften, quasi eine Ersatzstrafe zu verhängen (wie in den Fällen von Andreas Gottschalk und Fritz Anneke in Köln, Anfang Juli bis Ende Dezember 1848, oder Ferdinand Lassalle in Düsseldorf, Ende November 1848 bis Anfang Juli 1849). Engels an Marx, 28. Dezember 1848: er wolle nicht in U-Haft, weil er dort nicht rauchen dürfe (MEGA III/2, S. 177), am 7./8. Januar 1849: er sei jetzt bereit, das Risiko einzugehen (MEGA III/3, S. 5).

60 MEGA III/3 [App.], S. 784 f.; Melis, Engels' Wanderung (wie Anm. 55), S. 81.

61 Siehe Gerhard Becker, Die Ausweisung von Karl Marx aus Preußen 1849, in: Zeitschrift für Geschichtswissenschaft 17 (1969), S. 611–618; hier 615: Schreiben von Oberst Engels an den Oberpräsidenten der Rheinprovinz. – Der Festungskommandant hatte sich schon im August

inopportun bezeichnet, solange Marx keine Straftaten nachzuweisen seien. Seit Anfang April versuchte die Berliner Polizei bzw. der preußische Innenminister Marx und Engels Planungen für einen bewaffneten Aufstand zu unterschieben, konnten damit jedoch die lokalen Behörden nicht überzeugen. Diese sahen auch keinen hinreichenden Grund für die vom Innenminister angeregte Verhängung des Belagerungszustandes, unter dem dann ein Verbot der NRhZ möglich gewesen wäre.[62] So blieb als (aus Sicht der Behörden vergleichsweise elegantes) Mittel, die Einstellung der Zeitung zu erzwingen, die Ausweisung von Marx übrig. In einem sich bis zum 19. April hinziehenden Abstimmungsprozess zwischen Bezirksregierung, Oberpräsident und Innenminister wurde festgelegt, dass die Bezirksregierung diese Entscheidung nach eigenem Ermessen treffen solle, zur Vermeidung von Protesten jedoch erst, wenn Marx einen unmittelbaren Anlass liefere.[63]

Im ersten Prozess am 7. Februar 1849, wegen Beleidigung eines Staatsanwalts und von Polizisten in einem Artikel, der schon am 5. Juli 1848 in der NRhZ erschienen war, waren neben Marx auch Engels und Hermann Korff, „Gerant" (verantwortlicher Herausgeber) der Zeitung, angeklagt gewesen und freigesprochen worden.[64]

Warum ist nicht auch gegen Engels die Ausweisung erwogen worden, nachdem sich gezeigt hatte, dass auf die Justiz – in der Wahrnehmung von Militär und Exekutive – kein Verlass war[65] und Engels nun neben Marx als gefährlicher Verschwörer galt, den man

---

1848 gegen die Erteilung des Bürgerrechts an Marx ausgesprochen; siehe Becker, Neuentdeckte Briefe (wie Anm. 43), S. 312.

62 Zeitungs- und Versammlungsverbote ergingen regelmäßig unter dem Belagerungszustand, so in Köln (26. September bis 3. Oktober 1848), Düsseldorf (22. November 1848 bis 20. Januar 1849), Berlin (12. November 1848 bis 28. Juli 1849). Eine klare Rechtsgrundlage fehlte, so dass sich die preußische Regierung in widersprüchliche Begründungen verstrickte; das änderte sich erst mit der Notverordnung vom 10. Mai 1849. Siehe Wilfried Nippel, Diktatur des Proletariats – Versuch einer Historisierung, in: Zyklos. Jahrbuch für Theorie und Geschichte der Soziologie 5 (2019), S. 71–130, hier 85.

63 Siehe Becker, Marx und Engels (wie Anm. 53), S. 266–272; Dowe, Aktion (wie Anm. 17), S. 229 f.

64 Inkriminierter Artikel zu den Verhaftungen von Andreas Gottschalk und Fritz Anneke: MEGA I/7, S. 251–253. – Anschließend wurde die Redaktion der NRhZ durchsucht und eine Reihe von Vernehmungen durchgeführt; die Anklage wurde am 3. Oktober zugelassen; der für den 20. Dezember 1848 anberaumte Prozesstermin platzte, weil die Angeklagten nicht fristgemäß geladen worden waren; deshalb fand das Verfahren erst am 7. Februar 1849 statt; MEGA I/7 [App.], S. 1263–1265. Dokumentation des Verfahrens in einer vom Verlag der NRhZ herausgegebenen Broschüre: Zwei politische Prozesse. Verhandelt vor den Februar-Assisen in Köln. I. Der erste Preßprozeß der Neuen Rheinischen Zeitung. II. Prozeß des Kreis-Ausschusses der rheinischen Demokraten, Köln 1849. Zum Ausgang des Verfahrens gegen Marx, Engels, Korff heißt es, S. 33: *„Der Präsident resümirte die Verhandlungen in einem ebenso unparteiischen als durchsichtigen und eleganten Vortrage. Die Geschworenen* [...] *sprachen nach einer viertelstündigen Beratung in Betreff sämmtlicher Angeklagten das Nichtschuldig aus, das von dem anwesenden Publikum mit lautem Jubel aufgenommen ward"*.

65 Vgl. das Schreiben von Oberst Engels an Stabschef Roon, 15. Februar 1849, nach einer Serie von Freisprüchen: Geschworenengerichte taugen nicht in Zeiten politischer Aufregung; in: Heinz Boberach (Hg.), Rheinische Briefe und Akten zur Geschichte der politischen Bewegung 1830–1850, Bd. 3: 1849–1850, Bonn 1998, S. 71.

aber strafrechtlich nicht belangen konnte? Es fehlt jedes Indiz, dass Engels als staatenloser Ausländer betrachtet worden wäre.

Als Marx am 16. Mai 1849 der am 11. Mai ausgefertigte Ausweisungsbefehl wegen ‚Missbrauch des Gastrechts' übermittelt wurde,[66] und er erklärte, die NRhZ werde von anderen Redakteuren fortgeführt, ist ihm bedeutet worden, dass auch gegen diese Ausweisungen möglich bzw. Strafverfahren anhängig seien. „*Der Redakteur en chef* [Marx], *obwohl geborner Rheinpreuße, wurde aus Preußen ausgewiesen, den andern Redakteuren stand, den Einen direkte Verhaftung, den Andern sofortige Ausweisung bevor. Die Kölner Polizei* [...] *bewies detaillirt, daß sie gegen jeden genug Thatsachen wisse, um in der einen oder andern Weise einschreiten zu können*", hat Engels 1850 geschrieben und später mehrfach wiederholt.[67] Nur die Strafverfolgung bezog sich auf Engels, während die Ausweisung als Nicht-Preußen für Ernst Dronke und Georg Weerth in Betracht kam.[68] Die Strafverfolgung war gewiss das schärfere Mittel, aber welche belastbaren Erkenntnisse den Behörden über Engels' Beteiligung am Elberfelder Aufstand (vom 11. bis 14. Mai, als er aus der Stadt komplimentiert wurde) [69] bereits vorlagen, ist nicht klar.[70]

Erst am 6. Juni 1849 ist ein Haftbefehl gegen Engels veröffentlicht worden.[71] Ende des Jahres wurde Anklage gegen alle Beschuldigten erhoben; das Strafverfahren in Elberfeld (23. April bis 9. Mai 1850) wurde nur gegen Festgenommene, nicht gegen Abwesende durchgeführt, aber die Haftbefehle galten natürlich weiter.[72] Zu den Flüchtigen gehörte

---

66 So in der auf 11. Mai datierten Verfügung der Kölner Bezirksregierung; NRhZ, 19. Mai 1849; MEW 6, S. 503.

67 Engels, 1850 (Die deutsche Reichsverfassungskampagne); MEGA I/10, S. 56. Ferner Engels 1869 (Karl Marx. Eine biographische Skizze); MEGA I/21, S. 79: „*Marx unter dem Vorwande, seine preußische Unterthanenschaft verloren zu haben und die übrigen Redakteure unter ähnlichen Vorwänden ausgewiesen*". – Engels 1884 (Marx und die „Neue Rheinische Zeitung"); MEGA I/30, S. 21.: „*Die eine Hälfte der Redakteure war unter gerichtlicher Verfolgung, die andere als Nichtpreußen ausweisbar*". – Engels 1892 (Marx, Heinrich Karl [sic]); MEGA I/32, S. 184: „*die Redakteure wurden entweder gerichtlich mit Verhaftung oder als Nichtpreußen mit Ausweisung bedroht. Letzteres Schicksal traf Marx, der während seiner Brüsseler Zeit seine Entlassung aus dem preußischen Staatsverbande genommen hatte*".

68 Meldung der „Deutschen Zeitung", 22. Mai 1849: Engels wegen seines Auftretens in Elberfeld „kriminell verfolgt"; Marx, Dronke und Weerth als Nichtpreußen ausgewiesen; MEW 6, S. 588; auch laut „Neue Preußische Zeitung", 23. Mai 1849, zitiert bei BECKER, Ausweisung (wie Anm. 61), S. 614, richtete sich die Ausweisungsdrohung gegen Weerth („lippischer Untertan") und Dronke („von kurhessischer Regierung reklamiert").

69 Siehe zuletzt Wilfried NIPPEL, Engels über Engels in der „Reichsverfassungskampagne", in: Lars BLUMA (Hg.), Friedrich Engels – ein Gespenst geht um in Europa. Begleitband zur Engelsausstellung 2020 [Historisches Zentrum Wuppertal], Remscheid 2020, S. 142–159, hier 147–149.

70 Der Artikel in NRhZ, 17. Mai 1849, über Engels in Elberfeld, der „verschiedene falsche Gerüchte" dementieren sollte, stellte in der Sache auch eine Selbstanzeige dar; MEW 6, S. 500–502.

71 Die ersten Haftbefehle gegen eine Gruppe von flüchtigen Beschuldigten, v.a. die Mitglieder des Sicherheitsausschusses, waren am 22. Mai ergangen, weitere nach und nach gefolgt; Uwe Eckardt, Elberfelder Chronik 1848/49, in: Michael KNIERIEM (Hg.), Michels Erwachen – Emanzipation durch Aufstand? Neustadt / Aisch 1998, S. 8–30, hier 26.

72 Dokumentation des Prozesses bei Michael KNIERIEM: Der Prozeß gegen die Mai-Angeklag-

Engels, der sich nach der Beteiligung am badisch-pfälzischen Aufstand[73] am 12. Juli 1849 in die Schweiz abgesetzt hatte und schließlich im November in England angekommen war.

4. Testfall 2: 1859 / 60: Unerlaubte Auswanderung und Verletzung der Militärpflicht?

Am 25. Januar 1860 erhielt Friedrich Engels sen. von der Steuerkasse Barmen einen Bescheid über eine Beschlagname gut 1005 Talern aus dem Vermögen, das er für seinen Sohn, den „*ohne Erlaubnis ausgewanderten Landwehrmann Friedrich Engels jun., Zeitungsschreiber*", verwalte. Der Vater legte sofort Einspruch ein; da der Erbfall noch nicht eingetreten sei, verwalte er kein Vermögen seines Sohnes; außerdem sprach er von „*angeblich ohne Erlaubnis*" erfolgter Auswanderung. Die Beschlagnahmeverfügung schickte er am 28. Januar an seinen Sohn in Manchester.[74] Leider ist als einzige Reaktion von dessen Seite nur eine kurze Mitteilung an Marx vom 31. Januar überliefert, dass der Widerspruch des Vaters vermutlich Erfolg haben werde, er selbst aber mit einer Verurteilung als „*Landwehrdeserteur*" am 18. Februar rechnen müsse.[75]

Der Hintergrund ist von Heinrich Gemkow 1958 aus Akten des preußischen Justizministeriums zumindest zum Teil rekonstruiert worden.[76] Das Verfahren war durch die Bezirksregierung in Düsseldorf am 31. August 1859 in Gang gesetzt worden. Die Beschlagnahmeverfügung war bereits am 5. Oktober 1859 ergangen im Vorgriff auf eine zu erwartende Bestrafung; am 18. Februar 1860 war Engels dann vom Elberfelder Zuchtpolizeigericht zu einer Geldstrafe von 50 Talern, ersatzweise drei Wochen Gefängnis, verurteilt worden, weil er als „*beurlaubter* (!) *Landwehrmann ohne Erlaubnis ausgewandert*" war.[77]

---

ten in Elberfeld, in: Ders. (Hg.), Michels Erwachen (wie Anm. 71), S. 38–152. Die Annahme von Kliem, Engels (wie Anm. 13), S. 251, in der Rheinprovinz seien Verfahren in contumaciam nicht zulässig gewesen, stimmt nicht, wie u.a. die Todesurteile gegen Ludwig Simon in Trier (s. unten, Anm. 112), Franz Raveaux in Köln und Hugo Wesendonck in Düsseldorf zeigen.

73 Zu Engels' (Selbst-)Darstellung siehe Nippel, Engels über Engels (wie Anm. 69), S. 153 ff.

74 MEGA III/10, S. 173 (Brief des Vaters); MEGA III/10 [App.], S. 803 f. (Beschlagnahmeverfügung). In der „Arrestverfügung" wird eine vorhergehende Entscheidung des Landratsamts Elberfeld vom 10. Januar angeführt; der Steuerbeamte hat nicht nur eine Abschrift seines Bescheids, sondern auch seines „Aktes" an Friedrich Engel sen. ausgehändigt. Irritierend ist, dass die Verfügung nach einem Steuerbescheid aussieht. – Die Behauptung von Kliem, Engels (wie Anm. 13), S. 279, die Polizei habe schon zuvor mehrmals Beschlagnahmen versucht, ist ohne Beleg.

75 MEGA III/10, S. 182.

76 Heinrich Gemkow, Ein neuer Fund zur Biographie Friedrich Engels', in: Zeitschrift für Geschichtswissenschaft 6 (1958), S. 345–352. Die von Gemkow ausgewertete Akte befindet sich inzwischen im Geheimen Staatsarchiv Preußischer Kulturbesitz, I. HA Rep. 84a Justizministerium, Nr. 58534.

77 Bericht des Oberprokurators in Elberfeld, 11. August 1860 an den Justizminister; GStA I. HA Rep. 84a, Nr. 58534, Bl. 76. Der ursprüngliche Vorwurf lautete, Engels sei, „*obwohl noch in Landwehrverhältnissen stehend*", unerlaubt ausgewandert; warum er als „beurlaubter" Landwehrmann verurteilt wurde, ist unklar.

Erst danach ist die Beschlagnahmeverfügung zugestellt worden, weshalb wohl Engels sen. am 28. Februar dies als auffallend spät bezeichnet hat. Am 16. März berichtete Hermann Engels seinem Bruder, nach Auskunft eines konsultierten Juristen werde der Fiskus die 1000 Taler *„wegen Deiner Nicht-Gestellung hier und Deines Befindens außer Land ohne Erlaubniß"* beschlagnahmen.[78]

Die Mutter Elisabeth Engels (der Vater war am 20. März gestorben) richtete im Sommer 1860 Eingaben an das Justizministerium, die Strafe zu erlassen, wobei sie offensichtlich die geforderte Kaution von 1000 Talern für die Geldstrafe hielt. Am 8. August teilte Hermann Engels (der wohl dem gleichen Irrtum wie die Mutter unterlag) seinem Bruder mit, auf Grund der Eingabe der Mutter seien nur noch 50 Taler zu zahlen, was über die Firma zulasten von Friedrich Engels geschehen sei.[79] Als das Justizministerium am 21. August das Gesuch der Mutter auf Straferlass ablehnte, gab es Anweisung, *„die Bittstellerin über die wahre Lage und insbesondere über den Inhalt des gegen ihren Sohn ergangenen Urteils aufzuklären"*.[80] Dass der Sachverhalt der Familie Engels nicht früher bekannt oder von ihr missverstanden worden ist, bleibt merkwürdig.

Dass Zuchtpolizeiverfahren gegen Engels war vermutlich eingeleitet worden war, nachdem er einer Einberufung im Zusammenhang mit der (bevorstehenden) preußischen Mobilmachung Mitte Juni 1859[81] angesichts des Krieges in Italien nicht nachgekommen war. Er war anscheinend nicht der einzige, der bei diesem Anlass der Verletzung von Militärdienstpflichten beschuldigt worden war.[82] Nichts spricht dafür, dass die Behörden eine gezielte Attacke auf den seit einem Jahrzehnt sich im Ausland aufhaltenden Engels unternommen hätten. Und die Frage, ob Engels immer noch wegen Beteiligung am Elberfelder Aufstand verurteilt werden könnte, spielte hier keine Rolle, dafür wäre auch eine Zuchtpolizeikammer, die über Vergehen urteilte und auf höchstens fünf Jahr Haft erkennen konnte, gar nicht zuständig gewesen.

Unterstellt man die Rechtsgültigkeit der Entlassung aus der Staatsbürgerschaft 1845, müsste ein Behördenversagen vorliegen, wenn Engels immer noch als Landwehrmann geführt wurde.[83] Es stellt sich dann die Frage, warum die Auswanderungserlaubnis nicht zu seiner Entlastung vorgebracht wurde, obwohl die Formulierung des Vaters, *„angeblich ohne Erlaubnis ausgewandert"*, in diese Richtung wies.

Mit der Bestrafung wegen unerlaubter Auswanderung war anscheinend noch nicht erledigt, dass Engels aufgefordert worden war, Militärdienstzeiten nachzuholen. Seine

78 MEGA III/10, S. 385. Angesichts des zu erwartenden Todes des Vaters ging Hermann Engels nun davon aus, dass die Beschlagnahmung den Erbanteil von Friedrich betreffen werde.

79 MEGA III/11, S. 106.

80 GStA I. HA Rep. 84a, Nr. 58534, Bl. 77; GEMKOW, Neuer Fund (wie Anm. 76), S. 349.

81 Siehe auch Carl Siebel zu seiner eigenen Einberufung an Engels, 8. und 17. Mai 1859; MEGA III/9, S. 408 und 416. Die Mobilmachung ist am 14. Juni vollzogen worden; ebd. [App.], S. 1132.

82 Der Bericht des Elberfelder Oberprokurators an den Justizminister vom 11. August 1860 (wie Anm. 77) steht unter der Überschrift: „Auszug aus den Acten der Untersuchung gegen Friedrich Engels et cons. aus Barmen".

83 KNIERIEM, Unbekanntes Auswanderungsgesuch (wie Anm. 4), S. 108, Anm. 15, hat deshalb das Vorgehen gegen Engels als rechtswidrig bezeichnet, die Sache aber nicht weiter diskutiert, m. W. auch nicht in späteren Arbeiten.

Mutter hat nämlich in ihren Eingaben vom Sommer 1860 um „*Aufhebung der* [...] *dem Kaufmann Friedrich Engels in Manchester auferlegten nachträglichen Erfüllung seiner Militärpflicht*" gebeten und weiter mitgeteilt, dass ihr Sohn „*durch geschäftliche Verhältnisse veranlaßt, nicht gesonnen sei, hierher zurückzukehren um seiner Militärdienstpflicht fernerweit nachzukommen, soweit er noch dazu verpflichtet ist*".[84]

Das Rätsel um die Gültigkeit der Ausbürgerung 1845 scheint nicht zu lösen zu sein.[85] Wenn der damalige Vorgang den Behörden nicht mehr präsent war, so hätte doch 1859/60 die Frage aufgeworfen werden müssen, dass Engels nach zehnjährigem unerlaubtem Aufenthalt im Ausland ipso facto seine preußische Staatsbürgerschaft verloren hatte, [86] wobei dann gegebenenfalls der Beginn dieser Frist zu bestimmen gewesen wäre – analog zur (gleich zu erörternden Frage), wann die zehnjährige strafrechtliche Verjährungsfrist begonnen hatte.

5. Aussetzung und Aufhebung des Haftbefehls von 1849

In der gleichen Zeit, in der über die Eintreibung der Geldstrafe für Engels verhandelt wurde, kam die Frage auf, ob dieser noch unter Strafverfolgung wegen seiner Beteiligung am Elberfelder Aufstand stehe. Es gab keinen sachlichen Zusammenhang, sondern nur eine Koinzidenz, da sich für Engels erstmals seit 1849 die Notwendigkeit ergab, seine Familie aufzusuchen.

Angesichts des Gesundheitszustandes des Vaters hatte Hermann Engels am 18. März 1860 seinen Bruder in Manchester unterrichtet, die Familie wolle über ihre Verbindungen zur Regierung in Berlin – vor allem mit Hilfe von Snethlage[87] – erreichen, dass er gefahrlos nach Barmen kommen könne, ihn aber gewarnt, die Reise nicht ohne eine solche Garantie anzutreten.[88] Der Schwager Emil Blank, der Engels am 20. März vom Tod des Vaters informierte, hielt es dagegen für kein Risiko anzureisen, da die Regierung ihre Zustimmung gewiss nicht verweigern werde.[89] Engels fuhr ohne offizielle Geneh-

84 So die Wiedergabe des Ersuchens von Elisabeth Engels im Schreiben des Elberfelder Oberprokurators an den Justizminister vom 6. August 1860; GStA I. HA Rep. 84a, Nr. 58534, Bl. 74–75.

85 So auch Jürgen Herres, Marx und Engels. Porträt einer intellektuellen Freundschaft, Stuttgart 2018, S. 59.

86 Nach den Bestimmungen des Preußischen Untertanengesetzes vom 31. Dezember 1842; siehe Dieter Gosewinkel, Einbürgern und ausschließen. Die Nationalisierung der Staatsangehörigkeit vom Deutschen Bund bis zur Bundesrepublik Deutschland, Göttingen 2001, S. 92 ff.

87 Snethlage, nun Oberkonsistorialrat und in der Hierarchie der Hofprediger weiter aufgestiegen, war inzwischen geistlicher Betreuer des kranken Friedrich Wilhelm IV.

88 MEGA III/10, S. 390; weiter Emil Blank an Engels, 20. März 1860; MEGA III/10, S. 400. Hermann Engels erwähnt auch einen zu kontaktierenden Graf Nesselrode wegen dessen Verbindung zum Prinzregenten Wilhelm. Die Identifizierung mit dem ehemaligen russischen Staatskanzler im Register von MEGA III/10 ist abwegig. Es muss sich um Maximilian Graf Nesselrode handeln, u.a. Landrat in Wipperfürth 1856–1864; Mitglied des Herrenhauses 1854; später Oberhofmeister von Königin Augusta. Emil Engels (s. u. Anm. 91) nennt weiter Wilhelm Werlé, Mitglied des preußischen Abgeordnetenhauses und Barmer Stadtverordneter. Snethlage sagt in seinem Schreiben an den Innenminister vom 19. März, er habe diese Herren nicht bemüht.

89 MEGA III/10, S. 399 f.

migung los, kam am 23. März, am Vorabend der Beerdigung des Vaters, in Barmen an und blieb bis zum 6. April. Am 8. April teilte er Marx en passant mit, er sei von der Polizei nicht behelligt, auch nicht nach einem Pass gefragt worden; wenn er gelegentlich in Barmen einen Polizisten getroffen habe, habe dieser salutiert.[90] Das klingt so, als habe er nicht gewusst, dass die Regierung dem Gesuch der Familie Engels, einen zweiwöchigen Aufenthalt in Barmen zu genehmigen, entsprochen hatte.

Snethlage hatte sich mit Erfolg für diese Genehmigung eingesetzt. In seinem Schreiben vom 19. März 1860 an den Innenminister Graf Schwerin (das in dem Artikel von Gemkow 1958 publiziert worden ist) heißt es, Friedrich Engels habe 1848 als *„18jähriger Jüngling zu den enragiertesten Demokraten und Kommunisten"*[91] gezählt und als Teilnehmer am Aufruhr in Elberfeld 1849 *„bewaffnet auf der Barrikade seinen die Stadt Barmen verteidigenden Brüdern und seinem Vater"* gegenübergestanden. (Das ist notabene die früheste Erwähnung der in der Forschung des 20. Jahrhunderts teil ausgeschmückten, teils als Legende bezeichneten Geschichte von der Konfrontation an der Haspeler Brücke während des Elberfelder Aufstands).[92] Nach seiner Flucht vor der Justiz habe er seit 1850 die Geschäfte des Vaters in Manchester besorgt und sich *„staatsgefährlichen Unternehmungen"* enthalten und *„nur einmal durch eine Schrift ‚Über die Arbeiter-Verhältnisse in England' sich bemerklich gemacht"*.[93] Das *„Verhalten des Sohnes"* sei *„für den Vater und die ganze Familie ein großer Schmerz"* gewesen, weshalb nun die Familie und der *„unglückliche Sohn"* diese Begegnung *„am Krankenbette des Vaters"* wünschten. Die Reputation der Familie sei auch dem (aus Elberfeld stammenden) Justizminister (Ludwig Benjamin Simons) bekannt.

Der Innenminister hat das Schreiben befürwortend an den Justizminister weitergeleitet. Der Justizminister hat am 23. März 1860 dem Oberprokurator in Elberfeld telegraphiert, so zu verfahren, dieser hat wiederum die Polizei in Elberfeld und Barmen angewiesen, Engels während seines zweiwöchigen Aufenthalts unbehelligt zu lassen.[94]

Der Justizminister hatte am 23. März zugleich den Oberprokurator in Elberfeld aufgefordert, zu klären, ob das gegen Engels seit 1849 anhängige Strafverfahren verjährt sei, und gleichzeitig den Innenminister unterrichtet, seine Entscheidung, Engels nicht ver-

---

90 MEGA III/10, S. 434.

91 Gemkow, Neuer Fund (wie Anm. 76), S. 349 f.; GStA I. HA Rep. 84a, Nr. 58534, Bl. 76 (danach wohl eher als „19jährig" zu lesen, aber das macht keinen Unterschied). Diese Angabe, die Engels um zehn Jahre jünger macht, ist höchst merkwürdig. Man könnte einen lapsus calami annehmen; aber würde man einen 28jährigen als Jüngling bezeichnen? – Dem Brief Snethlages war ein (nicht erhaltener) Brief von Emil Engels beigelegt; zur Identität des bei Snethlage nur „Neffe" genannten Verfassers siehe MEGA III/10, S. 399.

92 Siehe dazu meinen anderen Aufsatz in diesem Band.

93 Dass Snethlage Engels' Buch von 1845 falsch zitiert und datiert, muss nicht überraschen; so, wie es hier steht, hätte die Erwähnung aber auch als Einschränkung des vorstehenden Dementis gelesen werden können.

94 Justizminister telegraphisch an Oberprokurator in Elberfeld 23. März 1860; bei Gemkow, Neuer Fund (wie Anm. 76), S. 350, aus Akte des Justizministeriums; Mitteilung des Oberprokurators an Polizei, 23. März; bei Michael Knieriem, Zwei unbekannte Aktenstücke über Friedrich Engels, in: RB 26, H. 3 (1976), S. 125–127, aus Akten der Elberfelder Staatsanwaltschaft.

haften zu lassen, beruhe auf der Vermutung der Verjährung. Der Oberprokurator stellte am 28. März fest, der Beginn der zehnjährigen Verjährungsfrist sei auf die Anklageerhebung am 26. Dezember 1849 (somit verjährt), nicht auf das Elberfelder Verfahren vom 23. April bis 8. Mai 1850 (somit noch nicht verjährt) zu datieren; das gelte für sämtliche Personen, die sich dem Prozess durch Flucht entzogen hätten. Der Justizminister bestätigte am 4. Mai 1860, dass in allen diesen Fällen von Verjährung auszugehen sei; davon seien die Polizeibehörden zu unterrichten; eine *„förmliche Zurücknahme der Steckbriefe"* solle jedoch unterbleiben.[95]

Der Justizminister hat demnach einerseits die Eingabe zu Gunsten von Engels zum Anlass genommen, einen Schlussstrich unter alle Elberfelder Verfahren zu ziehen, andererseits Publizität vermeiden wollen, die andere Betroffene zur Einreise oder gar Rückkehr nach Preußen hätte animieren können.

Als Engels ab 15. Mai 1860 für ca. 10 Tage erneut in Barmen war (wegen Krankheit seiner Mutter),[96] wird er davon noch nichts gewusst, sich aber nach der Erfahrung vom vorherigen Besuch darauf verlassen haben, dass man nicht gegen ihn vorgehen werde.[97] Noch im Januar 1861 hat sich die Familie bei der Polizei nach den Möglichkeiten einer gefahrlosen weiteren Reise nach Barmen erkundigt.[98]

Erst Mitte März 1861 hat der Elberfelder Oberprokurator bekannt gemacht, dass die Steckbriefe gegen sämtliche (69) nach dem Elberfelder Aufstand Geflohenen, den *„Redakteur Friedrich Engels"* eingeschlossen, aufgehoben seien.[99]

---

95 Schreiben des Oberprokurators (der sich hinsichtlich der Verjährung nicht ganz sicher war, deshalb ergänzte, nach so langer Zeit seien sowieso keine, für eine Verurteilung ausreichenden Beweise zu erbringen) und Antwort des Justizministers bei GEMKOW, Neuer Fund (wie Anm. 76), S. 350–352; Schreiben des Oberprokurators an die Polizei vom 7. Mai über die Entscheidung des Justizministeriums bei KNIERIEM, Unbekannte Aktenstücke (wie Anm. 94).

96 Engels aus Manchester an Marx, 11. Mai 1860; MEGA III/10, S. 560: *„2 Telegramme aus Barmen.* [...] *Ich soll wieder herüber, die nöthigen Schritte werden gethan. Wie das gehen wird* [,] *weiß ich nicht"*. Aus London ist er am Abend des 14. Mai weitergefahren; Marx an Carl Siebel, 15. Mai 1860; MEGA III/10, S. 566. Am 26. Mai war Engels zurück in Manchester; an Marx, 31. Mai; MEGA III/10, S. 582.

97 Im Umfeld der Familie kursierten danach Gerüchte, Friedrich Engels sei begnadigt worden; Carl Siebel an Engels, 2. August 1860; MEGA III/11, S. 101 f.

98 Hermann Engels antwortete nach dem 23. Januar 1861 auf einen nicht überlieferten Brief von Friedrich Engels von diesem Tag; MEGA III/11, S. 329. Im PS teilte er mit, er werde wohl in den nächsten Tagen mit dem Polizeidirektor (von Elberfeld und Barmen) Hirsch sprechen können. Am 2. Februar informierte die Mutter, dass Rudolf Engels bei der Polizei gewesen sei, Hirsch nicht angetroffen, aber die Empfehlung erhalten habe, Friedrich sollen sich vom preußischen Gesandten in England einen Pass ausstellen lassen; MEGA III/11, S. 340.

99 Pressemeldung vom 23. März 1861, zitiert bei Walter SCHMIDT, Die Kommunisten und der preußische Amnestieerlaß vom 12. Januar 1861. Zu einem bisher nicht beachteten Artikel von Karl Marx vom September 1862, in: Zeitschrift für Geschichtswissenschaft 25 (1977), S. 1066–1079, hier S. 1068, Anm. 17.

6. Option auf eine Rückkehr durch die preußische Amnestie 1861?

Von einer bevorstehenden preußischen Amnestie, die denjenigen, die sich einer Strafverfolgung nach den Aufständen im Frühjahr 1849 durch Flucht entzogen hatten, eine Rückkehr nach Preußen ermöglichen werde, war schon seit Anfang 1858 die Rede gewesen. Die Anzeichen dafür hatten sich nach Übernahme der Regentschaft durch Wilhelm, den Bruder Friedrich Wilhelms IV. und Anwärter auf die Thronfolge, am 9. Oktober 1858 verdichtet. Am 23. März 1859 informierte Elisabeth Engels ihren Sohn in Manchester über einen Artikel in der „Elberfelder Zeitung“ vom Vortag, dass politische Flüchtlinge wohl ein Gnadengesuch stellen müssten; das sei eine Chance für ihn, in Zukunft Heimatbesuche machen zu können.[100] Engels hat am 30. März anscheinend skeptisch bis ablehnend geantwortet, was die Mutter am 16. April mit Bedauern aufnahm, dabei noch einmal auf die durchaus gegebene Chance und die Möglichkeit, wieder einmal Snethlage einzuschalten, verweisend.[101] Danach wird dieser Punkt nicht mehr erwähnt, bis die Mutter wieder Ende September 1859 darauf zu sprechen kam, dass man wohl auf den Tod von König Friedrich Wilhelm IV. warten müsse, der (hoffentlich) bald eintreten werde.[102] Der Fall sollte aber erst am 2. Januar 1861 eintreten.

Wie erwartet, gewährte der neue König Wilhelm I. am 12. Januar 1861 eine Amnestie für diejenigen, die politische Verbrechen, v.a. Hoch- und Landesverrat, begangen hatten. Wer bis zu diesem Zeitpunkt rechtskräftig verurteilt worden war, erhielt Straferlass. Wer sich dem Prozess durch Flucht entzogen hatte, sollte zwar ungehindert nach Preußen zurückkehren können, hatte aber wegen des Straferlasses das Ergebnis eines vom Justizminister ex officio zu stellenden Gnadenantrags abzuwarten. Wenn Verfahren vor Militärgerichten durchgeführt worden waren oder noch werden könnten, war diesem Gnadenantrag noch eine Stellungnahme des Militär-Justiz-Departement beizufügen.[103]

Diese Regelungen führten in Flüchtlingskreisen zu großer Verunsicherung,[104] weil nicht klar war, ob dies zu ungewissen Einzelfallentscheidungen führen werde bzw. wie

---

100 MEGA III/9, S. 356, mit dem Vorschlag, die Antwort über die Firmenadresse von Friedrich Bölling, Mann ihrer Tochter Hedwig, zu senden, dann erführen andere Familienmitglieder nichts davon. Ihren Mann hat sie anscheinend nicht eingeweiht; dessen Briefe an den Sohn aus diesem Zeitraum, fast nur zu Firmenangelegenheiten, erwähnen die Sache nicht.

101 MEGA III/9, S. 384; aus diesem Brief ist Engels' Antwort vom 30. März zu erschließen.

102 Elisabeth Engels, 26. September 1859; MEGA III/10, S. 17: „*Ich glaube nicht, daß er* [der König] *den Winter überleben wird, u. hoffe, daß sein Tod die gewünschte Amnestie bringt, mögen dann aber auch nur Alle, die davon Nutzen ziehen, die Mäßigung haben, die nicht so wol ganz Deutschland als auch besonders ihre Angehörigen wünschen, damit sie sich dieses Seegens erfreuen können*“. – Auch Lassalle an Marx, 26. Januar und 11. März 1860: Amnestie sei nach Tod des Königs zu erwarten, ob Marx für diesen Fall an eine Rückkehr denke; MEGA III/10, S. 170 und 372.

103 Text in: Ministerial-Blatt für die gesammte innere Verwaltung in den Königlich Preußischen Staaten 22 (1861), S. 19 f.

104 Siehe den Vorschlag von Sigismund Ludwig Borkheim an Marx und Engels, eine Versammlung aller preußischen Flüchtlinge in London zu organisieren; 15. Januar 1861; MEGA III/11, S. 310–313.

Marx gleich argwöhnte, die Flüchtlinge von 1848/49 de facto ausgeschlossen werden sollten.[105]

Es stellten sich dann weitere Tücken heraus. Die Flüchtlinge hatten nämlich im Regelfall ihre preußische Staatsbürgerschaft wegen mehr als zehnjährigen, ungenehmigten Auslandsaufenthalts verloren. Die Regierung stellte sich auf den Standpunkt, dass mit der Straffreiheit keine Wiedereinsetzung in die Staatsbürgerrechte verbunden sei. Die Betroffenen hätten vielmehr wie Ausländer einen Antrag auf Einbürgerung zu stellen; man wolle aber bei den dann zu treffenden Ermessensentscheidungen das Ablehnungs-Kriterium der „Bescholtenheit" nicht auf Grund der gerade amnestierten Delikte anwenden, was jedoch nicht ausschließe, dass es aus anderen Gründen zum Tragen komme.[106]

Die Unsicherheit über Auslegung und Anwendung des Amnestie-Erlasses betraf auch Marx und Engels. Beide haben Ende Januar / Anfang Februar 1861 das Angebot von Lassalle, gemeinsam eine Tageszeitung in Berlin herauszugeben, jedenfalls nicht von vornherein ausgeschlossen.[107] Während seines Aufenthalts bei Lassalle in Berlin (17. März bis 12. April 1861) hat Marx beim Berliner Polizeipräsidenten ein Gesuch um Wiederaufnahme in die preußische Staatsbürgerschaft gestellt, das nach einigem Hin und Her am

---

105 Marx an Engels, 18. Januar 1861; MEGA III/11, S. 319 f. Die von Engels nach Marx' Vorgaben für die englische Presse geschriebene Stellungnahme ist nicht veröffentlicht worden und auch nicht erhalten; MEGA III/11 [App.], S. 903. – Marx bezeichnet in seinem Brief die (anscheinend offiziöse) Berufung auf den „Rechtsstaat" für diese Konstruktion des Amnestie-Erlasses als *„Affenkomödie"*. Nach Art. 49 der preußischen Verfassung vom 31. Januar 1850 konnte der König Begnadigung und Strafmilderung vornehmen, bedurfte die Niederschlagung bereits eingeleiteter Strafverfahren jedoch eines Gesetzes. – Die Gemengelage aus juristischen und politischen Motiven ist wohl nicht zu entwirren. SCHMIDT, Die Kommunisten (wie Anm. 99) folgt der Bewertung von Marx; ebenso der Kommentar MEGA III/11 [App.], S. 902 f., und Rolf DLUBEK, Auf der Suche nach neuen politischen Wirkungsmöglichkeiten. Marx 1861 in Berlin, in: Marx-Engels Jahrbuch 2004, S. 142–175, hier 172 ff. Sabine SUNDERMANN, Deutscher Nationalismus im englischen Exil. Zum sozialen und politischen Innenleben der deutschen Kolonie in London 1848–1871, Paderborn 1997, S. 68 ff. verweist auf ein im Auftrag der Regierung erstelltes Gutachten vom Januar 1859, das nur Begnadigungen im Einzelfall vorsah, wovon politisch besonders exponierte Personen ausgeschlossen bleiben sollten. Sundermanns Darstellung stützt sich ansonsten vor allem auf die Meinungsäußerungen in der deutschen Gemeinde in London. Die summarischen Erwähnungen in Kabinettsprotokollen (Rainer PAETAU (Hg.), Die Protokolle des Preußischen Staatsministeriums 1817–1934/38; Bd. 5: 10. November 1858 bis 28. Dezember 1866, Hildesheim 2001), erhellen nicht die Motive der Regierung.

106 Erklärung des Justizministers Bernuth in der 57. Sitzung des Abgeordnetenhauses, 27. Mai 1861; Stenographische Berichte über die Verhandlungen der [...] am 27. Dezember 1860 einberufenen beiden Häuser des Landtages. Haus der Abgeordneten, Bd. 3, S. 1378. – Lassalle hatte zuvor erfahren, man habe Marx die Einbürgerung mit dem Grund verweigert, dass „Bescholtenheit" auf Grund seiner politischen Gesinnung gegeben sei (s. u., Anm. 108). Lassalle hat das an die Presse gegeben, was zu einer Anfrage im Abgeordnetenhaus führte, auf welche die Regierung mit dieser Erklärung antwortete; Lassalle an Marx, 1. Juli 1861; MEGA III/11, S. 515 f.

107 Lassalle an Marx, 19. Januar; Marx an Engels, 29. Januar; Engels an Marx, 6. Februar 1861; MEGA III/11, S. 324; 333; 347 f.

25. April abgelehnt wurde. Marx' Argument, dass er als politischer Flüchtling eigentlich schon 1848 hätte renaturalisiert werden müssen, wurde ebenso zurückgewiesen wie ein aus der Amnestie abzuleitender Anspruch; Marx habe 1845 rechtsgültig auf seine Staatsbürgerschaft verzichtet; sein zuletzt gestellter Antrag auf Einbürgerung werde abgelehnt.[108]

Damals hat Marx sich auch nach Engels' Chance auf eine Rückkehr erkundigt, aber seine Mitteilung ist (vielleicht nicht nur für heutige Leser) schwer verständlich. Am 16. Mai schrieb er an Engels, er habe von den *„bedeutendsten Juristen, die ich in Berlin gesprochen"* (vermutlich im Salon von Lassalle),[109] bezüglich Engels' „Verhältniß mit Preußen" erfahren: *„Alles hängt davon ab, ob Du einberufen warst oder nicht. Im letztern Fall gehört Dein case als Landwehrmann zu dem der gewöhnlichen Civilgerichte. Es scheint übrigens* [,] *daß die Preussen nur von Deiner Elberfelder Geschichte* [,] *nicht von der Badensischen officiell Notiz nehmen"*.[110]

Die Alternative zum „Civilgericht" heißt Militärgericht. Marx bezieht sich demnach auf die Regelung bei Fällen, die der Militärgerichtsbarkeit unterlagen. In Londoner Emigrantenkreisen, aber auch in Berlin kursierte die Vermutung, dass alle, die jemals militärpflichtig gewesen waren, bei strafrechtlich verfolgbaren Delikten der Militärjustiz unterlägen und dass in diesen Fällen besonders ungewiss sei, ob die Begnadigung gewährt werde.[111] Marx hat diese Ansicht übernommen.[112]

---

108 Korrespondenz von Marx mit dem Berliner Polizeipräsidenten von Zedlitz-Neukirch; in: MEGA III/11: Marx, 19. März 1861: Antrag auf Wiedereinbürgerung mit Hinweis auf gesicherte wirtschaftliche Existenz. – Zedlitz, 21. März: Antrag sei unklar. – Marx, 25. März: Amnestie sei sinnlos, wenn sie nicht Rückgabe der Staatsbürgerschaft einschließe. – Zedlitz, 30. März: Marx habe doch 1845 verzichtet, wie inzwischen festgestellt worden sei. – Marx, 6. April: Darlegung (noch ausführlicher als 1848), warum von einem freiwilligen Verzicht keine Rede sein könne und er Rechtanspruch auf Wiedereinbürgerung habe, dennoch solle sein Gesuch hilfsweise als Antrag auf Naturalisation behandelt werden. – Zedlitz, 10. April: Antrag auf Einbürgerung ist beim zuständigen Polizeirevier zu stellen. – Marx, 11. April: das habe er nun aus pragmatischen Gründen gemacht, da er abreisen müsse, und Lasalle mit der Wahrnehmung seiner Rechte betraut. – Zedlitz 25. April (zu Händen Lassalle): Antrag abgelehnt, da Voraussetzungen des Gesetzes von 1842 nicht erfüllt sind (was nicht weiter begründet wird). Lassalle hat daraufhin Zedlitz' Büro *„gestürmt"* und ihm eine *„Scene für die Götter"* gemacht, bis dieser zugegeben habe, Marx wegen seiner politischen Gesinnungen die gesetzlich geforderte „Unbescholtenheit" abgesprochen zu haben; Lassalle an Marx, 1. Juli 1861. – Vgl. DLUBEK, Suche (wie Anm. 105) zu den Einzelheiten.

109 Dazu gehörte Karl Christian Eduard Hiersemenzel. Siehe die MEGA III/11 [App.], S. 1198 f. zitierten publizistischen Stellungnahmen von Hiersemenzel.

110 MEGA III/11, S. 476.

111 Borkheim an Marx, 15. Januar 1861; MEGA III/11, S. 312. – Siehe noch Borkheim sechs Jahre später an Engels, 25. März 1867, ob Engels *„jetzt auch militärgerichtlich straffrei"* sei; Marx-Engels-Gesamtausgabe digital; http://megadigital.bbaw.de/briefe/detail.xql?id=M0000238. [Abgerufen am 17. 1. 2022].

112 Marx an Engels, 18. Januar 1861; MEGA III/11, S. 319 f.; 7. Mai; MEGA III/11, S. 461: Probleme haben diejenigen, *„die früher den Fahneneid geleistet"*. Siehe weiter Sophie Hatzfeldt an

Ob sich die von Marx angesprochenen Juristen trotz fehlender Kenntnis der Faktenlage konkret zum Fall Engels geäußert haben oder, wie es (wenn es mehr als Salon-Plausch gewesen wäre) Professionalität geboten hätte, allein abstrakt zur Rechtslage, ist nicht klar; aber auch zu letzterem Punkt hätten Juristen zu einer Zeit, als es noch keine gefestigte Verwaltungspraxis im Umgang mit dem Amnestie-Erlass gab, nur vorläufige Rechtsauffassungen mitteilen können.

Dass, wie oben erwähnt, Mitte März 1861 die Verjährung von Verfahren wegen des Elberfelder Aufstands offiziell bekannt gegeben worden war, war Marx während dieser ‚Konsultationen' in Berlin, aber auch beim Schreiben dieses Briefes anscheinend nicht bekannt.

Wegen Beteiligung am Aufstand in Baden, auf den mit einer bespiellosen Verfolgungswelle reagiert worden ist, ist Engels nie angeklagt worden. Wäre er damals in Gefangenschaft und vor ein preußisches Standgericht gestellt worden, hätte ihm durchaus die Todesstrafe oder lebenslange Haft drohen können.[113] Die seit Ende Oktober 1849 zuständigen badischen Militär- und Zivilgerichte hatten zwar durchweg mildere Strafen verhängt, aber auch in absentia gegen Flüchtlinge verhandelt; die wiederholt geforderte umfassende Amnestie stand 1861 noch aus, sollte erst im Sommer 1862 ergehen.[114]

Marx, 14. Juni 1861; MEGA III/11, S. 503: Für Engels könne der Fall Ludwig Simon interessant sein Eine Anfrage, ob Simon gefahrlos nach Preußen zurückkehren könne, habe ergeben, dass dieser ein persönliches Gnadengesuch an den König stellen müsse. Dazu Marx an Engels, 19. Juni; MEGA III/11, S. 508: „*War Simon in der Landwehr? Jedenfalls hast Du doch mehr gesündigt als Ludwig (der nirgendwo im Feld etc.). Ich verstehe die Sache nicht*". Marx wusste anscheinend nicht, dass Simon zweimal verurteilt worden war: zunächst Anfang 1850 zu einer Geldstrafe von 1000 Talern als Deserteur, weil er als preußischer Landwehr-Offizier einem Gestellungsbefehl nicht nachgekommen war. (Simon war damals schon in der Schweiz). Ein Jahr später erging dann wegen Mitgliedschaft im Stuttgarter Rumpfparlament in absentia ein Todesurteil wegen Hochverrats. Letzteres Urteil war durch die Amnestie aufgehoben worden, eine Aufhebung der Strafe wegen Desertion blieb aber an ein individuelles Gnadengesuch gebunden, das Simon aus Gründen der Selbstachtung nicht stellen wollte; Ludwig SIMON, Meine Desertion. Ein Zeitbild in Rahmen des preußischen Gottesgnadenthums, Frankfurt am Main 1862; dazu Jens FACHBACH, Ludwig Simon von Trier (1819–1872). 48er, Exilant, Europäer. Ein Lebensbild, Bonn 2018, S. 208 ff., 257 ff.

113 Am 23. August 1849 hatte Marx aus Paris an Engels in Lausanne geschrieben: wenn Engels den Preußen in die Hände fiele, würden diese ihn „*doppelt erschiessen: 1) wegen Baden, 2) wegen Elberfeld*"; MEGA III/3, S. 44. – Dass Gottfried Kinkel am 4. August 1849 vom preußischen Standgericht in Rastatt nicht wie viele andere zum Tode, sondern nur zu lebenslanger Festungshaft verurteilt worden war, haben Marx und Engels im April 1850 als Ergebnis eines würdelosen, die Sache der Revolution verratenen Winselns um Gnade denunziert; Neue Rheinische Zeitung. Politisch-ökonomische Revue, Heft 4; MEGA I/10, S. 318–320.

114 Siehe Günter RICHTER, Revolution und Gegenrevolution in Baden 1849, in: Zeitschrift für die Geschichte des Oberrheins 119 (1971), S. 387–425, hier 410 ff.; Wolfgang PIERETH, Von repressiver Milde zu politischer Bewältigung. Begnadigung und Amnestie der badischen Revolutionäre (1849–1862), in: Clemens REHM u.a. (Hg.), Baden 1848/49: Bewältigung und Nachwirkung einer Revolution, Stuttgart 2002, S. 255–290; Cornelius GORKA, Die badischen Amnestiegesetze, ebd., S. 291–303.

Für die Pfalz hatte Bayern Ende 1849 eine relativ großzügige Amnestie verfügt.[115] Hier ist Engels wahrscheinlich zum Gegenstand einer Justizposse geworden. Im abschließenden *„Monstreprozess"* in Zweibrücken Mitte 1850 ist dem kurzzeitig amtierenden Justizminister der provisorischen pfälzischen Regierung vorgeworfen worden, mit seiner Unterzeichnung von Haftbefehlen, darunter gegen *„einen gewissen Engels"*, Amtsanmaßung und Freiheitsberaubung begangen zu haben.[116] Friedrich Engels hat 1850 seine kurzfristige Verhaftung in Kirchheimbolanden Mitte Juni 1849 wegen *„Herabwürdigung der Erhebung des pfälzischen Volkes und der Aufreizung gegen die Regierung"*, seine Überstellung nach Kaiserlautern, die 24stündige Haft, die mit einer Entschuldigung der provisorischen Regierung und der Zusage, den Vorgang zu untersuchen, geendet hatte, als burleske Episode geschildert.[117] Es ist sehr wahrscheinlich, dass er mit dem im Zweibrücker Prozess genannten *„gewissen Engels"* gemeint war.[118]

Letztlich bleibt die Frage nicht zu beantworten, welche Risiken Engels für sich zu welchem Zeitpunkt noch sah – unabhängig davon, ob dies objektiv zutraf –, da von seiner Seite keine Äußerungen überliefert sind.[119] Deshalb ist auch nicht klar, warum weiterhin Erkundungen eingeholt wurden, obwohl – laut Marx – Ende Mai 1861 festgestanden hat, dass Engels nicht nach Deutschland zurückkehren wolle, da die Aufgabe seiner Position in Manchester erhebliche finanzielle Einbußen bedeuten würde, und Engels das Risiko fürchte, *„vielleicht nach 3 Monaten in die Hände des pr*[eußischen] *Landrechts gefallen zu sein"*.[120]

Jedenfalls hat sich Hermann Engels[121] Anfang Juli 1861 bei den Barmer Behörden über die Chancen eines Antrags auf Renaturalisierung erkundigt. Am 11. Juli teilte er seinem Bruder das Ergebnis seiner Gespräche mit Bürgermeister und Polizeidirektor mit: Friedrich müsse nur in einer kurzen Eingabe auf Wiedererlangung der Staatsbürgerschaft auf deren Verlust nach zehnjährigem unerlaubten Auslandsaufenthalt (jetzt kommt dieses Kriterium ins Spiel) und die Straffreiheit durch die Amnestie hinweisen sowie sich von

---

115 Siehe Hermann-Joseph BUSLEY, Bayern und die Revolution der Pfalz, in: Hans FENSKE u.a. (Hg.), Die Pfalz und die Revolution 1848/49, Bd. 1, Kaiserslautern 2000, S. 323–362, hier 359 f.

116 Anklag-Akte [...], nebst Urtheil [...] des K. Appellationsgerichtes der Pfalz in Zweibrücken vom 29. Juni 1850, in der Untersuchung gegen Martin Reichard [...] und 332 Consorten, wegen bewaffneter Rebellion gegen die bewaffnete Macht, Hoch- und Staatsverraths etc., Zweibrükken 1850, Teil II, S. 79.

117 Die deutsche Reichsverfassungskampagne; MEGA I/10, S. 82–84. Laut Engels hat es darüber verschiedene Presseberichte gegeben, die jedoch verschollen sind.

118 Kurt BAUMANN, Marx, Engels und die pfälzische Revolution im Sommer 1849, in: ders., Von Geschichten und Menschen der Pfalz. Ausgewählte Aufsätze, hg. v. Kurt ANDERMANN, Speyer 1984, S. 333–347, hier 345, hat dies als sicher bezeichnet.

119 Die Zahl der nicht erhaltenen Briefe von Engels an Bruder und Mutter einerseits, an Marx andererseits im Jahr 1861 ist beachtlich.

120 Marx an Lassalle, 29. Mai 1861; MEGA III/11, S. 480. Marx könnte aber auch Engels' Bedenken übertrieben haben, um nicht seine eigene Abwendung von dem Rückkehrplan ansprechen zu müssen.

121 Unmittelbar nach Verkündigung der Amnestie hatte er seinen Bruder lapidar gefragt, was dieser davon halte; Hermann an Friedrich Engels, 15. Januar 1861; MEGA III/11, S. 314.

der preußischen diplomatischen Vertretung in England ein Führungszeugnis ausstellen lassen.[122] Wegen des letzteren Punktes hat Engels sich bei Marx erkundigt, der ihn aufklärte, dafür sei nicht die Gesandtschaft in London, sondern der preußische (Honorar-) Konsul in Manchester zuständig, der ihm bescheinigen könne, dort seit einem Jahrzehnt als *„respectabler Kaufmann"* (also als „unbescholten") bekannt zu sein.[123] Hätte Engels dazu nicht in Manchester selbst eine kompetente Auskunft einholen können?

Auch Marx, der inzwischen wusste, dass weitere Bemühungen von Lassalle zu seinen Gunsten fehlgeschlagen waren,[124] unterstellte also Aussichten auf Erfolg. Danach scheint nichts mehr unternommen worden zu sein.[125]

An der Ernsthaftigkeit von Marx' Bestreben, seine Staatsbürgerschaft wieder zu erlangen, gibt es keinen Zweifel, auch wenn er sich dann damit tröstete, jedenfalls die Doppelzüngigkeit der Regierung entlarvt zu haben.[126]

Bei Engels muss dies offenbleiben, da er die Verfolgung seiner Angelegenheit erst Marx, später seiner Familie in Barmen überließ und nicht zu klären ist, ob dies auf seinen ausdrücklichen Wunsch geschah.

Seine Verhältnisse waren höchst kompliziert: die (Selbst-)Bindung an Marx; die erheblichen Spannungen mit Gottfried Ermen auch noch, nachdem seine Stellung in der Firma in Manchester grundsätzlich geregelt worden war; die Frage, wie sich bei einer Rückkehr das geschäftliche Verhältnis zu den Brüdern gestalten würde, nachdem er zuvor der Mutter zuliebe deren Forderungen nach Erbverzicht nachgegeben hatte. Möglicherweise wusste der in dieser Phase physisch wie psychisch angeschlagene Engels selbst lange nicht, was er eigentlich wollte.

7. Endgültig ein Staatenloser

Dass er seine preußische Staatsangehörigkeit schon längst wegen der Zehnjahresregel verloren habe, schrieb Engels im Sommer 1872 an Wilhelm Liebknecht, nachdem diesem die Idee gekommen war, Engels könne doch (anders als Marx, der ja staatenlos sei) für den Deutschen Reichstag in einem, für die Sozialdemokratische Arbeiterpartei sicheren sächsischen Wahlkreis kandidieren, solle dann aber mindestens einmal dort einen Wahlkampfauftritt absolvieren.[127]

---

122 Elisabeth und Hermann Engels, 11. Juli 1861; MEGA III/11, S. 534 f., Antwort auf einen nicht überlieferten Brief von Engels, 26. Juni.

123 Marx an Engels, 20. Juli 1861; MEGA III/11, S. 541.

124 Sophie Hatzfeldt an Marx, 14. Juni 1861; Marx an Engels, 5. Juli 1861; MEGA III/11, S. 499 und 529. Auf Lasalles Eingabe vom 20. Juni an den Innenminister ist erst am 11. November die Ablehnung erfolgt; es gebe für Ausländer keinen Rechtsanspruch auf Einbürgerung; Lassalle an Marx, 22. November 1861; MEGA III/11, S. 602; Schreiben des Innenministers ebd. [App.], S. 1329 f.

125 In späteren Briefen der Mutter geht es u.a. um einen geplanten Besuch in Engelskirchen und Barmen; die Einbürgerungsfrage wird nicht mehr erwähnt; 4. und 17. September 1861; MEGA III/11, S. 564 und 567.

126 Marx an Lassalle, 22. Juli 1861; MEGA III/11, S. 543.

127 Anfrage Liebknechts, 18. August 1872. Den Brief des in Hubertusburg in Festungshaft einsitzenden Liebknecht hatte Adolf Hepner mit der Bemerkung weitergeleitet, diese *„Schrulle sei*

Sein Status als Staatenloser hat Engels an regelmäßigen Besuchen bei der Verwandtschaft in Barmen und Engelskirchen und sonstigen Reisen in und durch Deutschland zwischen 1861 und 1876 nicht gehindert.

Während der Geltung des Sozialistengesetzes (1878–1890) hat Engels jedoch Reisen nach Deutschland wegen der Gefahr, ausgewiesen zu werden, strikt vermieden,[128] wie er bei seinem ersten Deutschlandaufenthalt nach Ablauf des Sozialistengesetzes in einer Versammlung in Berlin im September 1893 betont hat.[129] Deshalb war er auch 1884 nicht zur Beerdigung seines Bruders Emil gekommen, da ihm die Gefahr polizeilicher Schikanen zu groß schien.[130] Selbst nach dem Ende des Sozialistengesetzes hatte er im Sommer 1892 ein Treffen mit August Bebel in Köln ausgeschlagen, da er sogar eine Festnahme befürchtete. Bebel hielt diese Sorge für absurd, wenn nicht paranoid; nur wenn Engels agitatorisch aktiv würde, käme eine Ausweisung in Frage, aber selbst dann würde die Regierung nicht einen *„solchen blödsinnigen Akt"* veranstalten.[131]

---

ihm unbegreiflich"; Erich KUNDEL, Die „Volksstaat"-Redaktion in den Wochen vor dem Haager Kongreß. Unveröffentlichte Briefe von Adolf Hepner und Wilhelm Liebknecht an Friedrich Engels, in: Beiträge zur Geschichte der Arbeiterbewegung 15 (1973), S. 283–304, hier 303; Antwort Engels an Liebknecht, 24. August; MEW 33, S. 520. Nach Marx an Engels, 10. Mai 1870, MEW 32, S. 503, hatte Liebknecht schon damals Engels eine Kandidatur für den Norddeutschen Reichstag antragen wollen. – Das preußische Staatsbürgergesetz von 1842 ist im Frühjahr 1870 vom Norddeutschen Bund übernommen worden; ein Antrag auf Streichung der Zehnjahres-Klausel ist abgelehnt worden; siehe Dieter GOSEWINKEL, Einbürgern und Ausschließen. Staatsangehörigkeit und Bürgerrecht in Deutschland während des 19. und 20. Jahrhunderts, in: Zeitschrift für Rechtsgeschichte. Germanistische Abteilung 137 (2020), S. 364–388, hier 375 f.

128 Engels an August Bebel, 30. April 1883; MEW 36, S. 21; an Eduard Bernstein, 12./13. Juni 1883; MEW 36, S. 38.

129 Bericht im SPD-Zentralorgan „Vorwärts" über die Versammlung zu Ehren von Engels mit mehreren tausend Teilnehmern am 22. September 1893; MEGA I/32, S. 379 f.

130 Engels an Charlotte Engels, die Witwe seines Bruders, 1. Dezember 1884; MEW 36, S. 247 f. Da er das gute Verhältnis zu Emil betont und sich dankbar an dessen Hilfe bei den Vertragsverhandlungen mit Ermen 1860 erinnert, war sein Bedauern, nicht zur Beerdigung kommen zu können, wohl echt. Allerdings ist sein Verweis auf den Fall eines berühmten Chemikers, der in seiner Heimatstadt Darmstadt von der Polizei schikaniert worden sei, weil er am Begräbnis von Marx [in London notabene] teilgenommen habe, sehr merkwürdig. Es ging um Carl Schorlemmer, der seit 25 Jahren in Manchester lebte. Engels wusste zu diesem Zeitpunkt schon, dass es um den Verdacht gegangen war, Schorlemmer habe eine Lieferung der in Zürich produzierten, illegal in Deutschland vertriebenen Parteizeitung „Der Sozialdemokrat" eingeschmuggelt; Engels an Bernstein, 23. Oktober 1884; MEW 36, S. 226. Später wieder Engels an Friedrich A. Sorge, 31. Dezember 1884; MEW 36, S. 264, und in seinem Nachruf auf Schorlemmer 1892; MEGA I/32, S. 151. Engels meinte, der Vorfall um Schorlemmer habe der Sozialdemokratie bei den Reichstagswahlen Ende 1884 in Darmstadt zusätzlich 500 Stimmen verschafft. Das ist reine Spekulation. Aber wie viele Stimmen hätte reichsweit eine Meldung eingebracht, *„Engels bei Beerdigung seines Bruders festgenommen und ausgewiesen"*?

131 Bebel, an Engels 23. August 1892; zuvor und danach: Bebel, 17. August 1892; Engels, 20. August; Engels 25. August; Bebel, 7. September; August BEBEL, Briefwechsel mit Friedrich Engels, hg. von Werner BLUMENBERG, Den Haag 1965, S. 573 ff. – Engels' Sorge bezog sich auf die geplante Übergabe von Briefen, die Johannes Miquel 1850 und später an Marx geschrieben hatte. Der

Es bleibt noch die wiederum nur zu stellende, aber nicht beantwortbare Frage, warum Engels nicht versucht hatte, sich in England naturalisieren zu lassen, was ihm ja auch Schutz auf Auslandsreisen gewährt hätte.[132] In seiner Zeit als angesehener Geschäftsmann in Manchester hätte er eigentlich gute Chancen auf eine Einbürgerung haben müssen. Nach dem Aufstand der Pariser Kommune 1871 und der folgenden internationalen Kampagne gegen die Internationale Arbeiter-Association („Erste Internationale") und Marx' und Engels' öffentlicher Verteidigung der Kommune hätte es allerdings schwerer werden können, wie der Fall vom Marx zeigt. Dieser hatte 1869 erwogen, die britische Staatsbürgerschaft zu erwerben.[133] Damals war er in der englischen Öffentlichkeit kaum bekannt, und die Behörden hätten ihn vermutlich nicht als Sicherheitsrisiko eingestuft. Als Marx tatsächlich im August 1874 diesen Antrag gestellt hat, wurde er abgelehnt, da es sich bei ihm laut Erkenntnis der Londoner Polizei um einen *„berüchtigten deutschen Agitator, Chef der Internationalen, Verfechter kommunistischer Prinzipien"* handelte.[134]

Wir wissen viel über Engels, aber vieles auch nicht. Es bleibt ein Rätsel, warum die preußischen Behörden später ignoriert haben, dass Engels bereits 1845 aus dem preußischen „Untertanenverband" ausgeschieden war.

---

damalige Göttinger Student hatte sich darin als feuriger Kommunist bekannt. Später sind Marx und Miquel (Mitbegründer des Nationalvereins 1859, nationalliberaler Abgeordneter im preußischen und deutschen Parlament seit 1867, Oberbürgermeister von Osnabrück, 1876–1880, und Frankfurt am Main, 1880–1890, seitdem preußischer Finanzminister) einen ‚deal' eingegangen: Marx verwendet diese Briefe nicht gegen Miquel, dieser lässt ihm Warnungen bezüglich seiner persönlichen Sicherheit zukommen. Nachdem Bebel zuvor schon gelegentlich Andeutungen zu Miquels Vergangenheit gemacht hatte, hat er erstmals auf dem Kölner Parteitag im Oktober 1893 aus diesen Briefen zitiert und dies bei späteren Gelegenheiten wiederholt, da er Miquel als Hauptverantwortlichen für das Festhalten am preußischen Dreiklassenwahlrecht ansah. Miquel, der in den Jahren des Sozialistengesetzes solche Enthüllungen als politisch gefährlich befürchtet hatte, warb nun mit der Rede von ‚Jugendsünden" in der bürgerlichen Öffentlichkeit um Verständnis; dazu Wilhelm MOMMSEN, Johannes Miquel, Bd. 1: 1828–1866, Stuttgart 1928, S. 73 ff.

132 Zu dem Vorfall um Schorlemmer (oben, Anm. 130) betont Engels, dass die Polizei ihre Ermittlungen eingestellt habe, als sich herausstellte, dass Schorlemmer britischer Staatsbürger war [seit 1879]; MEGA I/32, S. 151.

133 Marx an Engels, 20. März 1869; MEW 32, S. 283: dann wäre er bei Reisen auf den Kontinent besser geschützt. Mit falschem Pass zu reisen, wie es Marx mindestens einmal getan hat (an Engels, 27. Februar 1861; MEGA III/11, S. 379), war auch riskant.

134 Siehe Francis WHEEN, Karl Marx, München 2002, S. 421 f.

Friedrich Engels und die politische Formierung der deutschen Arbeiterschaft

Jürgen Schmidt

Beim Lesen des Titels dieses Beitrags wird möglicherweise der eine Leser oder die andere Leserin etwas aufgestöhnt haben: Was ist das für ein angestaubter, anachronistischer Titel: „Politische Formierung der deutschen Arbeiterschaft"? Das klingt nach Geschichtswissenschaft der 1960er und 1970er Jahre, die sich in der Forschung zur Arbeiterbewegungsgeschichte im Ost-West-Konflikt in Klassenkämpfen verstrickte. Nichts von Globalisierung, Diskurs, Kultur – all die Moden fehlen hier, die in den letzten mehr als 20 Jahren die Geschichtswissenschaft beherrschten und – zum Glück – auch auf die Forschungen zur Arbeiter- und Arbeiterbewegungsgeschichte abgefärbt haben.[1] Und dennoch: Die Frage nach „Friedrich Engels und der politischen Formierung der deutschen Arbeiterschaft" hat nicht nur ihre Berechtigung, sie hat auch ihren Reiz.[2]

Zum einen hat die Frage ihre Berechtigung, weil sie einen zentralen Strang in der Beschäftigung und Rezeption des Wirkens von Friedrich Engels bloßlegt, der die Debatten prägte und vereinzelt auch noch prägt – nämlich das Bild, das man sich in der Bundesrepublik und in der DDR von der Wirkung von Karl Marx und Friedrich Engels auf die entstehende Arbeiterbewegung machte.[3]

Zum anderen hat die Frage nach „Friedrich Engels und der politischen Formierung der Arbeiterschaft" durchaus eine Anziehungskraft. Es kommt darauf an, wie man dieses Thema angeht. Zentral sind dabei die Beziehungen zwischen Persönlichkeit und Struktur, die nicht gegeneinander ausgespielt werden, sondern deren gegenseitige Bedingungen zu verorten sind. Darüber hinaus gilt es, die politische Formierung der Arbeiterschaft nicht als eine Abfolge von Organisationen darzustellen, sondern ihre sozialen,

---

1 Siehe Dietmar Süss / Cornelius Torp, Solidarität. Vom 19. Jahrhundert bis zur Corona-Krise, Bonn 2021; Jürgen Schmidt, Brüder, Bürger und Genossen. Die deutsche Arbeiterbewegung zwischen Bürgergesellschaft und Klassenbewegung 1830–1870 (Geschichte der Arbeiter und Arbeiterbewegung in Deutschland seit dem Ende des 18. Jahrhunderts 4), Bonn 2018; Marco Swiniartzki, Der Deutsche Metallarbeiter-Verband 1891–1933. Eine Gewerkschaft im Spannungsfeld zwischen Arbeitern, Betrieb und Politik (Industrielle Welt 94), Köln u.a. 2017; Jürgen Schmidt, Arbeiter in der Moderne. Arbeitsbedingungen, Lebenswelten, Organisationen, Frankfurt a.M. / New York 2015; Lars Bluma / Karsten Uhl (Hg.), Kontrollierte Arbeit – disziplinierte Körper? Zur Sozial- und Kulturgeschichte der Industriearbeit im 19. und 20. Jahrhundert, Bielefeld 2021.

2 Zu den neueren Arbeiten zu Friedrich Engels siehe als Überblick Detlef Lehnert / Christina Morina (Hg.), Friedrich Engels (1820–1895) und die europäische Sozialdemokratie, in: Dies. (Hg.), Friedrich Engels und die Sozialdemokratie. Werke und Wirkungen eines Europäers (Historische Demokratieforschung 18), Berlin 2020, S. 9-49.

3 Siehe ebd., S. 9-14.

wirtschaftlichen, kulturellen, kommunikativen und milieubedingten Voraussetzungen und Mechanismen zu rekonstruieren.

Diese beiden Aspekte – Rezeption in Ost und West sowie politische Klassenbildung – stehen im Mittelpunkt dieses Beitrags und werden knapp rekonstruiert.

1. Rezeption

In der Rezeptionsgeschichte gab es zunächst eine Gemeinsamkeit zwischen Ost und West. Die im Konzept für die Wuppertaler Tagung „Friedrich Engels – Neue Historische Perspektiven" entwickelte Forderung nach der Separierung der beiden Persönlichkeiten Karl Marx und Friedrich Engels kam oft zu kurz. Arbeitet man sich durch die Personenregister der Quelleneditionen zur Entstehung der deutschen Arbeiterbewegung,[4] um Informationen zu Friedrich Engels zu finden, trifft man in den entsprechenden Textstellen in vielen Fällen auf die Formulierung „Marx *und* Engels".[5]

Außerdem – und dies ganz im Sinne des inzwischen oft gebrauchten Zitats der „zweiten Violine"[6] – wurde in der Literatur in Ost und West Karl Marx die größere Bedeutung auch mit Blick auf die Formierung der Arbeiterbewegung zugeschrieben. Dabei wurde zwar die erfolgreiche Schrift des „Anti-Dühring" von Engels aus dem Jahr 1877/78 als Popularisierungsleistung für den Marxismus innerhalb der Arbeiterbewegung herausgehoben – wie überhaupt die Rezeptionsgeschichte immer wieder Engels' Rolle als Vermittler betonte.[7] Doch das Originäre verknüpfte die Forschung mit der Person Karl Marx.

Sind auf dieser Ebene noch durchaus Gemeinsamkeiten und Ähnlichkeiten zwischen West- und Ostdeutschland zu erkennen, so zeigen sich hinsichtlich der Wirksamkeit und des Einflusses von (Marx und) Engels die Unterschiede. Insbesondere in den Vorworten der „blauen Bände" der Marx-Engels-Werke (MEW), die im Wesentlichen auf der Vorlage der sowjetischen Ausgabe beruhten, schrieben die Herausgeber eine endlose Heroengeschichte: *„Marx und Engels sowie ihre Kampfgefährten halfen durch ihre theoretische und praktische Tätigkeit dem Proletariat, seine Klasseninteressen zu erkennen; sie förderten die Schaffung revolutionärer proletarischer Parteien und erzogen die Arbeiterklasse zur internationalen Solidarität."*[8] Dies ist ein Beispiel für den Duktus, der sich durch die Vorworte zieht.

---

4 Siehe zum Beispiel die Einleitungstexte zu der Studienausgabe der Marx-Engels-Werke (MEW) des Ostberliner Dietz-Verlages (Karl Marx, Friedrich Engels, Werke, Berlin 1955 ff.). Dies gilt auch für in Verlagen im Westen veröffentlichte Quelleneditionen (siehe z.B. die Einleitung in Georg Eckert (Hg.), Wilhelm Liebknecht. Briefwechsel mit Karl Marx und Friedrich Engels, Den Haag 1963. Diese Beobachtung trifft insbesondere für die Forschung der 1950er und 1960er Jahre zu.

5 Siehe auch den von Jürgen Herres zitierten Witz, der in der DDR kursierte, wonach ein Arbeiter auf die Frage, was er denn nach einem mehrwöchigen Marxismus-Leninismus-Kurs gelernt habe: „Marx-Engels, das sind *zwei* Personen!" (Jürgen Herres, Marx und Engels. Porträt einer intellektuellen Freundschaft, Ditzingen 2018, S. 7).

6 Georg Fülberth, Friedrich Engels, Köln 2018, S. 7 ff.; siehe den Beitrag von Christina Morina im vorliegenden Band.

7 Siehe hierzu den Beitrag von Gisela Diewald-Kerkmann im vorliegenden Band.

8 MEW Bd. 30, S. V.

Diese Heldenverehrung wurde betrieben und propagiert, obwohl Friedrich Engels in einem Brief an den Studenten W. Borgius ausdrücklich mit Bezug auf die Rolle der „großen Männer" formuliert hatte: *„Daß ein solcher und grade dieser zu dieser bestimmten Zeit in diesem gegebenen Lande aufsteht, ist natürlich reiner Zufall. Aber streichen wir ihn weg, so ist Nachfrage da für Ersatz und dieser Ersatz findet sich, tant bien que mal, aber er findet sich auf die Dauer."*[9] Aus Sicht der sowjetischen und DDR-Apologie der beiden Meisterdenker Karl Marx und Friedrich Engels galt die Möglichkeit eines Ersatzes offenbar nicht.

Die Rolle von Karl Marx und Friedrich Engels wurde in der westdeutschen Forschung der 1960er und 1970er Jahre deutlich nüchterner gesehen. Werner Blumenberg, der den Briefwechsel zwischen August Bebel und Friedrich Engels herausgab, hielt in seinem Vorwort fest: „Vor einer solchen Einschätzung von Marx und Engels als systematischen Leitern der Parteiangelegenheiten, die Direktiven erteilten, die einfach zu befolgen waren, und deren Nichtbefolgung sie als Fehler gerügt hätten", könne keine Rede sein.[10]

Diese Rezeptionsgeschichte zur Zeit des Ost-West-Konfliktes wäre vielfältig zu differenzieren. Der Engels-Biograf Tristram Hunt verwies auf die Versuche, „Marx und Engels voneinander zu trennen und den einen als ethisch und humanistisch zu ehren, während man den anderen als Mann des Apparats und wissenschaftsgläubig abtat und ihm vorwarf, die Staatsverbrechen der kommunistischen Regime in Russland, China und Südostasien legitimiert zu haben".[11] Im Hinblick auf die Analyse der Entstehung der Arbeiterbewegung fanden schließlich in den 1980er Jahren über sozialgeschichtliche Perspektiven durchaus Annäherungen zwischen Ost und West statt: Eine differenzierte Klassenanalyse der Gesellschaft des 19. Jahrhunderts schuf die Grundlage für eine produktive kommunikative Auseinandersetzung.[12] Dennoch bleibt es wichtig, sich noch einmal bewusst zu machen, um was für einen ideologisch umkämpften Strang der Rezeptionsgeschichte es sich in der Geschichtswissenschaft und der Arbeiterbewegungsforschung im Zusammenhang mit dem Thema „Engels und die politische Formierung der deutschen Arbeiterschaft" bis 1989 – und darüber hinaus – handelte.[13]

2. Die Entstehung der deutschen Arbeiterbewegung und Friedrich Engels

Die deutsche Arbeiterbewegung entstand zu drei unterschiedlichen Zeitpunkten: in der Zeit des Vormärz in den zahlreichen Auslandsvereinen, in der Revolution von 1848/49

---

9 F. Engels an W. Borgius, 25. Januar 1894, in: MEW Bd. 39, S. 206.

10 Werner BLUMENBERG (Hg.), August Bebel. Briefwechsel mit Friedrich Engels, London u.a. 1965, S. XV.

11 Tristram HUNT, Friedrich Engels. Der Mann, der den Marxismus erfand, Berlin 2012, S. 13.

12 Siehe beispielsweise die Debatten um den klassenanalytischen Ansatz des Leipziger Historikers Hartmut Zwahr (Hartmut ZWAHR, Zur Konstituierung des Proletariats als Klasse. Strukturuntersuchung über das Leipziger Proletariat während der industriellen Revolution, Berlin (Ost) 1978 / München 1981).

13 Diese ideologische Konfrontation bis 1989 trug auch maßgeblich zu der immensen Forschungsleistung auf diesem Gebiet deutscher Geschichte bei.

sowie in den 1860er und 1870er Jahren.[14] Zu allen drei Zeitpunkten war Friedrich Engels unmittelbar oder im Umfeld der entstehenden Organisationen aktiv. Wie sah sein Engagement aus? Welche Rolle spielte er? Über welchen Einfluss verfügte er in den jeweiligen Phasen der politischen Formierung der Arbeiterschaft?[15]

Wir müssen uns noch einmal vergegenwärtigen, dass wir für den Zeitraum des Vormärz es bei Friedrich Engels mit einem Mittzwanziger zu tun haben, der sich bereits intensiv mit der sozialen Frage und sozialen Lage der Arbeiterschaft auseinandergesetzt hatte.[16] Dabei entwickelte er ein Sendungsbewusstsein und ein eigenes Tatverständnis. An Karl Marx schrieb er am 19. November 1844: *„Übrigens langweilt mich all dies theoretische Geträtsch alle Tage mehr* [...]. *Es ist doch etwas ganz anderes, wenn man sich* [...] *mit wirklichen, lebendigen Dingen, mit historischen Entwicklungen und Resultaten beschäftigt. Das ist wenigstens das Beste, solange wir noch allein auf den Gebrauch der Schreibfeder angewiesen sind und unsre Gedanken nicht unmittelbar mit den Händen oder, wenn es sein muß, mit den Fäusten realisieren können.“*[17]

Dieses Dilemma der Intellektuellen versuchte Engels durch sein Engagement in der sich entwickelnden Vereinsszene aufzuheben. Zunächst war er in den bürgerlichen Vereinen seiner Heimatregion aktiv, die sich um das „Wohl der arbeitenden Klassen“ kümmern wollten – wenig später in den Auslandsvereinen. Im Januar 1845 machte es Engels *„einen aparten Spaß“* zu sehen, wie sich die *„Einbürgerung der kommunistischen Literatur in Deutschland“* entwickelte: *„Es ist doch verflucht rasch gegangen! Die Propaganda unterderhand war auch nicht ohne Früchte – jedesmal wenn ich nach Köln, jedesmal wenn ich hier in eine Kneipe komme, neue Fortschritte, neue Proselyten.“*[18]

Gut einen Monat später berichtete Engels euphorisiert über sein eigenes Engagement. Man hatte Moses Hess eingeladen, einen Vortrag zu halten.[19] *„Hier in Elberfeld geschehen Wunderdinge. Wir haben gestern im größten Saale und ersten Gasthof der Stadt unsre dritte kommunistische Versammlung abgehalten. Die erste 40, die zweite 130, die dritte wenigstens 200 Menschen stark. Ganz Elberfeld und Barmen, von der Geldaristokratie bis zur épicerie* [Krämerschaft] [war vertreten], *nur das Proletariat ausgeschlossen* [...]. *Das Ding zieht ungeheuer. Man spricht von nichts als vom Kommunismus, und jeden Tag fallen uns neue Anhänger zu.“*[20]

Ein revolutionärer Eifer trug den jungen Engels, der seinen Freund mit seinen Aktionen beeindrucken wollte. Mit seinem Zugang sowohl zu den Arbeiterkneipen wie zu den

---

14 Siehe ausführlich SCHMIDT, Brüder (wie Anm. 1).

15 Siehe hierzu auch Anja KRUKE, Engels und die Arbeiterbewegung. Rollen und Wirkungsbeziehungen, in: Lars Bluma (Hg.), Friedrich Engels. Ein Gespenst geht um in Europa, Remscheid 2020, S. 206–219.

16 Friedrich ENGELS, Die Lage der arbeitenden Klasse in England. Nach eigner Anschauung und authentischen Quellen, Leipzig 1845.

17 F. Engels an K. Marx, 19. November 1844, in: MEW Bd. 27, S. 12.

18 F. Engels an K. Marx, 20. Januar 1845, in: ebd., S. 15 f.

19 Zu Moses Hess als Engels' Weggefährte siehe Mario Keßler, Engels' Weggefährte Moses Hess im Widerstreit der Meinungen. Vom Frühmarxismus zur DDR, in: Lehnert / Morina (Hg.), Engels (wie Anm. 2), S. 309–333.

20 F. Engels an K. Marx, 22., 26. Februar/7. März 1845, in: MEW Bd. 27, S. 20.

bürgerlichen Vereinsversammlungen bewegte er sich in beiden Welten, wie er es ja auch schon in Manchester und mit seinen Kontakten zu den Chartisten getan hatte. Trotz Engels' Vertrautheit mit dem Arbeitermilieu war dies allerdings, wie er selbst zugab, alles andere als eine proletarische Öffentlichkeit, die im Entstehen war.

Mit seiner Ankunft in Paris 1846 betrat Engels zwar eine der westeuropäischen „Hitzezonen demokratischer, sozialistischer und revolutionärer Gärung",[21] doch gleichzeitig musste Engels erleben, wie randständig seine und Marx' Ideen unter den Handwerkern waren. Er stand zwar dort in direktem Kontakt mit den deutschen Handwerkervereinen im Ausland, aber gleichzeitig brach sich die ganze Arroganz gegenüber dem dortigen Handwerkermilieu Bahn, als er deren Desinteresse an Marx und seinen Ideen konstatieren musste: *„Die hiesigen Straubinger bellen fürchterlich gegen mich"*, schrieb er am 18. Oktober 1846.[22] Die *„Straubinger"*, das war die despektierliche Bezeichnung für die Masse jener Handwerker, die sich weiterhin Hoffnung machten, ihr Auskommen als selbständige Handwerker sichern zu können oder sich frühsozialistischen Ideen zuwendeten.

Davon, dass *„die große Menge"* mit ihm gehe, wie er im gleichen Brief vom 18. Oktober meinte, konnte freilich 1846 keine Rede sein. Keine Woche später musste Engels die Grenzen seines Einflusses eingestehen: *„Mit den Straubingern hier denk' ich durchzukommen. Die Kerle sind freilich gräßlich unwissend und durch ihre Lebenslage gar nicht präpariert."* Der Journalist und Philosoph Karl Grün, der eine *„wahre menschliche Gesellschaft"* forderte und dabei Humanismus und Sozialismus sowie die Gedanken des französischen Sozialisten Pierre-Joseph Proudhon und des deutschen Philosophen Ludwig Feuerbach zusammenbrachte,[23] habe *„scheußlich geschadet"*. Er habe *„den Kerls* [...] *den Kopf voll unbestimmter Belletristen- und Kleinbürgerphrasen gesetzt.* [...] *Es herrscht eine grenzenlose Konfusion hier vor."*[24]

Im Begriff der *„Straubinger"* für die Handwerker, die sich in den Auslandsvereinen engagierten, aber nicht dem Kommunismus im Sinn von Friedrich Engels folgen mochten, kam keineswegs nur Spott und Arroganz zum Ausdruck. Letztlich war es ein großes Miss- und Unverständnis für dieses Milieu der Handwerker. Diese hatten sich in ähnlich jungen Lebensjahren wie Engels ihre Unabhängigkeit erarbeitet, waren als wandernde Gesellen in Vereins- und Geselligkeitsstrukturen und Netzwerke eingebunden, in denen sie begierig neue Ideen von Demokratie, Freiheit und Gerechtigkeit aufschnappten und für sich verarbeiteten. Sie waren offen für alles Neue, das ihnen half, ihre eigene Lage zu verstehen und das Hoffnung versprach – das konnten dabei Sozialismen verschiedenster Spielart sein.

---

21 Thomas WELSKOPP, Das Banner der Brüderlichkeit. Die deutsche Sozialdemokratie vom Vormärz bis zum Sozialistengesetz, Bonn 2000, S. 29.

22 F. Engels an K. Marx, 18. Oktober 1846, in: MEW Bd. 27, S. 59.

23 Matthias BOHLENDER, Marx, Engels und der „wahre Sozialismus" oder: Die Geburt des „historischen Materialismus" aus dem Handgemenge, in: Matthias Bohlender u.a. (Hg.), „Kritik im Handgemenge". Die Marx'sche Gesellschaftskritik als politischer Einsatz, Bielefeld 2018, S. 15–49, hier S. 17.

24 F. Engels an K. Marx, 23. Oktober 1846, in: MEW Bd. 27, S. 66.

Dabei waren diese Handwerkervereinigungen im Ausland keineswegs nur Politisierungsinstitutionen für die jungen Handwerksgesellen. Die Geheimorganisationen versprachen auch ein Stück Abenteuerlust; sich in Bünden und Vereinen zusammenzutun, weckte das Gefühl von Gemeinschaft, Geselligkeit und Heimat. Vor allem war es diese kleine Minderheit intellektuell interessierter Handwerksgesellen, die überhaupt als Ansprechpartner für kommunistische Ideen in Frage kam. Die übergroße Masse der in Paris oder London arbeitenden Deutschen war kaum interessiert und kaum erreichbar. Frustriert klagte Engels daher aus Paris seinem Briefpartner Marx am 14. Januar 1848: *„Mit dem B*[und] [der Kommunisten] *geht's hier miserabel. Solche Schlafmützigkeit und kleinliche Eifersucht der Kerls untereinander ist mir nie vorgekommen.“*[25] Da half dann auch die dank Engels statt „Katechismus“ „Kommunistisches Manifest“ benannte Schrift nichts: „Die spätere Wirkungsgeschichte des Manifests kontrastierte [...] auf bemerkenswerte Weise mit seiner Bedeutungslosigkeit unmittelbar nach seinem Erscheinen“, kommentierte Jürgen Herres die Publikation nüchtern.[26] Der „operative Intellektuelle“ Friedrich Engels – wie Georg Fülberth Engels' Rolle charakterisierte[27] – verfügte über keine operative Basis.

Mit der Revolution von 1848 dagegen boten sich neue operative Möglichkeiten. Wie Marx gehörte Engels in Köln verschiedenen Vereinen an und arbeitete für die „Neue Rheinische Zeitung“.[28] Doch am Puls der politischen Arbeiterbewegung war Engels damit noch längst nicht. Den gaben vielmehr die von unten initiierten Handwerker- und Arbeiterkongresse vor. Diese wiederum waren an konkreten Lösungen für die sozialen und wirtschaftlichen Probleme interessiert und sahen sie eher in der Vereinigung und Selbstorganisation in Assoziationen und Genossenschaften als in fundamentaler Kapitalismuskritik. Zwar polemisierte beispielsweise der Gründer der „Arbeiterverbrüderung“ Stefan Born 1848 in der Zeitung „Das Volk“, die das Zentralkomitee der „Arbeiterverbrüderung“ herausgab, einerseits gegen den existierenden Klassenstaat. Er sei *„die Organisation der herrschenden Klasse zur Unterdrückung der schwächeren“* sowie *„die Organisation der Kapitalisten zur Ausbeutung der Arbeiter“*.[29] Doch andererseits lehnte Born eine *„soziale Revolution“* ab. Hier vertrauten er und die Mitglieder der „Arbeiterverbrüderung“ vielmehr auf die Fähigkeit zur Selbstorganisation der Arbeiterschaft in Genossenschaften und Produktivassoziationen. Insgesamt ist daher die alte These von der sozialdemokratischen „Arbeiterverbrüderung“ im Gegensatz zum „Bund der Kommunisten“ längst widerlegt, und die Forschung wies auf die vielfältigen Verbindungslinien zwischen beiden Organisationen hin. So blieb etwa Stephan Borns Verhältnis zum Kapital und zur Revolution ambivalent. Dabei entfernte sich Born von grundlegenden Umsturzhoffnungen des „Kommunistischen Manifests“, ohne sich mit einem seichten Reformismus zufrieden zu geben.

---

25 F. Engels an K. Marx, 14. Januar 1848, in: ebd., S. 111, weiter: *„Die Weitlingerei und Proudhonisterei sind wirklich der kompletteste Ausdruck der Lebensverhältnisse dieser Esel, und daher ist nichts zu machen“*.

26 Herres, Marx und Engels (wie Anm. 5), S. 92.

27 Fülberth, Engels (wie in Anm. 6), S. 11.

28 Kruke, Engels (wie Anm. 15), S. 212 f.

29 Das Volk, Nr. 16, 8. Juli 1848, S. 61.

Dennoch gingen für Marx und für Engels, der Born aus seiner Pariser Zeit 1847 persönlich gut kannte,[30] die Ansätze der „Arbeiterverbrüderung“ nicht weit genug. Der Kölner Arbeiterverein, der unter dem Einfluss von Marx und Engels stand, unternahm den Versuch, eine Gegenbewegung zur „Arbeiterverbrüderung“ zu initiieren – allerdings erfolglos. Eine der Ursachen für den Misserfolg lag darin, dass es der rheinischen Arbeiterbewegung um Marx und Engels nicht gelang, eine mobilisierende Kongressbewegung zu starten. Ihre Bewegung blieb auf das rheinische Umfeld begrenzt, es fehlte die der Kongressbewegung inhärente bürgergesellschaftliche Seite einer sich selbst organisierenden Gemeinschaft, die wiederum Borns „Arbeiterverbrüderung“ zu nutzen wusste.[31]

Nach der Revolution blieb vorerst nur die Hoffnung auf die nächste Revolution und man musste sich Mut machen. An Joseph Weydemann in New York schrieb Engels im April 1853: „[...] *im allgemeinen ochst die Partei Marx doch ziemlich, und wenn man die andern Emigrationsesel ansieht, die hie und da neue Phrasen aufgeschnappt und sich dadurch erst recht konfus gemacht haben, so ist klar, daß die Überlegenheit unsrer Partei absolut und relativ sich vermehrt hat. Es ist aber auch nötig, la besogne sera rude* [die Arbeit wird hart sein].“[32] Doch viel mehr als diesen Optimismus hatte Engels nicht vorzuweisen. Der „Bund der Kommunisten“ war aufgelöst und die Exil- sowie Auslandsvereine hatten nicht mehr die transnationalen Rückkopplungseffekte in den Deutschen Bund wie in der Zeit des Vormärz. Zwar gibt es zahlreiche Belege für Traditionslinien einzelner Arbeitervereine zwischen der Revolution 1848 und der Neugründung in den 1860er Jahren; dennoch hatte die Reaktion in den 1850er Jahren die politische Kontrolle inne. In Konsequenz hieß das, dass Karl Marx im Londoner Exil sich in die Bibliotheken verkroch und Friedrich Engels wieder seinen Geschäften als Fabrikantensohn nachging.[33]

Und dann machten sich die Meisterdenker auch noch über ihre wenigen Verbindungsleute und Anhänger lustig, die ihnen verblieben waren. Über Wilhelm Liebknecht, der in der Revolution 1848 gekämpft hatte, sich für die Verbreitung der marxistischen Ideen einsetzte und im Gegensatz zu Marx und Engels nach einer Amnestie nach Deutschland zurückkehrte, schrieb Engels am 25. Juli 1859 an Marx: *„Es ist heiter, daß Du bei Herrn Liebknecht auch solch ein hübsches Urteil erzielst. Das sind die wahren Leute. Die Herren sind so daran gewöhnt, daß wir für sie denken, daß sie auch immer und überall die Sachen nicht nur auf dem Präsentierteller, sondern auch fertig gekäut und im kleinsten Umfang, nicht nur die Quintessenz, sondern auch die Detailausführung ready cooked und dried haben wollen.“*[34]

In Deutschland öffneten sich mit dem Nationalverein und der liberalen Bewegung neue Möglichkeiten. Aus den liberalen Vereinnahmungsversuchen der Arbeiterschaft durch das (liberale) Bürgertum, die manchmal geradezu dilettantisch ausgeführt wur-

---

30 Herres, Marx und Engels (wie Anm. 5), S. 88.

31 Schmidt, Brüder (wie Anm. 1), S. 255 f. Siehe auch das Ziel *„Wir wollen einen Verein bilden, Menschen zu werden!“* in Stephan Borns Erstlingswerk (Stephan Born, Der Verein zur Hebung der arbeitenden Klassen und die Volksstimme über ihn, Leipzig 1845, S. 23).

32 F. Engels an J. Weydemeyer, 12. April 1853, in: MEW Bd. 28, S. 581.

33 Kruke, Engels (wie Anm. 15), S. 213.

34 F. Engels an K. Marx, 25. Juli 1859, in: MEW Bd. 29, S. 465.

den, mäanderte sich die liberale Arbeitervereinsbewegung heraus. In dieser Bewegung, die sich den Namen „Vereinstag deutscher Arbeitervereine“ (VDAV) gab, sollte August Bebel seine politische Karriere starten. Daneben und parallel machten sich Vereinsgruppierungen frei von liberalen Wirtschaftsvorstellungen und bürgerlicher Bevormundung. Es entstand ein neuer Vereinsstrang, der als eigenständiger Akteur die Interessen der Arbeiterschaft in sozialer, wirtschaftlicher und politischer Hinsicht durchsetzen wollte und sich seinen eigenen Vereinskosmos schuf. In diesem Prozess mussten Karl Marx und Friedrich Engels Ferdinand Lassalle den Vortritt lassen. Denn die Mitglieder dieser politischen Strömung, die zum Teil in Berlin, hauptsächlich aber in Leipzig agierte, boten Ferdinand Lassalle die Präsidentschaft ihrer Bewegung an. Mit dem „Allgemeinen Deutschen Arbeiterverein“ (ADAV) brachten Lassalle und seine Mitstreiter eine sozialistisch orientierte Arbeiterbewegung auf den Weg, die unabhängig von der liberalen Arbeiterbewegung operierte. Doch mit Lassalle, den ein ungefilterter Antisemitismus von Marx und Engels traf, wollten weder Marx noch Engels gehen: „*Was mit dem Lassalle anzufangen, ist schwer zu sagen* [...]. *Laß den Kerl seinen eignen Dreck ausfressen, wenn er was kann, so braucht er keine Testimonia von Dir, und wozu sollst Du Dich kompromittieren, nachdem Du ihm einmal gesagt, daß er doch nicht mit uns gehen kann, oder wir nicht mit ihm*“, schrieb im April 1863 Engels an Marx.[35] Zwar verbreitete Lassalle mit seinem „ehernen Lohngesetz“, wonach der Lohn nie über das Existenzminimum steigen werde, aus der Rückschau betrachtet wirtschaftlichen Blödsinn. Doch für Lassalles Anhänger traf er deren Erfahrungen, Ängste, Empfindungen und Hoffnungen. Nebenbei brachte Lassalle eben auch ein erstes, von Marx inspiriertes Verständnis von Klassen, Kapital und Kapitalismus in die Arbeiterschaft – freilich wie Lassalle es verstand und interpretierte.

Neue Möglichkeiten der Einflussnahme ergaben sich für Marx und Engels mit der Gründung der „Internationalen Arbeiterassoziation“ (IAA) im Jahr 1864.[36] Doch hier war Engels zumindest bis 1870 nur eine Randfigur. Engels steckte über beide Ohren in seiner Arbeit für die Firma in Manchester fest, musste gelegentlich für Marx Artikel schreiben und Marx bei seinem „Kapital“-Band unterstützen. Für die IAA blieb da keine Zeit. Mit der Beeinflussung der entstehenden Arbeiterbewegung in Deutschland mit Hilfe der Ersten Internationale kam man auch nicht recht voran. Noch im Dezember 1871 schrieb Wilhelm Liebknecht an Friedrich Engels: „*Auf viele individual memberships ist in Deutschland nicht zu rechnen und entre nous halte ich es auch gar nicht für nötig.*“[37] Dem ewig gescholtenen, oft auch verunglimpften treuen Freund Wilhelm Liebknecht warf Engels in einem Brief daraufhin empört vor: „*Deine Ansicht,* [...] *daß es überhaupt gleichgültig ist, ob die Int*[ernationale] *viel oder weniger in Deutschland hat, ist das grade Gegenteil der unsern.*“[38]

---

35 F. Engels an K. Marx, 21. April 1863, in: MEW Bd. 30, S. 345.

36 Fabrice BENSIMON / Quentin DELUERMOZ / Jeanne MOISAND (Hg.), „Arise Ye Wretched of the Earth“. The First International in a Global Perspective (Studies in Global Social History), Leiden 2018.

37 W. Liebknecht an F. Engels, 8. Dezember 1871, in: ECKERT, Liebknecht (wie Anm. 4), S. 110.

38 F. Engels an W. Liebknecht, 15. Dezember 1871, in: MEW Bd. 33, S. 361.

Wie schwierig das Verhältnis zwischen dem auf der britischen Insel lebenden Engels und seinen Briefpartnern sowie der Arbeiterbewegung war, wird in den 1860er und 1870er Jahren immer wieder deutlich. Es spiegelt auch den begrenzten Einfluss, den Engels auf die Entwicklung hatte. Auf der einen Seite blieb im ADAV Lassalle die unangefochtene Führungsfigur über seinen Tod hinaus, allen internen Querelen zum Trotz. Da mochte sich Karl Marx in einer frauenfeindlichen Sprache über die einflussreiche ADAV-Unterstützerin Sophie von Hatzfeldt als *„das alte Saumensch"* ereifern,[39] Hatzfeldt und den verschiedenen ADAV-Präsidenten gelang es, den Nimbus Lassalles für die Arbeiterschaft aufzubauen und aufrechtzuerhalten.

Auf der anderen Seite – im liberalen „Vereinstag deutscher Arbeitervereine" VDAV, der sich ab 1865 allmählich von seiner liberalen Tradition löste – wurden Friedrich Engels ebenfalls seine Grenzen aufgezeigt. Unmissverständlich schrieb Wilhelm Liebknecht am 11. Dezember 1867 an Engels: *„In allem Wesentlichen stimme ich natürlich mit Dir überein; bloß in der praktischen Auffassung, nicht in Bezug auf den prinzipiellen Standpunkt, kann eine Meinungsverschiedenheit obwalten. Ich gebe zu, daß Ihr in England einen bessren Überblick habt, und wünsche daher möglichst oft Signale von Euch zu bekommen, was aber die Details des Kampfes betrifft, so müssen dieselben Euch nothwendigerweise vielfach entgehen."*[40] Als die 1869 gegründete „Sozialdemokratische Arbeiterpartei Deutschlands" SDAP nach Meinung von Friedrich Engels nicht entschieden genug gegen die Lassalleaner vorging, stellte August Bebel gegenüber Engels unmissverständlich klar: *„Ein zweiter Punkt ist unsere Stellung zu Lassalle und dem Lassalleanismus. Da sind Sie* [...] *entschieden im Unrecht, wenn Sie meinen, wir könnten rücksichtslos vorgehen, ohne erheblichen Schaden in der Partei zu haben. Der Lassallekultus muß ausgerottet werden, damit bin ich ganz einverstanden,* [...] *aber mit Vorsicht. Sie können von* [England] *aus unmöglich unsere Verhältnisse genau beurteilen."*[41]

3. Schlussbemerkungen

Woher – trotz beispielsweise Friedrich Engels' Korrespondententätigkeit für den „Volksstaat", der Zeitung der SDAP[42] – diese Kette an Missverständnissen? Sie ging ja auch nach dem Vereinigungsparteitag 1875 zwischen dem ADAV und der SDAP mit der Kritik am Gothaer Programm weiter und fand mit der Kontroverse um den „Anti-Dühring" kein Ende. Engels' Schrift gegen Eugen Dührings Sozialismus-Verständnis war für die Vermittlung marxistischer Ideen in die organisierte Arbeiterschaft von großer Bedeutung. Doch die massive Kritik an Dühring, der in Berlin unter Sozialdemokraten zahlreiche Anhänger hatte, ging vielen zu weit. Johann Most forderte auf dem Gothaer Parteitag von

---

39 K. Marx an F. Engels, 22. Juli 1869, in: MEW Bd. 32, S. 343.

40 W. Liebknecht an F. Engels, 11. Dezember 1867, in: ECKERT, Liebknecht (wie Anm. 4), S. 82 sowie in: Marx-Engels-Gesamtausgabe digital <http://megadigital.bbaw.de/briefe/detail.xql?id=M0000476>, Zugriff: 24.1.2022.

41 A. Bebel, an F. Engels, 1873, in: August BEBEL, Aus meinem Leben, Bonn 1997 (Stuttgart 1913), S. 394.

42 Siehe ECKERT, Liebknecht (wie Anm. 4), S. 112.

1877 sogar ein Verbot des Abdrucks von Engels' Anti-Dühring-Artikeln im „Vorwärts", und Julius Vahlteich meinte, Engels' Artikel machten die Lektüre des „Vorwärts" *„ungenießbar"*. Sein Ton sei eine *„Geschmacksverirrung"*.[43] Und Engels selbst forderte von Liebknecht, dass seine *„übrigen Artikel"* des Anti-Dühring nicht mehr so verhackstückt in der Zeitung veröffentlicht würden.[44]

Woher also, noch einmal, die Kette an Missverständnissen? Die Arbeiterbewegung entstand in einem Milieu, in dem Ideen und Ideologien zur Erklärung der Welt sowie der eigenen Erfahrungen eine wichtige Rolle spielten. In der gelebten Realität der Bewegung gab es jedoch eine sehr viel bodenständigere Erlebnisebene: Die gelebte Vereinskultur musste, um erfolgreich und attraktiv zu sein, die argumentative Auseinandersetzung und den Disput bieten, aber eben auch mehr und anderes: Geselligkeit, gelebte Männlichkeit, Unterhaltung, Bier, Feierabendkultur und Identitätsstiftung in der Gemeinschaft. Erfahrungen sozialer und ökonomischer Ungleichheit in Begriffe von Klasse, Klassenkampf und Kapitalismus zu transformieren, war keineswegs selbstredend. Die alternative Vorstellung der Genossenschaft war ja noch keineswegs verschwunden. Produktivassoziationen erlebten in den 1870er Jahren noch einmal einen letzten Höhepunkt.[45]

Die Kommunikationsstrukturen unter Arbeitern waren anders als Friedrich Engels sich das vorstellte. Sie waren gerade nicht *„gräßlich unwissend"* wie er über die Pariser *„Straubinger"* einst geschrieben hatte. Die Arbeiter hatten sich ein notwendiges Wissen angeeignet, das sie weiterentwickeln wollten – sonst wären sie nie in den Arbeitervereinen aufgetaucht. So gesehen standen die Chancen für Engels bei der politischen Formierung der Arbeiterschaft nicht wirklich gut. Es war das Verdienst von Leuten wie August Bebel, Wilhelm Liebknecht und vielen weiteren Vereinsmitgliedern, marxistische Vorstellungen allgemeinverständlich zu vermitteln, dass sie mit den Erfahrungen der Arbeiterschaft korrespondierten und akzeptabel wurden.

Mit den Erfahrungen gesellschaftlicher Ausgrenzung, einer weiteren Verschärfung kapitalistischer Strukturen in der Hochindustrialisierung sowie staatlicher Verfolgung unter dem Sozialistengesetz von 1878 kamen seit den 1870er Jahren neue prägende Elemente und Strukturen hinzu, die den Ideen der beiden Individuen Friedrich Engels und Karl Marx in der politischen Formierung der deutschen Arbeiterschaft zum Durchbruch verhalfen.

---

43 Protokoll Parteitag Gotha 1877, in: Protokolle der sozialdemokratischen Arbeiterpartei. 2 Bände, ND Glashütten 1976, Bd. 2, Protokoll Gotha, S. 70 f.

44 F. Engels an W. Liebknecht, 11. April 1877, in: MEW Bd. 34, S. 265.

45 Christiane Eisenberg, Frühe Arbeiterbewegung und Genossenschaften. Theorie und Praxis der Produktivgenossenschaften in der deutschen Sozialdemokratie und den Gewerkschaften der 1860er/70er Jahre, Bonn 1985.

Engels-Bild und Engels-Rezeption in der DDR

Gisela Diewald-Kerkmann

Die Entwicklung von Engels-Bild und Engels-Rezeption ist ein komplexes Thema. Zur Einordnung seien im Folgenden drei Zeitphasen unterscheiden: von 1945 bis Ende der sechziger Jahre, dann die siebziger Jahre und zum Schluss die achtziger Jahre bis 1989. Mein Ziel ist, für diese drei Phasen eine Verknüpfung zwischen der Rezeptionsgeschichte und dem jeweiligen Engels-Bild zu leisten.

1. Erste Zeitphase: 1945 bis Ende der sechziger Jahre

Mit der Befreiung vom NS-Regime in der sowjetischen Besatzungszone setzte sofort eine intensive Verbreitung vieler Schriften von Marx und Engels ein, verbunden mit der Würdigung ihres Lebens und ihrer Arbeiten. Nach zwölf Jahren NS-Herrschaft sollte dies die Menschen nicht zuletzt in die Lage versetzen, sozialökonomische, politische und historische Prozesse von einem sogenannten festen weltanschaulichen Fundament aus zu beurteilen. Die KPD respektive ab 1946 die aus deren Zusammenschluss mit der SPD hervorgegangene SED sah sich als Vollstrecker der Ideen von Marx und Engels in Deutschland – zunächst im sowjetisch besetzten Teil, perspektivisch aber in ganz Deutschland. Dass es hierbei auch um ein Deutungsmonopol in Sachen Marxismus ging, muss nicht ausgeführt werden. Die institutionelle Verankerung der Marx-Engels-Edition erfolgte im Jahre 1948 mit der Gründung des *Forschungsinstituts für wissenschaftlichen Sozialismus* beim Parteivorstand der SED. Allerdings wurden schon vorher materielle und personelle Voraussetzungen für die Verbreitung der Schriften von Marx und Engels geschaffen. Nach Auffassung von Richard Sperl – er hat Jahrzehnte an der Gestaltung der Marx-Engels-Gesamtausgabe mitgewirkt – begann eine ausgeprägte ‚Renaissance' der Marx-Engels-Edition. Das Interesse an ihren Schriften sei groß gewesen, in der sowjetischen Besatzungszone bzw. der DDR erschienen zahlreiche Ausgaben. „Angesichts fast völlig fehlender Textgrundlagen waren dabei die ... deutschsprachigen Ausgaben des Moskauer Instituts, insbesondere die *Ausgewählten Schriften in zwei Bänden,* die vierbändige Ausgabe des *Briefwechsels* und der Band *Ausgewählte Briefe sowie* und die drei Bände des *Kapitals,* eine unentbehrliche Grundlage."[1]

In diesem Kontext sei daran erinnert, dass im Jahre 1949 das *Marx-Engels-Lenin-Institut* in Ost-Berlin gegründet wurde. 1953 erfolgte die Umbenennung in *Marx-Engels-Lenin-Stalin-Institut.* Drei Jahre später, also 1956, erhielt es den Namen *Institut für Marxismus-Leninismus.* Wahrscheinlich wäre ohne diese Gründung die Marx-En-

---

1 Richard Sperl, Marx-Engels-Editionen, in: Rüdiger Nutt-Kofoth / Bodo Plachta (Hg.), Editionen zu deutschsprachigen Autoren als Spiegel der Editionsgeschichte, Tübingen 2005, S. 329–360, hier S. 339.

gels-Renaissance der folgenden Jahre nicht vorstellbar gewesen, wobei seit Anfang der 1950er Jahre eine gezielte Suche nach Texten von Marx und Engels erfolgte. Tatsächlich maß man der Verbreitung ihrer Schriften eine besondere Bedeutung für die politische Aufklärung bei. Aufschlussreich ist in diesem Zusammenhang, dass die zweibändige Ausgabe Marx und Engels praktisch paritätisch präsentierte. Dagegen verschob die sechsbändige Ausgabe den Schwerpunkt etwas zu Marx. Allerdings wurden Engels und Marx in dieser Zeit meist eher aus der Sekundärliteratur rezipiert. Der eingeschlagene Weg der Edition der Schriften forcierte eine bestimmte Sicht auf Engels als denjenigen, der der Bevölkerung einen Einstieg in den Marxismus vermitteln sollte. Vielfach wird in der Forschungsliteratur festgestellt, dass damit einhergehend eine grobe Vereinfachung die Auseinandersetzung mit der marxistischen Weltanschauung zugänglicher gemacht, sie aber auch gleichzeitig verarmt habe. So sei die Marx-Engels-Edition nicht von einengenden Bedingungen befreit, sondern vielmehr monopolisiert und an Parteiinstitutionen und Parteiverlage gebunden worden.

Die deutschsprachigen Marx-Engels-Werke (MEW) wurden auf Beschluss des Zentralkomitees der SED seit 1956 durch das *Institut für Marxismus-Leninismus* im Berliner Dietz-Verlag herausgegeben. Hierbei handelt es sich um die 39 Hauptbände der Ausgabe Marx-Engels-Werke (MEW), die zwischen 1956 und 1968 veröffentlicht wurden. In den Jahren 1967/1968 erschienen noch zwei Ergänzungsbände sowie 1983 der Band *Grundrisse der Kritik der politischen Ökonomie* (Bd. 42). Deutlich später folgten Band 43, herausgegeben vom *Institut für Geschichte der Arbeiterbewegung* (1990 bis 1992) und Band 44, herausgegeben von der *Rosa-Luxemburg-Stiftung*, seit 1999 Herausgeberin der MEW. Prinzipiell ist zu berücksichtigen, dass die MEW auf der zweiten Marx-Engels-Werkausgabe des *Instituts für Marxismus-Leninismus beim ZK der KPdSU* in Moskau basierten. Jürgen Herres hebt hervor, dass die Texte in der MEW zwar anhand der Originalunterlagen überprüft, aber die Anlage der Ausgabe, die Auswahl der Texte sowie Anmerkungen und Literaturangaben ganz auf die russische Ausgabe zurückgegangen seien.[2]

Von vorneherein waren die MEW eindeutig als Studienausgabe konzipiert, sie konstituieren eine repräsentative Werksammlung. Entsprechend ihrer Konzeption umfassen sie abgeschlossene Werke, Schriften und Artikel, die gedruckt erschienen sind, zuzüglich einer Auswahl von Manuskripten, Entwürfen, Vorarbeiten und aller Briefe aus der Feder der beiden Autoren. Primär sollte die MEW eine kombinierte Lese- und Studienausgabe darstellen. Dahinter stand die Annahme, dass eine einzige Ausgabe viele Aufgaben gleichzeitig zu lösen imstande sei, sich also zugleich an Leser ohne Vorkenntnisse und an Benutzer, die sich wissenschaftlich weiterbilden möchten, wenden könne. In einer solchen Konzeption spiegelten sich nicht zuletzt die Grundzüge der Bildungs- und Kulturpolitik der SED wider. Indem die MEW zugleich die verbindliche Grundlage einer Viel-

---

2 Jürgen Herres, Rezension zu: Rolf Hecker u.a. (Hg.), Erfolgreiche Kooperation: Das Frankfurter Institut für Sozialforschung und das Moskauer Marx-Engels-Institut (1924–28), Berlin-Hamburg 2000; Karl-Erich Vollgraf u.a. (Hg.), Stalinismus und das Ende der ersten Marx-Engels-Gesamtausgabe (1931-41), Berlin-Hamburg 2001, in: Archiv für Sozialgeschichte 43, 2003, S. 622–625, hier S. 622.

zahl von Einzel- und Auswahlausgaben der Schriften von Marx und Engels darstellte, sollten ihre Ergebnisse auch einem breiten Leserkreis zugutekommen.

In diesem Kontext wurden auch die Leistungen von Friedrich Engels als Herausgeber und „Nachlassverwalter“ der Bände 2 und 3 des *Kapital* und sein Anteil an der Entstehung des Marxschen Hauptwerkes thematisiert. Gerade die Marx-Engels-Werkausgaben wollten einen wichtigen Schritt in der Veröffentlichungs-, Verbreitungs- und Rezeptionsgeschichte des literarischen Nachlasses von Marx und Engels darstellen. Dass hiermit zugleich aber auch eine Instrumentalisierung der Schriften stattfand, wird deutlich, wenn man – wie bereits kurz formuliert – berücksichtigt, dass die lange in der UdSSR herausgegebene Partei-Ausgabe der Marx-Engels-Werke die Grundlage für die MEW bildete. Wie der Experte für die Marx-Engels-Gesamtausgabe Gerald Hubmann konstatiert, blieb die Partei-Ausgabe der Sowjetunion auf politisch willkommene Texte beschränkt, „die drei Bände des Kapital werden eben als Marxens Hauptwerk dort präsentiert und propagiert, ohne auf die Probleme hinzuweisen, die Unabgeschlossenheit des Werkes, genauso bei der Deutschen Ideologie … und natürlich, was man berücksichtigen muss, das vielsprachige Werk von Marx und Engels erscheint hier nur in Übersetzungen.“[3] Ferner darf nicht ausgeklammert werden, dass die Herausgabe der Schriften von Marx und Engels schon früh monopolisiert und auf den Parteiapparat der SED fokussiert wurde. Dass eine solche Anbindung einer unvoreingenommenen, streng wissenschaftlichen Auseinandersetzung mit Leben und Werk von Engels entgegenstand, muss nicht ausgeführt werden.

Vor diesem Hintergrund erklärt sich, warum der Umgang mit Engels Arbeiten von Beginn an – das galt im noch stärkeren Maße für Marx – eine funktionelle Ausrichtung erhielt. Marx und Engels standen neben Lenin und (bis zur Entstalinisierung 1956) neben Stalin und wurden als zentrale Klassiker des Marxismus-Leninismus gefeiert. Es galt in der Rhetorik der DDR als erwiesen, dass ihre Erkenntnisse mit der Oktoberrevolution in der Sowjetunion erfolgreich umgesetzt worden seien. Dass ihre Schriften nicht nur als Legitimation für den gewählten Weg in der DDR dienten, sondern auch als Orientierung für die gesellschaftspolitische Transformation, ist unbestritten. Das belegen nicht zuletzt die Instrumentalisierung ihrer Auffassungen wie auch die verstärkte Dogmatisierung. Sichtbarer Ausdruck dessen und lange in Gebrauch war beispielsweise das weitverbreite Motiv der drei Köpfe (eben Marx, Engels mit Lenin), und wie bereits ausgeführt bis zur Entstalinisierung auch das Motiv der vier Köpfe.

Dies galt auch für die Monumentalisierung, die sich ebenfalls schon früh zeigte. Die Denkmalsetzungen waren sowohl in der Sowjetunion als auch später in der DDR wichtige Vorhaben, auch verbunden mit dem Ziel, eigene symbolische Orte zu schaffen. Hier sei darüber hinaus daran erinnert, dass beispielsweise die Militärakademie der Nationalen Volksarmee (NVA) nach Friedrich Engels benannt wurde. Wie vielfältig das Engels-Bild gepflegt wurde, bezeugt auch die Tatsache, dass sein Portrait auf dem 50-Mark-Schein der

3 Zit. nach Peggy FUHRMANN, Blaue Bände ohne Ende. Die unendliche Geschichte der Marx-Engels-Gesamtausgabe, Deutschlandfunk Kultur – Zeitreisen, S. 3, 12.3.2008 <https://www.deutschlandfunk.de/blaue-baende-ohne-ende.984.de.html?dram:article_id=153409>, Zugriff: 14.1.2020.

Abb. 1: Relief „Marx / Engels / Lenin“, DDR-Museum, Berlin.

DDR abgebildet war. Dass das öffentliche Leben von der Leitfigur Engels geprägt wurde, belegen die an vielen Orten errichteten Denkmäler, oder auch Schulen und andere öffentliche Einrichtungen, die seinen Namen trugen. Es wird deutlich, in welchem Maße die SED – selbstverständlich neben Karl Marx – auch Friedrich Engels zu einer wichtigen Ikone erhob. Oder noch deutlicher formuliert: Marx und Engels wurden zu Säulenheiligen der DDR.

2. Zweite Zeitphase: Siebziger Jahre

Zunächst möchte ich kurz auf die Geschichte der MEGA – der Marx-Engels-Gesamtausgabe – eingehen. Bereits in den zwanziger Jahren des vorigen Jahrhunderts verfolgten Wissenschaftler in der Sowjetunion das Ziel, eine Gesamtausgabe zu publizieren. Hier spielte vor allem der russische Historiker David Goldendach, bekannt unter dem Namen David Rjazanov eine zentrale Rolle.[4] Er leitete von 1920 bis 1931 das *Marx-Engels-Institut* in Moskau und gab ab 1927 den ersten Band der Marx-Engels-Gesamtausgabe heraus. Geplant waren 42 Bände. Aber 1931 stoppte Stalin das Projekt, da ihm der Editions-Ansatz missfiel, und Rjazanov, der schon seit 1922 mehrfach in Konflikt mit Stalin geraten war, wurde „als parteischädigender Menschewik inhaftiert und nach Saratov verbannt“.[5] Bitter war sein weiteres Schicksal: Er wurde aus der Partei ausgeschlossen, sieben Jahre blieb er in der Verbannung, 1938 wurde er schließlich nach einem Schnellverfahren erschossen. Die KPdSU veröffentlichte nach diesem Abbruch der MEGA nun selbst ausschließlich jene Schriften von Marx und Engels, die sich ihrer Ansicht nach zur Untermauerung des Sowjetkommunismus eigneten. Der Historiker und Editionsphilologe an der Marx-Engels-Gesamtausgabe Manfred Neuhaus weist darauf hin, dass bereits Ende

4 Vgl. ausführlich hierzu Sperl, Marx-Engels-Editionen (wie Anm. 1), S. 333 ff.

5 Herres, Rezension (wie Anm. 2), S. 622.

der fünfziger Jahre einige MEW-Editoren in der DDR versuchten, die SED-Führung für eine neue Marx-Engels-Gesamtausgabe zu gewinnen. Allerdings blieb es zwei Jahrzehnte bei einer Absichtserklärung. Interessant ist die Begründung. So führt Neuhaus aus: „... für die Verhandlungsführer auf sowjetischer Seite gab's dann immer wieder das Argument, also mehr Bände als eine Lenin-Ausgabe dürfe es aber nicht geben. Und als dann erste Probestücke und das Konzept diskutiert wurden, war für den einen oder anderen ... klar, welche Risiken das Ganze für die marxistisch-leninistische Orthodoxie heraufbeschwören könnte."[6] Die ersten Bände der MEGA kamen 1975 im Dietz-Verlag Berlin heraus, bis 1990 erschienen 36 Bände. „Nach den Intentionen der herausgebenden Parteiinstitute sollte der kommentierende Apparat der MEGA eine Synthese der Ergebnisse der internationalen Marx-Engels-Forschung und zugleich eine Auseinandersetzung mit der bürgerlichen ‚Marxologie' sein, den Anforderungen der modernen Editionswissenschaft und zugleich der Theorie und Methode des Marxismus-Leninismus gerecht werden."[7] Die im Jahre 1972 in einem Probeband öffentlich zur Diskussion gestellten Editionsrichtlinien für die neue MEGA orientierten sich an modernen, innovativen Editionskonzepten. Die Tradition der Marx-Engels-Edition, das Werk beider Autoren gemeinsam darzubieten, wurde in der Marx-Engels-Gesamtausgabe beibehalten.

Laut Sperl habe angesichts der Abschwächung des Ost-West-Gegensatzes und des Wandels des politischen Klimas in Europa seit den siebziger Jahren die internationale Zusammenarbeit auf dem Gebiet der Marx-Engels-Forschung zugenommen. Jedoch darf nicht übersehen werden, dass „der MEGA 2 im Rahmen der ‚Entfaltung der internationalen Offensive des Marxismus-Leninismus' eine politische Funktion zugedacht war ... sozusagen zur letztinstanzlichen Zitationsquelle für alle Marx-Engels-Publikationen auf allen Ebenen und in allen Sprachen."[8] Tatsächlich intensivierte sich in den siebziger Jahren die wissenschaftliche Beschäftigung mit Engels, wie man heute noch in den auf *marxforschung.de* dokumentierten Beiträgen nachvollziehen kann. So waren Auszüge aus Engels-Schriften, wie beispielsweise aus *Die Entwicklung des Sozialismus von der Utopie zur Wissenschaft*, nicht nur Bestandteil des Schulunterrichts, sondern wurden auch in den FDJ-Studienjahren, im Zirkel junger Sozialisten und im Parteilehrjahr der SED diskutiert.

Aufschlussreich ist, dass sich gerade in den siebziger Jahren Marx und Engels zunehmend in eine ‚Doppelperson' verwandelten. Das war jedoch mit Nebeneffekten verbunden: Die Verwandlung in eine ‚Doppelperson' führte partiell zu einer Abwertung von Engels, obwohl er mehr war „als Stichwortgeber, Popularisierer und Finanzier der Marx'schen Theorie".[9] Seine Relevanz „als Militärtheoretiker, als Herausgeber des Marxschen *Kapital* sowie als Mentor der aufstrebenden Sozialdemokratie in Europa und Verteidiger der Marxschen Linie"[10] wurde nicht selten ausgeblendet. Dadurch blieb un-

---

6 Ebd.

7 Sperl, Marx-Engels-Editionen (wie Anm. 1), S. 341f.

8 Ebd., S. 343f.

9 Thomas Thiel, Der Mann von der Wupper, in: Frankfurter Allgemeine Zeitung, 18.6.2020, S. 11.

10 Lutz Brangsch, Was fing man in der realsozialistischen DDR mit dem kommunistischen Kapitalisten Friedrich Engels an? In: OXI. Wirtschaft anders denken. 15.1.2018, Monatszeit-

berücksichtigt, dass er gerade durch sein Interesse für Naturwissenschaften, Philologie und Geschichte nicht nur Karl Marx, sondern auch die junge Sozialdemokratie theoretisch wie praktisch herausgefordert hat. Damit konnte ein Problem umgangen werden: Eine „Ikone wird nicht nach ihrer Herkunft befragt ... Engels stand doch in einer Reihe mit Lenin, Trotzki oder Kautsky, die zwar als proletarische Revolutionäre galten, aber nie zum Proletariat gehörten. Die Ikonisierung war der Hebel, mit dem dem gegenseitigen Annäherungsprozess von Arbeiterbewegung und Marxismus seine Widersprüchlichkeit und Kompliziertheit ausgetrieben werden konnte."[11]

Dort, wo der Marxismus-Leninismus als Staatsideologie übernommen wurde, galten – schon fast zwangsläufig – die Ikonen Marx und Engels staatsoffiziell als quasi unantastbar. In dem Maße, in dem Bildnis und Ikone nicht mehr nur Bestandteil der politischen Propaganda, sondern Teil einer Alltagskultur wurden, verwandelten sie sich ins Repräsentative. Ihr Bildnis schmückte offizielle Gastgeschenke, wurde zur Auszeichnung in Form von Medaillen oder Orden, zierte Briefmarken und Münzen. Gerade daran kann man die unterschiedlichen Anlässe gut ablesen, die zu Konjunkturen der Bildverbreitung führten. Und eben auch zur weltweiten Verbreitung der immer wiederkehrenden Porträts.

Im Jahre 1970 benannte die Nationale Volksarmee der DDR ihr – zu repräsentativen Zwecken – eingesetztes Wachregiment nach Friedrich Engels. Ein weiteres Beispiel der staatlichen Auszeichnung bildete der Friedrich-Engels-Preis, der in Form einer Medaille für *hervorragende wissenschaftliche und wissenschaftsorganisatorische Leistungen zur Stärkung der Landesverteidigung* verliehen wurde. Die Verleihung wurde vom Minister für Nationale Verteidigung erstmalig anlässlich der Friedrich-Engels-Konferenz am 6. November 1970 in Dresden vorgenommen, später dann jeweils am 28. November, dem Geburtstag von Friedrich Engels.

3. Dritte Zeitphase: Achtziger Jahre – bis zum Ende der DDR

Engels war auch in den achtziger Jahren präsent, vor allem, wenn es um Zukunftsfragen ging. Wie die Wirkung von Marx kann auch diejenige von Engels nicht allein an der Zahl der Zitate gemessen werden. Vor allem die Breite seiner Interessen und sein historischer Sinn beeinflussten die Arbeitsweise von Wissenschaftlern und Wissenschaftlerinnen, die sich mit ihm beschäftigten. Seine Aussagen zu Zukunftsoptionen wurden nicht als Beschreibung von Automatismen, sondern als Beschreibungen neuer Widerspruchskonstellationen verstanden.

Gleichzeitig wurden auch nach 1980 in vielfacher Weise Andenken an Engels gesetzt. So gewann die zentrale Denkmalanlage jenseits der Spandauer Straße in Berlin auf dem quadratischen Platz des Marx-Engels-Forums eine historische Bedeutung. In den Planungen für das Ostberliner Stadtzentrum war bereits seit Anfang der 1950er Jahre ein Marx-Engels-Denkmal vorgesehen. 1953 noch als 25 Meter hohe Doppelfigur ge-

---

schrift, Berlin <https://oxiblog.de/eine-ikone-wird-nicht-nach-ihrer-herkunft-befragt-friedrich-engels-ddr-marxismus/>; Zugriff: 19.1.2020.

11 Ebd.

Abb. 2: Zentrale Marx / Engels Denkmalanlage, Berlin, wiederhergestellter Zustand 2022. Foto: Josef Streichholz für wikimedia (CC).

dacht, wurde es 1984–1986 als mehrteilige Denkmalgruppe nach dem Gesamtentwurf von Ludwig Engelhardt ausgeführt. Obwohl in ihrer Aussage ideologisch überhöht – sie sollte „vom Sieg der Ideen der Begründer des wissenschaftlichen Kommunismus auf deutschem Boden künden" – wirkt die Anlage eher unspektakulär. In der Mitte einer kreisrunden Fläche von 60 Metern Durchmesser stehen die knapp vier Meter hohen Bronzefiguren von Karl Marx und Friedrich Engels auf einem flachen Sockel. Ihre Figuren heben sich vor dem Hintergrund der Darstellung „Alte Welt" von Werner Stötzer ab, die die Bedeutung des wissenschaftlichen Kommunismus für die Überwindung von Unterdrückung und Ausbeutung versinnbildlichen soll. In einem ZEIT-Interview weist der Historiker Stefan Wolle darauf hin, dass Karl Marx und Friedrich Engels omnipräsent gewesen seien. „Fast waren Marx, Engels und Lenin so etwas wie die Kirchenväter der DDR".[12]

Zum Schluss möchte ich nochmals auf die Marx-Engels Gesamtausgabe zurückkommen. Mit dem Ende der DDR gab es zahlreiche Bestrebungen, auch die Marx-Engels-Gesamtausgabe (MEGA) abzuwickeln. Der Politikwissenschaftler Herfried Münkler konstatiert: „Es war nach der Wende klar, dass dieses Projekt ... nicht so weitergeführt werden kann [...] nämlich im weiteren Sinne als die wissenschaftliche Unterfütterung und Un-

12 Anne HÄHNIG / Martin MACHOWECZ, Was bedeutete Marx der DDR? Fragen an den Historiker Stefan Wolle, in: ZEIT ONLINE, 22.1.2018 < https://www.zeit.de/2018/04/karl-marx-jahr-2018-ratgeber/seite-4>, Zugriff: 17.1.2020.

terbauung der realsozialistischen Staaten, deren gleichsam ideologisches Fundament es dargestellt hat."[13] Jedoch konnte eine internationale Wissenschaftlergruppe eine einfache Abwicklung des Projekts verhindern. Als neue Herausgeberin der MEGA 2, wie die Ausgabe jetzt offiziell heißt, fungiert seither die *Internationale Marx-Engels-Stiftung* in Amsterdam. Die zahlreichen Materialien für die MEGA 2 werden in der *Berlin-Brandenburgischen Akademie* gesichtet sowie geordnet. Die Edition verfolgt das Ziel, die Texte in der Sprache der jeweiligen Originale getreu den überlieferten autorisierten Textvorlagen wiederzugeben, also auf der Grundlage der originalen Handschriften und Drucke. Aufschlussreich ist, dass die Editoren in der MEGA 2 zusätzlich die Entstehungsgeschichte der Manuskripte sowie die politischen und gesellschaftlichen Verhältnisse ihrer Zeit beschreiben. Hierzu nochmals eine Stellungnahme von Münkler und eine damit einhergehende Positionierung von Engels: „... das Ziel der Kommentierungen und der Einleitungen bestand darin, ihn (Marx) als einen der großen wissenschaftlichen Köpfe der zweiten Hälfte des 19. Jahrhunderts zusammen mit Engels, der eine stärker journalistische und populär orientierte Darstellungstechnik hat, sichtbar zu machen ...".[14] Von den 114 geplanten Bänden sind laut Verlag bereits 67 erschienen.

4. Fazit

Insgesamt ist deutlich geworden, in welchem Maße das Engels-Bild und die Engels-Rezeption in der DDR durch staatspolitische Intentionen monopolisiert und legitimiert wurden. Darüber hinaus hat sich gezeigt, dass der Umgang mit Leben und Werk von Engels von Anfang an eine funktionelle Ausrichtung erhielt, konkret im Zeichen eines Marxismus-Leninismus, der als Anleitung zum Handeln verstanden wurde. Dass Engels- wie auch Marx-Bilder inflationär verwendet wurden und eine Ikonisierung der beiden Autoren stattfand, ist unübersehbar. Sie trug wesentlich zur Verzerrung des Engels-Bildes und der Engels-Rezeption in der DDR bei. Grundsätzlich stellt sich die Frage, ob und in welchem Maße das Bild der ‚Doppelperson' Marx / Engels geeignet war, um die breite Grundlage sowie Komplexität der Arbeit der beiden Autoren zu fassen. Primär wurde Engels als Freund und Unterstützer von Karl Marx, mit dem er arbeitsteilig verbunden war, rezipiert. Zweifellos bewegten sich Marx und Engels gelegentlich auf unterschiedlichen Gebieten, jedoch eben nicht als Wissenschaftler (Marx) auf der einen und Popularisator (Engels) auf der anderen Seite. Vielmehr handelte es sich um zwei Intellektuelle mit partiell divergierenden fachwissenschaftlichen Grundinteressen. Insoweit war und ist das Bild der ‚Doppelperson' nicht geeignet, die Eigenständigkeit beider Personen zu würdigen. Vor diesem Hintergrund erscheint nicht nur eine Historisierung von Marx und Engels, sondern auch eine Differenzierung und Abgrenzung unabdingbar.

---

13 Fuhrmann, Blaue Bände ohne Ende (wie Anm. 3), S. 4.
14 Ebd.

Die Anfänge des Zisterzienserinnenklosters Mariensaal in Saarn

Wenige Quellen, viele Thesen, kaum Fakten

Stefan Pätzold

In der Chronik des Zisterzienserklosters Kamp (heute auf dem Gebiet von Kamp-Lintfort im niederrheinischen Kreis Wesel), die wohl zwischen 1470 und 1482/83 begonnen wurde,[1] findet sich die folgende knappe Notiz über die Entstehung zweier Klöster, die dort beide jeweils als „Aula sanctae Marie“ bezeichnet werden: „Im Jahr 1214 wurde das St. Mariensaal genannte Nonnenkloster in ‚Karlesforst‘ [heute in Kaarst im Rhein-Kreis Neuss] gegründet, das man später an einen Ort verlegte, der Eppinghoven [an der Erft, heute in Neuss-Holzheim] heißt. Zur selben Zeit oder etwas früher gründete man das Nonnenkloster St. Mariensaal in Saarn [heute ein Stadtteil von Mülheim an der Ruhr]. [...] Sie waren, wie man glaubt, die ersten Nonnenklöster, die dem Kloster Kamp inkorporiert wurden; die Leitung und die Aufsicht durch Besuche übertrug man dem [dortigen] Abt. Und aus diesen Klöstern entwickelten sich im Lauf der Zeit viele Nonnenklöster“.[2] Auf der Grundlage dieses Textes entstand eine Saarner Gründungslegende, die bis heute fortbesteht und Eingang in die jüngere Literatur gefunden hat. So heißt es etwa in dem 2006 veröffentlichten Artikel „Mülheim an der Ruhr“ von Kurt Ortmanns: „1214 wurde im Süden des Stadtgebiets auf einer hochwasserfreien Terrasse westlich der Ruhr die 1808 aufgelöste Zisterzienserinnenabtei Saarn gegründet (zeitgleich mit Kaarst / Eppinghoven in Neuss, das bis zu seiner Auflösung an Saarn einen Zins zahlte [...])“.[3] Allerdings bleiben viele Aspekte der Entstehung dieses Klosters im Dunkeln.

---

1 So Günter von Roden, Die Zisterzienserinnenklöster Saarn, Duissern, Sterkrade (Germania Sacra, N.F. 18: Die Bistümer der Kirchenprovinz Köln / Das Erzbistum Köln, Bd. 4), Berlin / New York 1984, S. 6. – Zu Kloster Kamp s. Natalie Alexandra Holtschoppen / Andreas Riedel, Art. Kamp-Lintfort, Zisterzienser, in: Manfred Groten u.a (Hg.), Nordrheinisches Klosterbuch. Lexikon der Klöster und Stifte bis 1815, Teil 2: Düsseldorf bis Kleve (Studien zur Kölner Kirchengeschichte 37/2), Siegburg 2012, S. 624–635.

2 Hermann Keussen, Chronicon monasterii Campensis ordinis Cisterciensis, in: Annalen des Historischen Vereins für den Niederrhein [im Folgenden: AHVN 20 (1869), S. 261–382, hier S. 279 f.: *„Anno Domini M°CC°XIIII° fundata est abbatia monialium dicta Aula sanctae Marie in Karlesforst, que postmodum translata est in locum, qui vocatur Eppynchoven. Eodem tempore vel paulo ante fundata est abbatia monialium dicta Aula sancte Marie in Sarne. [...] Ista fuisse putantur prima monasteria monialium monasterio Campensi incorporata et regimini et visitationi abbatis commissa. Et ex istis monasteriis processu temporis plura derivata sunt monasteria monalium“*. – Zur Chronik: Anja Ostrowitzki, Die Ausbreitung der Zisterzienserinnen im Erzbistum Köln (Rheinisches Archiv 131), Köln u.a. 1993, S. 41–46 sowie Georg Geisbauer, Kloster Kamp, seine Äbte und Filiationen, Kamp-Lintfort 2000, S. 7–9.

3 Kurt Ortmanns, Art. Mülheim an der Ruhr, in: Manfred Groten u.a. (Hg.), Handbuch der

Abb. 1: Kloster Saarn, Luftbild. Stadtarchiv Mülheim an der Ruhr.

Den damit verbundenen Fragen soll hier nachgegangen werden. Dies geschieht in den folgenden Kapiteln: 1. Quellen – und ihre Probleme; 2. Thesen – Positionen der Forschung; 3. Fakten? – Aspekte der Klostergründung: a) Der Entstehungszeitraum; b) Das Verhältnis der Klöster in Saarn, Kaarst und Eppinghoven zueinander sowie c) Gründer und Entstehungskontext. Den Text beschließt ein Resümee.

Historischen Stätten: Nordrhein-Westfalen, 3. Aufl. Stuttgart 2006, S. 767. – Zu Kloster Saarn s. auch Joachim OEPEN, Das Bergische Land – eine Klosterlandschaft?, in: Stefan Gorißen / Horst Sassin / Kurt Wesoly (Hg.), Geschichte des Bergischen Landes, Bd. 1: Bis zum Ende des alten Herzogtums 1806 (Bergische Forschungen 31), Bielefeld 2016, S. 141–186, hier S. 167 f. Oepen schreibt dort zu Recht vorsichtig, dass Mariensaals „Gründung für 1214 angenommen wird".

1. Quellen – und Ihre Probleme

Die Quellengrundlage, die zur Beantwortung der Fragen um die Entstehung des Klosters zur Verfügung steht, ist sehr schmal. Eine Gründungsurkunde etwa fehlt.[4] Das verwundert allerdings insofern kaum, als weltliche wie geistliche Gründer, die auf ihrem Grund und Boden auf eigene Kosten ein geistliches Institut ins Leben riefen, einer urkundlichen Absicherung dieses Vorgangs nicht zwingend bedurften – wie ja überhaupt viele ordensinterne Regelungen damals noch ausschließlich mündlich erfolgten.[5] Ebenso wenig gibt es für die Zisterze Saarn eine eigens angefertigte Gründungserzählung.[6] Freilich überrascht auch das nicht, weil in Saarn, soweit man bisher weiß, überhaupt kein historiographischer Text geschrieben wurde.[7] Auch andernorts verfassten Zisterzienserinnen, die Gott in erster Linie durch Gebet und Arbeit dienen sollten, nur selten Werke der Geschichtsschreibung. Somit bleiben zur Gründung der Zisterze nur die dürren Nachrichten aus der eingangs zitierten Chronik der Vaterabtei Kamp sowie einige wenige Urkunden aus der ersten Hälfte des 13. Jahrhunderts, die wenigstens fragmentarisch Aufschluss über die Stiftung des Klosters Mariensaal bieten.

Die erste Urkunde, die hier zu erwähnen ist, wurde ihrer Datumszeile zufolge 1216 im Namen der Äbtissin Wolberna ausgefertigt.[8] Das Stück ist nicht im Original überliefert, sondern lediglich in zwei Abschriften: Die ältere – ursprünglich eingetragen in das Eppinghovener Kopialbuch, heute aber als beschnittenes Einzelblatt archiviert – verweist darauf, dass ihre Vorlage eine Urkunde war, die man im Kloster Kamp verwahrte („Hec litera habetur in monasterio Campensi"). Die Kopie entstand dem paläographischen Befund zufolge am Beginn des 16. Jahrhunderts.[9] Die jüngere Abschrift, ein aufwändig

4 So auch Kurt ORTMANNS, Zur Gründung der Zisterzienserinnen-Abteien „Aula sanctae Mariae" in (Mülheim-)Saarn und (Neuss-)Eppinghoven vor 800 Jahren, in: Düsseldorfer Jahrbuch 85 (2015), S. 121–166, S. 129.

5 OSTROWITZKI, Zisterzienserinnen (wie Anm. 2), S. 25–35 u. 55 f.

6 Klostergründungsgeschichten, so genannte Fundationes, sind narrative Kleinformen und zugleich Teile der Stifts- bzw. Klostergeschichtsschreibung. Sie behandeln üblicherweise die Rolle der Stifterfamilie bei der Gründung eines geistlichen Instituts, schildern darüber hinaus oft den rechtserheblichen Vorgang der Stifts- oder Klostergründung selbst und gewinnen dadurch für ihre Entstehungszeit auch rechtliche Relevanz; s. hierzu Volker HONEMANN, Art. Klostergründungsgeschichten, in: Kurt Ruh (Hg.), Die deutsche Literatur des Mittelalters. Verfasserlexikon, Bd.4, 1983, Sp. 1239 f.

7 Dazu VON RODEN, Zisterzienserklöster (wie Anm. 1), S. 11 f. und 31 f.

8 Edition: Urkunden und Erläuterungen zur Geschichte der Stadt Mülheim an der Ruhr (796–1508), hg. v. Hans SCHUBERT, Bonn 1926 [im Folgenden: UB Mülheim], Nr. 33, S. 21 f.; auch erwähnt in: Die Regesten der Erzbischöfe von Köln im Mittelalter, Bd. 3 (1205–1304), Teil 1: 1205–1261, bearb. von Richard KNIPPING (Publikationen der Gesellschaft für Rheinische Geschichtskunde XXI, 3/1), Bonn 1909 [im Folgenden REK 3/1], Nr. 306.

9 Zum älteren Überlieferungsträger s. UB Mülheim, Nr. 33, S. 22 sowie das Findbuch Stadtarchiv Mülheim an der Ruhr, Bestand 1030, Zisterzienserinnenkloster St. Maria Saal in Saarn – Urkunden [online: <https://www.muelheim-ruhr.de/cms/shared/datei_download.php?uid=a2ea757f0ce13ecb67ccd6a2b8b28541>, Zugriff: 6.4.2021: Es handelt sich dabei um ein Blatt aus dem Kopiar des Klosters Eppinghoven [Anfang 16. Jahrhundert] (Landesarchivverwaltung

gestaltetes Einzelblatt, stammt aus der Mitte des 17. Jahrhunderts.[10] Man schrieb darauf zunächst die Wolberna-Urkunde. Ihr folgt sodann eine – in gleicher Schrift gestaltete – unvollständige Liste der Saarner Äbtissinnen von Aleidis als zweiter Konventsvorsteherin bis zu Agnes von Hillen (1641–1652), die hier unzutreffend als 21. Äbtissin genannt wird.[11] Weil der Urkundentext und die Liste aller Wahrscheinlichkeit nach während des Abbatiats der Agnes von Hillen geschrieben wurden, datierte man die Anlage des so genannten Schmuckblatts auf die Mitte des 17. Jahrhunderts. Spätere Hände ergänzten die Liste und führten sie bis zur letzten Äbtissin vor der Klosteraufhebung, Agatha von Heinsberg (1797–1808), fort. Am rechten unteren Rand befindet sich schließlich noch ein undatierter „Auszug aus einem sehr alten Blatt" („*ex antiquissima scheda excerptum*"), der von derselben Hand wie Urkunde und Liste geschrieben wurde. Dieser Text lautet: „*Anno Domini 1214 fundatum monasterium, quod dicitur Aula Zarne, ubi sanctus Engelbertus archipraesul Coloniensis ecclesiam consecravit. Haec Aula deficiens anno 1476 reformata est*" („Im Jahre des Herrn 1214 ist das Kloster Aula Zarne gegründet worden, wo St. Engelbert, der Erzbischof von Köln, die Kirche geweiht hat. Dieses von der Regel abweichende Kloster ist im Jahre 1476 reformiert worden").[12]

Bei der Urkunde der Äbtissin Wolberna handelt es sich aller Wahrscheinlichkeit nach um eine Fälschung,[13] deren tatsächliche Entstehungszeit im Dunkeln liegt.[14] In dem

---

Nordrhein-Westfalen, Abteilung Rheinland, Hs. B 90bis, Bl. 1a), das offenbar aus dem Kopiar herausgetrennt wurde und nunmehr im Stadtarchiv Mülheim an der Ruhr unter der Signatur 1030/1B aufbewahrt wird.

10 Zum jüngeren Überlieferungsträger s. UB Mülheim, Nr. 33, S. 22 sowie das Findbuch Stadtarchiv Mülheim an der Ruhr, Bestand 1030, Zisterzienserinnenkloster St. Maria Saal in Saarn – Urkunden [online: <https://www.muelheim-ruhr.de/cms/shared/datei_download.php?uid=a2ea757f0ce13ecb67ccd6a2b8b28541>, Zugriff: 6.4.2021: Einzelblatt mit Initiale und Großbuchstaben in der Anfangszeile [Pergament, Mitte 17. Jahrhundert]; Signatur: Stadtarchiv Mülheim an der Ruhr 1030/1C).

11 Listen der Äbtissinnen bieten Hans Fischer, Das Zisterzienserinnenkloster in Saarn, Mülheim an der Ruhr 1981, S. 142 f. sowie von Roden, Zisterzienserinnenklöster (wie Anm. 1), S. 38–51.

12 UB Mülheim Nr. 30 u. 33, mit Anm. (S. 22); ein Faksimile des Schmuckblatts bei Fischer, Saarn (wie Anm. 11), S. 38; die Übersetzung findet sich ebd., S. 39.

13 So zu Recht Ostrowitzki, Zisterzienserinnen (wie Anm. 2), S. 120; s. dazu ausführlich unten. Ostrowitzkis These folgt Nicola Antonia Peczynsky, Die geschichtsdidaktisch-museale Erschließung von Baudenkmälern am Beispiel des Zisterzienserinnenklosters Mariensaal in Saarn, Dissertation Düsseldorf 2013, S. 196 f.; online: <https://docserv.uni-duesseldorf.de/servlets/DerivateServlet/Derivate-27994/Gesamt.pdf>, Zugriff: 15.5.2022; Ortmanns Ablehnung dieser Überlegungen (Gründung, S. 150) überzeugt nicht: Es ist eben nicht plausibel anzunehmen, die Äbtissin habe, wie Ortmanns meint, für ihr eigenes Kloster geurkundet.

14 Wann man die Fälschung herstellte, ist bisher nicht untersucht worden. Mehr als eine Möglichkeit ist denkbar: So könnte sie entweder im Zusammenhang mit der Entstehung der Chronik von Kloster Kamp angefertigt worden sein, als man dort bemerkte, dass die Lenkungs- und Aufsichtskompetenzen des Abts gegenüber Kloster Saarn (noch) gar nicht beurkundet worden waren; oder aber man verfasste und schrieb sie um 1476 im Kontext der im Auftrag des zisterziensischen Generalkapitels vom Kamper Abt Heinrich von Ray betriebenen Reform des in eine Krise geratenen Klosters Mariensaal; s. dazu Peczynsky, Mariensaal (wie Anm. 13),

auf das Jahr 1216 datierte Stück, als dessen Ausstellerin die Äbtissin Wolberna genannt wird, heißt es, dass der Konvent bereits 1214 in den Zisterzienserorden aufgenommen („inkorporiert") und auf Beschluss des Generalkapitels „prout filia" („wie eine Tochter") der geistlichen Obhut des Klosters Kamp anvertraut worden sei. Dem Abt von Kloster Kamp obliege die Regelung der Seelsorge in Saarn; er habe zudem das Recht, den Zisterzienserinnenkonvent zu visitieren.[15] Eine durch eine Äbtissin geleitete geistliche Frauengemeinschaft existierte der so genannten Wolberna-Urkunde zufolge mithin bereits im Jahr 1214. Die Aufnahme in den Zisterzienserorden bestätigen tatsächlich die beiden folgenden, unzweifelhaft echten Urkunden des Kölner Erzbischofs Engelbert I. von Berg aus dem Jahr 1221 sowie des Papstes Honorius III. von 1223. Unerwähnt – und damit unbestätigt – bleiben in ihnen allerdings das Inkorporationsjahr sowie die Aufsichts- und Visitationsrechte des Abtes von Kloster Kamp gegenüber der Zisterze Mariensaal.

Die älteste ohne Zweifel echte Urkunde für Kloster Saarn ist diejenige Erzbischof Engelberts I. von Köln (1216–1225) aus dem Jahr 1221.[16] Ihr Inhalt lässt sich folgendermaßen wiedergeben: Erzbischof Engelbert von Köln bekundet, dass er vor einiger Zeit in das damals neugegründete Zisterzienserinnenkloster Mariensaal („Aula beate Marie") gekommen sei, um den Friedhof der Kirche zu weihen. Bei dieser Gelegenheit habe er angesichts des wirtschaftlichen Mangels des Ortes einige Eigentümerinnen und Eigentümer („patroni") sowie deren Rechtsnachfolgerinnen und -nachfolger („coheredes") bewogen, der Frauengemeinschaft den nahegelegenen und im Volksmund Buchel genannten Wald mit allen Rechten und ohne Beschränkung zu übertragen. Diese Eigentumsübertragung, die dem Seelenheil der Schenkenden zugutekommen solle, sei unter Strafandrohung bekräftigt worden. Die Schenkung habe vor ihm und in Gegenwart einer großen Personenzahl stattgefunden, darunter den zuständigen Forstverwaltern („forestarii"), die ihrerseits aller Rechte entsagten. Zur dauerhaften Sicherheit werden die Schenkenden und ihre Waldpfleger einzeln aufgeführt: Abt Herbert von [Kloster] Werden; Gerhard, Propst dortselbst, als Vertreter des Kapitels; Wezzelo, ihr Förster; Äbtissin Guda von [Stift] Gerresheim; Gerlach, ihr Förster; Everwin von Broich; Gernand, kaiserlicher Burggraf von Kaiserswerth (in Werden); Marsilius, sein Förster; Leo, Dekan und Cellerar des Stiftes Kaiserswerth; seine Förster: der genannte Marsilius und Arnold; Hermann, Edelvogt von Köln; Everhard, sein Förster; Gerlach von Rheinberg („de Berke"); Gernand, sein

S. 198 (mit weiteren Literaturangaben). Es hat jedenfalls den Anschein, dass die Fälschung der Absicherung der Leitungs- und Visitationskompetenz des Abtes von Kamp diente.

15 Der Text der Urkunde (ohne Datierung) lautet: „*Ego soror Wolberna dicta abbatissa prima aulae sanctae Marie totusque conventus notum facimus universis presentem paginam inspecturis, quod per dei gratiam anno gratie millesimo ducentesimo quartodecimo ordini Cisterciensi sumus incorporate et auctoritate capituli generalis in eodem capitulo Campensi commisse ita, ut filie sumus Campensis ecclesie et abbas eiusdem domus perpetuo sit visitator noster et rector animarum nostrarum*". – Im Text der Chronik [s.o. Anm. 2] heißt es: „*Ista fuisse putantur prima monasteria monialium monasterio Campensi incorporata et regimini et visitationi abbatis commissa*".

16 Edition: Richard Knipping, Ungedruckte Urkunden der Erzbischöfe von Köln aus dem 12. und 13. Jahrhundert, in: AHVN 75 (1903), S. 112–142, hier S. 124–126; Regesten: 1) REK 3/1, Nr. 321 S. 57, 2) UB Mülheim, Nr. 35 S. 22 f.; Übersetzung: Fischer, Saarn (wie Anm. 11), S. 50 f.

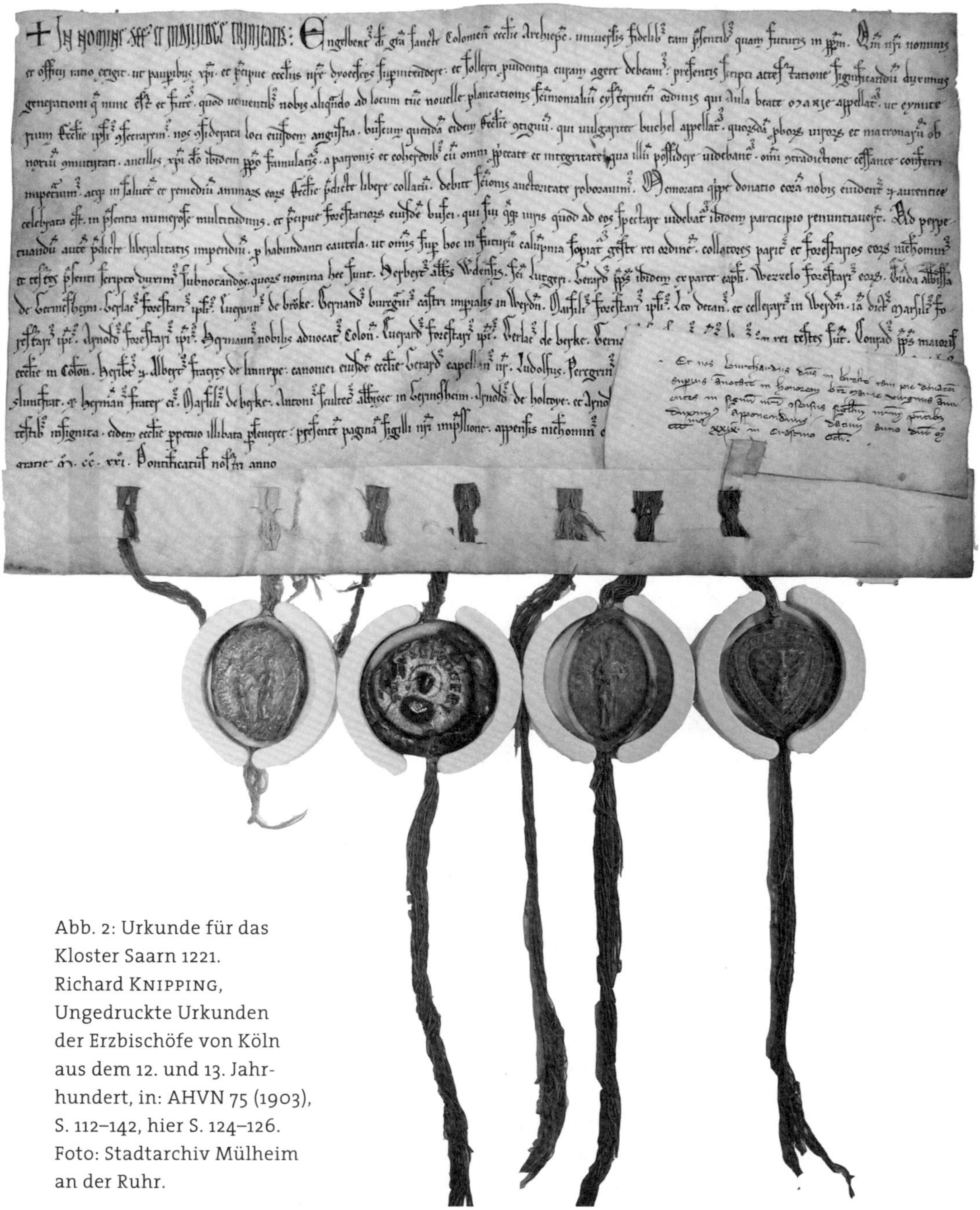

Abb. 2: Urkunde für das Kloster Saarn 1221. Richard KNIPPING, Ungedruckte Urkunden der Erzbischöfe von Köln aus dem 12. und 13. Jahrhundert, in: AHVN 75 (1903), S. 112–142, hier S. 124–126. Foto: Stadtarchiv Mülheim an der Ruhr.

Förster. Anschließend werden die folgenden Zeugen genannt: Konrad, der Dompropst zu Köln; die Gebrüder Heribert und Albert von Linnep, Kanoniker ebenda; Gerhard, der erzbischöfliche Kaplan; Ludolf, Peregrin und Godefrid, Notare; Alexander, Edelherr von Linnep; Arnold Sluntfrat und sein Bruder Hermann; Marsilius von Rheinberg; Antonius, der Schultheiß der Äbtissin von Gerresheim; Arnold von Holtoye und sein Sohn Arnold sowie andere mehr. Das Siegel des Erzbischofs und der Schenker beglaubigen das Stück. Es bestätigt immerhin einige Angaben der Wolberna-Urkunde, nämlich dass das Kloster eine „Neugründung" („novella plantatio") war und dass deren Nonnen dem Zisterzienserorden angehörten („sanctimoniales Cysterciensis ordinis"). Darüber hinaus erfährt man, dass es dort mittlerweile einen Friedhof gab, den der Erzbischof persönlich geweiht hatte, und der Ort unter räumlichen und bzw. oder wirtschaftlichen Engpässen („loci eiusdem angustia") litt.

Erheblich mehr Informationen über das Kloster bietet das umfangreiche, im Original erhaltene Privileg Papst Honorius' III. (1216–1227) vom 28. Januar 1223.[17] Dadurch stellt es Honorius unter päpstlichen Schutz, bestätigt die Unterstellung der Nonnen unter den Willen Gottes; er bestätigt darüber hinaus das Gelten der Regel des heiligen Benedikt und die Bestimmungen der Zisterzienser[18] sowie den gesamten klösterlichen Besitz und trifft weitere, für den Konvent wichtige Regelungen, wie etwa die freie Äbtissinnenwahl. Damit begegnet des Koster Mariensaal 1223 nunmehr als rechtlich gut abgesichertes und wirtschaftlich hinreichend ausgestattetes geistliches Institut des Zisterzienserordens.

Aus diesen zeitgenössischen Quellen ergibt sich, dass die Klostergründung auch in rechtlicher Hinsicht bis 1223 endgültig abgeschlossen war. Genaue Nachrichten über den Gründungsprozess und den Gründer bzw. seine Familie und deren Motive bieten die zeitgenössischen Stücke freilich nicht. Es bleibt daher nur, auf jüngere Quellen zurückzugreifen. Dabei erweist sich, dass die aussagekräftigsten unter ihnen ein im 17. und 18. Jahrhundert geführtes Memorienbuch sowie ein Lagerbuch von 1836 sind. Ein Memorienbuch ist „eine auf einem Kalender aufbauende […] Aufzeichnung von Namen verstorbener Personen, meist zusammen mit kurzer Bezeichnung der von diesen oder für diese eingerichteten Seelgerät-Stiftung, auf deren Grundlage in den liturgischen Handlungen am jeweiligen Stiftungstag zur Beförderung ihres Seelenheils besonders zu gedenken und weiterhin eine Geldzahlung oder Naturalleistung an die an dieser liturgischen Handlung aktiv oder passiv beteiligten Personen zu entrichten war."[19] Ein Seelgerät war eine „Güterübertragung an die Kirche gegen das Versprechen ständiger Fürbitte im Gebet, insbesondere einer alljährlichen Seelenmesse am Sterbetag".[20] Memoria, lateinisch für Erinnerung und Gedächtnis, meint hier ein auf Dauer eingerichtetes liturgisches Gebetsgedenken für Verstorbene. Ein solches Totenverzeichnis gab es

---

17 Landesarchivverwaltung Nordrhein-Westfalen, Abteilung Rheinland, Kloster Saarn, Urkunden Nr. 1; Edition: UB Mülheim, Nr. 36, S. 23–27 (mit detaillierter Zusammenfassung des Rechtsinhalts S. 126); nicht erwähnt wird die Urkunde in den Regesta pontificum Romanorum 1198–1304, hg. v. August Potthast, Bd. 1 (1198–1243), Berlin 1874.

18 UB Mülheim, Nr. 36, S. 23: „[…] *statuentes, ut ordo monasticus, qui secundum deum et beati Benedicti regulam atque institutionem Cisterciensium fratrum in eodem monasterio institutus esse dinoscitur*".

19 Jürgen Kloosterhuis, Mittelalterliche Amtsbücher: Strukturen und Materien, in: Friedrich Beck / Eckart Henning (Hg.), Die archivalischen Quellen. Mit einer Einführung in die Historischen Hilfswissenschaften, 4. Aufl. Köln / Weimar / Wien 2004, S. 53–73, hier S. 70.

20 Karl Kroeschell, Art. Seelgerät, in: Lexikon des Mittelalters, Bd. 7, 1994/95, Sp. 1680.

auch im Kloster Saarn.[21] Das mittelalterliche Original ist nicht erhalten, sondern lediglich eine Abschrift, die zunächst im Zeitraum von um 1680 bis 1752 angefertigt, ergänzt und schließlich um Nachträge bis 1773 erweitert wurde. Das bei den jeweiligen Namen angegebene Datum ist allerdings nicht in allen Fällen der Todestag, sondern bisweilen das Stiftungsdatum.[22] Zum 1. Mai enthält das Saarner Memorienbuch den Eintrag: *„Herr Henricus ist Fundator unser Kirchen gewest und hat uns vill guts getan."*[23] Damit wird als Gründer der Kirche – wie des Klosters – ein „Herr Heinrich" genannt, ohne freilich Nachrichten über dessen Person und Familie zu bieten. Darüber hinaus findet man zum 21. Januar, 16. Februar und 26. März weitere Einträge zu einem oder mehreren Herren namens Heinrich;[24] allerdings bleibt offen, ob es sich dabei um ein und denselben Mann handelt.

Die zweite hier zu erwähnende Quelle ist das Lagerbuch der katholischen Gemeinde Saarn.[25] Es wurde 1836 vom damaligen Saarner Pfarrer Heinrich Grothues angelegt. Ein Lagerbuch, in früheren Zeiten auch Urbar genannt, war eine Vollständigkeit anstrebende Aufzeichnung des Besitzes oder bestimmter Rechte an Grund und Boden, Sachen oder Personen.[26] Den Besitzeinträgen hatte Grothues neben einer Abschrift der Urkunde Erzbischof Engelberts I. von 1221 auch die Kopie einer Notiz beigefügt, die folgendermaßen lautet: *„1214 auff ss. Proti Hiacinthi / ist die Kirch zu Saarn von den / h. Engelbertus mit den drey altaren consecrirt, und ist / diss Segel im altaer von ss. / Petri und Pauli vonden /: gefunden :/ 1650 den 12 augusti."*[27] Das bedeutet: Am Tag der Heiligen Protus und Hyacinthus, also am 11. September, des Jahres 1214 wurde die Saarner Klosterkirche zusammen mit drei Altären von Erzbischof Engelbert I. geweiht. Diese besiegelte Nachricht („diss Segel") wurde am 12. August 1650 im Petri- und Pauli-Altar der Klosterkirche gefunden. Die auf diese Weise überlieferte Weihenotiz hat offenbar bereits Pfarrer Grothues irritiert, denn er stellte seiner Abschrift die Jahreszahl „1217" voran – wohl weil er wusste, dass Engelbert I. erst am 29. Februar 1216 zum Erzbischof von Köln gewählt und im Herbst 2017 zum Bischof geweiht worden war. Die im Altar vorgefundene Nachricht konnte daher so nicht zutreffen: Entweder waren Kirche und Altäre nicht von Erzbischof Engelbert konsekriert worden,[28] oder aber er hatte es doch selbst getan, dann aber nicht vor 1217.

---

21 Stadtarchiv Mülheim, Bestand 1032, Nr. 3.

22 Von Roden, Zisterzienserinnenklöster (wie Anm. 1), S. 3 f.

23 Stadtarchiv Mülheim, Bestand 1032, Nr. 3, fol. 15.

24 S. dazu unten S. 162.

25 Stadtarchiv Mülheim, Bestand 1032, Nr. 6.

26 Nach Kloosterhuis, Mittelalterliche Amtsbücher (wie Anm. 19), S. 73 (s.v. Urbar).

27 Stadtarchiv Mülheim, Bestand 1030, Nr. 6, S. 4. – Zitiert nach Ortmanns, Gründung (wie Anm. 4), S. 137 mit Anm. 36 (das Wort „gefunden" ist offensichtlich erläuternder Zusatz des Pfarrers Grothues).

28 Im Jahr 1214 war die Kölner Kathedra im Rechtssinn vakant. Das Erzbistum Köln wurde von 1212 bis zur Wahl Engelberts I. 1216 durch den Administrator und ehemaligen Erzbischof Adolf I. von Berg (1193–1205) verwaltet, ohne dass Adolf formal noch einmal inthronisiert worden wäre. Diese sonderbare Situation hatte sich ergeben, weil der bisherige Metropolit, Dietrich von Hengebach, 1212 vom Papst abgesetzt worden war, seitdem aber in Rom einen langwierigen Prozess um seine Wiedereinsetzung führte; s. dazu Wilhelm Janssen, Geschichte des Erzbistums, Bd. 2: Das Erzbistum Köln im späten Mittelalter 1191–1515, Erster Teil, Köln 1995, S. 129–137.

Zwar bieten, so wird man festhalten können, sowohl das Memorien- als auch das Lagerbuch weitere Nachrichten zum Gründungsvorgang, aber auch diese erhellen das Geschehen nicht im gewünschten Maß. Man erfährt lediglich, dass ein Mann namens Heinrich das Kloster gegründet habe und Kirche und Altäre durch einen Kölner Erzbischof entweder 1214 oder 1217 geweiht worden seien. Diese spät überlieferten Informationen bedürfen der Prüfung und Bestätigung. Die Verweise auf die Nachrichten der in der zweiten Hälfte des 15. Jahrhunderts entstandenen Kamper Klosterchronik sowie der mutmaßlich gefälschten und erst aus dem 16. Jahrhundert überlieferten Wolberna-Urkunde genügen allerdings nicht, um das Gründungs- bzw. Weihejahr 1214 stabil zu untermauern. Vielmehr drängt sich hier sogar der Gedanke auf, dass das erst lange nach der Klostergründung in den beiden Quellen erwähnte Jahr 1214 von deren Verfassern möglicherweise eben deshalb benannt wurde, weil der tatsächliche Gründungszeitraum – wie wohl das gesamte Gründungsgeschehen – am Ende des Mittelalters in den Klöstern Kamp und Saarn mittlerweile beinahe vergessen war, und sich stattdessen die Jahresangabe 1214 in der Saarner Gründungstradition etabliert hatte.

Aus den beiden unzweifelhaft echten Urkunden Engelberts I. und Honorius' III. ergibt sich somit nur, dass 1221 eine Gemeinschaft geistlich lebender und dem Zisterzienserorden angehörender Frauen unter der Leitung einer Äbtissin existierte; dass diese „plantatio novella" durch einen ungenannten Stifter wirtschaftlich nicht ausreichend ausgestattet worden war und schließlich dass 1223 der Gründungsprozess durch die Urkunde des Papstes Honorius vollendet wurde. Wann der sich üblicherweise in mehreren Phasen über einen längeren Zeitraum erstreckende Gründungsprozess begonnen worden war und wer ihn angestoßen hatte, bleibt indes nach wie vor undeutlich.

2. Thesen – Positionen der Forschung

Angesichts dieser defizitären und problematischen Quellenlage verwundert es nicht, dass viele Aspekte der Gründung des Klosters Mariensaal in der einschlägigen geschichtswissenschaftlichen Literatur sehr unterschiedlich dargestellt werden. Die Werke, die hier vornehmlich herangezogen und ausgewertet werden sollen, sind – in chronologischer Reihenfolge ihres Erscheinens – diejenigen von Hans Fischer (1981),[29] Günter von Roden (1984),[30] Anja Ostrowitzki (1993),[31] Nicola Antonia Peczynsky (2010),[32] Kurt Ortmanns (2015),[33] Georg Mölich und Joachim Oepen (2017)[34] sowie Heinz Weirauch (2020).[35] Ihre Ansichten werden jeweils im Zusammenhang der folgenden Fragen dar-

---

29 S. oben Anm. 10. – Die Seitenzahlen werden in den folgenden Abschnitten in eckigen Klammern im Text angegeben.

30 S. oben Anm. 1.

31 S. oben Anm. 2.

32 S. oben Anm. 12.

33 S. oben Anm. 3.

34 Georg Mölich / Joachim Oepen, Rheinische Zisterzienserklöster im Mittelalter. Ergebnisse des „Nordrheinischen Klosterbuchs", in: Georg Mölich / Norbert Nußbaum / Harald Wolter-von dem Knesebeck (Hg.), Die Zisterzienser im Mittelalter, Köln / Weimar / Wien 2017, S. 345–358.

35 Heinz Weirauch, Mittelalterliche Adelsfamilien in Mülheim an der Ruhr. Eine Spurensu-

gestellt: (a) Welche Quellen geben zuverlässig über die Anfänge des Klosters in Saarn Auskunft? (b) Wann wurde das Kloster gegründet? (c) Wer gründete es? (d) In welchem institutionellen Verhältnis standen die Zisterzen Saarn, Kaarst und Eppinghoven zueinander? (e) Welche Rolle spielte Wolberna?

2.1 Welche Quellen geben zuverlässig über die Anfänge des Klosters in Saarn Auskunft?

Unbestritten echt sind die Urkunde Erzbischof Engelberts I. von 1221 und das feierliche Privileg Papst Honorius' III. von 1223. Das gilt allerdings nicht für die auf das Jahr 1216 datierte Urkunde, die im Namen Wolbernas ausgestellt wurde [UB Mülheim Nr. 33].[36] Ihre Echtheit wird ganz unterschiedlich beurteilt. Günter von Roden äußert keinerlei Zweifel an ihrer Authentizität (S. 14), und Kurt Ortmanns betont ihre Echtheit ausdrücklich [S. 150]. Anja Ostrowitzki hingegen hält die verlorene Vorlage nicht für authentisch [S. 83]: „Zweifel an der formalen Authentizität des Urkundentexts ergeben sich weniger aus dem jungen Alter der Abschriften als aus dem Rechtsinhalt und der Zuständigkeit der Ausstellerin: Aus welchem Grund, für welche Adressaten und mit welchem Gültigkeitsanspruch sollte die genannte Äbtissin die Urkunde ausgestellt haben? [...] Daher vermag die Vorstellung nicht einzuleuchten, Wolberna habe selbst geurkundet und das Dokument im eigenen Klosterarchiv abgelegt" [S. 120]. Dieser Gedanke wird durch den Umstand gestützt, dass Inkorporationsurkunden üblicherweise von der Ordensleitung oder dem jeweiligen Vaterabt ausgestellt wurden [S. 121]. Ostrowitzki vermutet stattdessen, dass sich die Mariensaaler Nonnen – möglicherweise aus Anlass von „Reformmaßnahmen" – genötigt sahen, „Ersatz für eine fehlende Inkorporationsurkunde" zu schaffen [S. 121]. Dieser Sichtweise schließt sich Nicola Peczynsky an und nennt das Stück unmissverständlich eine „gefälschte Inkorporationsurkunde" [S. 196]. Bereits Hans Fischer hat 1981 gemutmaßt, die Wolberna-Urkunde sei angefertigt worden, weil 1641 im Rahmen einer Visitation des krisengeschüttelten Klosters und nach der Absetzung der Äbtissin Anna Deutz (um 1640) aufgefallen sei, dass dem Konvent eine Gründungsurkunde gefehlt habe [S. 39 f.]. Dabei übersieht er freilich, dass der ältere Überlieferungsträger, die Abschrift im Eppinghovener Kopiar, bereits auf den Anfang des 16. Jahrhunderts datiert wird.[37] Wie dem auch sei: Die Wolberna-Urkunde von 1216 ist als zuverlässige Quelle für die Anfangsjahre des Klosters Saarn auszuscheiden.

Anlass zu Bedenken bietet auch der jüngere Überlieferungsträger der gefälschten Wolberna-Urkunde aus der Mitte des 17. Jahrhunderts. Das aufwändig gestaltete „Schmuckblatt" mit seinem ‚gemischten' Inhalt, bestehend aus Inkorporationsurkunde, Äbtissinnenliste und Gründungs- bzw. Weihenotiz[38] diente augenscheinlich weniger als bloßer Überlieferungsträger, sondern wurde vermutlich vielmehr als knappe Zusammenstellung der wesentlichen Daten und Rechte des Klosters angelegt, deren Fehlen

---

che (Zeitschrift des Geschichtsvereins Mülheim an der Ruhr 94), Mülheim an der Ruhr 2020.

36 S. oben Anm. 12.

37 S. oben Anm. 8.

38 S. oben Anm. 9.

man in Saarn damals offenbar als Defizit ansah. Sowohl der späte Entstehungszeitpunkt als auch die spezifischen Motive innerhalb des konkreten Entstehungsanlasses nach der Klosterreform von 1641 lassen Zweifel an der Glaubwürdigkeit der Nachrichten aufkommen.[39] Solche Zweifel hat Günter von Roden jedoch nicht, der sich kritiklos – und unvollständig zitierend – auf den undatierten „Auszug aus einem sehr alten Blatt“ [UB Mülheim Nr. 30] stützt und ihn zur Datierung der Klostergründung ohne Bedenken heranzieht [S. 14]. Ortmanns folgt ihm darin [S. 136 f.]. Aus welcher Zeit die „antiquissima scheda“ genannte Vorlage stammt, ist unklar. Die Notiz kann aber erst 1476 oder später formuliert worden sein, da in ihr die Klosterreform jenes Jahres erwähnt wird.

Ebenfalls im letzten Viertel des 15. Jahrhunderts entstand die Chronik des Klosters Kamp. Sie erzählt die Geschichte der Zisterzienserabtei von der Gründung im Jahr 1123 bis zur Abfassungszeit, also wohl den Jahren nach 1470.[40] Der bis 1487 reichende erste Teil des Werks stammt aller Wahrscheinlichkeit nach aus der Feder des Mönchs Wilhelm de Reno (gestorben 1487);[41] ihm folgte Heinrich von Kalkar, der 1482 mit zwei weiteren gelehrten Brüdern das Klosterarchiv neu geordnet hatte und ein Jahr später zum Abt von Kamp berufen worden war.[42] Wilhelm schildert – nach einem Gründungsbericht, in den er die Stiftungsurkunde inserierte – die Geschichte des Klosters Kamp, indem er sich an den Gesta der Äbte orientiert, wobei er auch den Zuwachs an Gütern und Rechten sowie den allmählichen Aufbau der Klosterfamilia verfolgt. Wilhelm de Reno stützt sich überwiegend auf Urkunden des Kamper Klosterarchivs sowie, falls für ihn greifbar, auf Urkunden anderer mit Kloster Kamp verbundener Zisterzen, und dabei insbesondere auf solche, die Auskunft über den Gründungsvorgang bieten [Ostrowitzki, S. 41 f.].

Hin und wieder unterlaufen dem Chronisten allerdings Irrtümer [Ostrowitzki, S. 42 f.]; nicht immer verfügte er über die gewünschten Quellen. „Erscheinen statt genauer Jahresangaben Zeitbestimmungen wie postmodum, eodem tempore vel paulo ante oder circa, verzichtet eine Fundatio [sc. Klostergründungsgeschichte] auf die Benennung von Protagonisten oder der Herkunft des ersten Konventes, dann verfügte der Historiograph mutmaßlich über keine Urkunde“ [S. 45 f.]. Dies gilt nach Ostrowitzkis Ansicht auch für Kloster Saarn sowie dessen institutionelles Verhältnis zu den Zisterzen Kaarst und Epinghoven: „Beobachtungen am Text der Chronik und der Vergleich mit den Urkunden gebieten einige Skepsis gegenüber der chronikalischen Tradition“ [S. 83]. Anja Ostrowitzki ist bisher die einzige Historikerin, die sich der Kamper Überlieferung mit der unzweifelhaft notwendigen kritischen Distanz nähert. Insbesondere von Roden [S. 13] und Ortmanns übernehmen die Angaben der Klosterchronik hingegen ohne eingehendere inhaltliche Prüfung.

---

39 S. unten S. 168.

40 S. oben S. 150.

41 So Geisbauer, Kloster Kamp (wie Anm. 2), S. 7 u. 9. Anders Ostrowitzki, Zisterzienserinnen (wie Anm. 2), S. 41 nach Hans Mosler, Die Historia Campensis des Johannes Ditmar aus Kleve, in: AHVN 167 (1965), S. 22–87, hier S. 47.

42 Ostrowitzki, Zisterzienserinnen (wie Anm. 2), S. 41.

2.2 Wann wurde das Kloster gegründet?

Die Aussagen der Historikerinnen und Historiker zu der Frage, wann Kloster Saarn denn gegründet wurde, variieren: Günter von Roden nennt das tradierte Gründungsjahr 1214, ohne das „vel paulo ante" der Kamper Klosterchronik zu berücksichtigen, und vermutet die Weihe nach 1216 [S. 14]. Auf das Jahr 1214 verweisen auch Hans Fischer [S. 7 und 37] sowie Georg Mölich und Joachim Oepen [S. 356]. Allerdings nimmt Fischer – ohne Begründung – an, dass eine „Frauengemeinschaft in Saarn schon eine Reihe von Jahren vor der Inkorporation in den Zisterzienserorden ein monastisches Leben geführt hat" [S. 37]. Kurt Ortmanns formuliert etwas vorsichtiger: „Um 1214 entstand das Zisterzienserinnenkloster Mariensaal" [S. 163]. Die Weihen von Klosterkirche und -friedhof fanden seiner Ansicht nach im Zeitraum von 1217 und 1220 statt [S. 140]. Nicola Peczynsky orientiert sich an der Urkunde des Kölner Erzbischofs Engelbert I., dessen Pontifikat 1216 begann, und vermutet die Gründung vor diesem Jahr [S. 197]. Anja Ostrowitzki, deren Ausführungen Peczynsky folgt, verweist darauf, dass die Existenz der Zisterze in Saarn „zum ersten Mal während der Amtszeit Engelberts von Berg, also frühestens 1216, aber vor 1221, belegt" sei [S. 86]. Wissenschaftlich redlich weist sie darauf hin, dass die Geschichte des Klosters Saarn – wie anderer Frauenzisterzen auch – „nicht bis in die Anfangszeit verfolgt werden" kann. Es trete vielmehr „als bestehende Institution in Erscheinung" [S. 73]. Wann der Vorgang der Fundatio, der durchaus lange andauern konnte, begann, muss offen bleiben – auch wenn das non liquet die Erkenntnis Suchenden nicht befriedigt. Insofern ist die Vermutung von Heinz Weirauch, der gestützt auf die archäologischen Untersuchungen von Ralf Lommerzheim,[43] schreibt, dass „der Bau der ersten Klosteranlage um das Jahr 1200" begonnen habe [S. 40], nicht abwegig.

2.3 Wer gründete es?

Die Frage nach dem Gründer der Zisterze in Saarn hat ebenfalls keine einhellige Antwort gefunden. In keiner Quelle wird er ausdrücklich genannt. Lediglich im frühneuzeitlichen Memorienbuch des Klosters Saarn begegnet, wie erwähnt, ein „Herr Henricus" als „Fundator" der Kirche [Stadtarchiv Mülheim, Bestand 1032, Nr. 3, fol. 15]. Diese Nachricht sowie der Umstand, dass in Erzbischof Engelberts Urkunde von 1221 ein „Everwin von Broich" unter den Schenkern für das geistliche Institut als erster in der Reihe der weltlichen Herrn erscheint, hat Anlass zu ganz unterschiedlichen Deutungen gegeben.[44] Während sich Anja Ostrowitzki über die Beteiligten am Saarner Gründungsgeschehen überhaupt nicht äußert, verweist Nicola Peczynsky unbestimmt auf einen ortsansässigen Adligen

---

43 Ralf Lommerzheim, Mariensaal in Saarn. Ergrabene Geschichte. Die Geschichte des Klosters der Zisterzienserinnen in Mülheim an der Ruhr nach den Befunden der archäologischen Forschung [...], Mülheim an der Ruhr 1998, S. 17.

44 Nur am Rand zu erwähnen ist in diesem Zusammenhang auch der Aufsatz von Rolf Joachim Mostert, „Herr Heinrich ist Fundator unser Kirchen gewest und hat uns vill guts gethan". Ein Beitrag zur Gründungsgeschichte des Zisterzienserinnenklosters Saarn in Mülheim an der Ruhr, in: RB 55 (2005), Heft 3, S. 2–14; vgl. hierzu zutreffend Ortmanns, Gründung (wie Anm. 4), S. 123 f.

[S. 197]. Günter von Roden denkt an ein Mitglied „der Herren von Broich oder gar aus dem bergischen Grafenhaus". Wegen des Zusatzes „Herr" zum Namen des Gründers „Heinrich" versteht er darunter einen Geistlichen [S. 14], ohne sich freilich zu dessen Familie zu äußern. Hans Fischer ist indes „mit gutem Grund geneigt, diesen Herrn Heinrich, von dem keine Auskunft über seine Lebenszeit und seine Abstammung gegeben wird, unter die Herren von Broich einzureihen" [S. 55]. Am deutlichsten bezieht Kurt Ortmanns Position. Er mustert die Einträge des Memorienbuchs und fördert drei weitere Einträge zu Männern namens Heinrich zutage. Darunter entdeckt er zum 21. Januar auch einen „Herr[n] Henricus von Brock" als Stifter von Gütern für das Kloster und schreibt: „Es dürfte sich um den ohne Herkunftsbezeichnung zum 1. Mai genannten ‚Fundator' und großen Wohltäter des Klosters Saarn handeln" [S. 124]. Überdies identifiziert er ihn mit dem zum 26. März erwähnten, gleichnamigen Kanoniker des Kölner St. Andreasstifts [S. 125]. Ohne eine weitere Begründung dieser allein auf der Namensgleichheit beruhenden Identifikationen resümiert er: „Mit dem Nachweis der Herkunft des Gründers des Klosters Saarn aus der hochadeligen [!] Familie der Edelherren von Broich gehört das Kloster Saarn in die in Reihe jener Zisterzienserinnen-Klöster, die in allen Landschaften meistens von hochadeligen Familien gegründet wurden" [S. 125]. Diese Behauptung bleibt allerdings unbelegt. Allenfalls wird durch sie die Wahrscheinlichkeit der Annahme erhöht, dass die adeligen Herren von Broich Gründer der Zisterze waren. Von einem Nachweis Broicher Klostergründerschaft kann jedoch keine Rede sein. Als Gewissheit übernehmen freilich Mölich und Oepen Ortmanns' These in ihren Beitrag [S. 356].

2.4 In welchem institutionellen Verhältnis standen die Zisterzen Saarn, Kaarst und Eppinghoven zueinander?

Auch zu dieser Frage sind die Aussagen der zur Verfügung stehenden Quellen spärlich und verwirrend. Eine institutionelle Verbindung der genannten drei Klöster hat man angenommen, weil alle drei geistlichen Institute den Namen Mariensaal trugen, mit Wolberna zumindest die Zisterzen in Kaarst und Saarn zeitweilig eine gemeinsame Äbtissin hatten und der Saarner Konvent der Papsturkunde von 1223 zufolge über Besitz in Kaarst verfügte.[45] Die früheste sichere Auskunft zu diesem Aspekt stammt aus dem Jahr 1237, als Abt Arnold von Kamp beurkundete, dass die Konvente der Klöster in Saarn und Eppinghoven getrennt worden seien und der bewegliche wie unbewegliche Besitz „ex consensu utriusque capituli" aufgeteilt worden sei [UB Mülheim Nr. 41]. Zwischen den Zisterzen in Saarn und Eppinghoven bestand demnach bis 1237 eine personelle wie institutionelle Verbindung. Die Chronik des Klosters Kamp vermeldet hierzu, dass das 1214 gegründete Frauenkloster Mariensaal in Kaarst („Karlesforst") später an einen Ort namens „Eppynchoven" verlegt worden sei. „Zur gleichen Zeit oder etwas früher" habe man das Frauenkloster in Saarn gegründet. „Man glaubt", so schreibt der Chronist weiter, „dass diese Klöster als erste der Abtei Kamp inkorporiert worden seien".[46] Klare An-

45 UB Mülheim, Nr. 36, S. 24: *„grangiam de Karlisfort cum omnibus pertinentijs"*. – S. hierzu Ortmanns, Gründung (wie Anm. 4), S. 122.

46 Ebd. S. 279, s. oben Anm. 2.

gaben über das institutionelle Verhältnis der genannten geistlichen Institute bietet der Geschichtsschreiber also nicht.

Dies hat – kaum überraschend – zu ganz unterschiedlichen Deutungen in der zur Verfügung stehenden geschichtswissenschaftlichen Literatur geführt. Otto Redlich [S. 6],[47] Günter von Roden [S. 14f.] und Kurt Ortmanns [S. 3f.][48] sehen, allerdings ohne zwingende Belege beizubringen, in dem Institut in Kaarst ein Tochterkloster der Zisterze in Saarn. Hingegen hält Erich Wisplinghoff Saarn – zumindest zeitweilig – für eine Filiale von Kaarst [S. 177f.].[49] Kurt Ortmanns schließlich betrachtet die Zisterzen Kaarst und Saarn als Zweigklöster eines einzigen „Doppel-" bzw. „Gesamtklosters".[50] Unter einem „Doppelkloster" versteht er eine institutionelle Einheit „mit zwei weit voneinander entfernten Standorten".[51] Die Verwendung der Bezeichnung „Doppelkloster" ist hier allerdings wenig glücklich, weil damit in der geschichtswissenschaftlichen Literatur üblicherweise ein Kloster gemeint ist, das eine Gemeinschaft sowohl von Männern als auch von Frauen umfasst, „die am selben Ort leben, dieselbe Regel befolgen und derselben Autorität unterstehen".[52] Das trifft auf die beiden durch eine vergleichsweise große Distanz getrennten Frauenklöster Kaarst und Saarn allerdings nicht zu.

Zu Recht verweist Anja Ostrowitzki darauf, dass dem Kamper Chronisten von einer „organisatorischen Verflochtenheit" der Abteien Saarn und Kaarst offenbar nichts bekannt war [S. 83]. Sie und ihr folgend Nicola Antonia Peczynsky verzichten deshalb darauf, eine institutionelle Verbindung zwischen Kaarst und Saarn ausdrücklich anzunehmen [S. 82–84; S. 197]. Stattdessen stellt Ostrowitzki die Frage, „ob der urkundliche Befund auf den Fortbestand des Kaarster Klosters bis zur Verlegung nach Eppinghoven deutet oder der Kamper Historiograph eine Gründungsgeschichte verkürzte, die weniger glatt verlief". Für die Annahme des Letzteren spricht aus ihrer Sicht Folgendes: „Zwischen 1218 und spätestens 1224 ist ein Nonnenkloster an St. Peter in Kaarst bezeugt. Saarn verfügte an diesem Ort 1223 über einen Wirtschaftshof. 1230, noch bevor die Klostergründung von Aula sancte Marie in Eppinghoven begonnen war, urkundet die ehemals Kaarster Äbtissin Wolberna in Aula sancte Marie. 1231 schließlich beginnt der Gründungsvorgang in Eppinghoven, gar nicht weit von Kaarst entfernt. [...] Viel spricht daher für die Annahme, das Kloster in Kaarst sei aus Gründen, die nicht zu erhellen sind, einige Zeit vor der Entstehung verlassen worden und die Nonnen nach Saarn gezogen". Wolberna und ihre Kaarster Mitschwestern „schlossen sich einer bestehenden Gemeinschaft von Saarn

47 Otto R. Redlich, Mülheim an der Ruhr, seine Geschichte von den Anfängen bis zum Übergang an Preußen 1815, Mülheim an der Ruhr 1939.

48 Kurt Ortmanns, Die Zisterzienserinnenabtei Saarn in Mülheim an der Ruhr (Rheinische Kunststätten 280), 2. Aufl. Neuss 1992.

49 Erich Wisplinghoff, Geschichte der Stadt Neuss, Teil 4: Das kirchliche Neuss bis 1814. Pfarrverhältnis und geistliche Institute (Schriftenreihe des Stadtarchivs Neuss 10/4), Neuss 1989.

50 Ortmanns, Gründung (wie Anm. 4), S. 121f., 151; so zuvor auch bereits Fischer, Saarn (wie Anm. 11), S. 63.

51 Ortmanns, Gründung (wie Anm. 4), S. 121f. Er folgt darin Hans-Georg Kirchhoff, Geschichte der Stadt Kaarst, Kaarst 1987, S. 58.

52 So Michel Parisse, Art. Doppelkloster, in: Lexikon des Mittelalters, Bd. 3, 1986, Sp. 1257.

an". Wolberna wurde Äbtissin des Konvents in Saarn. Die direkte Verlegung des Kaarster Konvents nach Eppinghoven, wie sie der Kamper Chronist schilderte, scheint auf einer Missdeutung urkundlicher Erwähnungen Kaarsts und Eppinghovens Kamper Archivalien zu beruhen.[53] Freilich fußt auch Ostrowitzkis These auf einer äußerst schmalen Quellengrundlage.

2.5 Welche Rolle spielte Wolberna?

Hier deutet sich bereits an, dass auch Wolbernas Rolle – je nach Konstruktion des institutionellen Zusammenhangs zwischen den genannten Klöstern – unterschiedlich aufgefasst werden kann. Günter von Roden macht es kurz: „Wolberna, die erste Äbtissin von Saarn, ist zugleich auch noch die Äbtissin dieses Tochterklosters [sc. der Zisterze Kaarst]. Über ihre Person und Herkunft – die Betrauung mit der Leitung zweier Konvente deutet auf vornehme Abkunft bzw. Abstammung aus einflußreicher Familie hin – war nichts zu ermitteln" [S. 15].[54] Ähnlich ist Kurt Ortmanns' Sicht der Dinge. Er hält Wolberna für die Vorsteherin des Broicher „Hausklosters in Saarn sowie des Gesamtklosters" bestehend aus den Zisterzen in Kaarst und Saarn [S. 127]. Der Schwerpunkt ihrer Tätigkeit lag, betrachtet man die wenigen im Namen Wolbernas ausgefertigten Urkunden, in Kaarst bzw. Eppinghoven; dort, westlich des Rheins, hatte sie, so schreibt Ortmanns weiter, das Zweigkloster zu sichern und darüber hinaus über die „Besitzungen und Rechte ihrer Familie zu wachen" [S. 129]. Dieser Annahme liegt die Vermutung zugrunde, dass die Konventsvorsteherin eine Angehörige der Familie von Broich gewesen sei: „In dieser Äbtissin Wolberna haben wir wohl die Jüngste der nun auf sieben angewachsenen Nachkommen Burkhards II. (1142–1150) zu sehen" [S. 127].

Zu anderen Ergebnissen kommt Anja Ostrowitzki aufgrund ihrer quellenkritischen Untersuchungen. Da sie sowohl der Echtheit der sogenannten Wolberna-Urkunde von 1216 als auch der Zuverlässigkeit der von der Kamper Klosterchronik überlieferten Nachrichten skeptisch gegenübersteht, wertet sie in erster Linie jene mutmaßlich echten Kaarster und Saarner Urkunden aus, in denen uns eine Äbtissin Wolberna begegnet.[55] Dabei kommt sie zu dem Ergebnis, dass Wolberna zunächst die Vorsteherin des Klosters in Kaarst und anschließend desjenigen in Saarn war. Nach 1224 habe sie mit ihrem Konvent das Kloster Kaarst aufgegeben und sei nach Saarn gegangen, wo man sie aufnahm. Im Jahr 1230 urkundete Wolberna dann nachweislich als Äbtissin von Kloster Mariensaal

53 Ostrowitzki, Zisterzienserinnen (wie Anm. 2), S. 85–87, hier auch die vorstehenden Zitate.

54 Dementsprechend lautet von Rodens Eintrag zur Äbtissin in der Personalliste: „Die erste Äbtissin, die von 1214 regiert haben müsste [...], wird 1216 zum ersten Mal (PfA Saarn Urk 1 [UB Mülheim Nr. 33]) und dann nochmals 1231 erwähnt (UB Mülheim 41). Es ist nicht auszuschließen, daß die Gütertrennung von 1237 [...] nach ihrem Tod erfolgte": von Roden, Zisterzienserinnenklöster (wie Anm. 1), S. 38.

55 Ostrowitzki, Zisterzienserinnen (wie Anm. 2), S. 84. Editionen: 1. Joseph Hubert Mooren, Urkunden, die Pfarre Willich betreffend, in: AHVN 1 (1855), S. 111 Nr. II (undatiert, wohl 1220–1224), zugleich Kirchhoff, Kaarst (wie Anm. 49), S. 53; 2. ebd., S. 112 Nr. III, zugleich ebd., S. 57 (1218); 3. ebd., S. 57 (1230).

[S. 84–86]. Eine zeitgleiche Leitung zweier Gemeinschaften scheint, so Ostrowitzki, „nicht den frühen Zisterzienserinnen zu entsprechen" [S. 86].

Die Durchsicht der im zweiten Kapitel referierten geschichtswissenschaftlichen Untersuchungen ergibt, dass viele offene Fragen lediglich durch Hypothesen beantwortet wurden. Die allzu wenigen Quellen zu den Anfängen der Zisterze in Saarn bedürfen daher nach wie vor der kritischen Analyse, historischen Einordnung und wissenschaftlichen Deutung. Eine solche Untersuchung ist, abgesehen von der Arbeit Anja Ostrowitzkis, nicht vorgelegt worden. Insbesondere Günter von Roden wertet, positivistischem Denken verhaftet, die Quellen ohne Berücksichtigung ihrer Eigenheiten aus und stellt so Thesen auf, die bei genauerer Betrachtung kaum haltbar sind. Weder im vorliegenden Saarner Fall noch in den allermeisten anderen historischen Zusammenhängen gibt es eine „unmittelbare Gewissheit des anschaulich Eingesehenen bzw. notwendig zu Denkenden" – oder gar eine scheinbar ‚objektiv' rekonstruierbare „historische Realität".[56] Es gibt allenfalls eine mehr oder weniger plausible, auf belastbaren Belegen beruhende und nachvollziehbare Konstruktion vergangenen Geschehens. Deshalb ist für jede Quelle gleich welcher Art zu fragen, welchen spezifischen Beitrag sie zu eben dieser Konstruktion – her konkret: der Klostergründung in Saarn – leistet.[57]

3. Fakten? – Aspekte der Klostergründung

3.1 Der Entstehungszeitraum

Nur das ungefähre Ende des Gründungsvorgangs lässt sich angeben: Vor 1221 war er abgeschlossen. Denn in jenem Jahr urkundete Erzbischof Engelbert I. für die „novella plantatio", deren Konvent damals bereits dem Zisterzienserorden inkorporiert war.[58] Zwei Jahre später sicherte Papst Honorius III. das Kloster durch ein Privileg rechtlich ab und unterstellte es päpstlichem Schutz.[59] Das Kloster trat also erst in Erscheinung, als es baulich, personell und kirchenrechtlich weitgehend etabliert war. Weitere zeitgenössische Nachrichten zum Gründungsvorgang fehlen. Dass weder der Zeitraum des Gründungsvorgangs noch gar ein genaues Gründungsjahr schriftlich festgehalten wurden, war für

56 Michael Brauer, Quellen des Mittelalters. Historische Quellen interpretieren, Paderborn u.a. 2013, S. 17.

57 Zu berücksichtigen sind bei einer solchen Untersuchung die jeweiligen Schreibanlässe und die Entstehungsumstände, die besondere Kommunikationssituation sowie der Horizont und das Imaginarium der Verfasser, die allesamt Perspektive, Intentionen sowie Tendenz der Texte und mithin die Darstellung des berichteten Geschehens bestimmen. Gerade bei erzählenden Texten ist in Betracht zu ziehen, warum etwas in bestimmter Form geschrieben wurde. Das gilt insbesondere, wenn eine Geschichtserzählung an die spezifischen Regeln und Perspektiven einer historiographischen Quellengattung gebunden ist. Erst die Berücksichtigung all dessen erlaubt die Einschätzung der interpretativen Tragweite von Quellen und damit eine begründete Scheidung von Spekulationen und beweisbaren Aussagen; s. hierzu Gerhard Wolf, Einleitung, in: Gerhard Wolf / Norbert H. Ott (Hg.), Handbuch Chroniken des Mittelalters, Berlin / Boston 2016, S. 1–44, hier S. 12–31.

58 UB Mülheim Nr. 35.

59 UB Mülheim Nr. 36.

die Beteiligten offenbar hinnehmbar. Es ist allerdings denkbar, dass entsprechende Daten, vielleicht ebenso wie Nachrichten zur Kirchenweihe oder der Wahl der ersten Äbtissin, innerhalb der Frauengemeinschaft mündlich tradiert wurden.

Es hat freilich den Anschein, dass dieser Umstand im Lauf der Zeit, wenn auch nicht einmal in Saarn selbst, als Mangel empfunden wurde. Dies war möglicherweise der Fall, als die Kamper Mönche Wilhelm de Reno und Heinrich von Kalkar im letzten Viertel des 15. Jahrhunderts an der Chronik ihres Klosters schrieben. Dort setzte in den siebziger und achtziger Jahren eine umfangreiche Schriftgutproduktion ein. Neben der Klosterchronik entstanden, ebenfalls geschrieben von Wilhelm de Reno, unter anderem eine „Beschreibung der Reliquien und Kostbarkeiten der Kirche des Kamper Klosters" (1472), eine „Verhinderung der Veräußerung von Reliquien der Heiligen" (undatiert) und eine graphisch gestaltete Übersicht über diejenigen Klöster, die mit der Kamper Zisterze verbunden waren (1485); in ihr wird Kloster Saarn zusammen mit der Jahreszahl 1214 genannt. Hinzu kommen noch eine Abschrift der Kamper Stiftungsurkunde von 1123 und eine „Auflistung von Urkunden und Privilegien über die Güter und Erträge des Kamper Klosters" (1483).[60] All dies lässt vermuten, dass in Kamp in jenen Jahrzehnten das dringende Bedürfnis bestand, sich seiner Reliquien, wirtschaftlich nutzbarer Besitzungen und Einkünfte, seiner Tochterklöster wie überhaupt seiner Geschichte zu vergewissern.[61] Wohl auch deshalb heißt es im Vorwort der Chronik: „Mit der Hoffnung auf Nutzen wird die mühevolle Aufgabe einer schriftlichen Tradition Gewinn bringen, vor allem deshalb, weil die Tage böse und kurz sind und weil die gegenwärtige Zeit es verlangt, dass man, wenn sich irgendein Zweifel oder der Neid von Übelwollenden gegen ein Geschehnis erhebt, die Wahrheit der Sache und die schriftlichen Zeugnisse dagegenhält".[62] Die Chronisten bemühten sich allem Anschein nach, die schwierigen Zeiten in Kamp gleichsam schreibend zu bewältigen.

Als Heinrich von Kalkar, Stephan van der Schuren und Hermann Kraen aus Köln, die man 1482 mit der Ordnung und Registrierung der Urkunden beauftragt hatte,[63] im Klosterarchiv nach Stücken suchten, auf die sie zurückgreifen konnten, fanden sie für Kloster Saarn offenbar nichts. Das Fehlen dieser Unterlagen dürfte dazu geführt haben, dass die Formulierungen der Chronik zum Gründungszeitraum der Zisterze Mariensaal vage blieben („*Eodem tempore* [1214] *vel paulo ante* [!] *fundata est abbatia monialium dicta Aula sancte Marie in Sarne*") und damit eine in Kamp bestehende Unsicherheit hinsichtlich der Anfänge der Frauenzisterze widerspiegeln.[64] Gleichwohl etablierte sich, so hat es den Anschein, die bis dahin wohl nur mündlich überlieferte Jahresangabe 1214 in

---

60 Geisbauer, Kloster Kamp (wie Anm. 2), S. 7–9.

61 Zur Situation des Klosters und den ganz unterschiedlichen äußeren Gefährdungen, auf die hier nicht näher eingegangen werden soll, s. Geisbauer, Kloster Kamp (wie Anm. 2), S. 66–73 (Einträge in der Kamper Chronik) sowie Mathias Dicks, Die Abtei Camp am Niederrhein. Geschichte des ersten Cistercienserklosters in Deutschland (1123–1802), Kempen 1913, S. 364–416.

62 Übersetzung von Geisbauer, Kloster Kamp (wie Anm. 2), S. 10; Edition: Keussen, Chronicon (wie Anm. 2), S. 261.

63 Geisbauer, Kloster Kamp (wie Anm. 2), S. 72.

64 Ostrowitzki, Zisterzienserinnen (wie Anm. 2), S. 41–46.

der Kamper Überlieferung zunächst als ungefähres, dann aber als vermeintlich sicheres Gründungsdatum.

Hinzu kam möglicherweise noch etwas Anderes. Nicht nur die skizzierten Maßnahmen zur Rechtssicherung und vergewissernden Geschichtsaneignung in Kloster Kamp offenbarten während der siebziger und achtziger Jahre eine den Saarner Tochterkonvent betreffende Überlieferungslücke. Auch augenscheinlich unhaltbare Zustände in der Frauenzisterze nach der Mitte des 15. Jahrhunderts ließen, so ist zu vermuten, eine nunmehr als mangelhaft empfundene Verschriftlichung Kamper Rechte gegenüber Kloster Saarn zutage treten: 1466 hatte das Generalkapitel des Zisterzienserordens den Kamper Abt Heinrich von Ray beauftragt, mit der Unterstützung des Kölner Erzbischofs Ruprecht von der Pfalz und des Herzogs Johann I. von Kleve-Mark in Saarn eine Reform durchzusetzen, um so den als Abweichung von den vorgegebenen Gewohnheiten verstandenen Zustand wieder an strengerer Observanz oder positiven Vorbildern auszurichten. Die Reformbemühungen zogen sich offensichtlich hin. Erst am 10. Mai 1476 wurde die Reform abgeschlossen.[65] Möglicherweise, aber auch dies ist Spekulation, kooperierten die Zisterzienserinnen nicht im gewünschten Maß mit dem Kamper Abt, vielleicht erkannten sie ja die Rechte des Vaterabts zunächst nicht an. Wenn es auch unbeweisbar ist, erscheint es aber doch denkbar, dass man im Kloster Kamp das Problem wieder schreibend zu bewältigen suchte und eine entsprechende Urkunde gleichsam nachträglich herstellte, mithin nach modernem Verständnis fälschte, um das aus Kamper Sicht dringende Bedürfnis nach einer zuverlässigen Verbriefung der üblichen Rechte des Vaterabts zu befriedigen. Denn in der auf das Jahr 1216 datierten Urkunde der Äbtissin Wolberna schrieb man ausdrücklich fest, was wahrscheinlich ohnehin allen bekannt war, wofür aber ein Nachweis fehlte: nämlich dass Kloster Saarn dem Zisterzienserorden inkorporiert, als Tochter dem Kapitel von Kloster Kamp unterstellt und dauerhaft dem Visitationsrecht und der Seelsorge des Abts unterworfen war.[66] Im älteren der beiden Überlieferungsträger dieser Urkunde, dem Eppinghovener Kopiar vom Beginn des 16. Jahrhunderts, heißt es in einer Notiz, dass die „litera" in Kloster Kamp aufbewahrt wurde,[67] obgleich man sie eigentlich in der Zisterze Mariensaal vermuten würde. Das hängt möglicherweise damit zusammen, dass die in Kamp mutmaßlich in frommer Absicht hergestellte Fälschung eben dazu diente, dem Vaterabt zur Durchsetzung seiner Rechte gegenüber Kloster Saarn zu verhelfen, und deshalb in der Abtei verblieb.

Augenscheinlich, so lautet somit die hier vertretene These, entstanden die beiden bisher maßgeblich von der Forschung zur Datierung der Gründung des Klosters Saarn herangezogenen Quellen, nämlich die Erwähnung in der Kamper Klosterchronik, aber auch die sogenannte Wolberna-Urkunde, in den siebziger und frühen achtziger Jahren im Kloster Kamp. Sie spiegeln beide auf ihre Weise den Mangel an Nachrichten zu Grün-

65 Zu Kloster Saarn und der Reform s. VON RODEN, Zisterzienserinnenklöster (wie Anm. 1), S. 15 f. und FISCHER, Saarn (wie Anm. 11), S. 98.

66 UB Mülheim Nr. 33: „[…] *quod* […] *ordini Cisterciensi sumus incorporate et auctoritate capituli generalis in eodem capitulo ecclesie Campensi commisse ita, ut filie sumus Campensis ecclesie et abbas eiusdem dominus perpetuo sit visitator noster et rector animarum nostrarum*".

67 UB Mülheim Nr. 33, S. 22, Anm. 1.

dung und Rechtsstellung der Frauenzisterze wider. Die Einführung des Gründungsjahres 1214 in die schriftliche Überlieferung ist, so hat es den Anschein, das Werk Kamper Mönche im letzten Drittel des 15. Jahrhunderts.

Nun scheint die Datierung der Gründung des Klosters Saarn in das Jahr 1214 keine bloße Erfindung zu sein. Was hat es also mit dem Jahr 1214 auf sich? Ein Indiz für die angemessene Deutung bietet womöglich der zweite Überlieferungsträger der Urkunde zu 1216, das so genannte Schmuckblatt. Auf diesem Blatt wurden um 1640/41 der Text der Wolberna-Urkunde, die Liste der Saarner Äbtissinnen und der oben schon erwähnte Gründungs-Vermerk wohl im Kontext einer weiteren Klosterreform eingetragen. Dort heißt es, dass das Kloster Mariensaal 1214 gegründet worden sei und der heilige Erzbischof Engelbert von Köln die Kirche geweiht habe. <Das Kloster sei von der Regel abgewichen und im Jahr 1476 reformiert worden>.[68] Zwar wird auch hier 1214 als Gründungsjahr genannt, aber mit einem Hinweis auf die nicht zeitlich näher bestimmte Weihe der Klosterkirche durch Erzbischof Engelbert I. verbunden, der damals freilich dieses hohe Kirchenamt noch gar nicht bekleidete. Dass Erzbischof Engelbert I. Kirche und Altäre geweiht habe, bekräftigt ebenfalls die 1650 aufgefundene Weihenotiz im Lagerbuch.[69] Trotz der Unvereinbarkeit von Weihedatum und erzbischöflicher Amtszeit ließe sich doch die Vermutung wagen, dass aus der Perspektive der Saarner Zisterzienserinnen und, ihnen folgend, der Kamper Zisterzienser die Kirchenweihe (consecratio) einen langandauernden Gründungsvorgang abschloss – und dementsprechend das Weihe- mit dem Gründungsjahr in eins gesetzt wurde.

Die Komplexität des tatsächlichen Gründungsvorgangs spiegelt eine solche Jahresangabe nicht wider. Denn die Gründung eines Konvents und Klosters beanspruchte üblicherweise eine sehr lange Zeit, weil sie aus mehreren Phasen bestand. Zunächst hatten der oder die Klosterstifter dem zu gründenden geistlichen Institut Grund und Boden (fundus) sowie eine hinreichende wirtschaftliche Ausstattung (dos) zur Verfügung zu stellen, damit die zu bildende Gemeinschaft geistlicher Männer oder Frauen auskömmlich versorgt war und sich ihren liturgischen und Gebetsverpflichtungen widmen konnte. Nach diesen Akten der Fundatio und Dotatio folgten die Constructio, also der Bau von Kirche und Klostergebäuden, und anschließend die Kirchen- bzw. Klosterweihe (consecratio). Alles das erforderte Zeit. Wie lange diese einzelnen Etappen des Gründungsprozesses dauerten, ist im Fall von Mariensaal vollkommen unklar. Archäologische Befunde scheinen dafür zu sprechen, dass mit dem Bau der Klosteranlage bereits um 1200 begonnen worden war.[70]

Demnach ergäbe sich das folgende Bild: Um 1200 begann möglicherweise der Bau der ersten Klostergebäude. Der Gründungsprozess war somit bereits im Gang. Im Jahr 1214 wurden der Saarner Tradition zufolge Kirche und Kloster geweiht, dann aber noch nicht

68 UB Mülheim Nr. 30; s. oben Anm. 11. – Der in dreieckige Klammern gesetzte Satz ist dort nicht abgedruckt, aber auf dem Faksimile des Schmuckblatts bei Fischer, Saarn (wie Anm. 11), S. 38 klar erkennbar. – Zum Kölner Heiligen wurde Engelbert I. übrigens erst 1618 – ohne förmliche Kanonisation, aber mit päpstlicher Duldung – erhoben, s. Manfred Becker-Huberti / Heinz Finger, Kölns Bischöfe von Maternus bis Meisner, Köln 2013, S. 121.

69 S. oben S. 157.

70 Lommerzheim, Mariensaal (wie Anm. 43), S. 17.

von Erzbischof Engelbert. Um 1220 konsekrierte dieser Metropolit den Klosterfriedhof. Damals erwies sich die wirtschaftliche Ausstattung jedoch als ungenügend und musste erweitert werden. Dies geschah zweifelsfrei 1221. Zwei Jahre später vollendete Papst Honorius III., der die Zisterze unter seinen Schutz nahm, durch sein Privileg kirchenrechtlich die Gründung. Kloster Saarn entstand – und nur so viel lässt sich sicher sagen – im ersten Viertel des 13. Jahrhunderts.

3.2 Das Verhältnis der Klöster in Saarn, Kaarst und Eppinghoven zueinander

Die Kamper Klosterchronik erwähnt die Zisterzen Saarn, Kaarst und Eppinghoven in einem Abschnitt.[71] Über die Anfänge der Zisterzienserinnenklöster in Kaarst und in Eppinghoven ist wie im Fall Saarns nur wenig bekannt. Die Zisterze in Kaarst entstand der Chronik zufolge im Jahr 1214 und hatte nicht lange Bestand. Die urkundliche Überlieferung zu Kloster Kaarst reicht nur bis etwa 1224.[72] Die Chronik von Kloster Kamp berichtet lediglich vage, dass es irgendwann „später" nach Eppinghoven verlegt wurde. Die Gründung der Zisterze Eppinghoven begann 1231 von Kloster Saarn aus. Kaarster Nonnen dürften also irgendwann zwischen 1224 und 1231 dorthin umgezogen sein.

Die Nachrichten der Chronik des Klosters Kamp dominieren die Überlieferung zur frühen Geschichte der drei rheinischen Zisterzienserinnenklöster. Ihre organisatorische Verbundenheit folgert(e) man aus der gemeinsamen Ordenszugehörigkeit, dem scheinbar gemeinsamen Marienpatrozinium bzw. Namen (Mariensaal) und der Spitzenstellung unter den Kloster Kamp inkorporierten und dem „regimen" und der „visitatio" des Abts unterstellten Frauenzisterzen. Hinzu kommt, dass in den Kloster Kaarst betreffenden Urkunden eine „soror W." und eine „abbatissa Wolberna" genannt werden, die man gleichsetzt und darüber hinaus mit der Saarner Äbtissin gleichen Namens identifiziert.[73] Gleichwohl lassen die Formulierungen Wilhelms de Reno erkennen, dass er über keine sichere Kenntnis des Geschehens verfügte. Der Zeitpunkt der Verlegung des Kaarster Konvents war ihm unbekannt („*que* [Aula sanctae Mariae in Karlesforst] *postmodum* [nach 1214] *translata est in locum, qui vocatur Eppynchoven*"), und dass es sich bei den drei Zisterzen um die ersten Kloster Kamp inkorporierten Frauenklöster handelte, war nicht mehr als eine Vermutung. („*Ista* [die drei Klöster] *fuisse putantur prima monasteria monialium monasterio Campensi incorporata et regimini et visitationi abbatis commissa.*") Die hier merkbare Unsicherheit lässt die Angaben des Chronisten, wie schon im Hinblick auf die Gründung des Klosters Saarn, zweifelhaft erscheinen.[74] Wenn man

---

71 S. oben.

72 Zu Kloster Kaarst: Joseph Hubert MOOREN, Urkunden (wie Anm. 52); WISPLINGHOFF, Geschichte (wie Anm. 48), Teil 4, S. 177–180; Gerold BÖNNEN / Frank G. HIRSCHMANN, Klöster und Stifte von um 1200 bis zur Reformation (Geschichtlicher Atlas der Rheinlande, Beiheft IX/3). Bonn 2006, S. 32.

73 OSTROWITZKI, Zisterzienserinnen (wie Anm. 2), S. 84 f.; ORTMANNS, Gründung (wie Anm. 4), S. 128.

74 OSTROWITZKI, Zisterzienserinnen (wie Anm. 2), S. 84: „Somit steht die Zuverlässigkeit seiner [sc. des Kamper Chronisten] Schilderung in Frage, gilt es, ihren historischen Kern freizulegen".

darüber hinaus die gefälschte Wolberna-Urkunde ausscheidet, bleiben als mehr oder verlässliche Quellen nur vier Urkunden der Jahre 1218, 1220 bis 1224 (?), 1230 und 1237, aus denen sich mehr oder weniger valide Schlüsse ziehen lassen.[75]

Die Vorstellungen von Anja Ostrowitzki und Kurt Ortmanns hinsichtlich des kirchenrechtlich-organisatorischen Verhältnisses der drei Klöster könnten unterschiedlicher kaum sein. Ostrowitzkis Idee einer unabhängigen Entwicklung der Klöster in Kaarst und Saarn bis zur Aufnahme des Kaarster Konvents in die Saarner Zisterze irgendwann nach 1224 und vor 1230, vom Abbatiat der aus Kaarst gekommenen Wolberna in Saarn sowie von der Gründung des Klosters Eppinghovens zwischen 1231 und 1237 von Saarn aus stellt Ortmanns sein – aus der geschichtswissenschaftlichen Literatur undiskutiert übernommenes – Konstrukt eines „Doppelklosters"[76] Mariensaal mit Zweigklöstern in Kaarst und Saarn unter der Leitung der Broicherin Wolberna entgegen.[77] Der Konvent aus Kaarst sei seiner Ansicht nach direkt von dort nach Eppinghoven übergesiedelt.[78] Unklar ist aufgrund der undeutlichen und spärlichen Quellenlage, ob auch die Kaarster Zisterze tatsächlich das erweiterte Marienpatrozinium Mariensaal trug, wie es in der Kamper Klosterchronik heißt, oder ob nicht vielmehr Petrus der geistliche Schutzpatron des geistlichen Instituts war.[79]

---

75 Ebd., S. 84–86, sowie UB Mülheim Nr. 41.

76 Nach Kirchhoff, Kaarst (wie Anm. 49), S. 58.

77 Kurt Ortmanns, Gründung (wie Anm. 4), S. 122, begründet die Annahme eines „Doppelklosters" folgendermaßen: „Da ist zunächst das Gründungsjahr, in dem gleich zwei Nonnenklöster in offenbar kurzem zeitlichen Abstand entstanden, die denselben Namen „Aula sanct[a]e Marie [„Mariensaal"] trugen [...] und unter der Leitung derselben Äbtissin standen, die einem Doppelkloster, einer institutionellen Einheit mit zwei weit voneinander entfernten Standorten, vorstand". Es bleibt offen, wie Ortmanns sich die „institutionelle Einheit" konkret vorstellt; denn er führt seinen Gedanken nicht weiter aus, sieht beide Klöster aber zumindest hinsichtlich der Leitung und des Besitzes vereint. – Zu Ortmanns Beobachtungen sei hier noch angemerkt, dass im Rheinland wie in Westfalen die „Gründungswelle" von Zisterzienserinnen-Niederlassungen in den beiden ersten Jahrzehnten des 13. Jahrhunderts noch zögerlich anrollte, dass es aber seit dem dritten Jahrzehnt zu einem geradezu „explosionsartigen Aufstieg" der Zisterzen kam. Deshalb muss es nicht verwundern, dass solche Gründungen, zumal wenn man die lange Erstreckung eines solchen Vorgangs bedenkt, etwa zeitgleich stattfanden. S. hierzu Peter Johanek, ‚Klosterlandschaft' Ruhrgebiet. Klöster und Orden im Umbruch des 12. und 13. Jahrhunderts, in: LWL-Museum für Archäologie – Westfälisches Landesmuseum Herne (Hg.), Ritter, Burgen und Intrigen. AufRuhr 1225. Das Mittelalter an Rhein und Ruhr, Mainz 2010, S. 93–105, hier S. 99. Johanek nennt in seinem Aufsatz zwar sowohl Kloster Saarn (S. 99) als auch Kloster Kaarst bzw. Eppinghoven (S. 104, Anm. 65), erwähnt aber keine institutionelle Verbindung zwischen beiden. Und schließlich: Das Marienpatrozinium war bei den Zisterziensern üblich; allerdings ist die Junktur „sancta Maria de Aula" tatsächlich ungewöhnlich. Zu den Namensbelegen für das Kloster s. von Roden, Zisterzienserinnenklöster (wie Anm. 1), S. 13. Es wäre noch zu klären, ob dieser Klostername noch andernorts im römisch-deutschen Reich vorkam.

78 Ortmanns, Gründung (wie Anm. 4), S. 121 f., 127–128 u. 149–156.

79 Ebd., S. 149, Anm. 71 unter Verweis auf Wisplinghoff, Geschichte (wie Anm. 48), Teil 4, S. 178.

Ostrowitzkis Konstruktion braucht hier nicht noch einmal eigens dargestellt zu werden. Nur sechs ihrer Thesen seien hervorgehoben: (1) Es gab keine „organisatorische Verflochtenheit“ zwischen den Zisterzen in Kaarst und Saarn. (2) Die Kirche (und damit das Kloster) in Kaarst hatte ein Petruspatrozinium. (3) Der Kaarster Konvent wurde mutmaßlich um oder nach 1224 nach Saarn verlegt. (4) Wolberna war zunächst in Kaarst und nach der Verlegung (mindestens bis 1234) in Saarn Vorsteherin der Zisterzen. (5) Erst von Saarn aus erfolgte die Gründung des Klosters Eppinghoven, wohin – nach einer Aufenthaltszeit in Saarn – schließlich auch Kaarster Nonnen gelangten. (6) Der Kamper Chronist hat aus der zeitlichen Distanz diesen gestuften Translationsprozess in einen Vorgang zusammengezogen.[80]

Mag auch die aus den Quellen erarbeitete Deutung Anja Ostrowitzkis die zunächst wahrscheinlichere sein, die deshalb – bis zu einer intensiven weiteren Prüfung der Probleme – als aktueller Forschungsstand angesehen werden sollte, bleiben doch auch hier wesentliche Fragen offen: Gibt es validere Hinweise für eine zwingende Gleichsetzung der „soror W.“ und der „abbatissa Wolberna“ als die bloß vermutete Namensidentität? Lässt sich untermauern, dass Kloster Kaarst bereits nach 1224 nicht mehr fortbestand (und nicht erst seit 1231)? War die Aufgabe des Kaarster Klosters und die Verlegung des Konvents nach Saarn in dieser Form kirchenrechtskonform und entsprach sie den Regeln des Zisterzienserordens? Wurde in solchen Fällen nicht die Zustimmung des zisterziensischen Generalkapitels und des Vaterabts benötigt – und diese tatsächlich nur mündlich erteilt? Und schließlich: Welcher (rechtlichen, organisatorischen oder gleichsam praktischen) Art waren die Verbindungen zwischen den beiden Frauenklöstern, so dass eine Translation überhaupt infrage kam? Sichere Antworten sind auf diese Fragen angesichts der mageren Quellenlage allerdings kaum zu erwarten.

Die Entstehung des Zisterzienserinnenklosters Eppinghoven lässt sich etwas leichter, wenn auch nicht zweifelsfrei aus den wenigen frühen Quellen nachzeichnen.[81] Die älteste Urkunde, die darüber Aufschluss gibt, stammt aus dem Jahr 1231. Damals erlaubte der Kölner Erzbischof Heinrich I. von Müllenark, dass Kloster Saarn das Anwesen Eppinghoven im Tausch gegen den Hof Genserath von Stift Gerresheim erwarb. In Eppinghoven sollten, so heißt es in der Urkunde weiter, Gebäude errichtet und eine Kirche gebaut werden.[82] Eine Beteiligung des Klosters Kaarst wird an dem Rechtsgeschäft nicht genannt.

---

80 Ostrowitzki, Zisterzienserinnen (wie Anm. 2), S. 86.

81 Zu Kloster Eppinghoven s. Karl Emsbach / Max Tauch, Kirchen, Klöster und Kapellen im Kreis Neuss, Köln o.J. [1986], S. 186–190; Klaus Reinecke, Eppinghoven, in: Peter Pfister (Hg.), Klosterführer aller Zisterzienserklöster im deutschsprachigen Raum. 2. Aufl. Strasburg 1998, S. 318–319; Bönnen / Hirschmann, Klöster und Stifte (wie Anm. 69), S. 29; Kristin Dohmen, Kloster Eppinghoven. Von der Wiederentdeckung der staufischen Nonnenkirche und der Bedeutung eines von Löwen flankierten Äbtissinnenwappens, in: Ulrich Stevens / Ulrike Heckner / Norbert Nußbaum (Hg.), Denkmal-Kultur im Rheinland. FS für Udo Mainzer zum 65. Geburtstag (Arbeitsheft der rheinischen Denkmalpflege 75, Sonderband), Worms 2010, S. 142–160.

82 Urkundenbuch für die Geschichte des Niederrheins [...], hg. v. Theodor Joseph Lacomblet, Bd. 2, Elberfeld 1846 (ND Aalen 1960), Nr. 175, dazu Ostrowitzki, Zisterzienserinnen (wie Anm. 2), S. 85 f.

Rund vier Jahre später existierte die Zisterze Eppinghoven bereits.[83] Aus der Urkunde des Jahres 1237, deren Aussteller Abt Arnold von Kamp war, geht, wie erwähnt, hervor, dass auf Beschluss der beiden offensichtlich bereits unabhängig voneinander bestehenden Kapitel der Klöster Saarn und Eppinghoven nunmehr deren Konvente getrennt wurden und man – nach der „divisio" der beweglichen Habe – auch die Immobilien und die daraus resultierenden Einkünfte aufteilte. Aufgelistet wird in dem Stück allein der Saarner Besitz.[84] Die 1223 erwähnte Grangie in Kaarst begegnet darunter nicht;[85] sie ging an Eppinghoven über.[86] Die Entstehung der Zisterze Eppinghoven erfolgte offensichtlich auf Betreiben und mit maßgeblicher Unterstützung der Saarner Zisterzienserinnen. Sie war somit aller Wahrscheinlichkeit nach eine Filiale von Saarn und übernahm auch den Namen Mariensaal vom Mutterkloster.[87]

Für die Klöster Saarn, Kaarst und Eppinghoven gilt, das zeigt der voranstehende Überblick, was Peter Johanek 2010 zur ‚Klosterlandschaft' Ruhrgebiet im 12. und 13. Jahrhundert ernüchternd deutlich feststellte: „Gründungsvorgänge und Verlegungen" sind oft so unklar wie verwickelt und Gründungsdaten nicht selten „Annäherungswerte".[88]

3.3 Gründer und Entstehungskontext

Der oder die Gründer des Zisterzienserinnenklosters Saarn werden in keiner Quelle ausdrücklich genannt. Deshalb bieten auch die im Verlauf dieser Untersuchung vorgestellten quellenkritischen Überlegungen keine neuen Ansatzpunkte zur Beantwortung der Frage nach ihnen. Die wesentlichen Hinweise sind in diesem Zusammenhang lediglich die Erwähnung Everwins von Broich als Schenker in der Urkunde Erzbischof Engelberts I. von 1221[89] sowie eines Mannes namens Heinrich als „fundator" im Saarner Memorienbuch.[90] Dass die Gründer eines geistlichen Instituts im Dunkeln bleiben, ist nicht ungewöhnlich.[91] Oft lassen sie sich, wenn sie als solche nicht genannt wurden, lediglich aufgrund des Umstands erschließen, dass sie „die materielle Hauptlast der Gründungen trugen".[92] Allerdings kam es auch vor, dass die komplexen und langwierigen Gründungsvorgänge nicht immer in einer Hand lagen, so dass die darüber zur Verfügung ste-

83 REK 3, 830 (1235), dazu Michael Matscha, Heinrich I. von Müllenark, Erzbischof von Köln (Studien zur Kölner Kirchengeschichte 25), Siegburg 1992, S. 133 u. 539. S. ferner Ostrowitzki, Zisterzienserinnen (wie Anm. 2), S. 86, Anm. 158.

84 UB Mülheim, Nr. 41; s. dazu von Roden, Zisterzienserinnenklöster (wie Anm. 1), S. 33.

85 UB Mülheim Nr. 36.

86 Ostrowitzki, Zisterzienserinnen (wie Anm. 2), S. 86.

87 Ebd., S. 86 f.

88 Johanek, ‚Klosterlandschaft' Ruhrgebiet (wie Anm. 74), S. 104, Anm. 65.

89 S. oben S. 161.

90 S. oben S. 161 f.

91 Mölich / Oepen, Zisterzienserklöster (wie Anm. 34), S. 350.

92 Ostrowitzki, Zisterzienserinnen (wie Anm. 2), S. 60. – Mölich / Oepen, Zisterzienserklöster (wie Anm. 34), S. 350 nennen vier Gruppen, deren Angehörige als Stifter begegnen: 1. Stadtbürger, 2. andere Zisterzienserklöster; 3. Adelige und Ministerialen sowie 4. Territorialherren.

henden Quellen den konkreten Einfluss der einzelnen Beteiligten nicht klar erkennen lassen.[93] Denn neben den eigentlichen Stiftern wirkten an der Planung, Organisation und Finanzierung bisweilen weitere Personen mit, darunter diejenigen geistlichen Frauen, die selbst als Zisterzienserinnen leben wollten, gelegentlich auch Zisterzienseräbte und -mönche, die das Ansinnen der Frauen unterstützten, oder gar Kölner Erzbischöfe (wie im Fall Mariensaals Engelbert I.).[94]

Da, wo präzise Quellenangaben fehlen, müssen mehr oder weniger plausible Vermutungen gesichertes Wissen ersetzen, manchmal aber gedeihen stattdessen lediglich ungesicherte Spekulationen. So auch im Fall Saarns, wie die oben erwähnte Übersicht über die Hypothesen der bisherigen Forschung zeigt. Am deutlichsten springen die Fingerzeige auf einen Herrn von Broich als Gründer ins Auge:[95] Das Zisterzienserinnenkloster lag in der Nähe der Burg Broich, der Broicher Everwin begegnet als erster weltlicher Herr in der Reihe der Schenkenden von 1221, und mehrere Mitglieder der Familie werden als Stifter im Saarner Memorialbuch genannt.[96] Gegen die Gründung des Klosters Saarn durch einen Broicher spricht allerdings Ortmanns Beobachtung, dass „weder für Saarn noch für Kaarst / Eppinghoven eine materielle Beteiligung der Herren von Broich nachzuweisen ist".[97] Hinzu kommt, dass – abgesehen von den Einträgen im Saarner Memorialbuch – in Kloster Mariensaal augenscheinlich keine weiteren schriftlichen, bildlichen oder dinglichen Zeugnisse entstanden sind, die an die in männlicher Linie bis zum Jahr 1372 existierenden Broicher erinnern oder wenigstens eine Verbindung zu ihnen erkennen lassen.[98] Schließlich ist bisher auch keine sicher den Broichern zuzuweisende Grabstätte in der Klosterkirche gefunden worden.[99] Ob man ein oder mehrere Mitglieder

93 Mölich / Oepen, Zisterzienserklöster (wie Anm. 34), S. 350.

94 Ostrowitzki, Zisterzienserinnen (wie Anm. 2), S. 61–68.

95 So etwa Fischer, Saarn (wie Anm. 11), S. 55, Ortmanns, Gründung (wie Anm. 4), S. 153.

96 Ortmanns, Gründung (wie Anm. 4), S. 126 nennt Herrn Heinrich von Broich, der acht Malter Gerste gab (Eintrag zum 21. Januar), und Frau Elisabeth von Broich, die vier Mark stiftete (18. Februar). Als Broicher betrachtet er überdies wegen ihrer Taufnamen noch Herrn „Seyfert und seinen Sohn Seyfert", die 25 Gulden schenkten (9. Juni), sowie Herrn Burchardt, der sechs Mark stiftete, obgleich sie ohne Herkunftsbezeichnung erwähnt werden. Darüber hinaus begegnen im Memorialbuch noch drei weitere Herren von Broich, nämlich Dietrich (16. Januar), Walram (8. März) und Burchard (19. Mai), sowie Frau Mechelt / Mechthild (5. Dezember), deren Gedenktage ohne Hinweis auf Stiftungen notiert wurden. – Resümierend schreibt Ortmanns, S. 127: „Die an sich selbstverständliche, auch im Memorienbuch offenbar werdende enge Verbindung des Saarner Konvents zu seiner Gründerfamilie – die Angehörigen keiner anderen Hochadelsfamilie werden im Memorienbuch so häufig genannt –, […] erlaubt den Schluss, dass das Kloster Saarn als Hauskloster der Herren von Broich gegründet wurde".

97 Ortmanns, Gründung (wie Anm. 4), S. 153.

98 Ebd., S. 157.

99 Anders Ortmanns, Gründung (wie Anm. 4), S. 148 (unter Bezug auf Lommerzheim, Mariensaal (wie Anm. 43), S. 23–26 u. 58): „Gräber dieser Familie [sc. der Edelherrn von Broich] wurden vor dem Eingang zum Gästehaus und in der Klosterkirche aufgefunden […]. In einem Kammergrab in der Klosterkirche wurde ein weitgehend vergangenes Skelett freigelegt, bei dem noch die korrodierten Reste des Wehrgehänges zu erkennen waren. Weiterhin wurde in diesem Grab ein Denar des Stauferkönigs Heinrichs VI. (1165–1197) gefunden. Bei dem Bestat-

der Edelherrnfamilie als Gründer von Kloster Mariensaal ansehen möchte, hängt also von der Gewichtung der genannten Indizien ab.

Keineswegs nachvollziehbar ist deshalb Kurt Ortmanns' Behauptung, dass der „Nachweis der Herkunft des Gründers des Klosters Saarn aus der hochadligen Familien der Edelherren von Broich" gelungen sei.[100] Seine Ausführungen sind spekulativ und haben die Wahrscheinlichkeit einer Beteiligung der Broicher an der Gründung des Klosters allenfalls erhöht. Ortmanns' persuasive Deutung der Quellen hat freilich ohne kritische Prüfung Eingang in die Untersuchung von Georg Mölich und Joachim Oepen von 2017 sowie Heinz Weirauchs Überblick über „Mittelalterliche Adelsfamilien in Mülheim an der Ruhr gefunden" von 2020 gefunden, in der die „Abtei Saarn" als Hauskloster und Grablege der Edelherrn von Broich bezeichnet wird.[101]

Nach wie vor bleibt daher die Aufgabe für Historikerinnen und Historikern bestehen, zu prüfen, welche anderen Personen mit Besitz und Einfluss im Mülheimer Raum an der Ruhr als Gründer des Klosters infrage kamen. Ihr Kreis ist durchaus groß: Neben geistlichen Männern und Frauen (etwa aus dem Umfeld des Zisterzienserordens oder aber den Erzbischöfen von Köln) wäre tatsächlich auch an die Grafen von Berg oder aber an Angehörige der zahlreichen Edelherrnfamilien der Saarner Gegend zu denken.[102]

Mit dem Gründer bleiben auch ihre Motive und der konkrete Anlass ihrer Stiftung im Dunkeln. Will man annehmen, Kloster Saarn wurde durch einen Angehörigen einer Adelsfamilie gegründet, dann kommen gemeinhin mehrere Beweggründe in Betracht. Religiöser Art waren Motive dann, wenn es eine Schuld zu sühnen gab (so möglicherweise im Fall des Zisterzienserklosters Fröndenberg[103]) oder Adelige der Welt entsagen und

---

teten könnte es sich daher um Everwin von Broich handeln, der 1221 als einer der Schenker des Waldes Buchel urkundlich belegt ist". Diese vagen Angaben wären genauer zu prüfen. Der aufgefundene Denar lässt jedoch allenfalls vermuten, dass der Tote zur Zeit des Staufers oder bald danach bestattet wurde. Dann freilich kann es sich kaum um den noch 1221 erwähnten Everwin gehandelt haben. Inschriftliche oder bildliche Hinweise auf die Identität der beim Gästehaus und in der Klosterkirche Beigesetzten gibt es nicht.

100 Es bleibt indes zu betonen, dass Ortmanns' suggestiv vorgetragenes Konstrukt eben nicht als bewiesen gelten kann, beruht es doch im Wesentlichen auf einer möglichen Identifizierung des Gründers Heinrich mit dem acht Malter Gerste schenkenden Heinrich von Broich. Diese Identifizierung ist aber trotz alledem nur eine Vermutung. Ein Nachweis für die Stiftung des Klosters Saarn durch einen Angehörigen der Familie von Broich, die übrigens als freie Herren keineswegs zwingend dem zumeist aus Grafenfamilien bestehenden Hochadel zuzurechnen sind, ist die Gleichsetzung dieser Träger des häufigen Namens Heinrich im strengen Sinn nicht. Auch wenn Manches dafür spricht, die Broicher als Gründer des Klosters Mariensaal anzusehen, so zerstiebt doch jede Gewissheit angesichts des Schweigens der Quellen.

101 Mölich / Oepen, Zisterzienserklöster (wie Anm. 34), S. 350 u. 356; Weirauch, Adelsfamilien (wie Anm. 35), S. 40 f.

102 Ostrowitzki, Zisterzienserinnen (wie Anm. 2), S. 61–68; von Roden, Zisterzienserinnenklöster (wie Anm. 1), S. 14. Die in Frage kommenden Familien nennt Weirauch, Adelsfamilien (wie Anm. 35), S. 29–105.

103 Das schreibt Edeltraut Klueting, Art. Fröndenberg, in: Manfred Groten u.a. (Hg.), Handbuch der Historischen Stätten: Nordrhein-Westfalen, 3. Aufl. Stuttgart 2006, S. 370; vgl. hierzu indes auch Thorsten Fischer, Adelige Memoria im regionalen Kontext. Zum liturgischen To-

in ein geistliches Institut eintreten wollten, das sie bisweilen eigens zu diesem Zweck selbst stifteten.[104] Weltliche Motive lagen indes Stiftungen zugrunde, die dem Gründer dazu dienen sollten, seine Herrschaft auszudehnen, zu organisieren und zu sichern. Dies vermutet Kurt Ortmanns im Fall der Gründung des Klosters Mariensaal durch die von der westlichen Rheinseite stammenden Edelherrn von Broich.[105] Nahezu in jedem Fall sollten geistliche Stiftungen den adeligen Gründern als Orte der weltlichen wie geistlichen Memoria sowie als ihrem sozialen Status angemessene Grablegen, mithin als ‚Hausklöster', dienen.

„Als Hausklöster werden hier Klöster und Stifte gleichermaßen verstanden, die von einem oder mehreren Mitgliedern einer adligen Verwandtengruppe gegründet worden waren und ihrer Stifterfamilie als Memorialstätten sowie als Grablegen in besonderer Weise verbunden blieben. Auf diese Weise trugen sie zu der Ausbildung eines generationenübergreifenden Zusammengehörigkeitsgefühls unter den Verwandten und damit zur Entwicklung der adligen Familie zu einem Adelsgeschlecht bei."[106] Oft, wenn auch nicht immer, entstand dort eine spezifische Hausüberlieferung. Darunter fasst man „vornehmlich schriftliche, aber auch bildliche, plastische und architektonische Quellen unterschiedlicher Art zusammen, die in der Umgebung eines Adelsgeschlechtes, also zumeist in dessen Hauskloster, aber auch an seinem Hof entstanden sind, dieses adlige Haus vornehmlich oder mittelbar zum Gegenstand haben und sein Selbstverständnis widerspiegeln."[107] Schaut man nun zunächst auf eine denkbare Produktion von als Hausüberlieferung zu bezeichnenden Texten und Objekten, dann gibt es, sieht man vom Memorienbuch ab, aus Saarn nichts dergleichen zu erwähnen: Ein Hinweis auf eine auf die Stifterfamilie bezogene historiographische bzw. literarische Tätigkeit der Saarner

---

tengedenken der Grafen von der Mark im 13. und 14. Jahrhundert, in: Stefan Pätzold / Felicitas Schmieder (Hg.), Die Grafen von der Mark. Neue Forschungen zur Sozial-, Mentalitäts- und Kulturgeschichte (Veröffentlichungen der Historischen Kommission für Westfalen NF 41), Münster 2018, S. 79–101, hier S. 87.

104 Als Beispiel dafür nennt Ostrowitzki, Zisterzienserinnen (wie Anm. 2), S. 60 die Familie Gottfrieds von Tomburg, die das Zisterzienserinnenkloster Schweinheim (südwestlich von Bonn) gründete. Zum Aspekt adliger Konversionen s. allgemein Joachim Ehlers, Adlige Stiftung und persönliche Konversion. Zur Sozialgeschichte früher Prämonstratenserkonvente, in: Geschichte und Verfassungsgefüge. Frankfurter Festgabe für Walter Schlesinger (Frankfurter Historische Forschungen 5), Wiesbaden 1973, S. 32–55.

105 Die „Klosterburg" Mariensaal sollte die Burg Broich absichern, so Ortmanns, Gründung (wie Anm. 4), S. 148. Zur Herkunft der Broicher Herrn von der westlichen Rheinseite s. Manfred Groten, Priorenkolleg und Domkapitel von Köln im Hohen Mittelalter. Zur Geschichte des kölnischen Erzstifts und Herzogtums (Rheinisches Archiv 109), Bonn 1980, S. 248 f., mit den Anmerkungen 72 u. 75; Hans-Georg Kirchhoff, Die Herren von Broich an Erft und Gillbach, eine Spurensuche, in: Jahrbuch für den Rhein-Kreis Neuss 2005, Neuss 2004, S. 26–43; Ortmanns, Gründung (wie Anm. 4), S. 144–149 u. 159–160; Weirauch, Adelsfamilien (wie Anm. 35), S. 34 f.

106 Stefan Pätzold, Adel – Stift – Chronik. Die Hausüberlieferung der frühen Wettiner, in: Nathalie Kruppa (Hg.), Adlige – Stifter – Mönche. Zum Verhältnis zwischen Klöstern und mittelalterlichem Adel (Veröffentlichungen des Max-Planck-Instituts für Geschichte 227 / Studien zur Germania Sacra 30), Göttingen 2007, S. 135–182, hier S. 139.

107 Pätzold, Adel (wie Anm. 103), S. 144.

Zisterzienserinnen liegt aus dem späten Mittelalter ebenso wenig vor wie aus den nachfolgenden Epochen;[108] entsprechendes gilt – kaum überraschend – für künstlerische Objekte jener frühen Epoche.[109] In dieser Hinsicht erfüllte das Zisterzienserinnenkloster Saarn die Funktion eines Hausklosters nicht.

Bleibt der Aspekt der Memorialstätte: Wie das Memorienbuch belegt, gedachten die geistlichen Frauen der ihrem Gebet anvertrauten Toten. Diese Totenmemoria wird in den üblichen Formen liturgischen Gedenkens auch in Saarn stattgefunden haben.[110] Als Grabstätte der Gründerfamilie ist Kloster Saarn, wie oben geschildert, ebenfalls kein prominenter Ort. Die offenbar nicht gut datierbaren Gräber, von denen einige noch beim Gästehaus und damit an untypischer Stelle gefunden wurden, liefern keinen Nachweis dafür, dass, wie Ortmanns behauptet, das Kloster Saarn die Funktion eines Hausklosters erfüllt habe.[111] Im Gegenteil ist festzustellen, dass die Gründerfamilie, sei es die Familie von Broich oder eine andere adelige Verwandtengruppe, in den Quellen des Saarner Klosters kaum wahrnehmbar waren. Die Zisterzienserinnen, die in erster Linie zu beten und zu arbeiten hatten, erfüllten die ihnen von der Stifterfamilie zugedachten Gebets- und Memorialpflichten allem Anschein nach, ohne in den Quellen deutliche Spuren dieses Tuns zu hinterlassen.

4. Resümee: Was man weiß und was man vermutet

Was bleibt am Ende dieses nun doch umfangreich gewordenen Überblicks über die in der vorliegenden Literatur vorgetragenen heterogenen Thesen zu den Anfängen des Zisterzienserinnenklosters in Saarn? Es ist zunächst und vor allem anderen die für Historikerinnen und Historiker an sich triviale Einsicht, dass die keineswegs reichlich zur Verfügung stehenden Quellen aus Mittelalter und Früher Neuzeit vor ihrer Deutung einer kritischen Sichtung sowie einer Einordnung in ihren jeweiligen zeitlichen wie sachlichen Entstehungskontext bedürfen. Erst die daraus resultierende Einschätzung ihres Aussagewertes erlaubt eine Bewertung ihrer interpretativen Belastbarkeit und damit ihre angemessene Deutung. Das gilt insbesondere für die wohl ursprünglich in Kloster Saarn entstandene Gründungstradition, die wahrscheinlich dort über viele Jahrzehnte hinweg mündlich überliefert und offenbar erst im Kloster Kamp während des letzten Viertels des 15. Jahrhundert im Rahmen zisterziensischer Reformbestrebungen verschriftlicht wurde. In diesen Kontext gehört, so ist anzunehmen, auch die mit großer Wahrscheinlichkeit gefälschte Wolberna-Urkunde. Wesentliche Grundlagen für diese Quellenkritik hat Anja Ostrowitzki gelegt.

---

108 von Roden, Zisterzienserinnenklöster (wie Anm. 1), S. 31.

109 Ebd., S. 7–10. – Ein Beispiel für dinglich-künstlerische Hausüberlieferung ist das Kenotaph des Grafen Eberhard II. von der Mark (gest. 1308) und seiner Gattin Irmgard von Berg im Zisterzienserinnenkloster Fröndenberg (im heutigen Kreis Unna); dazu Fischer, Memoria (wie Anm. 100), S. 86–95 („Das Zisterzienserinnenkloster Fröndenberg als Grablege der Grafen von der Mark"); Abb. 2a und 2b im Bildteil zwischen S. 32 u. 50.

110 Hierzu allgemein Fischer, Memoria (wie Anm. 100), S. 79–83.

111 Ortmanns, Gründung (wie Anm. 4), S. 148.

Von der Bewertung der Quellen hängt naturgemäß ihre Interpretation hinsichtlich der Anfänge des Klosters Saarn und der mit ihm verbundenen Zisterzen Kaarst und Epinghoven ab. Hier hat die Untersuchung zu einer wiederholten Ablehnung der Thesen Günter von Rodens sowie einer Dekonstruktion des suggestiven Thesengebildes von Kurt Ortmanns aus dem Jahr 2015 geführt. Während von Rodens Aussagen mehrfach an einer unkritischen Übernahme von Nachrichten aus Quellen aller Zeitschichten kranken, verknüpft Ortmanns immer wieder unbewiesene Aussagen und spekulative Vermutungen miteinander, so dass er am Ende ein an sich reichlich wackeliges Thesenkonstrukt persuasiv präsentieren kann. Das zeigt sich insbesondere in seiner Behauptung, einen Nachweis für die Gründung des Klosters Saarn durch die Herrn von Broich erbracht zu haben. Es gilt aber auch für seine Hypothesen zur wirtschaftlichen wie herrschaftlichen Bedeutung der Zisterze im Gebotsbereich der Broicher, zu ihrer vermeintlichen Funktion als deren Hauskloster sowie – last but not least – für Ortmanns' Aussagen zum organisatorischen Verhältnis der Klöster Saarn, Kaarst und Eppinghoven.

Am Ende dieser Überlegungen muss mithin ein scheinbarer Rückschritt stehen: Viele dieser von Kurt Ortmanns vermeintlich beantworteten Fragen sind nach wie vor ungeklärt. Allerdings eröffnet sich nach der Beseitigung einiger aus unzutreffender Hypothesenbildung resultierender Hindernisse der Blick auf die zukünftige Forschungsagenda. Freilich bleibt die unbefriedigende Einsicht bestehen, dass aller Wahrscheinlichkeit nach angesichts der nur mageren und bisweilen widersprüchlichen Quellenüberlieferung manche, wenn nicht gar die meisten dieser Fragen unbeantwortet bleiben könnten. Dass dies für Klöster, die im 13. Jahrhundert gegründet wurden, nicht auszuschließen ist, hat, wie erwähnt, Peter Johanek bereits festgestellt.[112] Dennoch: Der Weg für weitere Forschungen ist frei – und in mancher Hinsicht vorgezeichnet: So sind etwa im Hinblick auf die Kloster Saarn betreffenden Quellen aus Kloster Kamp deren Entstehungskontext und Schreibanlässe intensiver zu untersuchen. Schließlich müssten neben den Texten stärker als bisher die Erkenntnisse der Archäologie und der Baudenkmalforschung in die Überlegungen der Historikerinnen und Historiker einbezogen werden. Also: ad fontes!

112 S. oben S. 172.

Carl Heinrich Alexander Pagenstecher und Friedrich Felix Bracht

Elberfelder Ärzte zwischen Restauration und Revolution

Michael Wiescher

Der Sturz Napoleons, das Ende des Rheinbundes sowie die Annexion des Großherzogtums Berg und des Königreichs Westphalen durch Preußen nach dem Wiener Kongress änderte die kulturelle und politische Stimmung in Elberfeld. Zwar waren die ersten Jahre unter preußischer Herrschaft nicht leicht: Neue Wirtschaftsverbindungen mussten geknüpft werden, die Aufhebung der Kontinentalsperre bewirkte eine Einfuhrschwemme billiger englischer Kolonialprodukte, die die heimische Textilindustrie in erhebliche Schwierigkeiten brachte, und das *Jahr ohne Sommer* – 1816 – hatte eine europäische Ernährungskrise zur Folge, verursacht durch den Ausbruch des Vulkans Tambora im heutigen Indonesien.

Politische Versprechungen, die der preußische König zur Einführung einer Verfassung machte, blieben unerfüllt. Die restaurative Gedankenwelt der Romantik überschattete zunehmend die Ideen und Leistungen der Aufklärung. Auf die reaktionär-revolutionäre Romantik folgte das Biedermeier, das sich durch konservative Restauration und Abgrenzung auszeichnete. Nationalismus ersetzte Internationalismus, das Netzwerk internationaler wissenschaftlicher Verbindungen zerbrach und wurde durch das Bestreben ersetzt, ein nationales Wissenschafts- und Ausbildungssystem zu schaffen, konsequent gesteuert von den Ministern Wilhelm von Humboldt und Karl vom Stein zum Altenstein. Diese Entwicklung schloss die praktischen Ärzte graduell aus dem Verband der Forscher aus und wies ihnen die alleinige Aufgabe der Gesundheitsfürsorge und Pflege zu. Der Arzt als Forscher verschwand, wurde aber zum Teil vom Arzt als Sozialsprecher und auch als Politiker ersetzt. Betrachtet man den relativ hohen gesellschaftlichen Rang, den Ärzte in jenen Tagen innehatten, überrascht es nicht, dass dieser Rang sie zu Sprechern und Wortführern in der Debatte um gesellschaftliche Nöte machte.

Im Elberfeld der 1820er Jahre verschwand endgültig die Generation der Ärzte, die der Gedankenwelt der Aufklärung angehangen hatten: Dr. Diemel starb 1821, Dr. Pottgießer 1829 als ihr letzter Vertreter im Tal.[1] Eine neue Generation von Ärzten etablierte sich an ihrer Stelle. Es war eine Generation, die in den Jahren der Romantik und Freiheitskriege aufwuchs, eine Generation, die die Gedankenwelt Friedrich Schlegels (1772–1829) und Theodor Körners (1791–1813) prägte. Zumeist verbrachte sie ihr Studium als Burschenschafter. In der Welt der industriellen und sozialen Revolution nach den Freiheitskriegen

1 Vgl. Wilhelm Rees, Bergische Ärzte, Wuppertal-Elberfeld 1931, S. 21f., und Johann Friedrich Knapp, Geschichte, Statistik und Topographie der Städte Elberfeld und Barmen im Wupperthale, Iserlohn/Barmen 1835, S. 164–165.

schwankten die Vertreter dieser Generation zwischen Aufbegehren und Anpassung, Revolution und Restauration.[2]

In diesem Aufsatz sollen zwei Ärzte beispielhaft vorgestellt werden: Dr. Carl Heinrich Alexander Pagenstecher, Arzt in Elberfeld, der sich der Politik zuwandte und die zunehmend liberale Haltung des Bürgertums gegen die restriktive Politik in deutschen Landen und die Karlsbader Beschlüsse im Frankfurter Parlament vertrat, und Dr. Friedrich Felix Bracht, den man zu den radikalen Burschenschaftern und 1848er Revolutionären rechnen darf. Bracht und seine Gesinnungsgenossen mussten am Ende das Land verlassen, um Schutz und Freiheit in der Emigration zu suchen. Beide waren nicht die einzigen Elberfelder Ärzte, die ihre Rolle als Mediziner dem Kampf um politischen Wechsel unterordneten. Andere, wie Dr. Theodor Guérard,[3] vertraten einen restaurativen Konservativismus in Opposition zum politischen Liberalismus. Dass die ursprünglich lothringische Familie Guérard eine wichtige Rolle in der intellektuellen und künstlerischen Entwicklung Elberfelds sowie in den Revolutionsjahren 1848 und 1849 spielte, soll hier nicht weiter aufgeführt werden. Diese Arbeit konzentriert sich auf Bracht und Pagenstecher.

1. Carl Heinrich Alexander Pagenstecher

Carl Heinrich Alexander Pagenstecher (1799–1869) ist der wohl bekanntere unter ihnen. Seine Rolle im Frankfurter Parlament ist in seiner Autobiografie gut dokumentiert und wurde in zahllosen Veröffentlichungen zum Aufstand der Bürger von 1848/1849 besprochen. Dem ist nicht viel Neues hinzuzufügen. Pagenstecher kann als eine historische Gestalt im Tal identifiziert werden. Auf ihn trifft das Wort von Karl Marx zu, wonach „das Sein ... das Bewusstsein" bestimme. In der Tat: Pagenstecher erscheint als der angepasste Politiker, der sich vom radikalen, durch die napoleonischen Jahre in Freiheitswut befindenden Burschenschafter mit zunehmendem Wohlstand zum immer konservativeren Vertreter preußischer Interessen entwickelte. Dabei vertrat er aber weitgehend liberale Standpunkte, die der allgemeinen Entwicklung im Deutschland des frühen 19. Jahrhunderts entgegenliefen.

Pagenstecher kam 1824 als Arzt nach Elberfeld. Er wurde 1799 als Sohn des Ernst Erhard Cornelius Pagenstecher, Professor an der nassauischen Hohen Schule Herborn, und der Henriette Dorothea, geborene Otterbein, in Herborn geboren. 1816 immatrikulierte er sich an der Universität Heidelberg zum Studium der Medizin. Seine Lehrer waren Johann Wilhelm Heinrich Conradi (1780–1861) und Friedrich Tiedemann (1781–1861). Conradi, seit Oktober 1814 ordentlicher Professor der Medizin und Direktor der Medizini-

---

2 Ihnen folgte neben Dr. Pagenstecher der Arzt Dr. Theodor Guérard, ein konservativer Mann, der die politische Opposition im Elberfelder Ärztespektrum vertrat. Bekannt und erfolgreich war der Kreisphysikus Dr. Carl Rauschenbusch, dem nach seinem frühem Tod 1834 Dr. Bracht folgte. Vgl. Rees, Bergische Ärzte (wie Anm. 1), S. 21 f. Ilse Ottmer, Zur Geschichte des Gesundheitswesens der Stadt Elberfeld bis zum Jahre 1870, Dissertation Düsseldorf 1940 (Stadtarchiv Wuppertal, Akte R IX 831).

3 Dessen Vater, der 1828 verstorbene Arzt Dr. Karl Guérard, hatte gemeinsam mit Dr. Wilhelm Pottgießer die Gesundheitsfürsorge des Elberfelder Armenhauses betrieben.

schen Klinik in Heidelberg, beschreibt Pagenstecher als *„den reinsten Typus des gelehrten und dabei humanen Arztes der damaligen Zeit. Seine Gelehrsamkeit war ebenso groß, als sein strenges Festhalten an den Ansprüchen der ärztlichen Autoritäten"*.[4]

Friedrich Tiedemann erhielt ebenfalls 1816 in Heidelberg seinen Lehrstuhl. In seinen Erinnerungen[5] beschrieb Pagenstecher ihn folgendermaßen: *„Tiedemann war der vollkommenste Typus des Naturforschers. Als Schüler und Freund des großen Cuvier stand er im Gebiet der Zootomie auf der übersichtigen Höhe der Wissenschaft. Mit großem Fleiß und mit der Unermüdlichkeit eines eisernen Charakters durchforschte er das Gebiet der gesamten Biologie, der eigentlichen Zoologie sowohl als das der Anatomie und Physiologie.* [...] *zu diesen gesellte sich noch eine größere Zahl Dii minorum gentium, die teils durch treues Mitteilen des Mitteilbaren den Detailhandel der Wissenschaft trieben, teils durch emsiges Verfolgen einzelner Liebhabereien und Absonderlichkeiten, teils durch naturphilosophisch-mystische Exzentritäten uns anzogen, unterrichteten, förderten, aber auch gelegentlich für kürzere und längere Zeit in die Irre leiteten."*[6] Es ist nicht klar, wie Pagenstecher selbst zur Wissenschaft stand. Weder als Student noch später als Arzt wollte er die Natur verstehen und in die offenen Fragen eindringen, sondern nur das Gelernte über die natürlichen Dinge *„nutzbringend"* in der Medizin anwenden und verwerten. Seine persönlichen Interessen lagen woanders und waren anfangs durch die politischen Umstände der Zeit bedingt, in der er aufwuchs.

Schon wenige Monate nach Beginn des Studiums trat Pagenstecher der Burschenschaft Teutonia bei, die sich aus älteren Studenten und Teilnehmern der Freiheitskriege gegen Napoleon rekrutierte. Er identifizierte sich mit der Burschenschaft und ihren Regeln und dem nationalen Ziel, ein einiges Deutschland zu schaffen. Streitigkeiten mit anderen Studentengruppen führten zu einer Serie von Duellen, wobei Pagenstecher allerdings ohne größere Verletzungen davonkam. Trotzdem brachte ihn das in den Karzer, was allerdings keinen großen Eindruck machte, da er weiterhin an Vorlesungen und Tutorien teilnehmen konnte. Sein Vater missbilligte das *„phantastisch deutschtümelnde Treiben"* seines Sohnes, der sich nach dieser väterlichen Ermahnung wieder mehr auf sein eigentliches Studium besann. Aber ihm fehlte die Leidenschaft zur Wissenschaft: *„die Physik namentlich war mir durch ihre algebraische Grundlage ganz verschlossen, und so überredete ich mich leicht, daß die Regel von der Schwerkraft mit der Medizin ebensowenig zu tun habe, als die Optik mit den Krankheiten der Augen.* [...] *nicht viel besser erging es mir mit der Chemie."*[7] – Eine deutliche Änderung in den Ansichten im Vergleich zu den jungen Medizinern früherer Tage.

Während seiner klinischen Ausbildung wurde Pagenstecher auch mit Kranken aus den unteren Schichten konfrontiert: *„In der Stille dieser dumpfen Gemächer, im Angesicht dieser sich monatelang ziemlich gleichbleibenden, meist chronischen Lebenszustände, beschlich mich denn doch schon jetzt vielfach der Zweifel, ob meine Medikamente, mein Baldrian, mein Zink, meine Gummiharze wirklich einen nennenswerten Einfluß auf die*

---

4 Carl Heinrich Alexander PAGENSTECHER, Aus gärender Zeit, Leipzig 1913, S. 21.

5 Ebd., S. 19–20.

6 Ebd.

7 Ebd., S. 66.

Krankheit ausübten."[8] Dies ist die erste Erwähnung eines Zweifels am ärztlichen Beruf.

Abb. 1: Carl Heinrich Alexander Pagenstecher als 18-Jähriger während seines Studiums.
Carl Heinrich Alexander Pagenstecher, Lebenserinnerungen 1816–1850, Leipzig 1913.

Im letzten Jahr seiner Studien lockerte sich seine Verbindung zur Burschenschaft. Eine neue Generation von Studenten war beigetreten. Pagenstecher blieb in engem Kontakt mit den älteren Kommilitonen, die jedoch allmählich in bürgerlichen Berufen verschwanden. Einer dieser Kontakte brachte ihn jedoch in Gefahr: Er war lose mit Carl Ludwig Sand (1795–1820) bekannt, der am 23. März 1819 den Lustspielliteraten und angeblichen russischen Spion August von Kotzebue (1761–1819) ermordete.[9] Auf diese Gewalttat reagierten die Behörden verschiedener deutscher Staaten ebenso gewaltsam mit den vom österreichischen Minister Metternich durchgesetzten Karlsbader Beschlüssen. Sie schafften die Pressefreiheit weitgehend ab und etablierten ein ausgeklügeltes Spitzel- und Kontrollsystem, dem besonders die jüngere Generation ausgesetzt war. Freiheitliche Gedanken und Volksrepräsentation wurden weitgehend unterdrückt, Burschenschaften und Turnervereine verboten. Sie hatten eine wichtige Rolle in den Freiheitskriegen gespielt. Polizeispitzel waren überall unterwegs. Im Zeitalter des Biedermeiers galt Ruhe als die erste Bürgerpflicht. Hunderte von Burschenschaftern wurden verhaftet und eingekerkert – auch Pagenstecher: Er hatte einen letzten Brief von Sand an dessen Mutter an die Presse weitergeleitet.

Nach langen Verhören wurde Pagenstecher jedoch freigelassen und ging nach seiner unmittelbar folgenden Promotion auf Rat von Freunden nach Paris und von dort nach Italien. 1820, nachdem sich die Wogen mit der Hinrichtung Sands etwas geglättet hatten, kehrte er zurück, um das nassauische Medizinische Staatsexamen abzulegen. Nach abgeschlossenem Examen heiratete er Julie Jung aus Elberfeld, die er schon zwei Jahre vorher in Heidelberg kennengelernt hatte. Sie war die Tochter des Kaufmanns und Unternehmers Johann Friedrich August Jung (1769–1852) und dessen Frau Helena Katharina Dorothea geb. Wuppermann (1778–1846), beide aus wohlhabenden und angesehenen Familien im Raum Elberfeld und Barmen.[10] Das junge Paar beschloss nach Elberfeld zu ziehen. Zur Niederlassung als Arzt musste Pagenstecher 1824 auch das preußische Staatsexamen ablegen.

8 Ebd., S. 103.

9 Vgl. Günther Heydemann, Carl Ludwig Sand. Die Tat als Attentat, Hof 1985.

10 Walter Dietz, Chronik der Familie Wuppermann, Bd. 2, Leverkusen-Schlebusch 1965, S. 13–21.

Die Heirat in das konservative Kaufmannshaus setzte den revolutionären, deutschtümelnden Gedanken ein vorläufiges Ende. Pagenstecher eröffnete mithilfe des Schwiegervaters seine Arztpraxis im Zentrum von Elberfeld. Die Konkurrenz war groß in der rasch wachsenden Stadt – neben ihm wirkten noch elf weitere Ärzte und fünf Wundärzte in der Stadt –, aber dank seiner guten Beziehungen zur Kaufmannschaft, die ihn als einen der Ihren betrachtete, hatte das junge Paar bald ein gutes Auskommen. Die Jahre des Biedermeiers verbrachte er in Elberfeld und kümmerte sich um die Patienten. Die ersten zehn Jahre nach seiner Niederlassung widmete er ausschließlich Karriere und Familie. Das Paar hatte drei Söhne: Karl Alexander Pagenstecher (1824–1865), der seinem Vater in der Wahl der ärztlichen Karriere folgte, Heinrich Alexander Pagenstecher (1825–1889), zuerst ebenfalls Arzt in Elberfeld und später Professor für Zoologie in Heidelberg, sowie Ernst Adolf Pagenstecher (1826–1902), der sich nicht den Naturwissenschaften, sondern dem Rechtsstudium zuwandte.

Alexander Pagenstecher selbst schrieb nichts über seine ärztlichen Tätigkeiten. Diese Jahre seines Lebenslaufs bleiben weitgehend unbekannt. Ob er seine Klientel in den Kreisen der reichen Kaufleute und Bankiers hatte, mit denen er nun durch Familien- und Freundschaftsbande verknüpft war, oder ob er sich auch den ärmeren und bedürftigen Bevölkerungskreisen widmete, wie an mancher Stelle behauptet wird, ist nur schwer festzustellen.[11] In den alljährlichen Annalen der Stadt Elberfeld erscheint sein Name selten. Als Mitglied der städtischen Gesundheitskommission war er 1831 bei der Bekämpfung der Cholera tätig. Er gelangte aber, wie spätere Ereignisse zeigen, zu Bekanntheit und Ansehen im bürgerlichen Elberfeld. In dieser Dekade widmete er sich den bürgerlichen Geschäften, die einem Arzt angemessen zu sein schienen, zeigte aber im Gegensatz zu seinen Vorgängern kein Interesse an Fragen der Naturwissenschaften, wie er schon während seiner Studienzeit selbst festgestellt hatte. Was die Politik betraf, so schrieb er: *„Der langjährige Aufenthalt in dem trockenen Elberfeld sowie der Ernst meiner eigenen Fachtätigkeit hatte jeden Gedanken an das Mitspielen auf der Bühne der Politik vollständig beseitigt.“*[12]

Doch seit der Juli-Revolution in Frankreich 1830 begann Pagenstecher, sich wieder für Politik zu interessieren. Zwar hing er nicht mehr den alten feurigen Burschenschaftsidealen nach und lehnte die radikalen Zweige der Bewegung ab, ließ es aber auch nicht an Kritik an der Obrigkeit fehlen. Zu den Auswirkungen der durch die französischen Unruhen bedingten Ereignisse in Elberfeld schrieb er: *„Auch in Elberfeld hatten wir unsere Revolution, allerdings mehr ein Revolutiönchen, unblutig und zahm, von einem halben Hundert trunkener Handwerksburschen und zerlumpter Fabrikarbeiter gebildet. Ziemlich allgemein nahm man an, daß unser schurkischer Oberbürgermeister Brüning diese Revolution vollständig gemacht habe, um auch als Vaterlandsretter zu glänzen und sich einen Orden zu verdienen.* [...] *er sowie ein paar andere Intimitäten erhielten den Preis der*

---

11 So etwa im Eintrag zu seiner Person in der Wikipedia: <https://de.wikipedia.org/wiki/Heinrich_Carl_Alexander_Pagenstecher>, Zugriff: 7.8.2018.

12 Carl Heinrich Alexander Pagenstecher, Als Abgeordneter in Frankfurt im Jahre 1848, Leipzig 1913, S. 12.

großen Tat, den roten Adler.“[13] Das war 1831, zehn Jahre später erhielt auch Alexander Pagenstecher den Roten Adlerorden 3. Klasse.[14]

In den folgenden Jahren beobachtete Pagenstecher die politischen Entwicklungen und vertrat, wie die Mehrheit des Elberfelder Bürgertums, liberale Ansichten, die aber mehr oder weniger der Stärkung des bürgerlichen Standes gegen Junker und Adelsherrschaft dienten als der Verbesserung der sozialen Bedingungen der unteren Klassen. Pagenstecher: „*Auf der anderen Seite fand man nur die besoldete Regierungsgewalt, den verrotteten junkerlichen Adel und einzelne Fragmente des reichen Grundbesitzes.* [...] *Die Ideen der Sozialdemokratie hatten noch keinen nennenswerten Vertreter bei uns gefunden. Nur ein Herr Engels aus Barmen, Sohn eines angesehenen Fabrikhauses, huldigte denselben ungescheut, lebte aber nicht unter uns, sondern trieb sich in französisch-belgischen und kölnischen Kreisen herum.*“[15]

Schließlich stellte sich Pagenstecher der Politik. Sein Freund, der Elberfelder Bankier August von der Heydt (1801–1874), seit 1846 Mitglied des rheinischen Provinziallandtages, forderte Pagenstecher auf, eine politische Rolle zu spielen. Letzterer fügte sich, stellte allerdings seine bürgerlich liberalen Ziele klar: Es sollte „*weder die Bundesform noch die monarchische Verfassung jener einheitlichen und freiheitlichen Tendenz ganz geopfert sondern nur der Staatenbund in den Bundesstaat, der Absolutismus in die konstitutionelle Monarchie umgewandelt werden. Dies waren meine klaren und von Anfang an bewußten Ziele, die ich ohne Neben- und Hintergedanken ehrlich verfolgte und deren Erreichung nicht unmöglich schien, sobald das rechte Maß nicht überschritten ward, so lange namentlich nicht durch extreme Agitation im Geiste der vollen roten Republik, dieses sozialkommunistischen Gespenstes, die Köpfe und Herzen des Volkes verwirrt und dadurch der Reaktion Berechtigung und Kraft bereitet wurde.*“[16] Er war zum Politiker geworden, anfangs noch radikal gedämpft, auch mit den Ansichten des Politischen Klubs übereinstimmend, der von seinem jüngeren Kollegen Dr. Felix Bracht gegründet worden war. Pagenstecher distanzierte sich zunehmend, als Bracht häufig Vertreter linker Gruppierungen einzuladen schien.

Seine Verbindung zum Politischen Club wurde jedoch politisch honoriert und Pagenstecher als Vertreter Elberfelds in das neu gegründete Frankfurter Parlament gewählt, um eine neue Verfassung für den deutschen Bundesstaat auszuarbeiten. Auch hier vertrat er die bürgerliche Seite, indem er sich der Fraktion Casino anschloss. Die Casino-Fraktion war eine gemäßigte liberale Fraktion innerhalb des am 25. Juni 1848 gebildeten Frank-

---

13 Pagenstecher war offensichtlich kein Freund von Brüning, aber er hatte recht. Langfristig wurde das Verdienst wirklich Brüning zugeschrieben: „*Eine geringfügige Störung am 1. September* [...] *wurde durch die Umsicht Brünings im Keime erstickt, da die Bürgerschaft auf Seiten des beliebten Oberbürgermeisters stand*“; Otto SCHELL, Geschichte der Stadt Elberfeld, Elberfeld 1900, S. 351.

14 Dies war nach einer langen Audienz mit dem preußischen König Friedrich Wilhelm IV. bei dessen Besuch in Elberfeld, der in Pagenstecher den Sohn seines alten Erziehers am oranisch-nassauischen Hof in Berlin erkannte.

15 Carl Heinrich Alexander PAGENSTECHER, Revolutionäre Bewegungen im Rheinland 1830–1850, Leipzig 1913, S. 25 u. 33–34.

16 Ebd., S. 35 f.

furter Parlaments. Wie die meisten Fraktionen des Bundestages war auch dieser Name ein Hinweis auf den üblichen Treffpunkt seiner Mitglieder in Frankfurt am Main. Casino war die größte und einflussreichste Fraktion der Paulskirche. Seine Mitglieder stammten überwiegend aus der preußischen und norddeutschen Intelligenz. Die politischen Positionen der Gruppe lagen näher an denen der Rechten in der preußischen Versammlung als an denen der Mitte-Links-Fraktion in Frankfurt. Es blieb nur ein kurzer Aufenthalt in Frankfurt. Pagenstecher war von der Entschlusslosigkeit des Parlaments enttäuscht und reichte schon im Oktober 1848 seinen Rücktritt ein. Er kehrte nach Elberfeld zurück und schloss sich dort dem Konstitutionellen Verein an, der eine konservativere Ansicht als der Politische Klub vertrat und damit die Interessen des Bürgertums besser zu repräsentieren schien.[17]

Mit August von der Heydt betrieb Pagenstecher eine erfolgreiche Politik, um den Konstitutionellen Klub auf Kosten des Politischen Klubs zu stärken. Dies gelang, und die Rechtsliberalen setzten sich weitgehend in den nachfolgenden Wahlen in Elberfeld durch.

Am 28. März 1849 schloss die Frankfurter Nationalversammlung nach langen Auseinandersetzungen die Beratungen über die deutsche Reichsverfassung ab. Am selben Tag wählten die Frankfurter Abgeordneten den preußischen König Friedrich Wilhelm IV. (1795–1861) zum erblichen deutschen Kaiser. Zahlreiche deutsche Staaten erkannten zwar die Verfassung an, aber Friedrich Wilhelm IV. lehnte am 28. April die – wie er sie nannte – *Schweinekrone* ab. Damit war auch die konstitutionelle Form der Revolution von 1848 gescheitert. Gleichzeitig löste der König die Verfassung auf und erweiterte das rheinische kommunale Dreiklassenwahlrecht auf ganz Preußen.

Dies war auch Pagenstecher zu viel. Er zog sich von der Politik zurück, indes sein Freund August von der Heydt zum Kabinettsminister in der preußischen Regierung avancierte. „[E]*igentlich waren nur wenige mit mir zufrieden; die ganz Konstitutionellen, unter der reaktionären Führung der Familie v. d. Heydt* […], *hatten die volle royalistische Haltung an mir vermißt, und die demokratische Partei, jetzt schon sehr zahlreich in den untersten Volksschichten ausgebreitet, beurteilte mich genau nach der von der Linken des Parlaments ausgegebenen Parole.*“[18]

Auf die nachfolgenden Unruhen und Barrikadenkämpfe in Elberfeld wie in vielen anderen deutschen Städten soll hier nicht weiter eingegangen werden; die Einzelheiten sind an anderer Stelle schon ausführlich beschrieben.[19] Pagenstecher spielte nach eigenen Aussagen[20] den Vermittler zwischen den verschiedenen an den Kämpfen beteiligten Parteien und verhinderte, auch durch Zahlungen aus eigener Tasche, eine Zuspitzung der Lage.

---

17 Zur ausführlichen Analyse der bürgerlich-politischen Vereinigungen und Klubs in Elberfeld in den 1840er Jahren vgl. Eberhard ILLNER, Bürgerliche Organisierung in Elberfeld 1775–1850, Neustadt an der Aisch 1982 (Bergische Forschungen XVIII), S. 146–184.

18 PAGENSTECHER, Revolutionäre Bewegungen (wie Anm. 15), S. 41.

19 Klaus GOEBEL, Manfred WICHELHAUS (Hg.), Aufstand der Bürger. Revolution im westdeutschen Industriezentrum, Wuppertal 1974.

20 PAGENSTECHER, Revolutionäre Bewegungen (wie Anm. 15), S. 53–77.

Das Scheitern seiner politischen Ambitionen und seiner politischen Ziele eines vereinigten Deutschlands unter einer konstitutionellen Monarchie, seine Enttäuschung über König Friedrich Wilhelm IV., den er nur noch als willensschwachen Mann beschreiben konnte, erzwang den Schritt zurück in das Privatleben, in den ärztlichen Beruf: „*der ärztliche Beruf stand mir nicht mehr in erster Linie* [...] *das ärztliche Handwerk begann mich zu ermüden* [...] *wenn das persönliche und materielle Interesse bei einer Beschäftigung zurücktritt, so wendet sich, wenn auch unbemerkt und allmählich auch das Herz davon ab.*“[21] Seine Söhne übernahmen die Praxis, aber das plötzliche Auftreten der großen Cholera-Epidemie zwang ihn nochmals zu einem letzten Einsatz, den er auch selbst ausführlich beschrieb.[22]

Abb. 2: Carl Heinrich Alexander Pagenstecher (1799–1869) in Heidelberg in den späten 1850er Jahren. Carl Heinrich Alexander Pagenstecher, Lebenserinnerungen 1816–1850, Leipzig 1913

Es ist eine interessante Arbeit, von einem praktischen Arzt geschrieben. Trotz seiner erfolgreichen Dissertation hatte er wissenschaftlich nicht viel publiziert[23] und fühlte sich in diesem Ansatz von seinem Sohn Karl überflügelt. Es ist bemerkenswert, dass er sich in diesem Stadium seines Lebens noch einmal einer sorgfältigen, wenn auch vorwiegend deskriptiven medizinischen Arbeit zugewandt hatte, um im Alter von 50 Jahren für sein Fach einen letzten Beitrag zu leisten. Darin beschrieb er die Phänomene der Krankheit, ihre Ausbreitung im dicht bevölkerten Elberfeld und insbesondere die Anfälligkeit der Arbeiterklasse. Er identifizierte auch Ansteckungsherde und Möglichkeiten aus der Sicht des Praktikers und lieferte, wichtig für den praktischen Arzt, eine ausführliche Beschreibung der Cholera-Symptome über die verschiedenen Phasen der Krankheit. In der Therapie erklärte er alle gewöhnlicherweise angewandten Heilmittel für weitgehend nutzlos. Eine Ausnahme war die Einnahme von Rizinusöl, dem er eine gewisse Heilkraft zuschrieb. Mit oder ohne Behandlung überlebte im Durchschnitt nur ein Drittel der Patienten. Die Epidemie dauerte bis April 1850.

---

21 Ebd., S. 46–47 u. 77.

22 Carl Heinrich Alexander Pagenstecher, Die asiatische Cholera in Elberfeld, vom Herbst 1849 bis zum Frühling 1850, Elberfeld 1851.

23 Neben seiner Doktorarbeit „De Metastasi“, verfasst in Heidelberg 1819, gilt als seine wichtigste wissenschaftliche Arbeit: Carl Heinrich Alexander Pagenstecher, Beiträge zur näheren Erforschung des *Asthma thymicum* (Behandlung mit *Zincum hydrocyanicum*), in: Heidelberger Annalen 7/2 (1831), S. 256–294.

1852 starb der Schwiegervater Johann Friedrich August Jung, dessen Frau schon sechs Jahre vorher. Die Familie Pagenstecher erhielt einen erheblichen Anteil am Erbe. Das gab Alexander Pagenstecher die notwendige finanzielle Unabhängigkeit, um sich endgültig aus dem ungeliebten Arztberuf zurückzuziehen. Er übergab die Praxis seinen beiden älteren Söhnen und zog sich aus Elberfeld zurück: zuerst nach Schleswig-Holstein, dann in sein geliebtes Heidelberg. Dort erwarb er ein kleines Haus, verfasste seine Memoiren und gedachte, in Ruhe seine Tage zu beschließen. Jedoch die Politik ließ ihn wieder nicht los: Nach zehn Jahren Ruhestand ließ er sich 1863 als Abgeordneter in die Zweite Badische Kammer wählen, wo er bis 1866 ein Mandat besaß. In diesen Jahren sah er die Dominanz Preußens im Deutschen Bund wachsen und erlebte dessen vernichtenden Krieg gegen den Konkurrenten Österreich. Er sah den Liberalismus verschwinden, den er über die letzten Jahrzehnte hatte tragen helfen, wie sein Sohn 1913 als Vorwort zu den Lebenserinnerungen schreibt: *„Trotz aller Enttäuschungen war er einer der wenigen, die in Baden die Hoffnungen auf Preußen aufrechthielten, anfangs mit bewußter Opposition gegen Bismarck. Erst bei der Abrechnung mit Österreich, 1866, erkannte er die Richtigkeit des Bismarckschen Prinzips und sah in ihm denjenigen, der allein imstande war, die Hoffnungen, die der Student in Heidelberg, und später der Parlamentarier in Frankfurt gehegt hatte, zu verwirklichen."*[24] Ob das wirklich der Fall war oder nur eine Re-Interpretation aus der Sicht des Wilhelminischen Deutschlands, weiß man nicht, denn von seinen Hoffnungen blieb der Wunsch nach einer konstitutionellen Monarchie unerfüllt. Mit dem Sieg Preußens über Österreich trat Pagenstecher von seinen Ämtern und Komitees zurück und starb drei Jahre später in seinem Haus in Heidelberg.

2. Friedrich Felix Bracht

Friedrich Felix Bracht (1809–1880), zehn Jahre jünger als Pagenstecher, war wohl der radikalste Vertreter seiner Zunft in Elberfeld. Er stammte aus einer alteingesessenen Beamten- und Juristenfamilie mit Wurzeln im Westfälischen. Sein Vater war der Jurist Friedrich Heinrich Hubert Bracht (1781–1855), seine Mutter Katharina Antoinette Salome von Dorsten (1782–1855) aus Düsseldorf-Bilk. Hubert Bracht lebte als Rechtsanwalt in Elberfeld, zog aber mit dem Tode seines Schwiegervaters nach Düsseldorf. Er vertrat die Prinzipien eines aufgeklärten liberalen Staatswesens, wie es sich nach der Befreiung des Rheinlands von französischer Herrschaft abzuzeichnen schien, zog sich jedoch mit Einführung der Karlsbader Beschlüsse vom politischen Leben als Mitglied des rheinischen Landtags zurück.[25] Neben Felix hatte die Familie Bracht noch weitere sechs Kinder, deren Schicksal wir aber hier nicht weiter verfolgen wollen.[26]

---

24 Alexander PAGENSTECHER, Vorwort, in: PAGENSTECHER, Aus gärender Zeit (wie Anm. 4), S. 12 f.

25 Oder wurde zurückgezogen, denn Hubert Bracht galt nach geheimen Informantenberichten *als „wirklich sehr gefährlicher Mann"*, der *„in jeglichem öffentlichen und privaten Verhältnisse mit angestrengtem Eifer gegen das Gouvernement arbeite"*. Der Advokat Bracht war für die preußischen Justizbehörden *„Mittelpunkt der gegen die preußische Regierung gerichteten Intriguen"* im Rheinland. Vgl. Otto MOST, Geschichte der Stadt Düsseldorf, Bd. 2, Düsseldorf 1921, S. 56.

Felix Bracht wurde in Elberfeld geboren, besuchte aber mit der Übersiedlung der Eltern das Katholische Gymnasium in Düsseldorf. Nach Abschluss des Gymnasiums schrieb sich Felix Bracht im Wintersemester 1828/29 zum Studium der Medizin an der Rheinischen Universität Bonn ein. Dort trat er der lokalen Burschenschaft Germania bei.[27] Er vertrat die Ansichten, die Pagenstecher zu dem Zeitpunkt schon weit hinter sich gelassen hatte: *„Nur auf den Universitäten, bei den Epigonen der alten Burschenschafter, wurde noch die Kultur der deutschen Einheit und Freiheit hier und da im geheimen getrieben."*[28] Felix Bracht allerdings schien seine Ansichten nicht allzu geheim gehalten haben, denn er fiel den lokalen Polizeibehörden sogleich auf, die umfangreiche Akten über ihn anlegten. Zum Wintersemester 1830/31 verließ Bracht Bonn und immatrikulierte sich an der Universität Berlin. Seine Vorlesungen in Bonn betrafen vor allem Themen zur Anatomie und Physiologie, gefolgt von Heilmittelkunde und chirurgischen Übungen. Die medizinische Ausbildung in Bonn galt in Preußen als nicht besonders gut, was wohl den Wechsel nach Berlin erklärt. Es könnten allerdings auch seine burschenschaftlichen Aktivitäten gewesen sein, die ihn zum Wechsel des Studienorts bewogen. Sein Medizinstudium schloss Felix Bracht 1833 mit der Promotion zum Thema *De phthisi laryngea* ab, also eine Arbeit zur Behandlung der Tuberkulose. Ein Jahr später fand er eine Stelle als praktischer Arzt in seiner Geburtsstadt Elberfeld. In der aufstrebenden Industriestadt mit extremer Luftverschmutzung bestand für einen Arzt mit Erfahrung in Lungenerkrankungen zweifelsohne großer Bedarf. Am 20. Juni 1835 heiratete er in Prag Josephine Freiin von Prochazka (1810–1876), die er bei einem Besuch seines österreichischen Vetters Johann Hermann Bracht in Prag kennengelernt hatte. Dies war gewiss eine gute Partie, denn seine junge Frau kam aus bestem böhmischen Haus. Ihr Vater, Joseph Baron von Prochazka (1770–1844), war als k. k. Wirklicher Geheimer Rat, Oberstlandschreiber im Königreich Böhmen und Gubernialvizepräsident eine wichtige Persönlichkeit in der Verwaltungsstruktur der österreichisch-ungarischen Monarchie. Felix Brachts unruhiger Burschenschaftsgeist stand jedoch einem möglichen gesellschaftlichen Aufstieg im Weg.

Im Gegensatz zu Pagenstecher verblieb Bracht bei seinen Burschenschaftsansichten auch nach dem Wechsel ins bürgerliche Leben. Dies war vermutlich durch die Ereignisse der französischen Juli-Revolution von 1830 bestimmt, die in Deutschland eine Wiedererweckung der Burschenschaftsbewegung zur Folge hatte. Sie gipfelte im Hambacher Fest von 1832, das in der zu Bayern gehörenden Pfalz stattfand. Wegen der Nähe zur französischen Grenze kamen auch viele Exilanten. Im Zeichen der schwarz-rot-goldenen Fahne forderten Teilnehmer und Redner die nationale Einheit Deutschlands und ein *„conföderiertes, republikanisches Europa"* mit Presse-, Meinungs- und Versammlungsfreiheit sowie Gleichberechtigung von Frauen. Das Hambacher Fest läutete die Zeit des soge-

---

26 Felix Franz Friedrich (1809–1882), Prosper Vincenz (1811–1885), Emilie (1813–1897), Bertha (1815–1890), Viktor Friedrich (1819–1887), Eduard (1821–1821) und Vincenz Maria (1822–1847).

27 Otto OPPERMANN, Geschichte der Bonner Burschenschaft (1819–1835), Leipzig 1896, S. 48 und Alexander PFLÜGER, Mitgliederverzeichnis der Bonner Burschenschaft (1818–1833), Bonn 1894, S. 6.

28 PAGENSTECHER, Revolutionäre Bewegungen (wie Anm. 15), S. 9.

nannten Vormärz ein – das Anwachsen fortschrittlicher Tendenzen mit liberalen, sozialpolitischen und teilweise auch radikaldemokratisch-kommunistischen Zielen vor der Märzrevolution 1848. Erste Aufstände, wie die Erstürmung der Frankfurter Wache von 1833 durch Studenten, führten jedoch zu Verhaftungen und zum Anstieg der Repressionen, die nicht nur die Beteiligten ins äußere, sondern auch viele Bürger ins innere Exil trieben.

Diese Unruhe ergriff auch Felix Bracht, der in diesen Jahren in Berlin studierte. 1836 wurde er als Mitglied der Allgemeinen Deutschen Burschenschaft zu sechs Jahren Festungshaft in Wesel verurteilt, nachdem er sein Medizinstudium beendet hatte. Dazu erhielt er Berufsverbot für die preußische Rheinprovinz, nachdem er eben seinen Posten als praktischer Arzt in Elberfeld angetreten hatte. Jedoch wurde ihm die Strafe schon im März 1837, im Jahr seiner Verurteilung, auf dem Gnadenweg erlassen.[29] Abbildung 3 stellt ihn als jungen Burschenschafter im altdeutschen Gewand dar. Er sah sich wohl selbst gern so, denn Brachts Freund, der Maler Richard Seel (1819–1875), fertigte dieses Bild 1848/49 an.[30] Erst 1852 wurde es auf der permanenten Kunstausstellung in Elberfeld öffentlich gezeigt. Seitdem galt das Bild als verschollen und konnte erst 2017 im Besitz von Victor Olson identifiziert werden, einem in Arizona lebenden Nachfahren von Felix Bracht.[31] Das Bild wurde vom Kunstrezensenten der Elberfelder Zeitung, Hermann Püttmann, folgendermaßen beschrieben: *Während im Allgemeinen die große Mehrzahl der Portraits den gewöhnlichen Zweck verfolgt: das getreue Conterfei eines beliebigen Menschen zu geben, erheben sich nur einige wenige zu einer höheren Kunststufe, indem sie eine bedeutende Persönlichkeit in einer solchen charakteristischen Wahrheit darstellen, daß wir notwendig auf einen gewissen historischen Zusammenhang derselben mit ihrer Zeit schließen müssen. In dieser Art besitzt die Ausstellung von unserem einheimischen Künstler Rich. Seel ein Werk, das wir zu dem besten zählen was wir gesehen haben. Es ist das Abbild eines Mannes in vollster Lebenskraft, dessen hohe imponierende Gestalt, dessen blitzendes Auge voll Energie und Muth in seltsamen Contraste zu den Attributen des Todes stehen, die auf einem Tische ihm zur Seite enthalten sind. Wenn wir auch nicht wüßten, daß dieser Mann früher in unserer Mitte eine hervorragende Stellung einnahm, und daß er jetzt in der ersehnten neuen Welt den Drang nach politischer Unabhängigkeit befriedigen kann, vielleicht aber auch nicht ohne Schmerz so manchen liebgewordenen Bedürfnissen, wie sie unsere Bildung herbeigeführt, entsagen muß; wir würden jedenfalls ahnen, daß diese vom Künstler so charaktervoll wiedergegebene Persönlichkeit auch im Leben eine ungewöhnliche Bedeutung beansprucht. Was die technische Ausführung des Bildes betrifft, so müssen wir auch hier das glücklichste Talent des Künstlers anerkennen. Die breite markige Pinselführung, das brillante gesättigte Colorit genügten, auch abgesehen von der gelungenen Charakteristik, dies Kunstwerk als ein ganz ausgezeichnetes hinzustellen.*[32]

---

29 Stadtarchiv Wuppertal: Akten-Nummer O IX 6, Oberbürgermeisterei Elberfeld. Acta betr. burschenschaftliche Umtriebe während der akademischen Laufbahnen resp. das Verhalten der Schul- und Predigtamtskandidaten.

30 Horst Heidermann, Johann Richard Seel, Maler im Wuppertal und Zeichner des Deutschen Michel, Essen 2003.

31 Michael Wiescher, Rheinische Bürgersöhne in Texas, in: Düsseldorfer Jahrbuch 87 (2017), S. 101–152.

Das Jahr 1848 brachte erhebliche politische Unruhen. Ausgelöst durch den Sturz der französischen Monarchie im Februar 1848 kam es schnell zu Aufständen der Bevölkerung in zahlreichen deutschen Städten. Die Rheinlande blieben zu Beginn ruhig, da das Besitzbürgertum sich von der republikanischen Entwicklung bedroht fühlte. Trotzdem kam es im März und April 1848 in vielen rheinischen Städten zu großen Aufmärschen und Demonstrationen der Arbeiter. Viele Bürger verfolgten dies mit Sympathie. In Diskussionsgesellschaften wurden zahlreiche neue Thesen und Forderungen zur politischen Entwicklung aufgestellt. Dr. Felix Bracht war im März 1848 Gründer und Wortführer des schon erwähnten Politischen Klubs in Elberfeld, der die revolutionären Forderungen der Märzaufmärsche und auch die Ergebnisse der Wahlen vom Mai 1848 vielfach unterstützte.

Abb. 3: Felix Bracht als Berliner Burschenschafter, porträtiert 1847/48 durch den Maler des Deutschen Michels, Johann Richard Seel. Sammlung Michael Wiescher

Zeitgenössische Zeitungsberichte stellen das folgendermaßen dar: „[E]*in Vorurteil gegen den politischen Klub war gleich zu bemerken, als er noch in den Windeln lag; teilweise freilich rührte dies auch daher, daß die Vaterschaft des Kindes einem Manne angehörte, der, ein geschickter und als solcher geachteter, bei den unteren Volksklassen seiner Uneigennützigkeit wegen besonders beliebter praktischer Arzt, doch bei der Geldaristokratie sowohl als bei der kirchlichen Partei nichts weniger als eine persona grata war, vielmehr durch ein gewisses burschikoses Wesen und exzessive Offenherzigkeit, sowie durch einen vom Fahrwege ehelicher Pflicht mitunter abweichenden Lebenswandel manchen Anstoß gegeben hatte.* [...] *Es ist also nicht zu leugnen, daß der Klub durch seine regelmäßigen wöchentlichen Sitzungen sowohl, als namentlich durch die von Zeit zu Zeit veranstalteten Volksversammlungen einen gewissen aufregenden Einfluß auf die bis dahin so ganz in politischer und sozialer Unmündigkeit dahindämmernden un-*

32 Elberfelder Zeitung vom 11. Juni 1851.

tern Klassen der hiesigen Bevölkerung ausgeübt und besonders durch die nach Auflösung der zweiten Kammer Ende April und Anfangs Mai dieses Jahres gehaltenen Engelnberger Versammlungen einigen revolutionären Zündstoff in die von Sonntagsbier erhitzten Gemüter der Wuppertaler Weber und Färber geworfen hat.“[33] Die Diskussionen und Treffen fanden anfangs meist im Hause von Felix Bracht statt. Am 8. Mai 1848 nahm sogar Karl Marx in Begleitung von Georg Weerth an einer der Sitzungen des Politischen Klubs teil.[34] Allerdings lieferte das Stuttgarter Morgenblatt für gebildete Leser eine wenig dramatische Darstellung des Geschehens: „*Die Weltumwälzer saßen so ruhig da, ihr Butterbrot mit Schinken verzehrend und Weißbier dazu trinkend, während die Redner des Klubs von hoher Tribüne herab Österreich für einen modernen Leichnam erklärten und den König von Preußen zum deutschen Kaiser ausriefen.*“[35]

Der Politische Klub vertrat also nicht unbedingt radikale, sozialistische Ideen, wie sie einige andere Vertreter der Revolution forderten, sondern suchte die Idee der konstitutionellen Monarchie zu fördern.[36] Trotzdem bot der Politische Klub ebenso wie andere politische Vereine ein weites Forum für Diskussionen. Die Rolle der Vereine war von einem erwachenden Verständnis für Demokratie geprägt; zum ersten Mal wurden demokratische Umgangsformen gepflegt. Die Vorstände der verschiedenen Klubs und Vereine waren frei gewählt; Generalversammlungen kontrollierten sie. In diesen Vereinen bildete sich neues Denken und neue Hoffnung auf eine demokratische Entwicklung auf staatlicher Ebene. Über den Vereinsalltag im Elberfelder Politischen Klub gibt der Bericht

---

33 Zusammengefasst von: Hanns Wegener, Elberfeld in den vierziger Jahren des 19. Jahrhunderts, in: Mitteilungen des Bergischen Geschichtsvereins 20 (1913), S. 1–12, 21–35, 41–49, 61–66, 102–111, 125–131, 144–145.

34 Horst Heidermann, Seel (wie Anm. 30), S. 110.

35 Wegener: Elberfeld in den vierziger Jahren (wie Anm. 33), S. 129.

36 Das *Morgenblatt für den gebildeten Leser* (Nr. 12 vom 22. Mai 1848, S. 486–487), das die Cotta'sche Buchhandlung herausgab, beschreibt die Gründung und Stellung des *Politischen Klubs* sowie den etwas konservativeren *Constitutionellen Klub* des Advokaten Dr. Reinhold von Hurter in Elberfeld folgendermaßen: *Dem gleich Anfangs gebildeten „politischen Klub" ist nun noch ein „constitutioneller Verein" gefolgt, der sich, gleich jenem, die Entwicklung der politischen Tagesfragen zur Aufgabe macht. Beide Klubs wollen, ihren beiderseitigen Programmen zufolge, so ziemlich dasselbe: ein einiges Deutschland unter constitutionell monarchischer Regierungsform. Trotz dieser scheinbaren Gleichheit ihrer Bestrebungen sind sie ihrem eigentlichsten Wesen nach doch ziemlich verschieden. Im politischen Klub macht sich mehr ein demokratisch-constitutionelles, im constitutionellen Verein dagegen ein aristokratiſch-constitutionelles Element geltend. Die Mitglieder des erstgenannten sind großentheils jüngere Leute, Handlungsgehülfen, Kaufmannssöhne, sodann Männer aus dem Handwerkerstande, kurz, es ist hier besonders die mittlere und geringere Bourgeoisie zu treffen, während die höhere, die Geldaristokratie mehr dem constitutionellen Verein angehört. Die hauptsächlichſten Redner des politischen Klubs sind Juristen, theils Advokaten, theils Landgerichtsbeamte. Die Summe der Intelligenz scheint einstweilen im politischen Klub stärker zu seyn als im andern Verein, wo sich bis jetzt nur ein einziger Hauptredner gezeigt hat, gleichfalls ein Advokat, der zugleich dort präsidiert. Dem politischen Klub hat man republikanische Tendenzen unterschieben wollen; keinenfalls kann dieß mit größerem Rechte geschehen, als womit man andererseits den Gegenklub reaktionärer Tendenzen beschuldigt.*

eines empörten Gegners Aufschluss: *„Da sitzen sie, ich habe es mit eigenen Augen gesehen, bunt durcheinander, höhere und niedere Beamten, Advokaten, sogar junge Leute aus guten, hiesigen Familien, Mittelbürger, ja Handwerker und Arbeiter. Und jeder spricht von der Tribüne über staatliche Verhältnisse, wie wenn er ein natürliches Recht dazu hätte, und Jedem, ohne Ausnahme gibt der Präsident das Wort, ja sogar dem Arbeiter!"*[37]

Felix Bracht hatte in den Jahren des Vormärz wiederholt mit dem Gedanken gespielt, das reaktionäre Deutschland zu verlassen und vielen seiner Burschenschaftsfreunde in die Emigration nach Amerika zu folgen. Ihm gaben jedoch die Märzaufstände und die ihnen folgenden politischen Ereignisse und Klub-Debatten Hoffnung auf ein freieres Deutschland unter einem konstitutionell vom Parlament gewählten Kaiser. Dies hinderte ihn daran, sich zur Ausreise zu entscheiden.[38]

Im Verlauf des Jahres 1848 wurden die politischen Verhältnisse jedoch immer schwieriger. Während die nach den Wahlen im Mai 1848 neu geformte Nationalversammlung in Frankfurt eine Verfassung zu erarbeiten versuchte, erließ die preußische Regierung Maßnahmen, um die Unruhen zu unterdrücken. Hauptsächlich wurden Militäreinheiten aus anderen Provinzen ins Rheinland verlegt, vielfach mit dem Ausnahmezustand in den Städten verbunden. Felix Bracht erkannte, dass die Revolution scheiterte. Das Scheitern der Revolution und die darauffolgende Verhaftungswelle trieben viele liberale Kräfte ins Ausland und insbesondere nach Amerika, wo sie sich eine neue Existenz schaffen mussten.[39] Er machte sich bei der einsetzenden Verhaftungswelle Sorgen um sein eigenes Geschick, denn durch seine frühere Verurteilung zur Haft in der Festung Wesel und durch seine Tätigkeit als Vorsitzender des Politischen Klubs gehörte er sicherlich zu den politisch Gefährdeten. Er entschloss sich, mit seiner Familie Deutschland zu verlassen. In letzter politischer Funktion trat er am 25. Februar 1849 als Vorsitzender eines Kongresses der demokratischen-konstitutionellen Vereine von Rheinland und Westfalen in Essen auf.[40]

Im März 1849 schiffte sich Felix Bracht in Bremen in Begleitung seines Bruders Viktor Bracht[41] für die Überfahrt nach Texas ein. Seine Familie folgte sechs Monate später. Das schnelle Auswanderungsunterfangen zeigt, wie bedroht sich der Doktor gefühlt haben muss.

---

37 Nach Jürgen Herres, Das Preußische Rheinland in der Revolution von 1848/49 in: Stephan Lennartz/Georg Mölich (Hg.), Revolution im Rheinland. Veränderungen der politischen Kultur 1848/49 (Bensberger Protokolle. Schriftenreihe der Thomas-Morus-Akademie Bensberg 29), Bielefeld 1998, S. 13–36.

38 Brachts Freund und Revolutionskollege, der Elberfelder Dichter Friedrich Röder, bot allerdings eine andere Erklärung für Brachts Schwanken. Er führt es auf dessen Verhältnis mit der schönen Schauspielerin Caroline Thate zurück, die ihn im Dezember 1846 verlassen hatte, um vom Elberfelder Schauspielhaus ans Kasseler Theater zu wechseln. Er hatte wohl auf ihre Rückkehr gehofft und verließ Deutschland erst nach ihrer Heirat mit einem Frankfurter Journalisten.

39 Vgl. Douglas Hale, Wanderers between two Worlds – German Rebels in the American West, Bloomington, Indiana 2005.

40 Illner, Bürgerliche Organisierung (wie Anm. 17), S. 172–173.

41 Viktor Bracht hatte im Gegensatz zu seinem Bruder große Erfahrung, da er einige Jahre als

Nach ihrer Ankunft in Galveston im Mai 1849 reisten die Brüder Bracht sofort nach Indianola und New Braunfels. Als Hausarzt war Dr. Felix Bracht bei den deutschen Siedlern sehr willkommen, da es noch immer an gut ausgebildeten Ärzten mangelte. Aber stattdessen beschloss er, etwas Land in der Nähe von San Antonio am Westufer des Cibolo Creek zu kaufen und dort ein kleines Haus zu bauen.[42] Er hatte nur wenige Monate Zeit vor der Ankunft seiner Familie; im Sommer entstand ein kleines Gebäude in der Nähe des steilen Flussufers, wo die Brachts zuerst leben sollten. Das Gebäude existiert noch heute, es ist aus *„Zypressen-, Ulmen- und Zedernbalken gebaut und mit Ästen, Lehm und anderen verfügbaren Materialien wie Maiskolben oder Tierknochen verfugt. Diese Struktur gliedert sich in drei separate Räume mit jeweils einem Durchgang. An den beiden längeren Seiten befinden sich kleine Fenster. Das verzinkte Metalldach überdeckt handgefertigte Holzschindeln. Das Innere hat einen hart gepackten Lehmboden und Überreste von etwas, das möglicherweise Mörtel oder Stuck war, der die Wände bedeckt. Die Außenseite besteht aus Holzbohlen, die die Hölzer bedecken. Der Bau befindet sich heute in einem sehr schlechten Zustand, obwohl er überraschenderweise den zahlreichen Überschwemmungen des nahegelegenen Cibolo Creek standgehalten hat.“*[43]

Diese Beschreibung entspricht der, die ein anderer Auswanderer nach seinem Besuch bei der Familie Bracht im November 1849 gab: *„Es hat Risse in den Wänden, so dass die Anderen durch sie hindurchblasen. Dann gibt es keinen Boden und es ist in 3 Teile geteilt, nur mit Vorhängen.“*[44]

Es ist also nicht weiter verwunderlich, dass Brachts Frau über ihre Lebensumstände in der neuen Welt mehr als unglücklich war. Sie kam aus adeligem Hause, war in königlichen Unterkünften aufgewachsen und hatte in eine wohlhabende bürgerliche Familie mit beträchtlichem Wohneigentum eingeheiratet. Sie verabscheute diese neuen Lebensbedingungen. Bekannte berichteten: *„Frau Bracht ist sehr wütend und in solch einer hilflosen Situation ist die arme Frau wirklich zu bedauern. Sie kam dort in einen ganz anderen Haushalt und in ein schlechtes Haus.“*[45]

Innerhalb eines Jahres nach der Ankunft hatte sich die Familie Bracht jedoch anscheinend gut angepasst, wie Julius Tipps am 7. April 1851 in einem Brief schrieb. Er erwähnte, dass Josephine Bracht und Frau Tipps sich in New Braunfels gesehen hatten. Josephine Bracht habe angedeutet, zwar nicht so gerne in Texas zu leben wie in Deutschland, habe sich aber angepasst. Ihr Haus galt als sehr schön eingerichtet, und Dr. Bracht hatte eine gute Arztpraxis rund um Cibolo etabliert. Damals bezog er bereits mit der Bewirtschaftung seines Landes ein erstes Einkommen. In diesem ersten Jahr konzentrierte

---

Kaufmann in New Braunfels in Texas verbracht hatte, bevor er nach Deutschland zurückkehrte, um seinen Bruder zu holen. Vgl. Viktor Bracht, Texas im Jahre 1848, Elberfeld/Iserlohn, 1849.

42 Da keine Kaufurkunde gefunden wurde, ist es möglich, dass Felix Bracht das Grundstück vor dem eigentlichen Kauf gemietet hat. In der Volkszählung von 1850 werden Felix Bracht und seine Familie als am Cibolo Creek lebende Personen aufgeführt.

43 Pat Ezell, Bracht-Stapper Farmstead, Cemetery and Jacal, Part I, in: Our Heritage, in: Publication of the San Antonio Genealogical and Historical Society, Bd. 60, Nr. 1 u. 2, 2018, S. 6–15.

44 Robert R. Robinson Jr., Die Bremerverwandtschaft, Bd. 2, Burnet, Texas 1979, S. 1530.

45 Ebd.

sich Felix Bracht auf die Erweiterung seiner Liegenschaft. Er erwarb weitere 100 Morgen von Erstsiedlern in der Gegend[46] und besaß innerhalb weniger Jahre eine Farm mit einem Bestand von 45 Pferden und 150 Rindern.

Abb. 4: Dr. Felix Bracht als wohlhabender Arzt und Grundbesitzer in New Braunfels, Texas. Sophienburg Museum, New Braunfels, Texas.

Daraufhin baute Bracht ein größeres und stärkeres Haus. Seinem wachsenden landwirtschaftlichen Betrieb fügte er eine Scheune und Ställe hinzu, in denen Schweine und Pferde untergebracht waren. In einem Zeitungsartikel von 1932 wird das Bracht-Haus als ein einfaches, altmodisches deutsches Haus aus Stein mit einer Außenverkleidung aus Gips oder Stuck beschrieben. Das Dach und der Boden sollen von gehauenen Zypressenstämmen gestützt worden sein. Der Innenraum umfasste Türen aus Zedernholz und Fensterrahmen. Um zwei Seiten des Hauses herum zog sich eine große überdachte Veranda.[47]

1854 wurde Felix Bracht von seiner Nichte Emma Murck aus Barmen besucht, die gerade aus Deutschland gekommen war. Sie gab in ihren Erinnerungen eine kurze Beschreibung der Lebensbedingungen im neuen Haus: „*Mein Onkel besaß keine Neger. Folglich musste meine Tante, die aristokratisch und eine Dame von ausgesuchter Eleganz gewesen war, die Hausarbeit machen und dabei manchmal gewöhnliche Kleidung tragen. Die Überreste früherer Eleganz passten nicht zu der Art von Kleidung, die man hier nur kaufen konnte. Es erregte mein Mitleid, die einstmal so elegante Dame so hart arbeiten zu sehen, und ich versuchte, ihr zu helfen.*[48]

Leider gab Emma Murck keine weiteren Angaben über den Haushalt und die Arbeitskräfte ihres Onkels, aber bei der US-Volkszählung 1850 wurden zwei junge deutsche Arbeiter, Maximilian Reinbach und Charles Griesenbeck, als Helfer registriert. Dies unterstreicht, dass die Deutschen in Texas weitgehend unter sich blieben, mit deutschstämmigen Arbeitskräften arbeiteten und bis auf wenige Ausnahmen auf Sklaven verzichteten.[49]

Nach der Heirat seiner siebzehnjährigen Tochter Felicitas mit dem deutschen Einwanderer Eduard Stapper im Jahr 1853 übergab Felix Bracht den Hof seinem Schwiegersohn und zog mit seiner Frau nach New Braunfels, um eine Arztpraxis zu gründen. Bis 1860

46 Dies ergibt sich aus den Kaufverträgen und Besitzverzeichnissen des Kreises, vgl. Pat Ezell, Bracht-Stapper Farmstead, Cemetery and Jacal, unpublished, 2017, S. 4.

47 House refuses to become a Relic, in: San Antonio Light, 20. June 1932, S. 52, 154.

48 Henry B. Dielmann, Emma Altgelt's Sketches of Life in Texas, in: The Southwestern Historical Quarterly 63 (1960), S. 363–384, hier S. 371.

49 Walter D. Kamphoefner, New Perspectives on Texas Germans and the Confederacy, in: Southwestern Historical Quarterly 102 (1999), S. 441–455, hier S. 442–444.

hatten die Stappers drei Kinder: Julian, der die Farm nach dem Tode seines Vaters weiterführte, Bertha und Felix. Die Familie Stapper lebte noch drei Generationen lang im Bauernhaus im Cibolo-Tal, bis Julian Stapper das Land 1935 verkaufte und sich nach San Antonio zurückzog.

Die Volkszählung von 1860 listete Felix Bracht und seine Frau Josephine als Einwohner von New Braunfels im Kreis Comal, Texas, und registrierte ihn als praktizierenden Doktor der Medizin. Er engagierte sich in der Gemeinde und war von 1860–1862 Mitglied des Kuratoriums der Neuen Braunfels-Akademie.

In den ersten Jahren nach dem Umzug lebten Felix und seine Frau friedlich in ihrem neuen Zuhause bis zum Beginn des amerikanischen Bürgerkriegs (1861–1865). Mit der Sezessionsbewegung, die die Trennung der Südstaaten von der Union forderte, erwachte der alte revolutionäre Geist wieder. Die Wahl von Abraham Lincoln in das Amt des US-Präsidenten sah er als Bedrohung für die Freiheit des Südens und seiner Bürger. Im Gegensatz zu den meisten anderen Deutschen in Texas, die sich mehr der Union verbunden fühlten und vielfache Gefahren in der Unabhängigkeit sahen,[50] entwickelte sich Bracht zu einem radikalen Befürworter der Sezessionsbewegung, die die Trennung der Südstaaten von der Union forderte. Sein Freund Dr. Ferdinand Lindheimer, Botaniker und Herausgeber der Neu-Braunfelser Zeitung, akzeptierte nur allmählich die Trennung von der Union als unausweichlich.[51] Lindheimer sah die Gefahr mehr in den amerikanischen Mitbewohnern, sollten sich die Deutschen offen gegen sie stellen. Er unterwarf sich damit dem, was Alexis de Tocqueville in seinen Beschreibungen der amerikanischen Demokratie als „Tyrannei der Mehrheit" betrachtete. In Bracht dagegen schien wieder der alte Burschenschafter-Geist zu erwachen: Abraham Lincoln erschien ihm als neuer Unterdrücker der Freiheit, der nun in Texas König, Kaiser und Zar als neues Feindbild ersetzte.[52]

Bis Dezember 1860 fanden Massenversammlungen statt, um Unterstützung für die Sezession zu gewinnen. Am 9. Dezember 1860 wurde Felix Bracht zum Vorsitzenden eines Ausschusses von elf designierten Männern gewählt, deren Aufgabe es war, Sezessionsbeschlüsse auszuarbeiten, aber nur wenige Wochen später wurde er durch weniger radikale Mitbürger ersetzt. Nach der Entscheidung, sich von der Union zu trennen, erhielt Bracht den Auftrag, eine Infanteriekompanie in Morris County zu gründen, aber die Rekrutierung ging langsam voran.[53] Bracht schrieb in einem Brief an Gouverneur Clark von Texas: *„Unsere Leute sind ziemlich langsam, und es wird einige Verzögerungen geben, aber schließlich wird es eine volle und gute Gesellschaft geben, die in Comal County angesiedelt ist."*[54]

---

50 Ebd.

51 Walter L. Buenger, Secession and the Texas German Community: Editor Lindheimer vs. Editor Flake, in: Southwestern Historical Quarterly 82 (1979), S. 379–402, hier S. 393.

52 Ella Lonn, Foreigners in the Confederacy, Chapel Hill, NC 2002, S. 47–50.

53 Kamphoefner, New Perspectives (wie Anm. 49), S. 449 f.

54 Felix Bracht to Governor Edward Clark, March 1861, in: Texas State Library and Archives, Governor's Letters Archives. (Original: *Our people are rather slow to move and there will be some delay, but finally there will be a full and good company mustered in Comal County.*)

Innerhalb weniger Monate schrieb Bracht jedoch einen weiteren Brief an Gouverneur Clark: „*Unsere Leute lassen sich nicht bewegen, und obwohl jetzt eine etwas bessere Stimmung herrscht, ist gerade unter den jungen Männern, die sich melden sollten, der Widerstand gegen jeden Dienst gewachsen. Die Menschen sind ziemlich wütend und möchten, dass die Nachzügler eingezogen werden. Ich weiß, dass Sie große Vorbehalte gegen einen solchen Schritt empfinden, und deshalb bitte ich Sie, Herrn Hoffman zu erlauben, einen letzten Versuch zu machen.*“[55] Die deutschen Siedler waren demnach nicht sonderlich begeistert, für eine Sache in den Krieg zu ziehen, an die sie nicht so recht glaubten.[56]

Bracht selbst meldete sich freiwillig zur konföderierten Armee und diente anschließend als Regimentsarzt und Chirurg für die Texas 5th Cavalry, Fifth Mounted Volunteers, Second Regiment, Sibley's Brigade, die am Rio Grande stationiert war. Die Neu-Braunfelser Zeitung berichtete, dass Felix Bracht im Juli 1861 zu seiner Einheit gehen würde. Die Marschkapelle von Hoffmans Kompanie[57] marschierte mit klingendem Spiel zum Haus von Dr. Bracht, um sich von ihm zu verabschieden.[58]

Schon nach einem Jahr kehrte Felix Bracht nach New Braunfels zurück. Er hatte sich aus Alters- und Gesundheitsgründen vom Dienst suspendieren lassen.[59] Über seinen genauen militärischen Einsatz ist nichts bekannt, aber während dieses Jahres war Hoffmans Kompanie an mehreren erfolgreichen Scharmützeln in New Mexico beteiligt, die zur Besetzung von Albuquerque und Santa Fe führten. In der Schlacht von Glorietta wurden die konföderierten Truppen jedoch geschlagen und mussten sich im Juli 1862 nach San Antonio zurückziehen.[60] Diese Militärerfahrung mit langen Ritten an heißen Tagen und kalten Nächten mochte wohl auf den 54-jährigen Felix Bracht ernüchternd gewirkt haben. Nach der Niederlage der Konföderierten besetzten Unionstruppen New Braunfels. Lindheimer und Bracht blieben trotz ihres früheren emphatischen Einsatzes für die Sache der Südstaaten unbehelligt. Bracht setzte seine Arztpraxis für weitere zehn Jahre fort und besaß auch weiterhin Pferde und Rinder. Trotz des Krieges und der wirtschaftlichen Schwierigkeiten in Texas nach der Niederlage der Konföderation blieb er ein wohlhabender Bürger mit einem guten, stabilen Einkommen in New Braunfels.

---

55 Felix Bracht to Governor Edward Clark, April 1861, in: Texas State Library and Archives, Governor's Letters, Archives. (Original: *Our people won't move, and although a somewhat better feeling prevails, among the young men that ought to come forward, now is the greatest reluctance firmly grown against any service whatever. Older persons, even such as used to be not overly patriotic before, are quite enraged and would like to see the laggards drafted. I know you feel great reluctance to that yourself, and therefore I beg you to permit Mr. Hoffman to make this last trial.*)

56 Kamphoefner, New Perspectives (wie Anm. 49), S. 449 f.

57 Dies war die Kompanie, die Bracht ursprünglich aus eigenen Mitteln aufstellen wollte, dies aber dann dem ebenfalls deutschen Einwanderer und Farmer Gustav Hoffman(n) (1817–1889) überließ.

58 Oscar Haas, History of New Braunfels and Comal County, Texas 1844–1946, San Antonio, Texas 1996, S. 185 f.

59 Wilfred H. Schlatner, War between the States. Participants from Comal County, Texas, San Antonio, Texas 2009, S. 16.

60 Ebd., S. 9–10.

Seine Frau Josephine Bracht starb am 6. Februar 1876 im Alter von 66 Jahren, nachdem sie fast 20 Jahre in Texas gelebt hatte. Sie war glücklicher in New Braunfels als auf der Farm gewesen. In New Braunfels hatte sich zwischen den verschiedenen Siedlerfamilien ein reiches soziales Leben entwickelt. Josephine Bracht wurde auf dem Familienfriedhof in der Nähe des Gehöfts am Cibolo Creek bestattet. Nach ihrem Tod kehrte Felix auf den Hof zurück und lebte dort mit seiner Tochter, seinem Schwiegersohn und seinen Enkeln und half bei der Ausbildung.

Dr. Felix Bracht starb am 17. Dezember 1882 und wurde neben seiner Frau Josephine auf dem Friedhof Bracht-Stapper bestattet. Die Ruinen des Jacals über dem Cibolo Creek und der kleine Familienfriedhof blieben erhalten, während das Haus und der größte Teil des Ackerlandes verschwunden sind. Das Land wurde abgeflacht und dient heute der Kläranlage des Cibolo-Gebietes.

3. Schlussbetrachtungen

Sowohl Dr. Karl Pagenstecher als auch Dr. Felix Bracht hatten sich weit von dem Arztbild entfernt, dass noch ihre Vorgänger prägte. Während sich im ausgehenden 18. Jahrhundert der Arzt noch als Naturforscher verstand, demonstrierten weder Pagenstecher noch Bracht irgendwelches Interesse für die Naturforschung, um im Sinne von Goethes Faust „zu verstehen, was die Welt im Innersten zusammenhält". Das Arztbild hatte sich in den ersten Jahrzehnten des 19. Jahrhunderts gewandelt. Der Arzt war zum Fürsorger geworden, der sich auch um das Wohlergehen der unteren, wenig zahlenden Klasse kümmerte. Das hatte besonders Dr. Pagenstecher mit seinem Einsatz bei der Cholera-Epidemie in Elberfeld demonstriert. *„In wenigen Tagen war ich zum Leibarzt der bitteren Armut geworden, der Mann, dem sich die kalten blauen Hände zitternd entgegenstreckten, auf den ihr halberstorbenes Auge flehend und doch mit zärtlichem, unbedingtem Vertrauen haftete.* [...] *Ich vermied kein Krankenbett, keine Berührung der Kranken. Kräftig und heiter trat ich zu den erstarrten Jammergestalten, vertrauengebend drückte ich ihre erstarrten Hände und blickte festen heiteren Auges Trost in ihre verzagten Seelen."*[61] Trotzdem, er zog sich zurück von seinem Arztberuf, den er doch so bewegend pathetisch zu beschreiben wusste. Schon vor dem Wechsel in die politische Laufbahn hatte er andere Interessen, und mit dem Wechsel sah er wichtigere Aufgaben für sich, was sich auch in seinen autobiographischen Schriften widerspiegelt.

Über Felix Brachts medizinische Karriere ist außer seiner Doktorarbeit nicht viel bekannt. Er galt als uneigennütziger Mann, der bei den unteren Volksschichten sehr beliebt war. Über seine medizinische und politische Tätigkeit hat er selbst nichts Schriftliches hinterlassen. Pagenstecher erwähnt ihn in seinen Schriften überhaupt nicht, was wohl daran liegen mag, dass er den radikalen politischen Vertretern doch sehr kritisch gegenüberstand. Bracht verstand sich wohl auch mehr als Burschenschafter und zunehmend als Freiheitskämpfer denn als Arzt und gilt als der Gründer des Politischen Klubs in Elberfeld. Doch auch in der Emigration übte er den Arztberuf nur am Rande aus. Er weigerte sich mit seinem Bruder Viktor als Arzt in New Braunfels zu bleiben, sondern nutzte

61 Pagenstecher, Revolutionäre Bewegungen (wie Anm. 15), S. 78.

die Möglichkeit, als Rancher schnell zu Wohlstand zu kommen, mit dem er sich zur Ruhe setzen konnte. Auch Hermann Seele, ein deutscher Auswanderer aus Hildesheim nach Texas, äußerte sich nicht unbedingt positiv über Bracht in den Tagen des Bürgerkriegs und dessen radikalen Einsatz für die Sezession von den Nordstaaten. Bracht machte sich die Sache des Südens unbedingt zueigen und forderte selbst die Hinrichtung von Bürgern, die sich dem Kampf mit dem Norden verweigern wollen.[62] Trotz dieser revolutionären Ambitionen quittierte er seinen Dienst als Militärarzt in der Armee der Südstaaten schon nach einem Jahr, im Oktober 1862, mit dem Hinweis auf seinen schlechten Gesundheitszustand. Er starb als reicher Mann zwanzig Jahre später.

In der zweiten Hälfte des 19. Jahrhunderts wuchs die Zahl der Ärzte in Elberfeld schnell an. Dies war bedingt durch die rasche Industrialisierung der Stadt und durch die große Zahl an Menschen, die aus der Umgebung und auch weitgehend aus dem Homburgischen und hessischen Landgebieten in die Stadt kamen, um dort Arbeit und Wohlstand zu suchen. Krankenhäuser, Ärztevereine und Ärztekammern wurden in den darauffolgenden Jahrzehnten gegründet, der individuelle Arzt, der eine hervorragende Rolle in der bürgerlichen Gesellschaft des 18. und frühen 19. Jahrhunderts gespielt hatte, verschwand. Die organisierte Industrialisierung der Medizin und des medizinischen Versorgungswesens begann mit der Einführung der Krankenkassen in den letzten Jahrzehnten des 19. Jahrhunderts. Das heißt nicht, dass es damit keine hervorragenden Ärzte mehr in Elberfeld gab, aber mit dieser Entstehung der Interessenverbände entwickelten sich die Ärzte zu deren Vertretern und gaben darüber allmählich ihre Rolle als intellektuelle Vorreiter im breiteren bürgerlichen Gemeinwesen von Elberfeld auf – ob im wissenschaftlichen oder im politischen Sinn.

Danksagung

Mein Dank gilt Beverly Wigley für ihre freundliche Hilfe bei der Identifizierung und Überlassung von Bildern und Dokumenten aus den Archiven des Museums Sophienburg in New Braunfels, Texas. Für die Hilfe beim Zusammentragen von Informationen zu Felix Bracht und seiner Rolle während der Revolution 1848 in Elberfeld danke ich Frau Dr. Ursula Rennhoff und Herrn Dr. Horst Heidermann, der leider im April 2018 verstarb. Herrn Prof. Dr. Hans-Reinhard Koch danke ich für zusätzliche Angaben zur Mitgliedschaft von Felix Bracht in der Bonner Burschenschaft. Zu späteren Informationen über die Familie Bracht in Amerika und dem Überlassen von Familienabbildungen und anderen Fotos danke ich Frau Anna Jobes aus Los Angeles sowie Herrn Victor Olson aus Phoenix, beide Nachkommen der Bracht-Familie. Auch Frau Pat Ezell aus San Antonio lieferte zahlreiche Informationen und Diskussionen zu den Lebensumständen von Felix Bracht in Texas. Ihr – und Martin Stadtler – gilt mein Dank für das kritische Lesen des Manuskripts, das Korrigieren und die zahlreichen Verbesserungsvorschläge.

62 Hermann Seele, Diaries 1843–1861, Austin, Texas 1995, S. 375, 377 u. 380 f.

„Du weist, ich bin nichts weniger als Fanatiker“

Zur evangelischen Familiengeschichte von Heinrich Marx und Nachkommen

Horst Sassin

Die Konversion des jüdischen Advokaten Heinrich Marx und seiner Familie zum Christentum wird in der vorherrschenden Literatur als opportunistisch motiviert dargestellt, als Chance, Anwalt zu bleiben und damit seinen Lebensunterhalt zu sichern, denn die wachsende Familie bekam in knapp elf Jahren neun Kinder. Der Hinderungsgrund, bei der Trierer jüdischen Gemeinde zu verbleiben, sei die Rechtslage des christlichen preußischen Staates gewesen, wonach der Staatsdienst Christen vorbehalten blieb. Heinrich Marx war seit 1815 als Advokat in Strafprozessen tätig. Davon zu unterscheiden war der Anwalt, der nach preußischem Recht Beamtenstatus hatte. Anwälte vertraten ihre Mandanten in Zivilprozessen. Da seine jüdische Konfession Marx den Zugang zur Anwaltschaft versperrte, die Regierung ihn aber am 3. Juli 1820 als Anwalt legitimierte, muss er zuvor zum Christentum konvertiert sein.

Der Anlass zur Konversion scheint seine Mitwirkung in der städtischen Judenschuldentilgungskommission gewesen zu sein, deren Aufgabe es war, die Schuldentilgung aus den Zeiten französischer und erzbischöflicher Herrschaft auf die Mitglieder der jüdischen Gemeinde umzulegen. Nachdem ein jüdisches Gemeindemitglied Beschwerde eingelegt hatte, beanstandete die Regierung Trier im Mai 1819 die Verschonung des Kommissionsmitglieds Marx von der Schuldentilgung und forderte die Umlage laut Besteuerung. Im Juli akzeptierte sie die angepassten Maßstäbe der Kommission. Um der Umlage zu entgehen, konnte Heinrich Marx sich in diesen Monaten mit vielleicht schon länger gehegten Erwägungen zur christlichen Taufe auseinandersetzen. Genügte ihm der materielle Aspekt zur Konversion? Oder gab es tiefere Beweggründe? Folgt man der vorherrschenden wissenschaftlichen Literatur, bleibt es bei der materiellen, monetären Begründung des Übertritts zur evangelischen Kirche.

Eine bequeme Erklärung scheint Heinrich Heines spöttisch-distanzierte Einschätzung der Taufe als „Entre Billet zur Europäischen Kultur“,[1] als Eintrittskarte in die christlich geprägte Gesellschaft zu geben. Heine ließ sich Mitte 1825 taufen, um die Laufbahn als preußischer Hochschullehrer einzuschlagen, eine Fehlkalkulation. Entsprach seine Einstellung der des Trierer Advokaten? Michael Heinrich, der eine stärker quellengestützte Biografie in Verbindung mit der Werkentwicklung verspricht, argumentiert ähnlich, indem er die Verzögerung der, wie er unterstellt, „*als bitter und demütigend empfunden*[en]“ Taufe von Heinrich Marx mit dem vermuteten Wunsch verbindet, „*dieser staat-*

---

1 Heinrich Heine, Historisch-kritische Gesamtausgabe der Werke, hg. v. Manfred Windfuhr, Bd. 10, Hamburg 1993, S. 313. Die originalen Schreibweisen werden beibehalten.

lich verlangten Heuchelei doch noch zu entgehen".[2] Darüber hinaus scheint die religionskritische Haltung des Sohnes des Advokaten, Karl Marx, die Religion sei „Opium des Volkes", einen Verständnishintergrund zu liefern, der die Konversion als formal und vordergründig abstempelt. Die bisher publizierten Quellen lassen eine eindeutige Beweisführung nicht zu bzw. wurden nicht gezielt ausgewertet. Michael Heinrich wägt die Literatur bedacht ab, zieht zur Tauffrage aber keine neuen Quellen hinzu, die ein festeres Fundament schaffen könnten.

Da die Töchter von Karl Marx nach dessen Tod seinen Briefwechsel siebten und dabei alles, was ihnen missfiel, vernichteten, stand und steht der vermutlich wichtigste Quellenbestand nicht zur Verfügung. Die Frage ist nun, ob es unausgewertete Quellen gibt, die näheren Aufschluss erwarten lassen. Eine Lösung versprach die Suche nach den kirchlichen Amtshandlungen, den Kasualien: Taufe und Taufpatenschaft, Konfirmation, Abendmahl, Eheschließung, Beerdigung.

1. Taufe und Taufpatenschaft

Als Erster ließ sich Heinrich Marx taufen. Leider ist seine Taufe nicht dokumentiert. Sie wird jedoch indirekt bestätigt durch die Notiz, die der reformierte Trierer Gemeindepfarrer Johann Abraham Küpper anlässlich der Taufe der sieben lebenden Kinder bei dem Vater ergänzte: *„vormals Bekenner der mosaischen Religion, getauft durch den Divis*[ions-] *Prediger Mühlenhoff"*.[3] Küpper, der hauptberuflich Regierungs- und Schulrat bei der Regierung in Trier war und in der zunächst kleinen Diasporagemeinde nebenamtlich wirkte, war wohl durch Dienstgeschäfte verhindert. Die Taufe lässt sich am wahrscheinlichsten zwischen Ende 1819 und Frühjahr 1820 datieren.[4]

Folgende sieben Kinder des Ehepaars Heinrich und Henriette Marx taufte der reformierte Pfarrer Küpper am 26. August 1824: Sophia, geboren am 13. November 1816; Karl, geboren am 5. Mai 1818; Hermann, geboren am 30. Oktober 1819; Henriette, geboren am 28. Oktober 1820; Louise, geboren am 14. November 1821; Emilie, geboren am 24. Oktober 1822 und Caroline, geboren am 30. Juli 1824. Je Kind gab es zwei Taufpaten, zumeist Juristen aus dem Umfeld des Vaters oder deren Ehefrauen. Bei dem ältesten und dem jüngsten Kind, Sophia und Caroline, fungierte auch Julie Emmerich geborene Küpper,

2 Michael HEINRICH, Karl Marx und die Geburt der modernen Gesellschaft. Biographie und Werkentwicklung, Bd. 1: 1818–1841, Stuttgart 2018, S. 75 f. Zur älteren Literatur vgl. Horst SASSIN, Zur Deutung der Quellen über die Konversion von Heinrich Marx. Mit weiteren Aspekten der evangelischen Familiengeschichte von Karl Marx, seinen Eltern und Geschwistern, in: Jahrbuch für Evangelische Kirchengeschichte des Rheinlands 68 (2019), S. 107–135, hier S. 110–117.

3 Archiv der EKiR, Boppard, Kirchenbuch Trier 201/1, S. 19 f. Abgedruckt in: Manfred SCHÖNKKE, Karl und Heinrich Marx und ihre Geschwister. Lebenszeugnisse – Briefe – Dokumente, Bonn 1993, S. 833.

4 Die Gründe für diese Datierung sind nicht Gegenstand des Aufsatzes. Vgl. die detaillierte Datenanalyse in: SASSIN, Zur Deutung (wie Anm. 2). Der Solinger jüdische Lehrer und Kantor Bernhard David Christian Jadownicky wurde vor seiner Taufe 1821 fünf Monate lang im Christentum unterrichtet; vgl. Horst SASSIN, Die bergischen Anfänge des gescheiterten amerikanischen Judenmissionars Bernhard Jadownicky, in: ZBGV 103 (2012), S. 53–67, hier S. 61.

die Tochter des Gemeindepfarrers, als Patin.[5] Aufgrund der Besonderheit, dass zuvor nur Heinrich Marx getauft war, seine Ehefrau Henriette Marx geborene Presborg jedoch „Israelitin" geblieben war, notierte der Pfarrer: „*Sie ist ihrer noch lebenden Eltern wegen noch nicht zum Christenthum übergetreten, hat aber erklärt, daß sie die Taufe ihrer Kinder wünsche.*"[6] Ein Jahr später lebten ihre Eltern noch, aber die Ehefrau hatte ihre Bedenken überwunden. Am 25. November 1825 taufte sie der Gemeindepfarrer Küpper, wobei Heinrich Marx und die Ehefrau des Pfarrers, Balsamina Küpper, die Taufpaten waren.[7] Im folgenden Jahr wurde der jüngste Sohn Eduard am 7. April geboren und am 17. April getauft.[8]

2. Konfirmation

Fünf Kinder wurden nachweislich konfirmiert. Die Konfirmation wurde jeweils am Palmsonntag, dem Sonntag vor Ostern, in der Dreifaltigkeitskirche in Trier gefeiert. Konfirmiert wurden Karl Marx am 23. März 1834, Henriette am 27. März 1836, Louise und Emilie am 8. April 1838, Caroline am 12. April 1840.[9] Die Konfirmierten waren älter, als es heute üblich ist, nämlich zwischen 15 Jahren und fünf Monaten (Henriette) und 16 Jahren und fünf Monaten (Louise). Der jüngste Sohn Eduard starb bereits im 12. Lebensjahr. Ob die älteste Tochter Sophia und der dritte Sohn Hermann mit Dispens in einer anderen Gemeinde konfirmiert wurden, ist ungeklärt. Im Kirchenbuch der Trierer Gemeinde sind sie nicht genannt.

3. Abendmahl

Durch die Konfirmation waren evangelische Christen zum Abendmahl in beiderlei Gestalt, Brot und Wein, zugelassen. Damals galt in der Rheinprovinz die Regelung, dass das Abendmahl nur an fünf Terminen jährlich gereicht wurde: Karfreitag, Ostern, Pfingsten, Erntedank und Weihnachten. Da die Trierer Gemeinde von Beginn an uniert war, konnte hier das Abendmahl nach zweierlei Verständnis genommen werden: lutherisch als Teilhabe am Leib Christi, reformiert als Gedächtnis an Jesu letzte Gemeinschaft mit seinen Jüngern. Karl Marx durfte erstmals eine Woche nach seiner Konfirmation am Abendmahl teilnehmen, doch vom Beginn des Jahres 1834 an führte die Gemeinde Trier dafür nur noch eine Statistik. In den Jahren zuvor, als die Teilnehmer namentlich erfasst wurden, entzogen sich viele offenbar aus Zeitgründen der Registrierung. Aber

---

5 Archiv der Evangelischen Kirche im Rheinland (künftig EKiR), Boppard, Kirchenbuch Trier 201/1, S. 19f. SCHÖNCKE, Karl und Heinrich Marx (wie Anm. 3), S. 833f; SCHÖNCKE, S. 809, nennt für Caroline den Regierungsrat J. Emmerich, den es nicht gab, fälschlich als Trauzeugen.

6 Archiv der EKiR, Boppard, Kirchenbuch Trier 201/1, S. 19f. SCHÖNCKE, Karl und Heinrich Marx (wie Anm. 3), S. 833.

7 Archiv der EKiR, Boppard, Kirchenbuch Trier 201/1, S. 21f. SCHÖNCKE, Karl und Heinrich Marx (wie Anm. 3), S. 106 u. 188.

8 Archiv der EKiR, Boppard, Kirchenbuch Trier 201/1, S. 23f.

9 Ebd., S. 144, 148, 150 u. 152; Konfirmationsregister Nr. 201/9, S. 24. SCHÖNCKE, Karl und Heinrich Marx (wie Anm. 3), S. 837, 577f., 631, 746 u. 812f.

auch bei Verhinderung des Pfarrers wurden die Teilnehmer nicht vermerkt, wie etwa die folgende Eintragung von 1825 in das Kirchenbuch beweist: *„Die Communicanten sind Ostern und Pfingsten wegen Abwesenheit des Predigers nicht aufgenommen worden."*[10] Immerhin ist die Teilnahme von Heinrich und Henriette Marx einige Male nachweisbar. Henriette Marx nahm das Abendmahl am 24. September 1826 und am 5. Oktober 1828. Gemeinsam werden sie am Pfingstsonntag 1827 sowie an Karfreitag und Ostersonntag 1828 genannt.[11] Die Einnahme des Abendmahls ist ein starkes Zeichen für die Teilhabe der Eheleute an der spirituellen Erfahrung. Sie lässt darüber hinaus darauf schließen, dass Heinrich und Henriette Marx auch die regulären Gottesdienste besuchten.

4. Eheschließung

Für die Eheschließung galt in der linksrheinischen preußischen Rheinprovinz weiterhin die Zivilehe, die der Code Civil als rechtsverbindlich festlegte. Alle Kinder des Ehepaars Heinrich und Henriette Marx heirateten jedoch auch kirchlich. Bei ihren Eheschließungen ist zusätzlich auch ein Blick auf die Trauzeugen für die kirchliche Zeremonie aufschlussreich. Als Erster heiratete Karl Marx die vier Jahre ältere Jenny von Westphalen am 19. Juni 1843 in Kreuznach zivil und kirchlich. Die kirchliche Trauung war sicherlich das Anliegen der Braut, die ihren Bräutigam schon im Vorfeld zärtlich als *„Du mein rechtskräftig altarwürdig Eh*[e]*männchen"*[12] tituliert hatte. Karls Vater war bereits verstorben. Dass auch seine Mutter nicht an der Trauung teilnahm, hat zu Spekulationen über ein Zerwürfnis geführt, hatte aber einen einfachen Grund. Sie war offenbar zu ihrer ältesten Tochter Sophia nach Maastricht gereist, um sie in den letzten Monaten ihrer Schwangerschaft und in den ersten Monaten nach der Geburt zu unterstützen.[13] Vorsorglich hatte sie bereits am 28. Januar 1843 ihre Einwilligung in die Heirat ihres letzten lebenden Sohnes erteilt.[14] Die Trauzeugen hatten bürgerliche Berufe.

Sophia Marx, Karls ältere Schwester, hatte elf Monate zuvor am 12. Juli 1842 den Anwalt Wilhelm Robert Schmalhausen, der der französischsprachigen wallonisch-reformierten Gemeinde Maastricht angehörte, zivil und kirchlich in Trier geheiratet.[15] Trauzeugen bei der kirchlichen Trauung in der Dreifaltigkeitskirche waren der Divisionsprediger Carl Wilhelm Rocholl und sein Neffe, der Bauleiter Theodor Simons, sowie die Mütter des Brautpaares. Gut zwei Jahre nach Sophia heiratete ihre jüngere Schwester Henriette am 3. September 1844 den Bauleiter Theodor Simons in Trier. Dass neben der zivilen Trauung auch die kirchliche geplant war, beweist die Dimittierung des Bräutigams durch seine

---

10 Archiv der EKiR, Boppard, Kirchenbuch Trier 201/1, S. 171. Auch der Karfreitag wurde nicht eingetragen.

11 Ebd., S. 175, 178, 181 f. u. 184.

12 Jenny von Westphalen an Karl Marx, Anfang März 1843, zitiert nach Rolf HECKER / Angelika LIMMROTH (Hg.), Jenny Marx. Die Briefe, Berlin 2014, S. 50.

13 Regionaal Historisch Centrum Limburg (künftig RHCL), Waalse Gemeente Maastricht, Nr. 59.

14 SCHÖNCKE, Karl und Heinrich Marx (wie Anm. 3), S. 845.

15 Archiv der EKiR, Boppard, Heiratsregister Trier 201/9, 3. RHCL, Waalse Gemeente Maastricht, Nr. 59.

Heimatgemeinde. Die kirchliche Hochzeit wurde wegen der Erkrankung der Braut an Tuberkulose abgesagt. Die Trauzeugen bei der zivilen Trauung sprechen jedoch Bände: der Konsistorialrat Adolf Schriever, der Divisionsprediger Carl Wilhelm Rocholl, der Küster Johann Hinz und der Stadtsekretär August Ferdinand Müller, somit drei kirchliche Trauzeugen, von denen zwei geistliche Ämter innehatten.[16] Neun Jahre später heiratete Louise Marx den Notariatskandidaten Johann Carl Juta am 5. Juni 1853 in Trier zivil, am 7. Juni in Traben kirchlich. Ihre kirchlichen Trauzeugen hatten bürgerliche Berufe.[17] Die bereits 37-jährige Emilie Marx heiratete am 22. Oktober 1859 in Trier den Wasserbau-Aufseher Johann Jacob Conradi in Trier zivil, am 24. Oktober in der Kirche zum Erlöser, der ehemaligen Konstantin-Basilika, kirchlich. Als kirchliche Trauzeugen fungierten die Tochter des ehemaligen Gemeindepfarrers Julie Emmerich geborene Küpper, der Küster Robert Raabe und eine Freundin.[18] Die jüngste Schwester, Caroline, starb Anfang 1847 unverheiratet.

Auffällig ist noch etwas anderes. In Diaspora-Gemeinden steigt nicht selten der Anteil an Mischehen. Für Protestanten und Katholiken wäre es juristisch unproblematisch gewesen, untereinander zu heiraten. Dennoch heirateten alle Kinder von Heinrich und Henriette Marx evangelische Partner. Deren Religion kann ihnen somit nicht gleichgültig gewesen sein. Die weiblichen Geschwister hatten zum Zeitpunkt ihrer Heirat ein Alter zwischen 23 Jahren zehn Monaten (Henriette) und 37 Jahren (Emilie), durchschnittlich 29¼ Jahre, während der im Rheinland geltende Code Civil der Braut die Heirat ab dem 15. Geburtstag erlaubt hätte. Karl Marx heiratete mit 25 Jahren statt im erlaubten Alter von 18 Jahren. Daran zeigt sich die bürgerliche Einstellung, Kinder nicht voreilig zu verheiraten. Als Ausnahmefall zu werten ist, dass drei Töchter von Heinrich Marx insgesamt sechs kirchliche Trauzeugen hatten, darunter zweimal den Divisionsprediger. In gewisser Weise ist Julie Emmerich, die Tochter des Gemeindepfarrers Küpper, hinzuzuzählen, die bei der letzten Hochzeit, der von Emilie Marx, Trauzeugin war. Bemerkenswert ist zudem, dass das Trauzeugenamt bzw. die Patenschaft zweimal innerhalb der Familie ausgeübt wurde: Heinrich Marx als Taufpate für seine Ehefrau Henriette, diese als Trauzeugin für ihre älteste Tochter Sophia. Außerhalb der eigenen Familie sind Angehörige der Familie Marx in Trier nicht Trauzeugen gewesen.

5. Beerdigung

Die Trierer evangelische Gemeinde hatte keinen eigenen Friedhof. Ihre Toten wurden auf einem Randbereich des kommunalen Friedhofs Ruwerer Straße bestattet. Ähnlich wie bei dem Abendmahl gab es bei der Eintragung der Beerdigungen Veränderungen. Erst von 1840 an enthielt das Kirchenbuch Rubriken, um die Leichenpredigt während des Trauergottesdienstes bzw. die Grabrede einzutragen. Bei den älteren Beerdigungen fehlen diese Rubriken.

---

16 Stadtarchiv Trier, Heiratsregister Trier Nr. 199/1844. SCHÖNCKE, Karl und Heinrich Marx (wie Anm. 3), S. 584 u. 586 f.

17 Ebd., S. 646–651.

18 Das Durchschittsalter bei SASSIN, Zur Deutung (wie Anm. 2), S. 128, ist leicht zu korrigieren.

Diese unterschiedliche Quellenlage zeigt sich auch bei dem Ehepaar Heinrich und Henriette Marx. Heinrich Marx starb am 10. Mai 1838 nach längerem Leiden. Sein Begräbnis am 13. Mai ist im Kirchenbuch der evangelischen Gemeinde Trier verzeichnet.[19] Da nähere Angaben fehlen, sind zwei Ereignisse aus seinem letzten Lebensjahr aufschlussreich. Anlässlich einer Reise nach Koblenz besuchte er am 13. August 1837 den einstigen Trierer Gemeindepfarrer Küpper,[20] der inzwischen zum Vize-Generalsuperintendenten der Rheinprovinz aufgestiegen war. Über die Gesprächsinhalte ist nichts bekannt; dennoch ist dieser Besuch aufschlussreich, weil Küpper die Kinder des Ehepaars und die Ehefrau Henriette Marx getauft hatte und Religionslehrer von Karl Marx gewesen war. Küpper hatte in seiner Antrittspredigt in Trier Ende 1817 weltoffen bekannt: *„Freyheit, Freyheit des Geistes und des Herzens, Freyheit des Glaubens und des Gewissens – das ist das Kleinod der evangelischen Kirche.“*[21] Zudem unterstreichen die Taufpatenschaften seiner Ehefrau Balsamina und der Tochter Julie, verheiratete Emmerich, die enge Beziehung zwischen den Familien Marx und Küpper. Das andere Ereignis übermittelte Jenny von Westphalen in einem Brief vom 24. Juni 1838 an ihren Verlobten Karl Marx. Darin informierte sie ihn über ihr mehrstündiges Gespräch Mitte 1837 mit dessen Vater Heinrich Marx *„über die wichtigsten Angelegenheiten des Lebens, die edelsten, heiligsten Interessen, Religion und Liebe“*.[22] Zuvor hatte Heinrich Marx in einem Brief an seinen Sohn Karl vom November 1835 bekannt: *„Du weist, ich bin nichts weniger als Fanatiker. Aber dieser Glaube ist dem Menschen früh oder spät wahres* [Bedürf]*niß, und es giebt Augenblicke im Leben, wo auch der Gottesläugner* [unwillk]*ührlich zur Anbetung des Höchsten hingezogen wird.“*[23] Auch ohne Nachweis einer Leichenpredigt oder einer Grabrede lassen die Begebenheiten keinen Zweifel daran, dass Heinrich Marx mit seiner Konversion zum christlichen Glauben im Reinen war. Als Henriette Marx am 30. November 1863 starb, versandte ihre Tochter Emilie mit ihrem Ehemann Johann Jacob Conradi eine Trauerkarte mit Kreuz und dem Spruch „Wir werden [bei] dem Herrn sein alle Zeit“ (1 Thess 4,17). Der Text lautet: *„Es hat Gott dem Allmächtigen gefallen,* [...] *unsere theure Mutter Frau Justizräthin Henriette Marx, geb. Pressburg, nach langen und schweren Leiden in einem Alter von 76 Jahren sanft und friedlich einschlafen zu lassen.“*[24] Den gleichen Wortlaut hatte die Todesanzeige in der Trier'schen Zeitung.[25] Am 3. Dezember 1863 hielt der Pfarrer Heinrich Wilhelm Klein in der Kirche zum Erlöser die Trauerfeier mit Leichenpredigt.[26]

---

19 Archiv der EKiR, Boppard, Kirchenbuch Trier 201/1, S. 105.

20 Schöncke, Karl und Heinrich Marx (wie Anm. 3), S. 112.

21 Erste Predigt vor der evangelischen Gemeinde zu Trier. Am Reformations-Jubelfeste 1817 gehalten von J. A. Küpper, Trier o.J., S. 18.

22 Hecker / Limmroth (Hg.), Jenny Marx (wie Anm. 12), S. 32.

23 Brief der Eltern, hier des Vaters, vom 18. bis 29.11.1835, abgedruckt in MEGA III/1, S. 291 (Textverluste ergänzt).

24 Schöncke, Karl und Heinrich Marx (wie Anm. 3), S. 762 u. 764, nennt den falschen Bibelvers und verschreibt ein Wort.

25 Ebd., S. 763.

26 Archiv der EKiR, Boppard, Sterberegister Trier 201/14, S. 19. Schöncke, Heinrich und Karl Marx (wie Anm. 3), S. 120 u. 332, nennt fälschlich die Dreifaltigkeitskirche.

Von den neun Kindern überlebten nur vier ihre Mutter. Zunächst geht es in chronologischer Folge um die Kinder, die vor ihrer Mutter starben. Der erstgeborene Mauritz David war schon am 15. April 1819 mit 3½ Jahren gestorben und vermutlich auf dem jüdischen Friedhof Weidegasse bestattet worden. Der letztgeborene Eduard starb am 14. Dezember 1837 im Alter von elf Jahren wenige Monate vor seinem Vater an Schwindsucht. Er wurde auf dem Friedhof Ruwerer Straße beerdigt.[27] Der Ende 1819 geborene dritte Sohn Hermann starb am 17. Oktober 1842 mit beinahe 23 Jahren an Auszehrung. Pfarrer Rudolf Spieß hielt in der kirchlichen Trauerfeier die Leichenpredigt.[28] Dass die zweite Tochter Henriette Simons schon vor ihrer Hochzeit an Tuberkulose litt, war ein schlechtes Omen. Vier Monate nach ihrer Vermählung starb sie in Alstaden bei Oberhausen am 3. Januar 1845. Drei Tage später wurde sie auf dem reformierten Friedhof Mülheim / Ruhr beigesetzt. Im dortigen Bestattungsbuch gab es noch keine Rubriken für Leichenpredigt oder Grabrede.[29] Zwei Jahre nach ihr starb auch die fünfte Tochter Caroline am 13. Januar 1847 in Trier. Sie wurde auf dem Friedhof Ruwerer Straße bestattet. Bei ihrer Trauerfeier hielt der Gemeindepfarrer Spieß die Leichenpredigt.[30]

Die vier Geschwister, die die Mutter überlebten, starben in einem Zeitraum von zehn Jahren zwischen 1883 und 1893. Karl Marx, der zweitgeborene Sohn, hatte sich während des Studiums im Bann des Junghegelianismus zum scharfen Religionskritiker entwickelt und daran trotz gewisser Milderungen[31] bis an sein Lebensende festgehalten. Er starb am 14. März 1883 in London und wurde drei Tage später auf dem dortigen Highgate Cemetery nichtkirchlich beerdigt, wie bereits ein Jahr drei Monate vor ihm seine Ehefrau Jenny. Sophia Schmalhausen, die erstgeborene Tochter, war zu ihrem Ehemann nach Maastricht gezogen und hatte sich der wallonisch-reformierten Gemeinde angeschlossen. Nach dem Tod ihres Ehemannes 1862 trat sie, obwohl sie reformierten Bekenntnisses war, anscheinend aus Gründen des Sprachverständnisses zur Evangelisch-Lutherischen Gemeinde über. Als sie 1883 in die Provinzial-Irrenanstalt Düren eingewiesen wurde, gab sie als ihre Konfession reformiert an. Sie starb am 29. Dezember 1886. Ihre Beisetzung, bei der der Dürener reformierte Gemeindepfarrer Karl Friedrich Julius Matthias die Grabrede hielt, fand aus unbekannten Gründen erst am 7. Januar 1887 statt.[32] Louise Juta, die dritte Tochter des Ehepaars Heinrich und Henriette Marx, wurde nach ihrer Auswanderung nach Südafrika Mitglied der Nederduitse Gereformeerde Gemeente in Kapstadt. Sie starb am 3. Juli 1893 in Rondebusch bei Kapstadt. Beerdigt wurde sie

---

27 Archiv der EKiR, Boppard, Sterberegister Trier 201/1, S. 104.

28 Archiv der EKiR, Boppard, Sterberegister Trier 201/13, S. 5. SCHÖNCKE, Heinrich und Karl Marx (wie Anm. 3), S. 569 f.

29 Evangelischer Kirchenkreis An der Ruhr, Mülheim / Ruhr, Archiv, Brief vom 13.8.2018. Auszug aus dem Bestattungsbuch der reformierten Altstadtkirchengemeinde 1838–1845, KB 138/1845/5, S. 186.

30 Archiv der EKiR, Boppard, Sterberegister Trier 201/13, S. 5. SCHÖNCKE, Heinrich und Karl Marx (wie Anm. 3), S. 816.

31 Vgl. SASSIN, Zur Deutung (wie Anm. 2), S. 132.

32 Vgl. SCHÖNCKE, Heinrich und Karl Marx (wie Anm. 3), S. 556. Gemeente Archief Maastricht, Bevolkingsregister 1860–1880, S. 144. RHCL, 21.279: Waalse Gemeente Maastricht, 58; 59. – Stadt- und Kreisarchiv Düren: Ev. Gemeinde Düren, K 4, 1–2, S. 100 f.

vermutlich von Reverend Bernard Petrus Jacobus Marchand. Nähere Umstände darüber sind nicht bekannt.[33]

6. Taufen in der Enkelgeneration

In der Enkelgeneration wurden die Kinder von Karl und Jenny Marx, deren Eltern sich von Kirche und Religion abgewandt hatten, nicht getauft. Bemerkenswert ist, dass die Töchter von Heinrich und Henriette Marx, die Kinder bekamen, den christlichen Glauben in die Enkelgeneration weitergaben. Robert Willem Schmalhausen und seine Frau Sophia, geborene Marx, bekamen vier Kinder: die nach ihrer Großmutter benannte Tochter Henriette 1843, Caroline 1846, Bertha 1852 und den Sohn Henri Eduard Benno, genannt Harry, 1857. Alle wurden in der wallonisch-reformierten Gemeinde getauft, wobei die Taufe des Sohnes nur durch seine Konfirmation 1873 indirekt nachzuweisen ist.[34] Das nach Südafrika ausgewanderte Ehepaar Jan Carl Juta und Louise, geborene Marx hatte sieben Kinder, wobei zufällig zwei Taufen nachweisbar sind: die des Sohnes Jan Carel 1855 und die der Tochter Emilie 1859, die auf der Europareise der Eltern durch den Pfarrer Spieß in Trier stattfand.[35] Das Ehepaar Johann Jacob Jacobi und Emilie, geborene Marx, bekam 1865 als einziges Kind die Tochter Nannette, die getauft wurde. Ihre Taufpatin war die Pfarrerstochter Julie Emmerich geborene Küpper.[36]

7. Taufenpatenschaften außerhalb der Familie

Auf der anderen Seite fungierte die Witwe Henriette Marx 1840 als Taufpatin der Tochter von Friedrich und Julie Emmerich, geborene Küpper;[37] letztere hatte 15 Jahre zuvor das Patenamt bei Henriette Marx übernommen. Die Verbundenheit der Familien zeigt sich auch im zweiten Vornamen der Tochter Bertha Henriette Selma Emmerich. Im Jahr 1870 sprang Emilie Conradi, geborene Marx, für eine verhinderte Patin ein, als das erste Kind des Ehepaars Haase getauft wurde.[38]

8. Die Familien Marx und Küpper

Bei dem Überblick über die Kasualien fällt die häufige Nennung des Namens Küpper auf. Johann Abraham Küpper war seit der Gründung der evangelischen Zivilgemeinde Trier 1817 bis 1836 als ehrenamtlicher Pfarrer tätig. Er taufte zunächst sieben Kinder Marx,

---

33 Vgl. SCHÖNCKE, Heinrich und Karl Marx (wie Anm. 3), S. 610 u. 708 f.

34 RHCL, 21.279: Waalse Gemeente Maastricht, Nr. 59: Geburtenregister 1761–1856; Nr. 67: Mitgliederliste 1823–1886.

35 Angaben nach dem Internet-Portal MyHeritage: <https://www.myheritage.de/person_1000033_132224861_132224861/jan-carel-juta-v1>, Zugriff: 15.10.2018. Archiv der EKiR, Boppard, Kirchenbuch Trier 201/3, S. 8.

36 Ebd., S. 47.

37 Archiv der EKiR, Boppard, Kirchenbuch Trier 201/2, S. 1.

38 Archiv der EKiR, Boppard, Kirchenbuch Trier 201/3, S. 82.

dann die Mutter der Kinder, schließlich den letzten Sohn Eduard. Bei zwei Kindern übernahm die älteste Tochter des Pfarrers, Julie Emmerich, geborene Küpper, die Patenschaft. Taufpatin der Mutter Henriette Marx wurde Küppers Ehefrau Balsamina. Zudem war Küpper im Konfirmandenunterricht sowie am Trierer Gymnasium Religionslehrer von Karl Marx, den er 1835 im Abitur schriftlich und mündlich in Religion prüfte. Nachdem Küpper zum Vize-Generalsuperintendenten der südlichen Rheinprovinz in Koblenz ernannt worden war, besuchte Heinrich Marx ihn 1837 auf einer Reise. Wäre ihm seine Taufe als bittere und demütigende Heuchelei vorgekommen, wie Michael Heinrich behauptet, hätte er zu diesem Besuch keinen Anlass gehabt. Er hätte froh sein müssen, den Täufer der Familie vor Ort nicht mehr zu sehen. Doch vielleicht hatte Heinrich Marx auch an dem Einführungsgottesdienst des Pfarrers Küpper teilgenommen. Das war nicht nur ein Ereignis für die noch winzige evangelische Zivilgemeinde, sondern darüber hinaus eines für die städtische Gesellschaft. In diesem Fall hätte er Küppers erste Predigt gehört, in der der Pfarrer von der Glaubens- und Gewissensfreiheit der Christen predigte und sich entschieden gegen einen *„blinden Glauben"* positionierte. Stattdessen sprach er für einen *„wissenden"* Glauben und forderte *„neben dem Glauben die Rechte des Verstandes"* ein, verbunden mit der *„Freyheit des Gewissens, denn sie trägt keine Fesseln"*. Zudem ging Küpper über seine eigene, reformierte Konfession und über die evangelische Kirche hinaus, wenn er postulierte, der Protestant *„kennt keinen Haß fremder Kirchen"*.[39] Vielmehr erblickte er das Resultat religiöser Praxis in *„thätige*[r] *Menschenliebe"*: *„Das Lesen der Bibel, der Besuch der Kirche,* […] *die Feyer der Sakramente soll uns reiner, lauterer, großmüthiger, hülfreicher, thätiger im Guten machen."*[40] Küppers aufgeklärte christliche Orientierung entspricht der Selbsteinschätzung von Heinrich Marx, er sei *„nichts weniger als Fanatiker"*.[41] Sein Bekenntnis: *„Aber dieser Glaube ist dem Menschen früh oder spät wahres* [Bedürf]*niß, und es giebt Augenblicke im Leben, wo auch der Gottesläugner* [unwillk]*ührlich zur Anbetung des Höchsten hingezogen wird"*,[42] entspricht dem des Pfarrers Küpper: *„In jedem unverdorbenen Menschen erwacht, sobald sein Gewissen zu einiger Stärke gelangt, das Bewußtseyn Gottes, die bange Scheu, die fromme Ehrfurcht vor dem Alleinheiligen, das unvertilgbare Gefühl der Abhängigkeit von ihm, die geheimnißvolle Sehnsucht nach ihm."*[43]

Zu bedenken ist weiter, dass es zwei schwierige Phasen in der frühen familiären Erziehung der Kinder Marx gab. Mehr als vier Jahre lang waren der Vater getauft, Mutter und Kinder jüdisch. 15 Monate lang lebte die jüdische Mutter mit ihrem getauften Ehemann und den getauften Kindern zusammen. Wie regelten sie die religiöse Erziehung der Kinder? Es ist praktisch nicht vorstellbar, dass sie gegen den Willen eines Ehepartners durchgesetzt wurde. Dagegen spricht auch der Wunsch der Mutter, die Kinder zu taufen, während sie formal noch jüdisch blieb. Die Regelung, die die Eheleute getroffen hatten, könnte so ausgesehen haben wie 1829 bis 1831 bei Cerf Marx, dem jüngeren Bruder des

39 Küpper, Erste Predigt (wie Anm. 21), S. 13, 15 f., 18 u. 20.

40 Ebd., S. 22 f.

41 Wie Anm. 23.

42 Ebd.

43 Küpper, Erste Predigt (wie Anm. 21), S. 15.

Advokaten, der nach einem Bericht des taufenden Pfarrers zunächst eine Einführung in die Grundlagen der christlichen Religion erhielt, dann das Neue Testament zu lesen bekam, aus dem er seiner Ehefrau erzählte, die wiederum die Kinder einbezog. Auch in Cerfs Fall brauchte die Ehefrau und Mutter am längsten, um sich von der Taufe überzeugen zu lassen.[44] Dazu passt, dass Heinrich Marx, solange er der jüdischen Gemeinde angehörte, sich ebenso wenig negativ über das Christentum äußerte wie nach seiner Taufe über das Judentum.

Ein besonderes Zeugnis des guten Verhältnisses zwischen den Familien Küpper und Marx ist der Umstand, dass im Fall des Ehepaars Friedrich Casimir Emmerich und seiner Ehefrau Julie, geb. Küpper, ihre Tochter bei der Taufe die Witwe Henriette Marx zur Taufpatin und Mit-Namensgeberin hatte. Julie Emmerich wiederum war Trauzeugin bei der kirchlichen Hochzeit von Johann Jacob Conradi und Emilie Marx und sechs Jahre später Taufpatin ihrer Tochter Nannette. Mehr als 40 Jahre ist das gute Verhältnis der Familien Marx und Küpper nachweisbar, wobei davon auszugehen ist, dass nur einige Höhepunkte dieser Beziehung überliefert sind.

9. Fazit

Aus der Übersicht über die kirchlichen Amtshandlungen von der Taufe bis zur Beerdigung ergibt sich der zwingende Schluss, dass die Annahme des Christentums aus stärkeren als nur materiellen Gründen erfolgt ist. Die spirituelle Motivation von Heinrich Marx erweist sich vor allem an seiner Teilnahme am Abendmahl und an der Vorziehung der Konfirmation seiner Tochter Emilie, um den todkranken Vater daran teilhaben zu lassen. Für seine Ehefrau Henriette beweist neben dem Abendmahl die dreifache Taufpatenschaft ihre innere Akzeptanz der Taufe. Entsprechendes gilt für die zweimalige Taufpatenschaft der Tochter Emilie. Hinzu kommt, dass fast alle Kinder von Heinrich und Henriette Marx kirchlich heirateten und zwar alle evangelisch in einer Gegend mit überwältigender katholischer Majorität. Nur bei der lungenkranken Henriette blieb es bei der zivilen Hochzeit, die durch kirchliche Trauzeugen jedoch konfessionell untermauert wurde. Die Töchter Sophie, Louise und Emilie gaben durch die Taufe ihrer Kinder ihren Glauben weiter. Die jahrzehntelange freundschaftliche Verbindung der Familie Marx mit der Pfarrersfamilie Küpper unterstreicht das Christentum als verbindendes Element.

Der Blick in die Quellen beweist eine Wertschätzung der christlichen Religion und speziell der evangelisch-reformierten Kirche, die den Fall von Karl Marx und seiner Familie als Ausnahmefall erscheinen lässt. Hinsichtlich ihrer evangelischen Geschichte unterscheidet sich die Trierer Familie Marx wenig von der Barmer Familie Engels.

---

44 Taufbericht von Pfarrer Nellessen über Cerf Marx und Familie, Aachen, Juli 1831, in: SCHÖNCKE, Heinrich und Karl Marx (wie Anm. 3), S. 447–469, hier S. 448.

Rezensionen

Gérald CHAIX, Köln im Zeitalter von Reformation und katholischer Reform 1512/13–1610. Aus dem Französischen von Ursula Vones-Liebenstein (Geschichte der Stadt Köln 5), Köln: Greven Verlag 2021, 485 Seiten, 60 €, ISBN 978-3-7743-0446-8

Mit Band fünf der auf 13 Bände projektierten Geschichte der Stadt Köln, erarbeitet im Auftrag der Historischen Gesellschaft Köln e.V., nähert sich ein Mammutprojekt seiner Vollendung. Wie die bereits erschienenen Bände nimmt man auch das vorliegende Buch gerne zur Hand: Der von Ursula Vones-Liebenstein sorgfältig aus dem Französischen übersetzte Text liest sich angenehm und flüssig. Das Buch ist mit zahlreichen Abbildungen üppig ausgestattet, die nicht nur der bloßen Illustration dienen, sondern in der Regel eigenständigen Quellenwert besitzen. Schließlich soll nicht unerwähnt bleiben, dass auch dieser Band wieder sorgfältig lektoriert ist, was leider keine Selbstverständlichkeit mehr ist.

Die Frühe Neuzeit wird in der Kölner Stadtgeschichte in drei Bänden dargestellt, von denen jeder eines der drei Jahrhunderte dieser Epoche behandelt: Dem Band von Chaix zum 16. Jahrhundert folgen die bereits erschienenen Bände von Wolfgang Bergerhausen über das 17. und der Band von Gerd Schwerhoff zum 18. Jahrhundert. Die drei Bände zum Mittelalter gliedern die behandelte Periode hingegen nach klassischen Epochenbegriffen mit jeweils einem Band zum Früh-, zum Hoch- und zum Spätmittelalter. Für die sechs Bände zum 19. und 20. Jahrhundert dienen dann die verbreiteten Zäsuren der deutschen politischen Geschichte zur Abgrenzung der in den einzelnen Bänden behandelten Zeitabschnitte. Die Gliederung des Gesamtwerks folgt mithin keinem übergreifenden Prinzip und ist auch nicht, wie man hätte erwarten können, entlang bedeutender Ereignisse der Kölner Stadtgeschichte gebildet.

Der Darstellungszeitraum des vorliegenden Bandes beginnt mit den Auseinandersetzungen zwischen Rat und Gaffeln im Frühjahr 1512, die im Dezember 1513 mit der Abfassung des „Transfixbriefes" beigelegt wurden. Publiziert als Anhang zum „Verbundbrief" des Jahres 1396, des wichtigsten Kölner Verfassungsdokuments der Vormoderne, hatte der „Transfixbrief" die Funktion, die Bestimmungen des „Verbundbriefs" zu konkretisieren sowie oligarchische Machtbestrebungen und Korruption zu unterbinden. Auch wenn man die unbezweifelbare Bedeutung dieses Dokuments und die der vorausgegangenen Konflikte in der Bürgerschaft anerkennt, reicht die Tragweite des „Transfixbriefs" nicht an die des „Verbundbriefs" heran.

Chaix' Darstellung endet mit dem Jahr 1610, in dem erneut gewaltsame politische Unruhen die Stadt erschütterten. Auch jetzt ging es wieder um Auseinandersetzungen zwischen dem Rat und den Gaffeln, um Oligarchisierungstendenzen und eine wachsende Entfremdung zwischen Rat und Bürgerschaft. Auch jetzt einigten sich die Parteiungen mit Verweis auf die älteren Verfassungsdokumente, den „Verbundbrief" und den „Transfixbrief". Das Ergebnis wurde in einem als „Summarischer Extrakt" bezeichneten Dokument niedergelegt, das im Wesentlichen die alten Regelungen erneut in Erinnerung rief und bekräftigte. Der wesentliche Unterschied zur Situation 1512/13 bestand darin, dass die Auseinandersetzung durch die jetzt dominierenden Konfessionskonflikte eine zusätzliche

Aufladung erhielt und manche Ratsmitglieder unterstellten, die Unruhen seien von den Calvinisten geschürt worden, die das Stadtregiment an sich bringen wollten (S. 271).

Mit Blick auf beide Eckdaten mag man jedoch daran zweifeln, ob tatsächlich bedeutsame Zäsuren gewählt wurden, die die zeitliche Abgrenzung eines neuen Bandes der Kölner Stadtgeschichte schlüssig begründen. In den Verfassungsdokumenten, die den Ausgang beider Konflikte markieren, wird schließlich vor allem die Kontinuität zu älteren Verträgen betont. Insgesamt wirken die zeitlichen Zäsuren zwischen den Bänden der Kölner Stadtgeschichte etwas schematisch gewählt; entsprechend werden auch die Ereignisse rund um die gewählten Eckdaten in den beiden jeweiligen Bänden wiederholt, aber mit unterschiedlicher Akzentuierung dargestellt.[1]

Eine Doppelung zum Band zum Spätmittelalter betrifft überdies den berühmten Holzschnitt des Kölner Stadtpanoramas von der Deutzer Rheinseite aus, den der Künstler Anton Woensam angefertigt hatte und den der Rat der Stadt 1531 Kaiser Karl V. anlässlich seines Besuchs in der Stadt überreichte. Die Stadtansicht, als idealisierendes Abbild der Stadt mit ihren Heiltümern konzipiert, vermittelt uns in vielen Details ein genaues Bild nicht nur der Architektur, sondern auch vieler Elemente des Alltags in der rheinischen Metropole in der ersten Hälfte des 16. Jahrhunderts. Warum dieses berühmte Kunstwerk als Beilage dem Band von Herborn/Dietmar zum Spätmittelalter beigegeben wurde und überdies dort und nicht im hier vorliegenden Band zum 16. Jahrhundert eingehend vorgestellt und interpretiert wird, bleibt schwer nachvollziehbar. Auch Chaix kann am Woensam-Holzschnitt nicht einfach vorbeigehen, er begnügt sich freilich mit der Reproduktion eines kleinen Ausschnitts aus dem Stadtpanorama zwischen dem Dom und Groß St. Martin und einer knappen textlichen Würdigung.

Als Beilage zum vorliegenden Band wird ein Nachdruck des nicht minder bekannten Kölner Stadtplans, den der Kartograf Arnold Mercator im Auftrag des Kölner Stadtrats im Jahr 1570/71 als Kupferstich erstellte, mitgegeben. Chaix weist darauf hin, dass sich der Auftrag an Mercator mit militärischen und steuerlichen Intentionen verband, die symbolische Darstellung der Bedeutung der Stadt mithin im Unterschied zum Woensam-Prospekt keine Rolle spielte. Legt man den Holzschnitt von Woensam und den Kupferstich von Mercator nebeneinander, erhält man ein ebenso anschauliches wie genaues Bild der Stadt im 16. Jahrhundert. Die beiden bildlichen Darstellungen sind wichtige Quellen zur Stadtgeschichte, auch für Chaix' Darstellung.

Ein wichtiger und verlässlicher Begleiter auf Chaix' Reise durch die Reichsstadt Köln im 16. Jahrhundert ist schließlich Hermann von Weinsberg und sein Hausbuch, ein „einzigartiges Zeugnis" der „Kölner Normalität" (S. 16). Die autobiographischen Aufzeichnungen des Kölner Ratsherrn und Notars ermöglichen es Chaix immer wieder, konkret und anschaulich über das Alltagsleben der Kölner und Kölnerinnen im 16. Jahrhundert zu berichten. Bemerkenswerterweise greift Chaix' auf die Ende des 19. Jahrhunderts erarbeitete Teiledition des Tagebuchs und nicht auf die an der Universität Bonn in den vergangenen 15 Jahren erarbeitete Online-Edition zurück.

1 Zu den Ereignissen, die dem „Transfixbrief" vorausgingen vgl. auch Wolfgang HERBORN/Carl DIETMAR, Köln im Spätmittelalter 1288–1512/13 (Geschichte der Stadt Köln 4), Köln 2019, Kap. 13, S. 192ff.; zum „Summarischen Extrakt" auch Hans-Wolfgang Bergerhausen, Köln in einem eisernen Zeitalter 1610–1686 (Geschichte der Stadt Köln 6), Köln 2010, Kap. 2a, S. 25ff.

Mit diesem Hinweis auf zentrale Quellen der Darstellung ist zugleich auch bereits angedeutet, welche inhaltlichen Schwerpunkte der Autor setzt. Der französische Historiker, der Kölner Stadtgeschichte bereits seit seiner 1981 in drei Bänden gedruckten Dissertation zur Kölner Kartause im 16. Jahrhundert eng verbunden, schreibt Kölner Stadtgeschichte als Strukturgeschichte in bester französischer Tradition. Demographische und soziale Strukturen stehen hier ebenso im Mittelpunkt der Darstellung wie die politische Verfassung, Korporationen und Vereinigungen oder das reiche religiöse und kulturelle Leben der Stadt von den bedeutenden Bau- und Kunstwerken im Zeichen der Renaissance in dieser „Hauptstadt der Künste" (S. 176) über die Entwicklung der Universität und des breiten Bildungswesens bis zu den Frömmigkeitspraktiken der einfachen Leute, dem Leben in Gemeinden und Konventen oder den Festen und Feiern der Stadtbevölkerung im Jahresrhythmus.

Chaix gliedert das Jahrhundert in zwei Zeitabschnitte und setzt eine Zäsur im Jahr 1562. Am Ende dieses Jahres fasst der Rat der Stadt Köln den Beschluss, dass sich künftig alle Ratsmitglieder zum katholischen Glauben bekennen müssten. Über die Bedeutung dieses Beschlusses für die Kölner Stadtgeschichte kann man sicherlich streiten, nur Weniges spricht dafür, dass wir es hier mit einer tiefreichenden Zäsur zu tun haben. Verständlich wird die Auswahl dieses Datums erst mit Blick auf Chaix' Leitfrage, die er von dem verstorbenen australisch-britischen Historiker Robert W. Scribner übernimmt: „Warum gab es keine Reformation in Köln?" Die Darstellung Chaix' zielt damit auf eine Erklärung des konfessionspolitischen „Sonderwegs" der Stadt in der Frühen Neuzeit, war Köln doch die einzige größere Reichsstadt, die im Jahrhundert der konfessionellen Spaltung und darüber hinaus der Papstkirche treu blieb. Der Ratsbeschluss des Jahres 1562 ist in dieser Perspektive Ausdruck des Umstands, dass die städtische Obrigkeit die konfessionelle Spaltung vorerst anerkannt hatte und zugleich die Notwendigkeit sah, sich einem der konfessionellen Lager zuzuordnen. Seither, so Chaix' Folgerung, muss Köln als „katholische Reichsstadt" gelten.

Religiöse Bewegungen, konfessionelle Auseinandersetzungen und kirchliche Institutionen bilden in ihren Verflechtungen mit der Ebene der politischen Institutionen und Konflikte einen deutlichen Schwerpunkt in der vorliegenden Darstellung. Dies ist eine für das 16. Jahrhundert gut nachvollziehbare Schwerpunktsetzung. Die von Chaix gewählte Leitfrage erweist sich als geeignet, die vielfältigen Dimensionen und Ebenen der Stadtgeschichte zu strukturieren und im Zusammenhang zu sehen. Bestimmte Aspekte bleiben vor dem Hintergrund dieser notwendigen Grundsatzentscheidung allerdings schwächer ausgeleuchtet. Nach dem Eindruck des Rezensenten gilt dies vor allem für die ökonomischen Entwicklungen in der Stadt und ihre Bezüge zu den politischen und konfessionellen Dimensionen. Die Abschnitte zur Wirtschaftsgeschichte sind knapp gehalten und argumentativ mit den übrigen Kapiteln kaum verklammert. Über die wichtigen Verflechtungen zwischen dem Kölner Handel und den im 16. Jahrhundert sich rasch entwickelnden bergischen Exportgewerben etwa erfährt man in der vorliegenden Darstellung nichts.

Die Entscheidung für die dominierende strukturgeschichtliche Perspektive hat unübersehbare Konsequenzen für das hier entworfene Bild der Kölner Geschichte im 16. Jahrhundert. Ereignisse scheinen vor allem die Ebene der „großen Politik" zu betreffen: vor allem das Geschehen um die Reformbemühungen des Erzbischofs Hermann von Wied zwischen 1543 und 1547 und um den „Kölner Krieg" 1582 bis 1589, ausgelöst durch den Reformationsversuch des Erzbischofs Gebhard von Truchseß. Da Chaix die strukturgeschichtliche Perspektive für die beiden Teilperioden beibehält, schleichen sich gelegentlich unschöne

Wiederholungen in den Text (vgl. etwa die Beschreibungen zur Renaissancelaube des Kölner Ratshauses auf S. 274f. und auf S. 346 mit sehr ähnlichen Formulierungen). Fehlerhaft ist überdies die Karte auf S. 52 (offenbar Verwechslung von Bergneustadt und Bergisch Neukirchen; Olpe liegt östlich von Drolshagen und nicht in unmittelbarer Nachbarschaft von Burscheid), ärgerlich sind fehlende Kurvenbeschriftungen in den Graphiken auf S. 225 und 227.

Solche Kritteleien können aber den positiven Gesamteindruck dieses bedeutenden Bandes der Kölner Stadtgeschichte nicht schmälern: Die Lektüre ist lehrreich und bleibt ein intellektuelles Vergnügen!

Stefan Gorißen, Troisdorf

Hans Werner NIERHAUS, Reformation – Gesellschaft – Herrschaft. Sozialgeschichte der Reformationszeit im Duisburger und Mülheimer Raum, Essen: Klartext 2020, 269 Seiten, ISBN 978-3-8375-1736-1

Mit seiner Studie vermittelt uns der Autor, pensionierter Geschichtslehrer, interessante vergleichende Einblicke in einen territorial übergreifenden, bergisch-klevischen Raum während der „Reformationszeit". Beobachtet werden vor allem religiöse und kirchliche Entwicklungen in der Herrschaft Broich, der Stadt Duisburg sowie den Orten Meiderich und Ruhrort. Gelegentlich wird die Betrachtung auf Nachbargebiete wie die Stifte Essen und Werden ausgedehnt.

Die Arbeit, die sich allein auf Fachliteratur stützt, ist in systemtheoretische Überlegungen, die sich an Niklas Luhmann anlehnen, eingebunden, deren Erkenntniswert nicht recht einleuchten will. Wenn wir konstatieren, dass sich in dieser Zeit „neue Kommunikationen und neue Kommunikationsanschlüsse" (S. 247) ausgebildet haben, fragt sich, für welche Epoche dies nicht gelten mag. Der Autor erstellt zudem in seinem Versuch, dem Leser eine fremde Zeit näherzubringen, einen Interpretationsrahmen, der in den Geschichtswissenschaften mit großer Skepsis gesehen wird. Er betrachtet Entwicklungen unter den Kategorien Modernität und Fortschrittlichkeit, auch wenn dies stellenweise sehr differenziert geschieht. Viele Thesen provozieren Widerspruch: Dass erst Renaissance, Humanismus und Reformation den Menschen als Individuum hervorgebracht hätten, ist in der mediävistischen Forschung vehement bestritten worden. Indem das theologische Ringen des 16. Jahrhunderts um die Anerkennung eines freien Willens des Menschen in solcherlei Zusammenhängen, konkret der Entstehung von Vorstellungen von menschlicher Würde und heutigen Freiheitsrechten, verortet wird, ergeben sich weitere Probleme: Warum hielten ausgerechnet die Katholiken, im Kontrast zu ihren prominentesten Gegnern bzw. den vermeintlichen Erneuerern, Luther und Calvin, daran fest? Ob Luther als Humanist zu sehen ist, wäre eingehender zu diskutieren. Zweifel erheben sich auch angesichts der Behauptung, erst ab dem 16. Jahrhundert sei überhaupt ein politisches System entstanden, das sich aus einem religiösen System herausgelöst habe. Die Forschungsdiskussionen über den engen Konnex von Religion und Politik noch im 17. Jahrhundert, zu erfassen mit Begriffen wie „Konfessionalisierung" und „konfessionelles Zeitalter", weisen in eine andere Richtung. Letztlich ist die Definition der Reformation als „theologische Lehre" oder gar, bezogen auf den gesellschaftlichen Bereich, als „anspruchsvolle Theorie" (S. 217) kaum nachvollziehbar.

Der Wert der Untersuchungen kommt eher über den mikroskopischen Blick zustande: Für einen relativ kleinen Raum werden sehr genau komplexe politische Verhältnisse beschrieben, in denen sich die kirchlichen Veränderungen vollzogen. Ein Beispiel: Den Herren von Broich gelang es, ihre Konkurrenten um die Macht in Mülheim an der Ruhr und Umgebung, die Herren von Styrum, immer mehr ins Hintertreffen geraten zu lassen, trotz derer aus dem Mittelalter stammenden weitreichenden Kollationsrechte. In Kooperation mit Untertanen festigten Wirich V. von Daun-Falkenstein und seine Nachfolger als Herren zu Broich ihre prominente Stellung im Kirchenwesen gegenüber den dem katholischen Glauben treu bleibenden Adeligen auf Schloss Styrum. Hier sieht der Autor zu Recht einen „unmittelbaren Zusammenhang zwischen weltlicher Politik und Kirchenpolitik im Rahmen der Unterherrschaft" (S. 137). Freilich sollten sich die Herren von Broich im Verlaufe der Veränderungen, die zur Ausbildung einer reformierten Gemeinde im Hauptort führten, selbst in ihren Herrschaftsrechten eingeschränkt sehen. Wilhelm Wirich von Daun, selbst Lutheraner, sah sich in den 1640er Jahren dazu veranlasst, den Predigern von Mülheim die Teilnahme an den klevischen reformierten Synoden zu verbieten. Man kann ersehen, dass innerhalb der reformierten Konfession eine Dynamik entfaltet wurde, die den politischen Ansprüchen der Herren zuwiderlaufen und territoriale Loyalitätskriterien sprengen konnte. Dies galt umso mehr, als sich Mischkonfessionalität in den jülich-klevischen Ländern verfestigte, so auch in Mülheim, wo Wilhelm Wirich 1658 eine lutherische Kirche erbauen ließ.

Für den eigentlichen Beginn der Reformation in den verschiedenen Orten finden sich, den Beobachtungen von Nierhaus zufolge, nur selten Belege. Dies lässt sich mit einer verdeckten konfessionellen Pluralisierung, die sich sehr gut über einige der hier präsentierten Beispiele nachvollziehen lässt, erklären. Viele Prediger ließen eine Zuordnung zu einer der großen Konfessionen (katholisch, evangelisch-lutherisch, evangelisch-reformiert), auch wenn sich die Unterschiede im Verlaufe der Zeit immer stärker herausschälten, offen. Angesichts eines sich im letzten Drittel des 16. Jahrhunderts verstärkenden Drucks der Landesherren, katholische Verhältnisse zu restaurieren, ließen sich adelige Herrschaftsträger auf merkwürdige Strategien ein, um das Versteckspiel weiter zu treiben. Adolf von Neuenahr, Graf zu Moers, selbst ein überzeugter Anhänger der reformierten Konfession, riet seinem Verwandten, Graf Wirich VI. von Daun, in den 1570er Jahren, auf den Wunsch des Landesherrn hin einen als katholisch eingeschätzten Priester einzusetzen, um zu einem späteren Zeitpunkt eine andere, bessere Wahl zu treffen (S. 158).

Die Überkreuzung konfessioneller und politischer Gesichtspunkte zeigt sich ebenfalls in der Inszenierung der evangelischen Herren von Broich als Schutzherren des katholischen Klosters Saarn, die zur Akzeptanz der Einbindung des Abtes vom Kloster Kamp in die Aufsicht über die Klosterdisziplin führte. Kein Einzelfall war es auch, dass in der kleinen Herrschaft Meiderich, in der die Herrschaft und die Gemeinde ebenfalls der reformierten Lehre zugetan waren, bei jeder Einsetzung von Pfarrern um die Bestätigung durch Repräsentanten katholischer Einrichtungen, hier konkret der Äbtissin von Gerresheim, angesucht wurde, um aus dem Mittelalter überlieferten Rechten Genüge zu tun (S. 210). Andererseits ließen sich tiefe Unterschiede im Glauben keineswegs in jedem Fall verbergen oder herunterspielen. Die reformatorischen Entwicklungen in Duisburg, in der Sicht der Herzöge von Jülich, Kleve und Berg neben Wesel der wichtigsten Stadt am Niederrhein, wurden nicht zuletzt durch die ökonomische Bedeutung und die dadurch bedingte Machtposition der dortigen Führungsschichten begünstigt.

Insgesamt lohnt es sich sehr, das Buch zu lesen. Wünschenswerte, noch tiefere Einsichten in die „Reformationszeit" würden sich auch aus vielen bislang kaum benutzten Quellen ergeben, von denen sich nicht wenige im Stadtarchiv von Mülheim an der Ruhr befinden.

Ralf-Peter Fuchs, Essen

Frank BERGER, Wipperfürth, Hückeswagen, Radevormwald auf historischen Karten des 16. bis 19. Jahrhunderts, Remscheid: Bergischer Verlag 2021, 144 Seiten, 34 €, ISBN 978-3-96847-023-8

In der Geschichte der lateineuropäischen Kartographie, die wir seit dem Frühmittelalter verfolgen können, hatten die graphischen Darstellungen physischer Räume einen Maßstab, der allerdings etwas ganz anderes war, als wir damit verbinden. Das änderte sich seit dem 15. Jahrhundert und der Rezeption der Geographie des alexandrinischen Gelehrten Ptolemaios (2. Jahrhundert), dessen Projektionen der Erdkugel in ein Gradnetz sich nicht zuletzt in Vermessungsbemühungen für die Kartierung von kleineren Räumen, Landschaften, Territorien niederschlug. Im deutschsprachigen Raum trug das vor allem seit dem 16. Jahrhundert Früchte, als man nicht nur im Bewusstsein, dass Vergleichbarkeit der Karten und damit die Einhaltung eines anzugebenden Maßstabes auf den einzelnen Karten erstrebenswert seien, die Methoden und Instrumente stetig verbesserte, sondern als es auch mehr und mehr flächige Territorien zu vermessen und graphisch abzubilden gab. Ein vergleichender, Territorien-übergreifender Gesamtüberblick über alle diese Bemühungen – die Kartographen und ihre Wanderungen, die Expertise in den Kanzleien etc. – fehlt in der Forschung bislang, aber mehr und mehr werden sorgfältige Studien erstellt, die entweder die archivalische Überlieferung einzelner Territorien erfassen oder aber wie der vorliegende Band möglichst viele Karten für ein bestimmtes Gebiet zusammentragen und damit zumindest regionale Entwicklungslinien zu ziehen erlauben. Dagegen ist aus der Perspektive der vergleichenden Kartographie-Geschichte noch viel zu tun (nicht zuletzt die frühen Manuskriptkarten des 16. Jahrhunderts betreffend).

Frank Bergers Buch reiht sich in die Regionalstudien ein: Er hat zahlreiche der im Band wiedergegebenen gedruckten Karten selbst gesammelt und sein Überblick schlägt sich in der Qualität und der Systematik der Zusammenstellung nieder. In 80 Nummern, verteilt auf sieben chronologisch geordnete Kapitel wird eine überzeugende (wenngleich, so der Autor, zu ergänzende) Tiefbohrung vorgelegt, aus der nicht zuletzt deutlich wird, mit welchen Problemen ein systematischer Zugriff auf alte Karten ganz generell zu kämpfen hat: Die Zwecke, zu denen diese Karten entstanden, die Themen, die sie bespielten, sind oft andere als die, nach denen wir sie sortieren wollen. So ist es nicht einfach, Karten etwa „des Bergischen Landes", „des Herzogtums Berg" oder auch von „Stadt und Umland von Wipperfürth" zusammenzutragen. Die frühneuzeitlichen Kartenmacher (und um diese Epoche geht es schwerpunktmäßig; nur wenige Karten stammen aus dem 19. Jahrhundert, bis 1858) hatten zwar durchaus auch diese Titel im Sinn, aber das topographische Wissen floss auch in Karten mit ganz anderen Motiven ein: Manuskriptkarten etwa dienten sehr oft dem Autopsie-Ersatz von Gerichten bei Streitschlichtungen um Grenzen oder der Aufnahme von landschaftlichen Gegebenheiten zum Kanzleigebrauch, Druckkarten hingegen waren sehr oft für den Verkauf gedacht und richteten sich nach dem Markt. Manuskriptkarten beginnen insgesamt früher in der europäischen Kartographiegeschichte; in Bergers Sammlung beschränkt sich die „Auswahl" allerdings auf das 18. und 19. Jahrhundert und zeigt, dass auch dann noch sorgfältige zeichnerische Landesaufnahmen als Handschriften angelegt wurden und erhalten blieben, so – um zwei besondere Schätze herauszugreifen – die Karte des Herzogtums Berg von Erich Philipp Ploennies und die Höllerkarte von Wipperfürth, Stadt und Umland, von 1786. Druckkarten wiederum zeigen Landschaften wie Westfalen, Flußlaufkarten wie den Niederrhein, Territorien wie das Herzogtum Berg (nicht selten vergemeinschaftet mit angrenzenden Herrschaften wie der Grafschaft Mark oder der Diözese Köln), größere politische Organisationseinheiten wie den (Niederrheinisch-)Westfälischen Reichskreis.

Um diese Überlieferungssituation in den Griff zu bekommen, geht der Band von der kleinsten Einheit aus und versammelt dabei nicht Karten von Orten, sondern Orte auf Karten aller möglicher Thematik. Mit Wipperfürth und Hückeswagen sowie dem im Titel nicht genannten Lennep an der oberen Wupper und Radevormwalde in den Bergen ist eine Region auf den Höhen des Bergischen Landes, vorgeschoben gegen die Grafschaft Mark (zu der die Landwehr noch 1785 zeichnerisch kartiert wurde) gewählt, die ebenso im Einzugsbereich des Niederrheins wie auf rheinisch-westfälischen Territorialkarten und damit im Schnittpunkt ganz unterschiedlicher Kartenausschnitte verortet sein konnte. „Ausgehend von der Darstellung dieser vier Städte im Kartenbild erschließt sich in Grundzügen die gesamte historische Kartographie des Bergischen Landes" (S. 7).

So beginnt der Band denn auch mit den frühen Rheinlaufkarten, auf denen unsere Orte am Rande erscheinen. Die großen Namen der Kartographiegeschichte treten gleich zu Beginn auf, betrat doch Wipperfürth „an höchst prominenter Stelle die Welt der Karten: die Stadt erschien 1544 in der ‚Kosmographie' des Sebastian Münster" (S. 11). Die seit dieser frühen Zeit entstehenden Karten nahmen meist, nachdem einmal eine Landschaft kartiert worden war, die bereits vorliegenden Stücke als Vorlage und ihre Kartographen stachen nach („kupferten ab"): Exakter, aber nicht zwingend erfolgreicher als Münsters Rheinlaufkarte war in vielfacher Hinsicht die wenig spätere des ortskundigen Sauerländers Vopelius 1555. Die Karten anderer übernahm auch ein Abraham Ortelius (die großen Namen der Kartographiegeschichte tauchen im Buch alle auf), während der als herzoglicher Kartograph in Duisburg ansässige Gerhard Mercator offenbar versuchte, gerade die herzoglichen Territorien korrigiert darzustellen – nicht zuletzt mitgeschleppte Fehler der Kartographen, die ja nicht überall ortskundig sein konnten, dürften gerade dem heute Ortskundigen auffallen.

Die vorliegende großformatige Kartensammlung in guter bis sehr guter Abbildungsqualität erlaubt es, solche Entwicklungen zu verfolgen; sie bietet dem Fachwissenschaftler Material, vor allem aber auch dem „interessierten Laien" eine Möglichkeit, sich genußvoll zu vertiefen in eine informationsreichen Reise mit dem Finger auf den frühen Karten der eigenen Heimat.

Felicitas Schmieder, Hagen

Anne Sophie Overkamp, Fleiß, Glaube, Bildung. Kaufleute als gebildete Stände im Wuppertal 1760–1840 (Bürgertum Neue Folge 20), Göttingen 2020, 469 Seiten, 70 €, ISBN 978-3-525-37096-4

Als „exemplarische Studie zu unterschiedlichen Lebensbereichen der ‚gebildeten Stände', um so deren Lebenswelt zu beschreiben" (S. 33), versteht sich diese vielseitige Dissertation über Kaufleute mitsamt ihren Familien im Wuppertal zwischen 1760 und 1840. Dazu gehört deren ökonomisches, deren öffentliches, aber auch deren privates Dasein: im Sinne einer Kulturgeschichte, die sich generell für soziale Praktiken, mithin just für Verbindungen zwischen diesen Sektoren interessiert. Entsprechend facettenreich sind die konsultierten Quellen: von Geschäftsbüchern über private Korrespondenzen aus Familienarchiven bis hin zur zeitgenössischen Publizistik (auch wenn z.B. Schleiermacher und Engels eigenartigerweise unter „Literatur" verzeichnet werden). Speziell fragt das Buch nach Rahmenbedingungen der dynamischen Region, nach dem „Verhältnis zwischen Kaufmannschaft, Obrigkeit und Produzenten" – und auch: „Wie waren die beiden Lebenswirklichkeiten Firma und Familie miteinander verschränkt?" (S. 12f.). Die Untersuchung leitet ein Konzept der „gebildeten Stände" an, das mit Blick auf vier als exemplarisch aufgefasste Kaufmannsfamilien deren „Teilhabe am allgemeinen Bildungsprozess" nachweisen soll (S. 27).

Der erste von sechs thematisch angelegten Untersuchungsteilen gilt hiesigen Umständen, namentlich den strukturellen Bedingungen einer Gewerberegion, deren Aufstieg nicht obrigkeitlicher Merkantilismus, sondern reformerische Aktivitäten begründeten. Wie intensiv das Wuppertal in einen globalen Kommerzialisierungsprozess eingebunden war, führt das anschließende Kapitel vor. Weder Produkte noch Produktionsmethoden änderten sich im Betrachtungszeitraum signifikant, vielmehr verfolgten die Protagonisten – bei allen präzise dargelegten Unterschieden – wenig innovative Geschäftsmodelle, indem sie mit standardisierten, modeunabhängigen Nischenprodukte wiederum modeabhängige Märkte belieferten: auf der ganzen Welt, erschlossen mithilfe weitreichender Beziehungen, bei deren Pflege sich die hiesigen Kaufleute gegenseitig unterstützten. Daran knüpft ein Abschnitt an, der Werte und Einstellungen hinter der Geschäftspraxis analysiert, als durchaus wandelbare, flexible Rationalitäten: in Konfliktlagen, in denen man sich durchaus situativer Argumentationen bediente, im Umgang mit kaufmännischem Scheitern, das vielfach innerhalb des Familienverbandes aufgefangen und vornehmlich erst dann beargwöhnt wurde, wenn Fallierte über ihre neuen Verhältnisse lebten, eingebunden in ein kaufmännisches Wissen, das noch keine Trennung von Unternehmer und Unternehmung vorsah (ebensowenig wie eine doppelte Buchführung), in einer Religiosität, deren explizite Gottesorientierung freilich signifikant nachließ und den Gedanken marktförmiger Preise keineswegs blockierte.

Der nächste Buchteil wendet sich der „dreifachen" (S. 207) Bildung der Kaufmannsfamilien zu: als Distinktionserwerb. Fachliche Ausbildung und ein gewisses Maß an klassischer Bildung gehörten dazu, bei Jungen und Mädchen durchaus in ähnlicher Weise – zumindest bis 1800, als sich diese Praxis ebenso wandelte wie die nunmehr internationalisierte Ausrichtung. Sodann zeigt das Sittengemälde die Geschlechterverhältnisse in bemerkenswerter Einheit von Firma und Familie auf: bei „Arbeitspaaren" wie „Liebespaaren". So wie Frauen vielfach in das geschäftliche Leben eingebunden waren (zumal sie signifikante Ressourcen in die Ehen einbrachten, zu 90 Prozent in berufsständischer Endogamie gebildet), übernahmen Männer mitunter häusliche Tätigkeiten, eine gleichwertige Partnerschaftlichkeit ist ebenso in den Beziehungen festzustellen. An eindrücklichen Quellenbelegen werden diese Schlüsse nachvollziehbar, auch die leitende These, die Kaufmannsfamilien seien den „gebildeten Ständen" zuzurechnen. In diesem Befund liegt indes ein Problem, das die Verfasserin selbst erwähnt: wenn just die „standestypischen Erfordernisse" (S. 269) zentrale Normen vorgaben, wären die „gebildeten Stände" entweder als zeitgenössische Fiktion entlarvt oder in sich eben doch wieder auszudifferenzieren.

Ähnliche hermeneutische Rückfragen an Kaufmannsfamilien „als integraler Teil einer sich neu formierenden sozialen Gruppierung" (S. 11f.) wirft das folgende, ebenfalls sehr anregende Kapitel auf: Erst Vergleiche mit Haushalten, Häusern und Gärten von Ärzten, Pfarrern und Adeligen könnten wohl signifikante Binnenunterschiede innerhalb der „gebildeten Stände" belegen oder aber widerlegen. Überaus anschaulich führt es die Einheit von Wohnen und Arbeiten vor, insbesondere anhand der Architektur, und stellt den doppelten Nutzen der Gärten für Ernährung wie Ästhetik vor – etwa bei passionierten Baumzüchtern (die sich als Reformer erweisen könnten, wenn man sie in zeitgenössischen kameralistischen Veredlungsdiskursen kontextualisierte). Eine „Ästhetisierung des Alltagslebens" lässt auch das Interieur (S. 308) erkennen; kostbares Kaffeegeschirr und die bald obligatorische bergische Dröppelminna zeichnen die „gebildeten Stände" einer globalen „Konsumgemeinschaft" (S. 314) ein.

Schließlich zeigt ein weiterer Buchteil die Kaufmannsfamilien in der Öffentlichkeit. Im Verlauf des Betrachtungszeitraums ist, ausgehend von einem spannenden „Panorama der Glaubensformen" (S. 324), eine zunehmende, indes eher im Verborgenen praktizierte konfessionelle Pluralisierung zu beobachten, weniger offensichtlich allerdings eine „Funktionalisierung der Kirchen und ihrer Lehren für ökonomische Zwecke" (S. 320) – zwar eine These aus dem Wuppertal, die als These über das Wuppertal aber ein wenig dem Konzept der „Lebenswelten" zuwiderläuft und überdies der Konkretisierung bedurft hätte. Inwiefern entsprach etwa der Pietismus ökonomischen Interessen, inwiefern die Abneigung gegen den Rationalismus, inwiefern wäre derlei in spezifischen theologischen Ausprägungen aufzufinden? Dass das Buch zu solchen Rückfragen anregt, belegt ebenso seinen instruktiven Charakter wie die folgenden Ausführungen über die Rolle der Kaufmannsfamilien in neugegründeten „bürgerlichen" Assoziationen wie „Lesegesellschaft", „Museum" und „Concordia", in denen sich individuelle wie kollektive Ambitionen verwirklichen ließen: mit Mitteln der Inklusion wie der Exklusion (S. 383). Das Engagement der Kaufmannschaft in der Armenpflege und in den Kornvereinen spürt auf seine Weise einem „bürgerlichen Arbeitsverständnis" mit religiöser Grundierung (S. 401) nach, es belegt aus Sicht der Verfasserin zudem den Zwiespalt zwischen postuliertem Allgemeinwohl und patriarchalischer Praxis (S. 405).

Inwiefern die Vorstellung der Selbstbildung die „gebildeten Stände" als charakteristische Sozialformation verbunden habe (S. 407), akzentuiert das Fazit noch einmal und thematisiert auch den eindrücklich aufgewiesenen Zusammenhang zwischen globaler Kommerzialisierung und lokaler Ökonomie; gleiches gilt für die besondere wirtschaftliche Rolle von Familie und Familienverband.

Facettenreich ist dieses überaus instruktive Buch, das sorgsam Forschungskonzepte und Thesen abwägt. Dass seine zentrale These womöglich ein anderes Untersuchungsprogramm erfordert hätte, wie das Resümee selbst nahelegt (S. 418), nämlich eine vergleichende Herangehensweise an die „gebildeten Stände", bestätigt auf seine Weise eine besondere Stärke der grundlegenden Studie über eine gesamte Wirtschaftskultur: quellengesättigt gegen die Selbstidealisierung des Bürgertums aus dem 19. Jahrhundert – mitsamt seinem scheelen Blick auf „Pfeffersäcke“ – anzuschreiben und zeitgenössische Praktiken in ihren ökonomischen, sozialen wie kulturellen Kontexten darzustellen.

Georg Eckert, Freiburg / Wuppertal

Jürgen Brand, C. W. A. Hardung (1768–1821). Ein letzter Verteidiger des Reiches. Mit einem Faksimile seiner „Staatsrechtlichen Untersuchungen“ aus dem Jahre 1805 (Bibliothek Altes Reich 28), Berlin/Boston, De Gruyter 2019, 686 Seiten, 89,95 €, ISBN 978-3-110-62564-6

Es erscheint kaum nachvollziehbar, dass ein so spannendes und folgenreiches Kapitel der Bergischen Geschichte zu Beginn des 19. Jahrhunderts derart unbekannt geblieben ist, wie die Aktionen und das Leben eines Richters aus Hardenberg/Neviges, der nicht nur in Berlin und München die Kabinette mit seinen aufrührerischen Druckerzeugnissen in Atem hielt, sondern auch Murat, den französischen Großherzog von Berg und selbst Napoleon in die Folgen seiner Agitation verwickelte, aber gleichwohl unter drei Regimen eine steile Karriere machte.

Dieser Richter, Clemens Wilhelm Adolf Hardung, hätte deshalb schon längst eine Biographie verdient gehabt. Jürgen Brand, der in Kiel von Hans Hattenhauer promoviert wurde und bis 2006 an der Bergischen Universität Wuppertal Öffentliches Recht und Europäische Rechtsgeschichte lehrte, hat sie nunmehr in überzeugender Weise nachgeholt. Gestützt auf Archivstudien in Berlin, Paris und Düsseldorf/Duisburg zeichnet er in spannender Weise das Leben einer außergewöhnlichen und wirkungsmächtigen Persönlichkeit in der sog. „Übergangszeit“ zwischen 1803 und 1821 nach. In dieser relativ kurzen Geschichtsperiode endeten ganze Epochen. Das Ende des Alten Reiches im Jahre 1806 wurde begleitet von dem kometenhaften Aufstieg und Fall Napoleons und einer anschließenden Neuordnung Europas, die das geographisch und politische Bild auch in Deutschland bis heute prägt. Hardung behauptete sich in diesem weltgeschichtlichen Strudel unter bayerisch-bergischer, französisch-bergischer und preußischer Regierung an leitender Stelle. Dementsprechend ist das Buch von Brand im Darstellungsteil in drei Teile von insgesamt 351 Seiten untergliedert. Es folgt ein Faksimile-Anhang von weiteren 305 Seiten.

In dem ersten und umfangreichsten Abschnitt schildert Brand das Wirken Hardungs in dem kurfürstlich-bayerischen Herzogtum Berg als Richter in Hardenberg (Velbert/Neviges). Dort entwickelte er sich zusehends zu einem Sprachrohr und Aufwiegler der Bevölkerung in den benachbarten ehemaligen Abteien Werden und Essen, die gegen die dort 1803 eingeführte neue preußische Landesherrschaft aufbegehrten. Der zweite Teil der Publikation behandelt die Tätigkeit von Hardung als „Generaldirektor des Öffentlichen Unterrichts“ in der Düsseldorfer Regierung des von Napoleon geschaffenen französischen Modellstaates Großherzogtum Berg. Im abschließenden letzten, aber kurzen Teil des Buches, wird der erstaunliche Weg des ehemaligen erbitterten Preußen-Feindes und Franzosen-Freundes nach Berlin in den berühmten Rheinischen Revisions- und Kassationshof nachgezeichnet.

Der 1768 in Hardenberg geborene Hardung hatte in Köln, Heidelberg und anschließend an der bedeutendsten und zu jener Zeit alle anderen Universitäten überstrahlenden Göttinger Alma Mater studiert, dort vor allem das Paradefach des Öffentlichen Rechts. Seit 1788 nahm er die Richterstelle in der kleinen Unterherrschaft Hardenberg des kurfürstlich-bayerischen Herzogtums Berg wahr. Dort, an seinem Dienstsitz Schloss Hardenberg bei Neviges, kam es seit 1804 zu regelrechten Bittprozessionen von Bewohnern aus den benachbarten ehemaligen Abteien Essen und Werden, die Hardung baten, für sie als „Rechtskonsulent" tätig zu werden. Die bislang selbständigen geistlichen Kleinstaaten waren nach der Säkularisation von 1803 an Preußen gefallen und die Delegationen aus Werden, Essen und dem Stift Rellinghausen suchten juristische Hilfe bei der Verteidigung ihrer bisherigen ständischen Verfassung gegenüber dem neuen Landesherrn in Berlin. Sie wollten aber auch in dem bislang florierenden Steinkohlenbergbau die von Preußen neu eingeführte Bergadministration mit ihren erhöhten Abgaben abwenden.

Hardung, der sich nach längerem Zögern einverstanden erklärte, die Beschwerdeführer zu vertreten, gab in der Folgezeit die von ihm verfassten Eingaben an die neue Landesherrschaft, zusammen mit den darauf erteilten amtlichen Bescheiden, unter dem Titel „Staatsrechtliche Untersuchungen über die Gewalt der neuen Regenten in den säcularisirten Reichslanden ..." in Düsseldorf in Druck. Sie wurden 1805–1806 in vier aufeinander folgenden Heften verbreitet. Trotz aller preußischen Verhinderungsversuche erreichten diese „Flugschriften" eine enorme Resonanz. Nach preußischen Quellen wurde bereits das erste Heft mit mehr als 4.000 Exemplaren in den ehemaligen Abteien abgesetzt und zusätzlich 600 Hefte in das ebenfalls säkularisierte ehemalige Fürstbistum Münster verschickt – für die damalige Zeit und angesichts der regionalen Bezüge eine ungeheure Zahl.

Die Gründe für den reißenden Absatz der Hefte sind nicht nur in den tiefschürfenden fachlich-juristischen Analysen Hardungs als eines herausragenden Kenners des (noch!) geltenden Staats- und Reichsrechts zu suchen. Für den Erfolg sorgten auch seine politischen Einschätzungen, die oft mit ätzender Ironie unterfüttert waren und geradezu polemisch die preußische Staatsführung angriffen. Wenn Hardung etwa den Länderschacher zwischen den Großmächten nach der Säkularisation der geistlichen Herrschaftsgebiete damit kommentierte, es gehe nicht an, dass „Länder wie Zuckerplantagen, und Menschen wie Schaafherden verkauft und vertauscht" würden, durfte er sich der allgemeinen Zustimmung der Betroffenen sicher sein.

Hardung arbeitete einerseits ohne Honorar für seine Mandanten, andererseits liebte er es, neben der fundierten staatsrechtlichen Argumentation gegenüber den Vertretern des protestantischen Militärstaates auch mit seiner klassischen Bildung zu protzen. Nicht zuletzt mit dieser hochmütigen Attitüde trieb er nicht nur auf lokaler Ebene die preußischen Beamten zur Weißglut. Hingegen hatten die Eingesessenen plötzlich einen Helden, der Latein konnte, sie erstmals mit Tacitus, Vergil und Ovid bekanntmachte und nach den Worten des Werdener Landrichters die Rolle eines „vergötterten Fürsprechers" einnahm.

Die gleichermaßen mit klassischer und juristischer Bildung garnierten Ausflüge Hardungs in eine Welt, die unter Berufung auf die „alte teutsche Freyheit" verdächtige Anklänge an revolutionäre Gedanken aus dem Westen enthielt, erschienen dem neuen preußischen Landesherrn umso bedrohlicher, als die vier Hefte, die immerhin 2 Thlr. 16. Gr. pro Ex. kosteten, trotz ihres Preises von der Bevölkerung massenhaft erworben, gierig verschlungen und aufrührerisch gefeiert wurden. Die von Hardung immer wieder erwähnte „Alte teutsche Freyheit" bildete für ihn zugleich das Fundament für die von ihm in Anspruch genommenen „Fundamentalrechte" (lois fundamentales), zu denen er auch ein unverhandelbares Widerstandsrecht zählte. Im eigentlichen Sinne staatsgefährdend waren nicht zuletzt die Angriffe Hardungs gegen die erbliche Monarchie. Brand gelingt es in seiner Schilderung, durch eine genaue Analyse der Stilmittel Hardungs und durch eingestreute Zitate aus den „Staatsrechtlichen Untersuchungen" die Schärfe der Auseinandersetzung plastisch zu machen. Ein typisches Beispiel bildet ein Ausschnitt der von Hardung für die „Spezialdeputierten der sämtlichen Bauerschaften des Fürstenthums Essen – Der Ort- und Bauerschaften des Stifts Rellinghausen – Der neuen Bauerschaften in Werden" verfasste „Gehorsame Erklärung vom 28. September 1804":

„Man sagt uns, daß unser König mit sanftem Zepter regiere, das Recht eines jeden achte, und seine Millionen Unterthanen wie ein Vater liebe! Wir vernehmen diese Sprache mit Entzücken, und verehren die erhabenen Regententugenden dieses unsers großmüthigen Fürsten mit herzlicher Ergebenheit. Aber wir vergessen dabei nicht eine große Wahrheit der politischen Statik: daß nämlich die Stabilität des öffentlichen Wohls mehr in den Gesetzen als in den Menschen zu gründen sey. Es ist das Loos der Menschheit, daß auch gute Fürsten nicht unsterblich sind, und da lehrt die Geschichte: daß dem Marc-Aurel ein Commodus, und ein Domitian dem Titus folgte; wer bürgt aber dafür, daß die Natur nicht ähnliche Erscheinungen reproducire?"

Typisch für den Stil Hardungs waren die zuckersüße Überschrift der Eingabe und das vergiftete Lob für den Monarchen in Berlin. Das, was danach ausgeführt wurde, musste jedoch die preußische Obrigkeit alarmieren, nicht zuletzt vor dem Hintergrund der vor 15 Jahren in Frankreich gestürzten Monarchie und dem Ende Ludwigs XVI. auf dem Schafott.

Die Schriftsätze Hardungs bieten im Übrigen ein ideologisch schillerndes Bild. Denn neben seinen Anleihen an revolutionäres Gedankengut stellte er als Reichspatriot in einer Art Schwanengesang das sterbende Reich auch noch einmal als ideale Staatskonstruktion dar. Mit seinem Schutz für die kleinen Landesherrschaften und dem garantierten Zugang für die Bürger zu den Reichsgerichten (dem „linken und dem rechten Arm des Kaisers"), sollte das System des Alten Reiches gerade für den letztgenannten Aspekt erst im 20. Jahrhundert übertroffen werden. Parallelen zu der heutigen Wertschätzung des Bundesverfassungsgerichts in der Bevölkerung drängen sich auf. Die nahezu naiven Ausführungen Hardungs mit seinem Glauben an das Recht und die Gerichtsbarkeit des Reiches bestärkten die Einwohner der beiden ehemaligen Abteien aber in ihren verzweifelten Hoffnungen, dass man trotz der Säkularisation, die wie eine Naturkatastrophe die bisherigen Verhältnisse über Nacht verändert hatte, noch immer unter dem Schutz des Reiches und seiner Institutionen stand. Diese Hoffnungen schienen sich zu erfüllen, als es Hardung innerhalb einer erstaunlich kurzen Zeit gelang, das Reichskammergericht mit den Klagen der Werdener und Essener Beschwerdeführer zu befassen. Als dies bekannt wurde, kam es in den kleinen ehemaligen geistlichen Territorien zu einem regelrechten Aufstand von Teilen der Bevölkerung, der nur durch herbeigeeiltes Militär unterdrückt werden konnte. Besonders bemerkenswert erscheint es, dass Brand mit seiner Schilderung mit dem weitverbreiteten Vorurteil aufräumt, die Reichsgerichte seien in der Endphase des Reiches zahnlose Tiger gewesen, die ihre Machtlosigkeit hinter endlosen Verfahren zu verstecken suchten. Tatsächlich lenkte auch die Großmacht Preußen vor den Richtern aus Wetzlar ein und eröffnete zu den streitigen Fragen den bislang verweigerten innerpreußischen Rechtsweg.

Auch für die zwischenstaatlichen Beziehungen zwischen dem bayerisch-kurfürstlichen Herzogtum Berg und Preußen blieben die in Düsseldorf gedruckten Schriften Hardungs nicht ohne Folgen. Die preußische Seite hatte bereits nach Erscheinen des ersten Heftes mehrfach bei der Bergischen Regierung in Düsseldorf interveniert, versuchte aber zunächst vergeblich, das Erscheinen der weiteren Hefte zu verhindern. Die Gründe für die hinhaltende, z.T. aber direkt ablehnende Haltung in Düsseldorf sind bemerkenswert. Von Goethe war bereits 1792, nach dem Feldzug in Frankreich, anlässlich seines Besuches bei dem Philosophen Friedrich Heinrich Jacobi in Pempelfort bei Düsseldorf die Beobachtung gemacht worden, dass sich in den „hohen Ständen" ein „gewisser Freiheitssinn, ein Streben nach Demokratie" ausgebreitet habe. Diese Entwicklung war auch Franz Karl von Hompesch, der für den Kurfürsten Karl Theodor das Herzogtum Berg als Statthalter verwaltete, nicht verborgen geblieben. Er hatte 1798 den Verdacht geäußert, dass „Demokraten" und „Klubisten", d.h. Mitglieder republikanischer Vereine, als Gesinnungsgenossen der französischen Revolution in der eigenen Regierung säßen. Die Angriffe Hardungs gegen die erbliche Monarchie und seine Vorstellungen zu einer Weiterentwicklung der bisherigen ständischen Repräsentation in den beiden ehemaligen Abteien über frei gewählte „Deputierte" scheinen im Zusammenhang mit diesem republikanischen Virus in der führenden Beamtenschaft des Geheimen Rates (der Düsseldorfer Regierung) eine kaum noch verhehlte Zustimmung gefunden zu haben. Mit Hardung war jemand erschienen, der sich traute, bestimmte rote Linien zu überschreiten, und die entscheidenden Personen in Düsseldorf waren offensichtlich nicht geneigt, dem Verfasser der Flugschriften in den Arm zu fallen.

Die Unterstützer Hardungs in Düsseldorf dürften im Übrigen mit einer gewissen Zufriedenheit die Ausführungen des Hardenberger Richters zur Überlegenheit der Bergischen Wirtschaftspolitik verfolgt haben. Nicht ohne Süffisanz hatte der auch auf diesem Gebiet bewanderte Jurist der Kontroll- und Reglementiersucht des obrigkeitlich orientierten preußischen Merkantilstaates das leuchtende Vorbild der berühmten und erfolgreichen bergischen „Kommerzfreiheit" vorgehalten und die Vorteile der „unsichtbaren Hand" in den hellsten Farben geschildert.

Aufschlussreich in diesem Zusammenhang ist auch, dass man in Düsseldorf offenbar Wind von preußischen Versuchen bekommen hatte, Hardung zu verhaften und dass ihm seine Parteigänger deshalb entsprechende Warnungen zukommen ließen. Nachdem die Versuche, den Staatsfeind auf preußischem Gebiet gefangen zu nehmen, gescheitert waren, entwickelte Blücher, der damalige Militärkommandant in Münster und spätere „Marschall Vorwärts", den Plan, Hardung auf kurfürstlich bergischem Territorium zu kidnappen, um so den renitenten Aufwiegler zum Schweigen zu bringen. Der damalige preußische Außenminister und spätere Staatskanzler Karl August von Hardenberg, der übrigens nicht aus dem Geschlecht der Herren von Hardenberg bei Neviges abstammt, fürchtete aber, die guten Verhältnisse zu Bayern durch eine solche Kommandoaktion zu gefährden und legte sein Veto ein. Allerdings zog er die Sache an sich und forderte in München, dass der „Schriftstellerei dieses unruhigen Consulenten auf das baldigste und wirksamste Einhalt geschehe". Daraufhin wurden von der Münchener Zentrale neben Hardung auch seine Sympathisanten in Düsseldorf an die Kandare genommen. Kurfürst Max Joseph, der spätere bayrische König, erließ höchstpersönlich ein Reskript, mit dem Hardung ein weiteres Konsulieren in den Essener und Werdener Angelegenheiten als unverträglich mit dessen bestehenden Dienstverhältnissen untersagt werde.

Die von Hardung in Druck gegebenen Hefte, mit denen sich die Kabinette in Berlin und München beschäftigten, haben sich nur vereinzelt in wenigen Archiven und Bibliotheken erhalten. Bereits die monumentale Sprache der Einleitung zum ersten Heft lohnt unbedingt eine Lektüre. Es ist Brand zu danken, dass er die vergessenen Zeugnisse der bemerkenswerten Ereignisse in Niederberg, den angrenzenden ehemaligen Abteien und in Düsseldorf für die Forschung und die interessierte Öffentlichkeit im Anhang seines Buches auf weiteren 305 Seiten als Faksimile zugänglich gemacht hat.

Der zweite Abschnitt des Buches von Brand befasst sich mit dem Schicksal Hardungs nach dem Ende des Reiches im Jahre 1806. Napoleon zeichnete die Landkarte neu und übertrug im selben Jahr das von Bayern abgetretene Herzogtum Berg als „Großherzogtum Berg“ seinem Schwager Joachim Murat und übernahm nach dessen Abgang nach Neapel selbst die Regierung. Hardung wurde in diesem Modellstaat französischer Provenienz „Generaldirektor des Öffentlichen Unterrichts“. Mit gewohnter Tatkraft machte sich der „Minister“ an die Neuordnung der Grund- und weiterführenden Schulen sowie die Umgestaltung der Universitätslandschaft. Seine akribisch ausgeführten und mehrfach veränderten Gutachten, die von Brand im Einzelnen analysiert werden, konnten jedoch wegen fehlender finanzieller Ressourcen nicht umgesetzt werden. Napoleon benötigte alle Mittel für seine nicht endenden Feldzüge. Im Übrigen stießen die von der Universitätsidee des Alten Reiches geprägten Vorstellungen Hardungs, u.a. für eine von ihm in Düsseldorf geplante „Großherzogliche Landesuniversität“, in der Pariser Kontrollinstanz auf wenig Gegenliebe. Das klassische Bildungsideal der deutschen Universitäten, das durch Wilhelm von Humboldt in Preußen zu neuer Blüte erweckt werden sollte, war mit der Ideologie der napoleonischen Bildungspolitik nicht zu vereinbaren. Dort favorisierte man einen Ersatz der Universitäten durch „écoles centrales“ bzw. „écoles spéciales“, also eine Art polytechnischer Fachschulen, die an praktischen Erfordernissen ausgerichtet waren und keine körperschaftliche Unabhängigkeit genossen. Die Gründe für das beispiellose Universitätssterben im französisch dominierten Rheinbund werden von Brand mit dem Zitat des westphälischen Königs Jerôme, einem Bruder Napoleons, illustriert, der dem westphälischen Kollegen Hardungs erklärt hatte, er wolle keine Gelehrten, sondern nur noch Soldaten und Dummköpfe. Ebenso wie der westphälische Generaldirektor Johannes von Müller, war auch Hardung nach immer wieder neuen, aber immer wieder gescheiterten Anläufen, zu einer Art „Sisyphus“ des Bergischen Schul- und Wissenschaftssystems geworden und trat entnervt zurück.

Hardung wechselte in den Bereich, der nach der Einführung des Code Civil 1810 und der Reform der Justiz 1811 bis heute den Ruhm der Reformen Napoleons ausmacht. Im Zuge der Neuordnung der Justizorganisation wurde Hardung zum Präsidenten des Gerichtshofs Erster Instanz in Düsseldorf ernannt. Damit leitete er das Gericht mit dem größten Sprengel, zu dem nicht nur die Landeshauptstadt und das dazugehörige Arrondissement, sondern auch das Industriedreieck des heutigen Wuppertals mit Remscheid und Solingen gehörten. In den wenigen Jahren, die zwischen dieser Reform und der Angliederung des ehemaligen Großherzogtums Berg nach der Niederlage Napoleons an die neue Preußische Rheinprovinz lagen, hatten sich das französische Recht und seine Ausgestaltung der Justiz ein so großes Vertrauen der Rheinländer erworben, dass sie sich vehement gegen seine geplante Abschaffung wehrten und es 1818 durchsetzten, dass der französische Rechtsimport, der fortan als „Rheinisches Recht“ bezeichnet wurde, bis zur Einführung des BGB im Jahre 1900 weiter in Geltung blieb.

Die nächste berufliche Station Hardungs kann nach den geschilderten Auseinandersetzungen mit Preußen nur als spektakulär bezeichnet werden. Der Staatsfeind, den man kidnappen wollte und als „Franzosenfreund“ unter der „Fremdherrschaft“ eine prominente Rolle gespielt hatte, wurde zu einem der sechs hauptamtlichen Richter an den berühmten Rheinischen Revisions- und Kassationshof in Berlin berufen. Wie war das trotz aller ideologisch-nationalen Aufregungen in den „Befreiungskriegen möglich? Brand kommentiert die erstaunliche Ernennung u.a. mit dem lapidaren Satz: „Es gab keinen Radikalenerlass.“

Entscheidend dürfte aber gewesen sein, dass die überragenden Kenntnisse Hardungs und sein von allen Seiten bestätigter lauterer Charakter, der trotz aller Scharfzüngigkeit bisweilen bis ins Naive reichte und ihn nach der Ansicht von Brand in gewisser Weise zu einem bergischen Don Quichote gemacht hatte, den Ausschlag für seine Ernennung bildeten. In dem neu eingerichteten Berliner Gericht, nach den Worten von Karl Marx der „summus pontifex der rheinischen Jurisprudenz", arbeitete Hardung mit Carl Friedrich von Savigny, dem berühmtesten deutschen Juristen überhaupt, zusammen im selben Senat. Hier hätte sich der Rezensent eine ausführlichere Behandlung dieser Lebensstation gewünscht. Möglicherweise hat sich Brand hier auch deshalb beschränkt, weil der Richter aus dem Bergischen, der sich nach eigenem Bekunden an den Rhein zurücksehnte, schon drei Jahre nach seiner Ernennung starb, so dass das Archivmaterial dementsprechend schmal ausgefallen sein dürfte.

Gleichwohl: das Buch ist spannend, und was selten in diesem Genre ist, gelegentlich auch mit augenzwinkerndem Humor gewürzt. Vor allem ist es auch für Nichtjuristen leicht und verständlich geschrieben. Die beigefügten Karten erleichtern dem Bergischen Leser eine gute geographisch-politische Orientierung. Insgesamt vermittelt die Abhandlung von Brand den heutigen Bewohnern des Bergischen Landes und der benachbarten Territorien erhellende Einblicke in die durchaus mit Schmerzen verbundene Entwicklung von einer altständisch verfassten Welt unter dem Dach des Alten Reiches in die neue Zeit einer rational verfassten Justiz und Verwaltung revolutionär-französischer Provenienz. Vielleicht kann auch etwas Sympathie für einen bergischen Idealisten wie Clemens Wilhelm Adolf Hardung geweckt werden.

Abschreckend ist allein der relativ hohe Preis.

Wolfgang Baumann, Wuppertal

Dirk Ziesing, S. Trenelle – Ein Franzose in Deutschland. Geschichte der Königlich Preußischen Gewehrfabrik in Saarn, Münster: agenda 2019, 211 Seiten, 24,90 €, ISBN 978-3-89688-648-4

Die vorliegende Schrift hat die Entstehungsphase des Ruhrgebiets als Wirtschaftsmetropole zu Anfang des 19. Jahrhunderts im Blick – und zwar an dem Beispiel der Familie Trenelle, die Geschäftskontakte auch zu den Krupps unterhielt. Bisher standen häufig nur diese im Zentrum. Als Ziel der Untersuchung kann die Rekonstruktion des Lebenslaufes von S. Trenelle gelten. Ziesing formuliert es in seinem Vorwort so: „Obwohl sich mindestens seit 1905 verschiedene Autoren mit der Person des ersten Betreibers der Königlich Preußischen Gewehrfabrik in Mülheim-Saarn auseinandergesetzt haben, bestand lange Ungewissheit über seine Herkunft ebenso wie über seinen Verbleib nach dem Abschied von der Gewehrfabrik." (S. 9)

Ziesing gliedert seine Publikation in fünf Kapitel, die von einem Vorwort sowie von einem Quellen- und Literaturverzeichnis gerahmt werden: In Kapitel 1 geht es um die staatlichen Gewehrfabriken in Lüttich und Essen. Unter der Überschrift von Kapitel 2 *Samuel Trenelle* behandelt Ziesing dessen Abstammung, seine frühen Jahre in Paris, das Ausüben seiner Berufe in Kassel, Erfurt und Essen sowie sein Verhalten gegenüber den französischen und preußischen Dienstherren in den besetzten deutschen Territorien. Kapitel 3 befasst sich mit Trenelle als Unternehmer. Es berücksichtigt die *Franzosenzeit* im Rheinland und in Westfalen, wobei die Gewehrfabrik in Saarn in die preußische Ära fällt. Kapitel 4 fasst Trenelles Lebensabend in Düsseldorf zusammen. Hauptsächlich geht Ziesing hier auf die Verbindungen zwischen der Familie Trenelle und derer von Woringen ein. Über Trenelles Nachkommen handelt Kapitel 5, in welchem ihr Leben in Amerika (Mexiko und USA) thematisiert wird.

Ziesings Projekt steht im Forschungszusammenhang der Gewehrproduktion an Rhein und Ruhr während der Frühen Neuzeit. Es knüpft an die Diskussion an, ob dort der Waffenhandel ab den 1790er Jahren im Niedergang begriffen war – was Konsens ist – oder erneut in der Blüte stand. Ziesing argumentiert aus keiner speziellen Theorierichtung, sondern lässt die Quellen sprechen. Er streift die fachwissenschaftliche Frage, ob die in Mülheim-Saarn gegründete Gewehrfabrik entscheidend für den Ausgang der Schlacht bei Waterloo war. Ihm geht es grundlegender um das Erzählen der Lebensgeschichte eines französischen Migranten – nicht eines Flüchtlings – jüdischer Abstammung in der letzten Phase der Französischen Revolution. Ziesing setzt sich inhaltlich von den Aufsätzen (von Wilhelm Grevel, Karl Mews, Aloys Philipp Vollmer und Heribert Sponheuer) in der Zeitschrift *Essener Beiträge* (1883, 1909, 1979) deutlich ab. Methodisch ist Ziesings Arbeit mehrheitlich genealogisch angelegt: gleich zu Beginn wird sich der väterlichen und mütterlichen Abstammung von S. Trenelle gewidmet. Er behält beide Linien für die Betrachtung von dessen Nachkommen bei. Größtenteils bewegt sich Ziesing innerhalb der Militärgeschichte. Im Bedarfsfall bezieht er Interpretamente der Kulturgeschichte mit ein. Gelegentlich verweist er als Ingenieur auf das Spektrum eingeführter Waffenmodelle. Der Analysezeitraum umfasst zwar schwerpunktmäßig das frühe 19. Jahrhundert, aber greift für einzelne Aspekte (wie der Abstammung von S. Trenelle) auf das 18. Jahrhundert zurück oder auch auf das 20. Jahrhundert über (hinsichtlich der Nachkommen von S. Trenelle in der Familie von Woringen). Geographisch erstreckt sich der Gegenstand der Beobachtung der Gewehrindustrie auf das Gebiet von Westfalen. Der Begriff »Westfalen« ist nicht exakt definiert. Ziesing bezieht sich meistens auf den kurzlebigen napoleonischen Satellitenstaat *Königreich Westphalen*. Gleichermaßen ist mit »Westfalen« ebenso das Rheinland und das Bergische Land gemeint. Das Quellenmaterial ist äußerst vielschichtig: Kirchenbücher, Zivilstandsregister, Gewerbelisten, Familien-, Hof- oder Staatskanzlei-Aufzeichnungen.

Die quellennah durchgeführte Studie macht im Sinne eines Gesamtbildes die Leitidee von Militärunternehmern im Alten Reich offenkundig. S. Trenelle wird als Beispiel eines solchen wieder entdeckt. Er war Militärverwaltungsbeamter, Hospitalangestellter und Gewehrfabrikant. Den jüdischen Vornamen Shmu'el (Samuel) legte er ab, und er nannte sich fortan Silvester. Positiv hervorzuheben ist, dass Ziesing eine Forschungslücke zum kaum bearbeiteten Thema der rheinisch-westfälischen Gewehrproduktion während der Frühen Neuzeit füllt. Bei der Lektüre machen sich seine Experten-Kenntnisse über die kulturhistorische Bedeutung von Kurzwaffen in Europa bemerkbar; schließlich ist der Autor ein promovierter Ingenieur. Außerdem ist er Sachverständiger der Industrie- und Handelskammer Mittleres Ruhrgebiet. Akribisch trägt Ziesing eine Fülle an Informationen über S. Trenelle, die Verwandten, einige seiner Kollegen oder Mitarbeiter sowie entfernter zu ihm stehende Mitmenschen zusammen. Offensichtlich wurde eine Vielzahl an Beständen aus unterschiedlichen Archiven gesichtet. Ziesing beabsichtigt, ein Nachschlagewerk für genealogisch interessierte Laien zu schreiben. Für ihn sind nicht Adel und Klerus wichtige Menschen, sondern Handwerker und Logistiker. In beeindruckender Detailfreudigkeit nimmt sich Ziesing der regionalen Begebenheiten (politisch, sozial, wirtschaftlich) an und konzentriert sich auf den normalen Menschen. Systematisch ergründet er den bestimmten Personenkreis der Büchsenmacher in »Westfalen«, weshalb er anregendes Material für landesgeschichtliche Wissenschaftler bereitstellt. Dieser Fundus ist Ziesing zu verdanken, der auch von Heimatkundlern unterstützt wurde. Wissbegierige erhalten einen schnellen Zugriff auf diese dichte Darstellung der Biographie von S. Trenelle über das umfassende Personenregister und das feingliederige Inhaltsverzeichnis. Das Zusammentragen – von dem, was sich über S. Trenelle, die Franzosen im Alten Reich und die Gewehrfabrik in Saarn finden lässt – ist Stärke und Schwäche dieses Bandes zugleich. Folglich darf das Negative am Werk von Ziesing an der folgenden Stelle ebenso nicht fehlen: A) Das Vorwort (S. 9) kann zwar als eine Hinführung verstanden werden, aber es erfüllt nicht die fachlichen Standards einer Einleitung, inklusive einer präzis formulierten These oder Frage. B) Die (zeitliche und logische) Chronologie im Inhaltsverzeichnis ist erkennbar vorhanden, jedoch erfolgen im Fließtext der jeweiligen Kapitel teils Zeitsprünge, die den Lesefluss stören. C) Manche Unterkapitel sind Exkurse: Sie charakterisieren nahe Angehörige von S. Trenelle, die keinen Bezug zu Waffenproduktion/-vertrieb hatten (S. 31–45, 181f.). Sie geben Ereignisse verkürzt wieder, die wenig in Beziehung zu S. Trenelle gestellt werden (S. 93–97, S. 100–107). D) Ziesings Monografie bleibt unter den Möglichkeiten und Anforderungen als Fachliteratur: Archivalien werden, ohne ihre Herkunft anzugeben, zitiert oder paraphrasiert. Er erwähnt sporadisch Archive in Belgien (S. 24) und Frankreich (S. 29, 31) – jedoch nicht den Bestand – oder bloß die Register (S. 44). Für Historiker und geschichtlich interessierte Heimatforscher wäre es wichtig gewesen zu erfahren, aus welchen Akten konkret die biographischen sowie die militärhistorischen Angaben stammen. Dies ist nicht nur eine Frage der Formalia, sondern dient auch der Erleichterung von künftiger Recherche – die aus dem Band entstehen sollte.

Somit ist das Fazit gemischt: Einerseits können viele bisher unbekannte Werdegänge von Büchsenschmieden im Grenzraum Rhein-Maas nachgeschlagen werden. Andererseits sollte der Leser mit der Materie vertraut sein, wegen der fehlenden Einführung und Nachweise.

Gregor Maximilian Weiermüller, Duisburg-Essen

Klaus Goebel (Bearb.), Hermann Enters wandert aus. Lebenserinnerungen (1846–1940) (Beiträge zur Geschichte und Heimatkunde des Wuppertals 48), Wien/Köln/Weimar: Böhlau 2021, 279 Seiten, 29 €, ISBN 978-3-412-52264-3

Hermann Enters, ein 1846 in Barmen geborener Maschinenschlosser, der 1882 aus dem Wuppertal nach Milwaukee im US-Bundesstaat Wisconsin auswanderte, ist im Wuppertal – und darüber hinaus – kein Unbekannter geblieben. Als alter Mann schrieb Hermann Enters gleich zweimal Erinnerungen über sein Leben nieder: Zunächst berichtete er 1922 aus den USA in einem langen, an seine im Wuppertal gebliebenen jüngeren Geschwister gerichteten Brief über seine Kindheit und Jugend in Barmen. Dieser Brief wurde 1969 im Nachlass der Familie entdeckt und bereits ein Jahr später als herausragendes sozialgeschichtliches Dokument von Klaus Goebel und Günther Voigt im Auftrag des Bergischen Geschichtsvereins als Band 18 der Reihe „Beiträge zur Geschichte und Heimatkunde des Wuppertals“ unter dem Titel „Die kleine, mühselige Welt des jungen Hermann Enters“

ediert, angereichert mit einer Einleitung und einer Reihe erläuternder Anmerkungen. Das schmale Bändchen erregte schon bald über Wuppertal hinaus Aufmerksamkeit, waren und sind autobiographische Berichte aus der Arbeiterschaft für das 19. Jahrhundert doch eine Seltenheit. Für die seit den 1970er und 1980er Jahren aufblühende Sozialgeschichte ist der Bericht Enters nach wie vor eine willkommene Quelle, die glaubhaft und anschaulich zugleich ein lebendiges Bild des Alltags und der Lebensumstände der einfachen Bevölkerung in einer aufstrebenden Industriestadt in der Mitte des 19. Jahrhunderts bietet.[1] Entsprechend erfuhr das schmale Bändchen – der eigentliche Brief umfasst knapp 50 Druckseiten – bis 2002 bereits fünf Auflagen.

Enters Brief von 1922 ist nicht frei von Verbitterung und Anklagen gegenüber Eltern, aber auch gegenüber Lehrern, Dienstherren und Pfarrern, denen er in seiner Jugend begegnet war und die er – seine Gründe sind meist gut nachvollziehbar – für sein dürftiges und schweres Leben mit verantwortlich machte. Enters selbst scheint sich des problematischen Tonfalls seines Briefes bewusst gewesen zu sein, vermutlich hatte er darüber hinaus im Alter auch Freude am Schreiben gefunden, so dass er fünf Jahre später, im Alter von 80 Jahren einen zweiten, nochmals ausführlicheren und in manchem Urteil abgeklärteren zweiten autobiographischen Bericht verfasste. Dieser zweite Bericht blieb im Nachlass der Familie Enters in Milwaukee erhalten und wurde über Hermann Enters Enkel Leo Doyle Ende der 1990er Jahre im Wuppertal bekannt. Klaus Goebel, der sich bereits dreißig Jahre zuvor der Edition des ersten Enters-Briefes gewidmet hatte, nahm sich dankenswerterweise jetzt auch dieses zweiten Berichts an. Bereits 2001 berichtete er in einem Vortrag vor der Abteilung Wuppertal über den bemerkenswerten Quellenfund[2] und legt mit dem hier vorzustellen Buch eine vollständige Edition des Textes vor.

Der 1922 geschriebene Brief konzentriert sich vor allem auf die Jahre bis 1869, als Enters die elterliche Wohnung verließ und als Kostgänger einen eigenständigen Haushalt gründete. Seine Heirat im Jahr 1870, seine Zeit als Soldat im Deutsch-Französischen Krieg von 1870/71, seine Beschäftigung bei Krupp zwischen 1874 und 1877, die Jahre als selbständiger Schlosser in Barmen, die Auswanderung in die USA und die Jahrzehnte in Milwaukee werden hier nur mit wenigen Sätzen und Gedankenstrichen behandelt. In den 1927 niedergeschriebenen Erinnerungen im vorliegenden Band spricht Enders jetzt ausführlich auch über die zweite Hälfte seines Lebens. Der zweite autobiographische Bericht vermittelt damit nicht nur erneut mit bemerkenswerten Änderungen gegenüber dem älteren Text ein anschauliches Bild von den prekären Lebensverhältnissen in der Wuppertaler Arbeiterschaft in den 1850er und 1860er Jahren, von autoritären und oftmals gewaltvollen Beziehungen in der Familie, am Arbeitsplatz und in der Schule. Enters spricht jetzt auch von den Freuden des Soldatenlebens – das erste Glas Wein und: „ja, die Mädchens haben Soldaten gern“ (S. 80) –, sondern auch von den Schrecken des Krieges gegen Frankreich 1870/71.

1 Enters Bericht wird entsprechend auch noch in den jüngsten Gesamtdarstellungen zur Geschichte der Arbeiterschaft in Deutschland im 19. Jahrhunderts gerne herangezogen, so etwa unlängst noch bei Jürgen Kocka, Arbeiterleben und Arbeiterkultur. Die Entstehung einer sozialen Klasse (Geschichte der Arbeiter und der Arbeiterbewegung in Deutschland seit dem Ende des 18. Jahrhunderts 3), Bonn 2015.

2 Gedruckt: Klaus Goebel, „Die geborne Wupperthaler dünkten sich bergehoch über alle, die nicht im Wupperthal geboren waren.“ Neue Lebenserinnerungen des Deutsch-Amerikaners Hermann Enters, in: Geschichte im Wuppertal 11 (2002), S. 157–169.

Ein altgedienter Kamerad hatte sich bemüht, dem kriegsunerfahrenen Wuppertaler auf dem Marsch nach Frankreich seine Angst zu nehmen und ihm versichert: „Es ist nicht so schlimm. Alle Kugeln treffen nicht." Lakonisch fährt Enters fort: „Doch in der ersten Schlacht bei Mars la Tour traf ihn eine Kugel in Kopf und er war tot." (S. 95) Aus dem Krieg zurückgekehrt zeigt Enters sich in den folgenden Jahren angewidert von der fortgesetzten „Franzosenhetze" in den deutschen Zeitungen und beobachtet besorgt die Agitation der „französische(n) Presse zum Krieg" aus dem einfachen, offen zugestandenen Grund: „Ich war bange, ich müsste wieder in den Krieg." (S. 150) Das Fehlen aller hurra-patriotischen Floskeln und der Verzicht auf ein Verherrlichen alles Militärischen offenbart den menschenfreundlichen Charakter dieses bemerkenswerten Autors.

Auch über Hoffnungen und Sorgen, die sich mit seinem Entschluss zur Auswanderung in die USA verbanden, reflektiert der alte Enters rückblickend mit bemerkenswerter Offenheit. Die Ankunft der jungen Familie in den USA schildert Enters ebenso anschaulich wie das Wachstum der Familie und die Sorge der Eltern um Ausbildung und Fortkommen der heranwachsenden Schar von zehn Kindern. Enters hat die Auswanderung wohl nicht bereut: Die Schilderungen über die Jahre in Milwaukee mit einer sich Schritt für Schritt stabilisierenden auskömmlichen materiellen Lebensgrundlage stehen in deutlichem Kontrast zu den Erzählungen über die erbärmlichen Verhältnisse im Wuppertal Mitte des 19. Jahrhunderts.

Klaus Goebel ergänzt die Autobiographie des Hermann Enters um zahlreiche Anmerkungen, in denen nicht nur unbekannte Worte oder Missverständnisse aufgeklärt, sondern ergänzende Informationen zu historischen Orten, Personen und Ereignissen angeboten sowie weiterführende Quellen und Literatur genannt werden. Die Edition folgt nicht buchstabengetreu dem handschriftlichen Urtext, was der Lesbarkeit des Textes zugutegekommen ist. In einem umfangreichen nachgestellten Beitrag legt Goebel die Kriterien offen, anhand derer er den Text umsichtig für den Druck aufbereitete. Hierbei ging es nicht in erster Linie darum, sprachliche Ungenauigkeiten und Fehler zu korrigieren, die sich bei dem seit mehr als vierzig Jahren in den USA lebenden Schreiber eingeschlichen haben. Vor allem bemühte sich Goebel um eine behutsame Anpassung des „Barmer Platts", das Enters zeitlebens sprach, an die moderne Hochsprache, ohne jedoch den Duktus der Mundart dem Text auszutreiben. Im Ergebnis ist ein auch für nicht in Barmen Aufgewachsene gut lesbarer Text entstanden, der zu keinem Zeitpunkt die Herkunft des Schreibers und seine zuweilen etwas ungelenke Ausdrucksweise kaschiert, sondern den Menschen Hermann Enters in seiner pragmatischen Weltklugheit vor den Augen der Leserinnen und Leser lebendig werden lässt. Die so umsichtige wie behutsame Bearbeitung des Manuskripts durch Klaus Goebel hat damit ohne Zweifel einen großen Anteil daran, dass die Lektüre des Buches kurzweilig bleibt und ein echtes Vergnügen ist. Zu begrüßen ist, dass die Edition in einem großen Wissenschaftsverlag erschienen ist, was dem Band 48 der „Beiträge zur Geschichte und Heimatkunde des Wuppertals" überregionale Verbreitung sichern wird.

Naheliegend ist es, nach den Unterschieden zwischen den beiden autobiographischen Texten Enters zu fragen. Goebels nachgestellte Analyse bietet auch hierzu bereits wichtige Hinweise. Überdies ordnet Goebel Enters Text umsichtig und weiterführend in die Sozialgeschichte des Wuppertals ein. Die mitgegebene Quellenanalyse des Herausgebers ermöglicht so ein gründliches Verständnis des Textes. Selbstverständlich kann und will Goebels Beitrag aber den Wert der Quelle nicht völlig ausschöpfen, ihm geht es um Einordnung und Erschließung. Die Bedeutung der Quelle für die weitere Forschung dürfte über das bisher dominierende sozialgeschichtliche Interesse hinausgehen. Enters Bericht bietet nicht nur anschauliche Belege für den Alltag unterbürgerlicher Schichten im 19. Jahrhundert, er dürfte sich auch als wichtige Quelle zur Bearbeitung kulturgeschichtlicher Fragestellungen nach Wahrnehmung und Deutung des Erlebten, aber auch nach Erinnerung und Interpretation erweisen.

Stefan Gorißen, Troisdorf

Jochem Putsch/Ralf Rogge, Kieserling. Die Geschichte der Maschinenfabrik Th. Kieserling & Albrecht in Solingen, Remscheid: Bergischer Verlag 2020, 603 Seiten, 39,95 €, ISBN 978-3-96847-000-9

Die Maschinenbaufabrik Th. Kieserling & Albrecht in Solingen, deren Gebäude den alten Solinger Hauptbahnhof wie durch einen Riegel von der Innenstadt abgetrennt hatten, existiert seit fast 25 Jahren nicht mehr. Von Ihrer Existenz kündet heute noch vor allem das ehemalige Verwaltungsgebäude an der Straße Birkenweiher, das im Jahr 1925 vis à vis des ehemaligen Hauptbahnhofs erbaut worden war, auf seiner Fassade noch immer prominent den Namen des einst stolzen Solinger Industriebetriebs trägt und jetzt den Solinger Standort der VHS Bergisch Land beheimatet. Aber auch die hinter dem Verwaltungsgebäude liegenden Produktionshallen der ehemaligen Maschinenfabrik stehen größtenteils noch, einzelne haben inzwischen Umnutzungen erfahren. So befindet sich heute die Niederlassung einer großen westfälischen Möbelhauskette an der Stelle, an der einst die Halle 10 der Maschinenfabrik Kieserling & Albrecht mit Werksinstandhaltung, Versuchsabteilung, Lehrwerkstatt und Modelllager bestanden hatte. In den kommenden Jahren wird das innenstadtnahe ehemalige Betriebsgelände zwischen Kölner Straße, Birkerstraße und Birkenweiher eine weitreichende Umgestaltung erhalten. Auch der seit 2006 nicht mehr bestehende alte Solinger Hauptbahnhof muss in ein Gesamtkonzept einbezogen werden.

Nicht nur um eine unübersichtliche räumliche Situation inmitten der Solinger Innenstadt besser zu verstehen und angemessene Perspektiven für eine städtebauliche Weiterentwicklung des Areals entwickeln zu können, bietet der umfangreiche und mit 270 Abbildungen sehr reich ausgestatte Band zur Firmengeschichte der Maschinenfabrik Th. Kieserling & Albrecht, verfasst durch Jochem Putsch, den pensionierten Leiter des Solinger Industriemuseums, und Ralf Rogge, den Leiter des Solinger Stadtarchivs, umfassend Gelegenheit. Das Buch leistet darüber hinaus einen wichtigen Beitrag zur bergischen Wirtschafts- und Industriegeschichte, vermag es doch anschaulich die Bedeutung der Maschinenbauindustrie, ihre Entstehung, Leistungsfähigkeit, aber auch die hier gegebenen Arbeitsverhältnisse in den mittleren Jahrzehnten des 20. Jahrhunderts im Spiegel der Erfahrungen der Werktätigen zu vergegenwärtigen. Die Darstellung geht hierzu insofern einen ungewöhnlichen Weg, als sie eine konventionelle Erzählung über Entstehung und Wachstum der Firma durch umfangreiche Erinnerungen zahlreicher Werktätiger ergänzt.

Das 2020 publizierte Buch wurde jedoch nicht jüngst erarbeitet, das Manuskript entstand vielmehr bereits in den Jahren zwischen 1985 und 1993 und sollte ursprünglich anlässlich des 150. Geburtstags des 1843 geborenen Firmengründers Theodor Kieserling publiziert werden. Der 1994 erfolgte Verkauf der Firma Kieserling & Albrecht und die dann 1998 vollzogene Stilllegung des Werks verhinderten jedoch ein Erscheinen des Buchs.

Wenn sich die beiden Autoren jetzt, ca. dreißig Jahre nach Abschluss der Arbeiten am Buch doch noch zu einer Publikation entschieden haben, dann aus dem erklärten Ziel, die Erinnerung an dieses Kapitel der industriellen Vergangenheit der Stadt zu bewahren, dem sie „im Hinblick auf die Identität und Funktionsfähigkeit einer Stadtgesellschaft" großen Wert zumessen, sei doch „eine kulturell und politisch zukunftsfähige Stadt ... darauf angewiesen, dass die Bewohner nicht die Erinnerung an sich selbst verlieren." (S. 7)

Neben darstellenden Teilen bietet das Buch auch zahlreiche Quellendokumente verschiedener Art, die gelegentlich um weiterführende Erläuterungen ergänzt werden. Erwähnt seien die eindrucksvollen Erinnerungen der Josa Hensel-Kieserling, einer Tochter des Firmeninhabers in der zweiten Generation. Viele der herangezogenen und im Buch wiederholt im Wortlaut zitierten Quellen entstammen der betrieblichen Überlieferung, so die des Öfteren zitierten Protokolle von Betriebsratsversammlungen. Hinzu treten Quellen aus öffentlichen Beständen im Stadtarchiv Solingen, etwa Berichte der Handelskammer.

Putsch und Rogge ordnen ihr Material in fünf Hauptabschnitte: Nach einleitenden Bemerkungen zur Entstehungsgeschichte der Publikation und zur Methode folgt einen kurzen Abriss zur Entwicklung des Maschinenbaus in Deutschland. Das erste Hauptkapitel bietet im Anschluss eine Darstellung der Geschichte der Firma Kieserling & Albrecht als Unternehmergeschichte zwischen 1873 und 1961. Vor allem die Lebenszeit des Firmengründers Theodor Kieserling wird hier genau und anschaulich auf der Basis der erhaltenen betrieblichen Überlieferung rekonstruiert. 1843 als Sohn eines Elberfelder Handwerkers geboren, trat Theodor Kieserling 1865 zunächst als Techniker in den Dienst der Solinger Zwillingswerke, bevor er sich 1873 entschloss, sich als Maschinenbauer selbstständig zu machen – ein bemerkenswerter Schritt für einen jungen Mann, der über kaum nennenswertes Eigenkapital verfügte, mit Otto Albrecht aber einen Kollegen für eine Beteiligung gewinnen konnte. Die zunächst kleine Werkstatt bewährte sich rasch und betätigte sich vor allem als Planungsbüro für Solinger Schmiedewerkstätten, die in diesen Jahren vielfach ihre Betriebe durch die Ausrüstung mit Fallhämmern und Gesenkschmieden für den Umstieg auf fabrikindustrielle Arbeitsweisen ausrüsteten. In den 1880er und 1890er Jahren wuchs die Werkstätte von Kieserling & Albrecht, die jetzt um eine Schlägerei und eine Eisengießerei erweitert wurde, zu einer Fabrik heran. Zum Zeitpunkt des frühen Todes des Firmengründers im Jahr 1901 beschäftigte sie etwa 100 Arbeiter. Die zweite Unternehmergeneration prägte der 1884 geborene Sohn Robert, der nicht nur die Trennung von der Familie Albrecht vollzog, sondern die Orientierung des Geschäfts auf Märkte außerhalb des Solinger Industriebezirks vorantrieb. Zum Katalysator der weiteren Entwicklung sollte der Erste Weltkrieg werden, als die Firma in die lukrative Produktion von Rüstungsgütern einstieg. Die Belegschaft wuchs unter diesen Umständen zeitweise auf das Sieben- bis Achtfache. Nach dem Krieg erweiterte die Fa. Kieserling ihr Sortiment um vielfältige Maschinen zur Metallverarbeitung für die Großindustrie, für die sie bald weltweit Abnehmer fand. So konnte eine gute Auslastung bis zur Weltwirtschaftskrise 1929 mit einem Beschäftigtenstand von zuletzt 450 Arbeitern gesichert werden. Erst jetzt wurden offenbar Entlassungen in größerem Stil erforderlich. Von der Rüstungskonjunktur vor und während des Zweiten Weltkriegs konnte die Firma erneut erheblich profitieren, ehe der Bombenangriff auf Solingen im November 1944 nicht nur die Produktionsanlagen weitgehend zerstörte, sondern auch den beiden Unternehmern Robert und Franz Kieserling das Leben kostete. In den 1950er Jahren erlebte das Werk unter seinem Direktor Carl Hölzer, einer bedeutenden Unternehmerpersönlichkeit der jungen Bundesrepublik, einen erneuten Aufschwung.

Der zweite Hauptabschnitt behandelt die Entwicklung der Firma Kieserling & Albrecht aus Perspektive der Arbeiter. Im Mittelpunkt stehen hier die Zusammensetzung der Belegschaft, Fabrikordnungen und die Arbeitskämpfe in den Jahren 1905 und 1906. Dieses Kapitel bietet keine durchgehende chronologisch geordnete Gesamtdarstellung, es behandelt vielmehr in Schlaglichtern ausgewählte Aspekte und Phasen der Firmengeschichte, zu denen besondere Quellendokumente vorliegen. Für die Zeit des Nationalsozialismus verlassen sich die beiden Autoren ganz auf die Erinnerungen einzelner Belegschaftsmitglieder.

Die folgenden Abschnitte bieten zunächst einen Überblick über das sich wandelnde Sortiment an produzierten Maschinen anhand erhaltener Patentschriften, Anzeigen in Adressbüchern und Zeitschriften sowie der seit den 1920er Jahren von der Firma herausgegebenen Produktkataloge. Hierauf folgt ein Überblick über die bauliche Entwicklung der Firmengebäude im Straßendreieck zwischen Kölner Straße, Flurstraße und Birkenweiher. Die hier mitgegebenen Karten und „Gebäudelexika" führen die dynamische Entwicklung des Unternehmens zwischen den 1870er und 1980er Jahren eindrücklich vor Augen.

Der letzte Teil mit ca. 150 Seiten dokumentiert schließlich Ausschnitte aus Gesprächen, die auf Initiative von Clemens Nassenstein, des letzten Geschäftsführers der Fa. Kieserling & Albrecht, in den Jahren 1985 bis 1988 mit ehemaligen Mitarbeiter und Mitarbeiterinnen zu unterschiedlichen Aspekten des Arbeitsalltags geführt wurden. Thematisiert werden hier Arbeitsprozesse ebenso wie die Praxis der Ausbildung, Fragen der technischen Entwicklung und der Fertigung, aber auch der kaufmännischen Arbeit, Reisen der Monteure oder Fragen der Arbeitssicherheit und Betriebsunfälle. Auch Sozialbeziehungen und gesellige Aktivitäten, wie Betriebsfeste, Ausflüge oder kulturelle Aktivitäten, werden hier in den Erinnerungen ehemaliger Beschäftigter wieder lebendig.

Vor allem in diesem letzten Abschnitt macht der Band umfassend von der Methode der „Oral History" Gebrauch, ein im Bereich der Unternehmensgeschichtsschreibung ungewöhnliches Verfahren. Dieser Teil des Buches erhält hierdurch unbestreitbar ein hohes Maß an Anschaulichkeit und Lebendigkeit. Das Buch ist in diesen Teilen vor allem Lese- und Erinnerungsbuch, das nicht nur die mit der Fa. Kieserling & Albrecht biographisch Verbundenen mit Vergnügen lesen dürften. In Kombination mit den beigegebenen Bildern, die meist die Beschäftigten bei der Arbeit zeigen, werden die Arbeiter in ihren alltäglichen Verrichtungen wieder lebendig. Den methodischen Überlegungen zur „Oral History" folgend, wurden die Interviews mit den ehemaligen Beschäftigten offen, ohne streng vorgegebenes Frageraster geführt, so dass der Erinnerungscharakter der Äußerungen deutlich bleibt. Die zwischen 1985 und 1988 durchgeführten Gespräche beziehen sich meist auf den Zeitraum zwischen 1940 und 1960 – nur in Einzelfällen reichen sie vor 1940 zurück. Putsch und Rogge lassen die Schilderungen der Arbeiter für sich stehen, sie verzichten auf Einordnungen im Detail und auf weiterführende Interpretation – ohne jeden Zweifel eine richtige Entscheidung. Die Gesprächstranskriptionen werden in unterschiedlich langen Ausschnitten, geordnet nach thematischen Zusammenhängen, präsentiert. Gelegentlich wäre hier doch eine knappe inhaltliche Einführung zu einzelnen Themenbereichen, die eine zeitliche Einordnung des Erinnerten ermöglicht hätte, wünschenswert gewesen. Leider finden sich im Buch auch keine Angaben zur Zahl der interviewten Gesprächspartner, und es wäre überdies wünschenswert gewesen, wenn die verschiedenen Erinnerungsschnipsel, die von der gleichen Person stammen, also solche auch erkennbar wären (was nicht bedeuten müsste, die Anonymisierung aufzugeben).

Dass das Buch dreißig Jahre nach seinem Entstehen jetzt doch noch publiziert wurde, ist ohne Zweifel sehr begrüßenswert, nicht zuletzt weil allenfalls einzelne Interviewpartner noch leben dürften. Den Aufzeichnungen der mit ihnen geführten Gespräche – nicht der „unveränderten, ursprünglichen Version [des Buches] aus dem Jahr 1993" – kommt der Charakter eines „besonderen Zeugniswert[s]" (S. 10) zu, der die späte Publikation rechtfertigt. Gerade deshalb hätte jetzt aber eine sorgfältige Überarbeitung des ursprünglichen Textes, auch die Streichung einzelner Abschnitte, über die der Stand der Forschung inzwischen hinweggegangen ist (vor allem das Kapitel über die „Grundlinien der Entwicklung des Maschinenbaus" wirkt merkwürdig aus der Zeit gefallen), dem Buch gutgetan. Das Buch weist überdies leider zahlreiche Fehler auf, nicht nur Schreibfehler, sondern auch redaktionelle Fehler, etwa auch das wiederholte Fehlen von Anmerkungsziffern im Text, was die Benutzung des Anmerkungsapparats unnötig erschwert. Gravierender ist das Fehlen ganzer Textabschnitte vor S. 119, was ausgerechnet die Jahre zwischen 1929 und 1944 betrifft.

Auffällig bleibt schließlich, dass die Darstellung deutliche Ungleichgewichte aufweist: Über einzelne Abschnitte der Firmengeschichte informiert der Text sehr detailliert, während andere Abschnitte nur summarisch behandelt bzw. hierzu nur die selektiven und subjektiv gefärbten Erinnerungen der Befragten angeboten werden (betrifft wieder vor allem die Zeit des Nationalsozialismus). Über die letzten Jahrzehnte der Firma zwischen 1961 und 1994 bzw. 1998 gibt es wenige verstreute Hinweise. (Wer übernahm die Firma nach dem Tod von Carl Hölzer?) Dass nicht zu allen Phasen der Unternehmensgeschichte Quellen in der gleichen Dichte und Zuverlässigkeit zur Verfügung stehen, Unwuchten in der Darstellung daher nicht immer vermeidbar sind, sei konzediert. Dennoch hätten Leser und Leserinnen durch entsprechende Hinweise der beiden Autoren auf dieses Problem hingewiesen werden können. Trotz der aufgeführten Mängel bleibt die vorliegende Geschichte der Maschinenfabrik Kieserling in Solingen eine wichtige Publikation, der viele Leser zu wünschen sind.

Stefan Gorißen, Troisdorf

Joachim Schulz-Hönerlage, Verfolgt – Ausgebeutet – Ermordet. Das Neandertal als Schauplatz nationalsozialistischer Verbrechen (Schriftenreihe des Kreisarchivs Mettmann; Heft 1), Mettmann: Kreis Mettmann 2020, 123 S., ISBN: 978-3-9822219-0-8; auch online abrufbar: <https://www.kreis-mettmann.de/media/custom/2023_7902_1.PDF?162626 8094>

Das Neandertal, weltbekannter Fundort des Skeletts eines frühen Menschen und heute Standort eines innovativen Museums, das sich dieser Thematik widmet, ist darüber hinaus wegen der idyllischen Landschaft ein Ort für Spaziergänge und Wanderungen im Tal der Düssel. Seit dem Sommer 2020 fällt dort den Besuchern noch etwas sofort ins Auge: Ein lebensgroße Glasfigur, als Silhouette gestaltet, die von der Künstlerin Franziska Peter geschaffen wurde und den Namen „Heller Schatten" trägt. Sie soll an die zahlreichen Opfer des Nationalsozialismus im Neandertal erinnern: politische Gefangene, Widerstandskämpfer und Zwangsarbeiter, die für die Kalkindustrie arbeiten mussten.

Die vorliegende Publikation erinnert zum einen an diese Menschen, denn sie fungiert auch als ein Gedenkbuch, in welchem alle Opfer namentlich und versehen mit dem Todesdatum aufgeführt sind. Zum anderen hat Joachim Schulz-Hönerlage, Leiter des Kreisarchivs Mettmann, umfangeiche Quellenbestände des Bundesarchivs, des ITS Arolsen, des Landesarchivs Nordrhein-Westfalen, Abtl. Rheinland, des Salzgitter Konzernarchivs Mülheim/Ruhr sowie verschiedener Stadtarchive im Umkreis ausgewertet. Erstmalig erhält man nun detailliert Aufschluss über die Dimensionen der Unrechttaten, die in der Koburg, einst die Villa der Industriellenfamilie Kocherscheid und seit Mitte 1933 Sitz der SA-Standarte 258, begangen wurden. Zwischen März und April 1933 wurden mindestens 580 Menschen, die zumeist der SPD und der KPD angehörten, festgenommen und dort gefoltert und misshandelt. Ein Auslöser dafür war der Reichstagsbrand. Es erfolgten allerorten auch zahlreiche „wilde Verhaftungen", die die SA den Behörden nicht meldete. Die Koburg war wegen ihrer abgeschiedenen Lage ein geeigneter Ort für die Unrechtstaten. Viele der Häftlinge wurden anschließend in die 1933 neu entstandenen Emslandlager (Neusustrum, Börgermoor, Esterwegen) überstellt, andere wurden als sog. „Schutzhäftlinge" in das frühe Konzentrationlager Kemna in Wuppertal-Beyenburg gebracht, wo sie schweren Misshandlungen ausgesetzt waren. Kemna bestand nur ein halbes Jahr, ein typisches Ergebnis eigenmächtiger lokaler und regionaler SA-Initiativen mit Duldung der Behörden. Die Vorgänge um die Koburg wurden 1949 vor dem Landgericht Wuppertal verhandelt. Schulz-Hönerlage hat auf der Grundlage dieses Quellenmaterials auch hier eine Liste aller Opfer erarbeitet - und auch alle Täter, die in diesem Prozess ermittelt wurden, hat er namentlich aufgeführt – für die Erforschung der lokalen und regionalen NS-Netzwerke unerlässlich. Darüber hinaus sind durch den Verfasser zu einer Vielzahl der Opfer umfangreiche biographische Angaben ermittelt worden, die exemplarisch zeigen, wie leicht eine jede und ein jeder ein Opfer der NS-Schergen werden konnte.

Ein weiteres Kapitel der Schrift widmet sich dem „Heim der Auslandsdeutschen", das von 1937 bis 1942 in der Hellersbacher Mühle in Mettmann seinen Sitz hatte. In diesem Haus wurden „Reichsdeutsche" untergebracht, die sich zuvor im Ausland aufgehalten hatten. Für etwa 3470 Rückkehrer war dieses Heim in Mettmann die erste Anlaufstelle in Deutschland. Viele von ihnen standen der SPD oder KPD nahe. Sie hatten im Spanischen Bürgerkrieg gegen die Franco-Diktatur gekämpft oder hatten sich in der Zeit der Weltwirtschaftskrise eine Zukunft in der Sowjetunion erhofft, wohin sie ausgewandert waren. Seit Kriegsbeginn kamen auch viele Menschen aus Belgien, den Niederlanden und Frankreich zurück, wo sie gearbeitet hatten. Waren die Rückkehrer systemkonform, so sollten sie als wertvolle Arbeitskräfte dem Reich zu Verfügung stehen. Andere, denen man misstraute, unterstanden der besonderen Beobachtung der Gestapo, manche wurden in KZs oder in Zuchthäuser eingewiesen.

In weiteren Teilkapiteln widmet sich der Autor den Zwangsarbeitern, die im Neandertal im Kalkabbau schuften mussten und verweist auch auf die aus ihnen hervorgehende Gruppe der Displaced Persons. Die letzte Exekution im Neandertal fand dann am 8. April 1945 statt: Ein 18-jähriger Deserteur der Wehrmacht hatte sich bei seiner Mutter versteckt und war von Nachbarn verraten worden. Der Pfarrer, der ihn bei der Hinrichtung begleitete, hatte noch vergeblich versucht, diese abzuwenden, da die amerikanischen Truppen bereits vor den Toren Mettmann standen. Am 16. April rückten sie in Mettmann ein.

Schulz-Hönerlage hat zudem die NS-Verwaltungsgeschichte des Kreises erstmalig differenziert aufgearbeitet und diese an den Anfang seiner Ausführungen gestellt. Auch die „Schreibtischtäter" geraten somit unmissverständlich in den Blick.

Die Publikation enthält zahlreiche Abbildungen von aussagekräftigen Archivalien, Zeitungsausschnitten und Plakaten. Dieser sorgfältig erarbeiteten Publikation seien viele

Leser gewünscht, und auch der „Helle Schatten" fällt hoffentlich den Besuchern des Neandertals auf und regt sie zu weiteren Fragen und Recherchen über eine Zeit an, die nicht in die dortige Idylle zu passen scheint.

Erika Münster-Schröer, Essen

Frederik GRUNDMEIER/Michael KAMPE/Robert WAGNER (Hg.), Indoktrination. Unterwerfung. Verfolgung – Aspekte des Nationalsozialismus im Oberbergischen, Rheinisch-Bergischen und Rhein-Sieg-Kreis, Lindlar: Freilichtmuseum Lindlar 2021, 360 Seiten, 29,80 €, ISBN 978-3-932557-18-7

Das Oberbergische, gewissermaßen die südliche Hälfte des ehemaligen Herzogtums Berg, hat gleich zwei historiografische Schicksale: Zum einen gilt es – im Vergleich zum bergischen Städtedreieck und zur ehemaligen bergischen Haupt- und Residenzstadt Düsseldorf – als etwas dörflich-ländlich und nur wenig betriebsam. Zum anderen wurde Oberberg – was die Betrachtung der NS-Diktatur angeht – häufig auf das „Ley-Land", also die Herkunftsregion des „Reichsorganisationsleiters der NSDAP" Robert Ley, reduziert. Beides greift zu kurz! Die Region ist weder geschichts- oder ereignisarm gewesen noch uninteressant oder blass. Und sie hat mehr zu bieten als der enge Fokus auf einen insgesamt völlig überschätzten Nationalsozialisten der zweiten Reihe.

Das neue Buch „Indoktrination. Unterwerfung. Verfolgung – Aspekte des Nationalsozialismus im Oberbergischen, Rheinisch-Bergischen und Rhein-Sieg-Kreis" räumt mit solchen Klischees oder Verengungen sehr gründlich auf: Auf aktuellem Forschungsstand und zum Teil mit ungewöhnlichen Perspektiven spüren die drei Herausgeber Frederik Grundmeier, Robert Wagner und Michael Kamp, Leiter des LVR-Freilichtmuseums in Lindlar, aber eben auch alle anderen Autorinnen und Autoren der Frage nach, wie sich die NS-Diktatur, aber auch deren Vorbedingungen und Nachwehen im Gebiet zwischen Wupper, Rhein und Sieg entwickelt und ausgestaltet haben. Unterstützt wurde die Veröffentlichung vom LVR, dem Lindlarer Museumsförderverein und dem Geschichtsverein Rösrath. Insgesamt 26 Mitwirkende widmen sich ausführlich der Zeit des Nationalsozialismus und den Kontinuitäten danach in den drei südlichen Kreisen des Bergischen Landes. Warum der Bergische Geschichtsverein oder dessen räumlich betroffene Abteilungen hier nicht mit zu den zentralen Herausgeber-Institutionen gehört, begreift der Außenstehende nicht. Immerhin der Vorstandsvorsitzende des BGV, Thomas G. Halbach, ist als Autor eines (sehr aufschlussreichen und interessanten) Aufsatzes mit dabei.

Was wirklich überzeugt, ist die Nähe zu den Themen: Keine blutleeren Allgemeindarstellungen werden hier konstruiert, sondern wirklich exzellente Fallanalysen und Mikrostudien zu einzelnen Persönlichkeiten, zu konkreten Ereignissen oder kleineren Orten sind die Stärke des Sammelbandes.

Gegliedert ist der angenehm zurückhaltend gestaltete Band in verschiedene Themenblöcke. Zunächst wird der Aufstieg der nationalsozialistischen Bewegung im überwiegende evangelisch geprägten Oberbergischen geschildert. Der langjährige Kreisarchivar Gerhard Pomykaj beschreibt zunächst einmal die Konfessions- und Sozialmilieus der Zwanzigerjahre im damaligen „Gau Rheinland-Süd". Wie überall außerhalb Bayerns war die NSDAP nichts anderes als eine rechtsextreme Splitterpartei, wie es sie vielfach gab und deren innerer Kitt der Hass auf die republikanischen Eliten in Berlin, die regelrecht panische Abstiegsangst des Mittelstands und der Rassenantisemitismus waren. Pomykaj zufolge war es die enorme Werbetätigkeit, die die Partei hier entfaltete und schließlich erfolgreich machte: Sie hatte sich am Beginn der Dreißigerjahre zu einer festen Größe mit erheblichen Einfluss und aktiven Vorfeldorganisationen entwickelt. Bei den Reichstagswahlen im September (etwas über 18 Prozent Reichsdurchschnitt) gab es bereits Kleinstädte, in denen die Hitlerbewegung schon über 60 Prozent Stimmenanteile erhielt. Der schon erwähnte Robert Ley war bei diesem Aufstieg nicht unbeteiligt: Er war es, der mit ungebremster Energie und einer dauerhaften Propagandawelle dem „Führer“ in München zahlreiche Erfolge aus dem Oberbergischen vermelden konnte. Manfred Huppertz und Jan-Eberhard Gerull erklären in ihren Beiträgen, wie die Kreise und Kreisverwaltungen sowie die Stadtverwaltungen (am Beispiel Siegburgs) vom NS-System durchdrungen waren.

In zweiten Block („Unterwerfung“) geht es um die Perspektive von Frauen innerhalb und außerhalb der NS-Frauenschaften (Silke Engel vom Schloss Homburg) sowie um die Wahrnehmung Robert Leys in seiner alten Heimat (Alexander Friedman von der HU Berlin). Um die ideologische Ausrichtung der örtlichen Jugend, um weltanschauliche Veränderung im Schulwesen und die Perversion des Unterrichts geht es in den vier Beiträgen des Blocks „Indoktrination“, wobei die „Nationalpolitische Erziehungsanstalt“ (NaPola) in Bensberg und das „Landjahrlager Abbendroth“ bei Nümbrecht als regionale Besonderheiten hervorstechen. Die beiden folgenden Themenblöcke („Ideologie und Propaganda“ sowie „Kultur und Natur“) behandeln beispielhaft die Blut-und-Boden-Ästhetik, die das Regime bis in die entlegensten Ecken ausbreitete. Exemplarisch sind die im bereits erwähnten Aufsatz von Thomas G. Halbach behandelten Bauernhofneubauten im „Heimatstil“ und das ideologisch aufgeladene Abfeiern des Muttertags (Petra Dittmar vom Freilichtmuseum Lindlar) zu nennen. Am Schluss stehen neun Beiträge in den Blöcken, die sich mit der brutalen Ausgrenzungspolitik, mit Verfolgung, Widerstand und Zwangsarbeit befassen. Hier geht es chronologisch ein bisschen durcheinander zu: Der (sehr lesenswerte!) Beitrag von Kreisarchivarin Claudia Maria Arndt über die Geschichte der deutsch-jüdischen Familie Seligmann aus Rosbach nach 1945 hätte in einen Nachkriegsblock gehört, der ebenso aufschlussreiche Aufsatz über politische Gewalt in Hückeswagen 1932 (Iris Kausemann) eigentlich an den Anfang des Buches. Zum Gesamtbild des Bereichs „Verfolgung“ hätte ein Beitrag über Patientenmorde, Zwangssterilisationen oder andere Medizinverbrechen gehört.

Die beiden Texte von Ullrich F. Opfermann (über Sinti und Jenische) und von Frederick Grundmeier (über jüdische Viehhändler im Raum Nümbrecht) zeigen eindrucksvoll, wie die durch das Regime forcierten Ausgrenzungsmechanismen den Alltag von alteingesessenen Minderheitenangehörigen stören und erschweren und schließlich vernichten konnten. Jenische Hausierer, Korbflechter oder teilmobile Musikanten wurden erfasst und stigmatisiert, Viehhändler, die ihren Beruf in langer familiärer Traditionenfolge ausübten, diskreditiert und rücksichtslos aus dem Geschäft gedrängt. Der gegenwartsbezogene Beitrag Nadine Lingdörfers, Projektleiterin der Koordinierungsstelle des Netzwerks gegen Rechts im Oberbergischen Kreis, der den Sammelband abschließt, mag im Kontext eines reinen geschichtswissenschaftlichen Buches unkonventionell wirken. Er schließt jedoch – so das Empfinden des Rezensenten – einen Kreis: Belegen die einzelnen historischen Beiträge, wie perfide eine Region von der NS-Ideologie durchdrungen werden konnte und wie brutal einstige Nachbarn und Arbeitskollegen gegeneinander vorgingen, zeigt dieser Blick in die Gegenwart, dass die Faszination für (neu)rechte Weltdeutungen, für rassistisches

Denken und gewaltbereite Demokratiefeindlichkeit nicht überwunden ist. So richtig ist Geschichte eben nie abgeschlossen.

Der Sammelband hat zur Aufarbeitung und Gesamtdarstellung der nationalsozialistischen Vergangenheit im Oberbergischen viel Gutes beizutragen. Ihm sind, auch über die regionalen Grenzen hinaus, viele interessierte Leserinnen und Leser zu wünschen.

Bastian Fleermann, Düsseldorf

Armin SCHULTE, „Man soll mich nicht vergessen!" Stolpersteine in Solingen. Schicksale 1933–1945, Remscheid: Bergischer Verlag 2020, 323 Seiten, zahlreiche Abb., 24,95 €, ISBN 978-3-945763-87-2

Zwei Jahre nachdem im Jahr 2004 die ersten Stolpersteine gelegt wurden, warf die Leiterin der Begegnungsstätte Alte Synagoge Wuppertal, Ulrike Schrader, die Frage nach der „Leichtigkeit des Erinnerns" auf. Der vorliegende Band beweist viel Einsatz für die Aufarbeitung der Biografien zu 120 verlegten Stolpersteinen in Solingen (Stand Ende 2019) und 30 weiteren, mit ihnen in Verbindung stehenden Schicksalen. Armin Schulte forschte in lokalen Archivalien und insbesondere in den Gestapo-, Gerichts- und Entnazifizierungsakten des Landesarchivs NRW, woraus auch laufend ergänzte Webseiten des Stadtarchivs erwuchsen. Die vorliegende Publikation, die ein breites Spektrum an politischen, rassistischen, religiösen, gesundheitlichen und sozialen Verfolgungsgründen aufweist, legt besonderen Wert auf die Wiedergabe von Selbstzeugnissen. Sämtliche alphabetisch geordneten biografischen Artikel wurden, soweit möglich, mit Porträt- und anderen Fotos sowie mit Dokumenten ausgestattet und mit der Angabe der verwendeten Quellen und Literatur abgeschlossen. Am stärksten sind mit mehr als der Hälfte der Biografien Juden betroffen, gefolgt von einem knappen Viertel Kommunisten von KPD und KPO. Abhängig von der Quellenlage umfassen die Biografien zwischen neun Seiten (Dr. Eduard Schott) und einer Viertelseite (Hans Ohliger). Auf wenige Artikel soll kurz eingegangen werden.

Die Biografie über den Kommunisten Albert Müller ist vom Leiter des Solinger Stadtarchivs Ralf Rogge verfasst worden. Müller, der persönlich als integer galt, wurde von der britischen Besatzungsmacht im Februar 1946 als erster Nachkriegs-Oberbürgermeister eingesetzt. Von 1933 bis 1944 wurde er viermal verhaftet, die erste Haft dauerte 14 Monate. Von den Misshandlungen im KZ war er so entstellt, dass seine Tochter ihn nicht wiedererkannte. Die Polizei durchsuchte seine ärmliche Wohnung und ließ sie verwüstet zurück. Als Oberbürgermeister amtierte er zehn Monate, bis er nach der ersten freien Kommunalwahl von einem Christdemokraten abgelöst wurde. Müller wurde Fraktionsvorsitzender der KPD im Stadtrat bis zu seinem Tod 1951 mit nur 59 Jahren. Da dieser Artikel bezüglich der NS-Zeit von den Berichten der Enkelin geprägt ist, findet seine Beteiligung am kommunistischen Widerstand keine Erwähnung.

Ein anderer Typus war Dr. Fritz Wieter, der sich als evangelischer Pfarrer mit äußerster Konsequenz dem Nationalsozialismus widersetzte, unter anderem indem er nach der Abstimmung über die Zukunft des Saargebietes Halbmast flaggte. Nach ergebnislosen Strafverfahren wurde der Bekenntnispfarrer 1935 nach Odenspiel versetzt, wo er aufgrund seiner strikten Unterstellung unter den rheinischen Bruderrat der Bekennenden Kirche von den Nationalsozialisten heftig angegriffen wurden. Wieter wurde in „Schutzhaft" genommen, nach deren Ende ihn die Gemeindemitglieder begeistert empfingen, was zur

Ausweisung aus dem Regierungsbezirk Köln führte. Nicht weniger regimekritisch engagierte er sich 1938/39 in der Provinz Brandenburg, dann in Solingen-Wald und -Dorp. Als unbequemer Pfarrer wurde er zur Wehrmacht einberufen und starb bei dem Überflug nach Nordafrika vermutlich im Mittelmeer. Während der Fall Wieter ausführlich dargestellt wird, bleibt es im Fall des Stahlwarenfabrikanten Hans Ohliger bei wenigen Sätzen. Der Ernste Bibelforscher (Zeuge Jehovas) traf sich mit mehreren Gleichgesinnten, um Bibel- und Erbauungsstunden zu halten. Von der Gestapo verhaftet, erhielten die Teilnehmer eine dreimonatige Haftstrafe, anschließend eine kurze „Schutzhaft". Dass die Zeugen Jehovas ein spezifisches Bibelverständnis vertraten, das den Strafcharakter Gottes betonte, wird nicht verdeutlicht.

Nur kurz sei auf den Artikel über Carl Goerdeler, „Kopf und Herz" des nationalkonservativen Widerstandes, eingegangen. Dass er bereits in Solingen (1911–1920) umfassend mit Sozialdemokraten und Gewerkschaften zusammenarbeitete, fehlt. Basis des Artikels sind zwei Aufsätze des Rezensenten statt des viel wichtigeren Buches über Carl Goerdeler in der Solinger Kommunalpolitik, aus dem auch deutlich würde, dass Goerdeler sich in seinen Denkschriften seit 1938, auch nach dem Attentat gegen Hitler 1944 in der Todeszelle, wiederholt auf seine Solinger und bergischen Erfahrungen bezog.

An die biografischen Artikel schließen sich das Abkürzungsverzeichnis und ein Verzeichnis der 36 verfolgungsbedingten Sterbeorte an, eine ausdrückliche Hilfe für Gedenkstättenbesuche von Schülergruppen.

Das engagiert verfasste Buch leistet eine wertvolle Hilfe zum vertiefenden Umgang mit den Solinger Stolpersteinen. Abschließend sei der vorangestellte Text „Statt eines Vorwortes" von Oberbürgermeister Tim Kurzbach empfohlen, eine vehemente Ansprache anlässlich des Gedenkens an die Reichspogromnacht am 9. November 2019.

Horst Sassin, Solingen

Armin Schulte / Daniela Tobias: Historischer Stadtrundgang. Jüdische Kaufleute in Ohligs, Remscheid: Bergischer Verlag 2022, 187 Seiten, zahlreiche Abb., 22 €, ISBN 978-3-96847-028-3

Bücher und Aufsätze über die Geschichte der Solinger Juden gehören seit Jahrzehnten zum Standard der publizierten Lokalforschung, doch die Juden des Stadtteils Ohligs wurden bisher stiefmütterlich behandelt. Das hat mit dem vorliegenden Buch ein Ende. Zehn Kapitel beziehen sich auf die Geschäftshäuser je einer jüdischen Kaufmannsfamilie an der zentralen Düsseldorfer Straße vom Marktplatz in Richtung Bahnhof Ohligs (heute Hauptbahnhof), ein Exkurs widmet sich dem jüdischen Stahlwarenindustriellen Nathan Kastor an anderem Standort.

In einer ausführlichen Einleitung wird zunächst die Entwicklung von der Kreisstadt Merscheid zur modernen Mittelstadt Ohligs beschrieben, eine Folge der Errichtung des Ohligser Bahnhofes in den 1860er Jahren. Aus dem ländlichen Gebiet um den Bahnhof mit spärlicher Bebauung erwuchs binnen zwei Jahrzehnten das neue Zentrum der Kreisstadt. Dieser Magnet zog auch jüdische Unternehmer an, jedoch in viel geringerem Ausmaß als in der Kreisstadt bzw. kreisfreien Stadt Solingen. Die Ohligser Ortsgruppe der NSDAP warb vorrangig um den Ohligser Mittelstand, schlug aber auch in die antisemitische Kerbe, was an einer Auseinandersetzung des Redakteurs des Ohligser Anzeigers Paul Sethe, später namhafter Redakteur der Frankfurter Zeitung und der Frankfurter Allgemeinen Zeitung, dokumentiert wird. In der Synagogengemeinde stellten die Ohligser Juden eine Minderheit dar, die im Vorstand und in der Repräsentatenversammlung vertreten war. Beispiele sind die Kaufleute Julius Steinberger und Paul Steeg.

Die einzelnen Familien werden mit Text und reicher Bebilderung vorgestellt. Dabei nutzten die Autoren die Online-Ressourcen verschiedener Datenbanken, was unter anderem den Vorteil hatte, dass ein verstreut lebender Familienverband relativ leicht ermittelt werden konnte. Einige Familien werden über mehrere Generationen breit gefächert vorgestellt. Dem Leser, der hier den Überblick behalten will, sei die Skizze eines Familienstammbaums bzw. -netzwerks angeraten. Erschütternd ist auf diese Weise zu erfahren, wie erbarmungslos viele Zweige einer Familie vom Holocaust erfasst wurden.

Ein Sonderfall war Julius Steinberger, der drei Jahrzehnte lang eines der größeren Kaufhäuser betrieb, das er 1927 aufgab. Er war Vorsitzender des Ohligser Gewerbevereins, Ausschussmitglied der Industrie- und Handelskammer und Mitglied der linksliberalen DDP. Unter diesem Aspekt erstaunt, dass er eine Annonce für eine Haushaltshilfe nicht in der Zeitung des liberalen Centralvereins der deutschen Staatsbürger jüdischen Glaubens platzierte, sondern im orthodoxen „Israelit“. Eine Ausnahme unter den Ohligser jüdischen Kaufleuten war Steinberger auch dadurch, dass er nach der Aufgabe des Kaufhauses ein Stahlwarenunternehmen eröffnete, das Rasierklingen, Scheren und Taschenmesser produzierte. Schon 1932 später starb er. Ausführlich zitiert wird der nach 1945 angefertigte Bericht von Steinbergers Schwiegersohn Martin Goldschmidt über den Novemberpogrom 1938 in der Wohnung der Familie, die Taten der SA-Leute, die Vorschubleistung durch eine Nachbarin und die Häme einer Passantin, ein bestürzendes Dokument der Enthemmung.

Wenige kleine Ungenauigkeiten erschließen sich beim aufmerksamen Lesen sofort. Im Einleitungskapitel sind zwei Fehler zu beanstanden. Die unwidersprochen wiedergegebene, von dem Solinger Lokalhistoriker Heinz Rosenthal vor Jahrzehnten aufgestellte Behauptung, die Solinger Synagogengemeinde habe nie einen Rabbiner gehabt, ist falsch (siehe ZBGV 98, 2000, S. 177). Zudem ist eine Solinger Synagoge, vermutlich im Sinne eines als Bethaus genutzten Wohnhauses, nicht erst 1788, sondern schon 1784 nachgewiesen. Doch das sind Kleinigkeiten im Vergleich mit der Leistung des Autorenteams, das die wirtschaftlichen und persönlich-familiären Verhältnisse der Ohligser jüdischen Kaufleute akribisch zusammentrug.

Horst Sassin, Solingen

Béatrice Busjan/Yvonne Gross, Anna Siemens und Hertha Siemens, Schwerin: Thomas Helms Verlag 2020, 246 Seiten, 167 Abb., 3 Stammbäume, 58 €, ISBN 978-3-944033-60-0

Der schwarze Stoffeinband mit roten und goldenen Blüten vermittelt den Eindruck eines Familienalbums, und um Familiengeschichte geht es tatsächlich in diesem schön gestalteten Buch. Die Werner-Siemens-Stiftung in Zug in der Schweiz, die „pionierhafte Forschungen an Universitäten und Hochschulen“ fördert, gedenkt mit dieser Doppelbiographie zweier Töchter des Erfinders und Industriellen Werner von Siemens (1816–1892), die die nach diesem benannte Stiftung mit begründet und finanziell ausgestattet haben. Die ältere der beiden Schwestern, Anna Siemens (1858–1939), hat seit ihrer Heirat mit Richard Zanders 1887 bis zu ihrem Tode 1939 zumeist in Bergisch Gladbach gelebt. Lokalhistorisch bekannte Aspekte ihrer Biographie ergänzt der Band durch familiengeschichtliche Perspektiven und wertet dazu auch Quellen aus dem Berliner Unternehmensarchiv und aus dem Besitz der Familie von Siemens aus.

Anna und ihre zwölf Jahre jüngere Halbschwester Hertha (1870–1939) wuchsen in einem Charlottenburger Industriellenhaushalt auf, der aufgrund geschäftlicher und familiärer Beziehungen vielfache Verbindungen pflegte. Bereits 1865 starb Annas Mutter an Tuberkulose. Der Erzieherin, die die Kinder während der langen Geschäftsreisen des Vaters bis 1869 betreute, verweigerte Anna häufig den Gehorsam und ließ bei den darauf folgenden körperlichen Züchtigungen keine Regung erkennen. 1869 heiratete der Vater erneut, und diese zweite Frau wurde 1870 die Mutter von Annas Halbschwester Hertha.

In Berlin nahm Anna Siemens als Elfjährige an einem Kinderball des königlichen Hofes teil und lernte dort Prinz Wilhelm, den späteren Kaiser Wilhelm II., kennen. Als Fünfzehnjährige besuchte sie 1874 ein Mädchenpensionat in Cannstatt bei Stuttgart. Zwischen 1878 und 1884 verlebte sie jeweils mehrmonatige Aufenthalte bei ihren Onkeln in London und St. Petersburg, besuchte 1878 die Weltausstellung in Paris und begegnete im Sommer 1883 in Bad Pyrmont Richard Zanders aus Bergisch Gladbach, mit dem sie sich Ende 1886 verlobte. Ihr Vater kennzeichnete die Familie des Bräutigams mit den Worten, sie gehöre „zum Cölner Klüngel" (S. 56).

Das Leben und die Aktivitäten von Anna Zanders in Bergisch Gladbach schildert das Buch auf fünfzig Seiten. Es erwähnt die finanzielle Beteiligung des 1888 geadelten Vaters Werner von Siemens an der Papierfabrik Zanders, beschreibt den Kauf des Igeler Hofes 1888, den Besuch der Weltausstellung in Chicago 1893, den Bau von Haus Lerbach 1898–1901 und die Entwicklung der Siedlung Gronauerwald seit 1897. Der plötzliche Tod des Ehemanns am 28. März 1906 machte Anna Zanders zur Witwe. Sie gründete die „Richard-Zanders-Stiftung", die in Bergisch Gladbach eine öffentliche Bibliothek unterhielt, widmete sich der Gestaltung des Parks um Haus Lerbach, wandelte 1913 das Siedlungsprojekt Gronauerwald in gemeinnützige Strukturen um und war 1925/26 an den Planungen für das Evangelische Krankenhaus in Bergisch Gladbach beteiligt.

Manche Aspekte, die sich aus städtischen Archivakten ergänzen ließen, wie etwa die Rolle der Stadt Bergisch Gladbach nach der Schließung der Richard-Zanders-Bücherei 1929 und deren Verkauf 1930 nach Saarbrücken, fehlen in der Darstellung. Andererseits werden über Bergisch Gladbach hinausreichende Verbindungen wie das Engagement von Anna Zanders für das Siemenshaus in Goslar geschildert. Zahlreiche Briefzitate und Abbildungen aus Familienbesitz machen das Leben der beiden Schwestern anschaulich und nachvollziehbar. Dazu zählt auch die ganzseitige farbige Abbildung eines Gemäldes, auf dem der Berliner Maler Carl Gussow 1891 Anna Zanders portraitierte (S. 69). Nach 1901 hing es, wie ein Foto auf S. 74 zeigt, in Haus Lerbach in Bergisch Gladbach. Heute befindet es sich in Privatbesitz in Bayern.

Insgesamt ist das ein wirklich schönes Buch, das man gerne zur Hand nimmt. Auch das Leben der jüngeren Schwester Hertha liest sich spannend und voller interessanter Aspekte, die vom Besuch der väterlichen Kupferbergwerke im Kaukasus 1890 über die Erfahrungen als weibliche Chemiestudentin 1895 in München und 1898 in Berlin bis zum Leben als Professorengattin in Kiel ab 1904 reichen. Der durch drei Stammbäume ergänzte Band veranschaulicht am Beispiel zweier Töchter der Familie von Siemens die Lebensführung, das Selbstverständnis und die gesellschaftliche Verflechtung des deutschen und bergischen Großbürgertums im 19. und frühen 20. Jahrhundert.

Albert Eßer, Köln

Dietmar FALHS/Bastian FLEERMANN, Lintorf – „Metropole des Angerlandes". Die Jahre 1953 bis 1975 im Blick des Fotografen Reiner Klöckner, Düsseldorf: Droste Verlag 2021, 264 Seiten, 24 €, ISBN 978-3-770-06045-0

Der Fotograf Reiner Klöckner war von 1953 bis 1992 als freiberuflicher Bildberichter der Rheinischen Post für die Lokalredaktionen Ratingen und Velbert (bis 1976) zuständig. Er hatte bei seinem Vater in dessen Geschäft in Velbert eine einschlägige Lehre absolviert und galt später als herausragender Fotograf. Seine Bilder waren oftmals gestaltende Elemente der einzelnen Zeitungsausgaben. Die sog. „Schmuckbilder", die Landschaften, Naturschönheiten, Sehenswürdigkeiten u.ä. zeigten, wurden auch in den überregionalen Teilen der Rheinischen Post gedruckt. Sein gesamter Nachlass, etwa 300.000 nicht inventarisierte Kleinbild-Negative, wurde 2001 durch das Stadtarchiv Ratingen angekauft. 200.000 Negative sind inzwischen digitalisiert. Mit Hilfe der im Stadtarchiv vorhandenen Zeitungsbände werden die Digitalisate seit 2011 von einer ehrenamtlich arbeitenden Fotogruppe inhaltlich erschlossen. Die Ergebnisse werden dann von Mitarbeitern des Stadtarchivs in einer Datenbank erfasst und verschlagwortet. Nur dank des bürgerschaftlichen ehrenamtlichen Engagements und der Tätigkeit von mehreren jungen Menschen, die ein freiwilliges soziales Jahr Kultur bei der Stadt Ratingen absolvierten, konnte dieses Projekt überhaupt vorangetrieben werden.

Auch das nun vorliegende Buch, das allein schon aufgrund seiner ansprechenden Gestaltung zum Blättern und Lesen einlädt, ist weitgehend durch ehrenamtliche Arbeit entstanden. Die Drucklegung wurde durch eine maßgebliche Förderung der Anton-Betz-Stiftung der Rheinischen Post Düsseldorf ermöglicht. Dietmar Falhs, der für die Fotoauswahl des Bandes steht, ist Mitglied der Fotogruppe des Stadtarchivs und des rührigen Vereins Lintorfer Heimatfreunde. Bastian Fleermann, „Ur-Lintorfer" und heute Leiter der Mahn- und Gedenkstätte Düsseldorf, hat in differenzierten Einführungstexten zu den jeweiligen Kapiteln eine kleine „Nachkriegsgeschichte" der Bundesrepublik Deutschland im ländlichen, großstadtnahen Raum verfasst. Denn Reiner Klöckners Bilder sind eindrucksvolle und aussagekräftige Zeitdokumente mit einem Blick für das Exemplarische. Nostalgie geht ihnen völlig ab. Die Fotos sind alle in „schwarz-weiß, aber sie fangen auch die Grauschattierungen und das Zwielicht dieser Jahre ein, die in Lintorf herrschten: Menschen, die vieles erleben mussten und die vom Krieg gezeichnet waren" (Fleermann, S. 6).

Die zwei großen Kapitel des Bandes umfassen zum einen das Wachstum Lintorfs, das am Ende des Zweiten Weltkriegs noch ein teilweise idyllisches Dorf mit heimeligen Fachwerkhäusern war und kaum Kriegszerstörungen aufzuweisen hatte. Zum andern geht es um die Zeit der 1950er Jahre bis zur kommunalen Neugliederung 1975, als Lintorf zu einem Stadtteil Ratingens wurde. Seit den 1960er Jahren hatte eine massive Wohnungsbautätigkeit eingesetzt, und das Aussehen des Ortes änderte sich dramatisch: Die alten Häuser wurden reihenweise abgerissen, und an deren Stelle traten zahlreiche Neubausiedlungen. Schon bald wurde der Ort auch eine „Schlafstadt" vor allem für das benachbarte Düsseldorf. Das Autobahnkreuz Breitscheid und die Nähe zum Rhein-Ruhr-Flughafen in Lohausen prägen das Leben dort heute mit.

Die beiden Großkapitel sind, mit wiederum sachkundiger Kontextualisierung durch Bastian Fleermann, in Aspekte wie Siedlungsbau, Kirche, Politik und Verwaltung, soziale Milieus, Flüchtlinge, Vertriebene und innovative Firmengründungen unterteilt. Alle Fotos sind sorgfältig datiert und jeweils einzeln erläutert. Mögen für Lintorfer und Ratinger Bürger oftmals auch Wiedererkennungseffekte, die ihre eigene Lebensgeschichte betreffen, den Reiz des Bandes ausmachen, so geht er doch weit darüber hinaus. Falhs und Fleermann gelingt es, zu zeigen, wie wertvoll und ergiebig der Quellencharakter von qualitativ herausragendem Fotomaterial sein kann. Man betrachte nur die beiden atemberaubenden Fotos eines Bauarbeiters, die Klöckner 1966 auf der Baustelle der Ruhrtalbrücke bei Lintorf und Mintard in luftiger Höhe machte (S. 238/239). Ein Kohlenhändler um 1970 (S. 93), Pfadfinder bei einem internationalen Treffen 1964 (S. 98/99), Menschen im Lager Essener Straße 1966 (S. 126/127), Demonstrationen gegen die NPD 1968 (S. 147/148) oder die Eröffnung des Constructa-Waschmaschinenwerks 1958 (S. 161), um nur einige zu nennen, zeugen von dokumentarischer Präzision und der gelungenen Bildästhetik Reiner Klöckners, die den gesamten Band auszeichnet.

Erika Münster-Schröer, Essen

Ralf Rogge/Bettina Vollmer (Hg.), San Fratello und Trappeto. Zwei Dörfer auf Sizilien und ihr Beitrag zur Solinger Migrationsgeschichte, Solingen: Stadtarchiv 2020, 198 Seiten, zahlreiche Abb., 12 €, ISBN 3-928956-22-1

Ein Meilenstein ist anzuzeigen. Ein engagiertes Team hat eine lokalhistorische Migrationsgeschichte seit Ende der 1950er Jahre entwickelt, die, wie es schon im Buchtitel anklingt, nicht nur die Integrationsgeschichte in Solingen, sondern auch die wirtschaftliche und soziale Situation in den sizilianischen Heimatorten als Faktoren für den Impuls zur Abwanderung untersucht. Das Buch gliedert sich in je ein Kapitel über die sizilianischen Städtchen San Fratello (Bettina Vollmer, laut Inhaltsverzeichnis mit Maria Carrocio Ricchiuti) und Trappeto (Manfred Krause), die Erfahrungen eines Regionalbeamten für Emigration, die Solinger Frauen aus San Fratello, Einzelschicksale von Trappetesern in Solingen und als Rückkehrer, die ersten Auswanderer aus Trappeto nach Solingen und das „Statt einer Einleitung“ überschriebene Nachwort des Leiters des Stadtarchivs Solingen, Ralf Rogge. Näher eingegangen wird hier nur auf die historischen Beiträge.

Wieso war die Zuwanderung aus Süditalien ein Schwerpunkt des Solinger Migrationsprojekts? Solingen hat nach Wolfsburg den höchsten Anteil registrierter Italiener in Deutschland. Der Anteil an Italienern unter den ausländischen Mitbürgern ist in Solingen viermal so hoch wie in Nordrhein-Westfalen. Dass zudem die zugewanderten Italiener in erheblichem Ausmaß aus zwei sizilianischen Städtchen kamen, sich schwerpunktmäßig in zwei Solinger Stadtteilen, Wald und Ohligs, ansiedelten und einen gewissen Zusammenhalt wahrten, prädestinierte sie zu einem überschaubaren Forschungsgegenstand. Durch die Recherchen vor Ort stellte sich heraus, dass die Solinger und Trappeteser Statistiken hinsichtlich der Anzahl der in Solingen lebenden Trappateser weit auseinanderklaffen.

San Fratello ist ein Bergstädtchen von 3600 Einwohnern in der Provinz Messina. Seine Lage schützte die Stadt sowohl vor Piraten als auch vor der bis um 1950 in den Küstengebieten grassierenden Malaria. San Fratellos Geschichte in der Antike ist griechisch-römisch, worauf auch der bis ins 12. Jahrhundert beibehaltene Name Apollonia deutet, und punisch. Der heutige gallo-italienische Dialekt der Einwohner ist vom Lombardo-französischen beeinflusst, das mit den normannischen Siedlern im 12. Jahrhundert in die Gegend kam. Bemerkenswert ist die Wirkungsgeschichte des seit 1807 als Heiliger verehrten Benedikt aus dem 16. Jahrhundert, ein Sohn äthiopischer Sklaven, dessen vor allem in Lateinamerika Nachkommen afrikanischer Sklaven gedenken. Aus purer Not, bedingt durch Arbeitsmangel und Kinderreichtum, wanderten die vielfach nur saisonal als Tagelöhner beschäftigen Männer nach Norditalien und ab Ende der 1950er Jahre auch nach Deutschland. Da der Bedarf an Arbeitskräften in Deutschland, gerade auch in der dezentralen Solinger Kleineisenindustrie, groß war, holten viele Männer ihre Familien nach, was Frauen die Chance zur wirtschaftlichen und gesellschaftlichen Emanzipation eröffnete. „Kultureller Reichtum macht Menschen nicht satt“ (S. 18), lautet eine Zwischenüberschrift, die das Dilemma zwischen beachtlichem historischen Erbe und wenig berührter Natur einerseits und den bis heute prekären Beschäftigungsverhältnissen vieler Sanfrateller aufzeigt. Eine Besonderheit sind die halbwilden Sanfrateller Pferde, die im Mittelalter aus der Kreuzung von normannischen und arabischen Pferden, Beute aus Kreuzzügen, entstanden sind. Investitionen von „Gastarbeitern“ in sanfratellischen Besitz wurden durch einen Erdrutsch 2010 teilweise zunichte gemacht. Seit Jahrzehnten gibt es Zuzüge von Sanfratellern in den nahen Küstenort Acquadolci, der eine bessere Infrastruktur aufweist.

Die Küstenstadt Trappeto in der Provinz Palermo hat etwa 3000 Einwohner. Während Angaben zur Zahl der in Solingen lebenden Sanfrateller fehlen, gibt der Sozialhistoriker Manfred Krause die Zahl der in Solingen lebenden Trappeteser mit 500 bis 1000 an. Der größte Teil der nach Deutschland ausgewanderten Trappeteser lebte hier.

Die Araber brachten ihre Erfahrung bei der Kultivierung trockener Regionen mit und machten den Zuckerrohranbau heimisch, was lukrativ war, solange Zucker ein Luxusprodukt war. Lohnend war auch das Fischen von Mittelmeer-Tunfisch, bis in den 1990er Jahren japanische Fischfangschiffe den Bestand nahezu ausrotteten, wodurch die sizilianische Fischverarbeitungsindustrie zusammenbrach. Im 20. Jahrhundert waren die sozialen Verhältnisse in Trappeto teilweise so elend, dass die Schilderungen an die Slumviertel in der „Dritten Welt“ erinnern. Die traditionellen sozialen Gegensätze zwischen den landwirtschaftlichen Großgrundbesitzern einerseits, den Pächtern andererseits und drittens der im Elend lebenden Landbevölkerung charakterisierte die vorherrschende soziale Schichtung, die nach dem Ende der faschistischen Diktatur den Wunsch nach Sozialreformen wiederaufleben ließ. Es mutet wie das barbarische Verhalten der Diktatur einer Bananenrepublik an, dass bei Trappeto am 1. Mai 1947 eine Gewerkschaftsdemonstration zusammengeschossen und dutzende Gewerkschafter ermordet wurden. Jedoch gelang partiell eine umfangreiche Landreform, die gleichwohl nicht genügte, um den zahlreichen Kleinbauern eine Lebensgrundlage zu verschaffen, zumal nach dem Beitritt Italiens zur EWG die Hauptprodukte Siziliens ungeschützt waren. Die Kleinbauern retteten sich in den 1950er und 1960er Jahren in eine Massenauswanderung. Zu ergänzen ist die Korruption und Ineffizienz der Verwaltung, verstärkt durch den Einfluss der Mafia.

In zwei Unterkapiteln beschreibt Manfred Krause die Wirkung Danilo Dolcis, der 1952 nach Trappeto kam, um die sozialen Verhältnisse gemeinsam mit den einfachen, armen, leidenden Menschen im gleichberechtigten Dialog gewaltfrei zu verbessern. Das Ausmaß des Elends wird an drastischen Beispielen deutlich. Dolci nutzte – wie Gandhi – das Mittel des Hungerstreiks, um unwillige Behörden von der Notwendigkeit zu handeln zu überzeugen. Planvoll errichtete er Hütten für Besprechungen mit der lokalen Bevölkerung, für Alphabetisierung und zur Vorbereitung gewaltfreier Aktionen. Die Gewaltfreiheit beantworteten die führenden Politiker und Behörden mit Polizeigewalt und Prozessen gegen Dolci und seine Mitstreiter. Dolcis bedeutendstes Ziel wurde es, Arbeit bis hin zur

Vollbeschäftigung zu schaffen. Die jahrzehntelage Verzögerung bei der politischen Umsetzung dieses Ziels beantwortete er mit der Anprangerung des Einflusses der Mafia auf verantwortliche Politiker. Diese ermordete noch in den blutigen 1970er und 1980er Jahren Mitstreiter Dolcis in Sizilien. Allein schon wegen der Unterkapitel über Dolcis schwierigen Kampf für Sozialreform und die Würde des Menschen lohnt sich das Buch. Auf Dolcis urchristliche Motivation geht Krause nicht ein. Dass die Jugendarbeitslosigkeit in Sizilien nach der Weltfinanzkrise 2009–2013 von 31 % auf 45 % stieg, verdeutlicht die Dimension der anhaltenden sozialen Krise.

Ralf Rogges Nachwort unterfüttert die Bedeutung der italienischen Zuwanderung in Solingen mit zahlreichen Daten. Das Ende der Anwerbung von „Gastarbeitern" durch die Rezession 1973/74 bewirkte in Form des Familiennachzugs einen Strukturwandel der annähernd gleich bleibenden Anzahl an Ausländern in Solingen. Zudem stellt der Archivar die Entstehung und Entwicklung des Migrationsprojekts bis hin zu dem vorliegenden Buch dar und verweist auf Forschungsdesiderate.

Die anschaulichen Schilderungen in Verbindung mit der reichen Bebilderung und der kompetenten wissenschaftlichen Einordnung eröffnet lohnende Einblicke in die sozialen Verhältnisse italienischer Zuwanderer in ihren beiden Heimaten.

Horst Sassin, Solingen

Knut Bergmann (Hg.), Walter Scheel. Unerhörte Reden, Berlin: be.bra 2021, 336 Seiten, 69 Abb., 26 €, ISBN 978-3-89809-188-6

Wer im Abstand von Jahrzehnten Walter Scheels Reden liest, entdeckt einen anspruchsvollen Redner, der sein Publikum zur geistigen Mitarbeit anhält. Doch seine Präsenz ist durch seine vielen Nachfolger überdeckt, seine Relevanz unterschätzt worden. Die Themen der 1960er und 1970er Jahre, wie Studentenunruhen und Außerparlamentarische Opposition, Ostpolitik und Entspannungspolitik zwischen den Blöcken, Vereinigung der beiden deutschen Staaten, Terrorismus sind nicht die heutigen. Können seine Reden heute noch historisch interessieren? Die Frage ist uneingeschränkt zu bejahen. Scheel war an innerparteilichen, landes- und bundespolitischen wie auch an internationalen Neuausrichtungen beteiligt, und die damit verbundenen Kämpfe spiegeln sich in einem Teil der abgedruckten Reden. Vorweggenommen sei die Erkenntnis, dass einige grundlegende Aspekte seiner Reden an Aktualität nicht eingebüßt haben.

Das Buch gliedert sich in einen einleitenden biografischen Beitrag, in dem Knut Bergmann die Lebensstationen skizziert, wobei er die historischen Arbeiten über die Frühzeit seiner politischen Betätigung in Solingen erstmals aufgreift. Lohnend ist auch die knappe Vorstellung der sieben Redenschreiber, bezogen auf Scheels Ämter als Außenminister und Bundespräsident. Es folgen 16 ausgewählte Reden aus den Jahren 1966 bis 1979, drei gehalten als FDP-Vorsitzender, eine als Minister für wirtschaftliche Zusammenarbeit, drei als Außenminister, eine als Vizekanzler, sieben als Bundespräsident und eine als Alt-Bundespräsident. Eingeleitet wird jede Rede von einem Kommentar, der den historischen Kontext erläutert beziehungsweise Teile der Rede untersucht. Im Anhang ist unter Anderem ein Schlagwortregister zu finden.

Es würde zu weit gehen, auf jede der 16 Reden gesondert einzugehen. Nur die erste Rede von 1966 über die Entwicklungshilfepolitik hielt er als Minister einer CDU-geführten

Regierung. Zu den Leitlinien von Scheels Reden in der Opposition und während der Regierung Brandt gehört das Verständnis für die Ungeduld der Jugend und jungen Erwachsenen, die der Reformträgheit der zwei Jahrzehnte CDU-geführten Regierung satt waren und umfassende Änderungen im Straf- und Familienrecht, in der Gesellschafts- und Bildungspolitik und in der Deutschland- und Außenpolitik verlangten. In seiner Parteitagsrede vom Januar 1968, als er zum Bundesvorsitzenden der FDP gewählt wurde, beklagte Scheel den Legitimationsverlust der Bundesregierung mit ihrer überwältigenden Parlamentsmehrheit, ausgedrückt in der Außerparlamentarischen Opposition der „verlorene[n] Söhne" (S. 72). Er mahnte liberale Reformen und die Überwindung der nationalstaatlichen Strukturen in Europa an. Drei Monate später schoss ein Attentäter auf den sozialistischen Studentenführer Rudi Dutschke, gefolgt von den Osterunruhen, was Scheel veranlasste, die Grundideen seiner Parteitagsrede weiterzuentwickeln. Die Diskussion von Reformen erklärte er für bedeutsamer als die von der Regierung Kiesinger verlangte Aufrechterhaltung der Ordnung. Indem er die studentische Jugend für „kritisch, politisch, demokratisch, wie kaum eine andere vor ihr" (S. 96) einstufte, setzte er einen starken Akzent.

Hatte Scheel der CDU/CSU-Fraktion auf dem Freiburger Reformparteitag vom Oktober 1971 vorgeworfen, in der Opposition nicht angekommen zu sein, so steigerte sich das in seiner Rede anlässlich des konstruktiven Misstrauensvotums der CDU/CSU-Fraktion im April 1972 gegen den sozialdemokratischen Bundeskanzler Willy Brandt. Hintergrund war die Ablehnung insbesondere der Ostpolitik der sozialliberalen Koalition, die ehemals führende Abgeordnete vom rechten Flügel der FDP, aber auch einen sozialdemokratischen Vertriebenenpolitiker veranlasste, zur CDU/CSU-Fraktion überzutreten, sodass die ohnehin geringe Regierungsmehrheit schmolz. Wieso Walter Scheel nach den Fraktionsvorsitzenden sprach, wird in der Einleitung zur Rede nicht erklärt. Nach der Geschäftsordnung des Bundestags konnte der Bundeskanzler unmittelbares Rederecht beanspruchen. Bundeskanzler Brandt verließ absprachegemäß die Sitzung, was Walter Scheel als Vizekanzler die Chance zur Wortmeldung und zur Parlamentsrede eröffnete. In Teilen seiner Rede wandte Scheel sich gezielt an die eigene Fraktion, beschwor die moralische Verwerflichkeit eines Regierungswechsels ohne Wählervotum, stellte die Motive der Überläufer bloß und skandalisierte den massiven Kapitaleinsatz in Landtagswahlkämpfen gegen die FDP. Die nach dem Parlamentsprotokoll mit sämtlichen Zwischenrufen, Unmuts- und Beifallsbekundungen wiedergegebene Rede vermittelt einen tiefen Eindruck von der Zerrissenheit zwischen Regierungs- und Oppositionsparteien.

Die Redensammlung verdeutlicht, wie eng West- und Ostpolitik miteinander verknüpft waren. Nach jahrelangen Verhandlungen gelang unter Scheels Mitwirkung 1973 die Erweiterung der Europäischen Gemeinschaft um Teile der EFTA, nämlich Großbritannien, Irland und Dänemark, während er bei der Karlspreisverleihung 1977 warnte, dass die Gefahr der Desintegration drohe, wenn die Weiterentwicklung zur Europäischen Union nicht gelinge. Nicht nur hierfür verlangte er aktives Handeln statt Abwarten, sondern beispielsweise auch für die Solidarität mit armen Völkern, wo es zunächst um bloße Existenzsicherung ging.

Zum Kriegsende 1945 hielt nicht erst Richard von Weizsäcker 1985, sondern schon Walter Scheel 1975 eine bedenkenswerte Rede, in der er von der Befreiung Deutschlands von außen sprach. Kein Wunder, hatten sie doch denselben Redenschreiber. Dunkle Phasen der deutschen Geschichte sollten aufgedeckt werden. Im Gegensatz zu Weizsäcker bezog Scheel die deutschen Kommunisten noch nicht in die erinnernswerten politisch Verfolgten und Widerstandskämpfer ein. Beim Tag der deutschen Einheit erinnerte er 1978 daran, dass nicht die Westdeutschen, sondern die DDR-Bürger für ihre Freiheit gekämpft hätten. Er sprach sich gegen den zuweilen restaurativ gemeinten Begriff Wiedervereinigung aus und wünschte die Einheit in Freiheit und in Verbindung mit einem europäischen Friedensziel.

In zwei abgedruckten Reden setzte er sich mit dem Terrorismus im „deutschen Herbst" 1977 auseinander. Bei der 500-Jahrfeier der Universität Tübingen warnte er vor Schwarzweißdenken; die Entstehung des Terrorismus deute auf Versäumnisse und Fehlentwicklungen aller gesellschaftlichen Gruppen hin. Drei Wochen später hielt er seine wohl schwierigste Rede anlässlich der Trauerfeier für den ermordeten Präsidenten der Bundesvereinigung der Deutschen Arbeitgeberverbände und des Bundesverbandes der Deutschen Industrie, Hanns Martin Schleyer. Er teilte das Leid der Familie und bat sie um Vergebung für die „unausweichliche Schuld" (S. 264) der Regierung an dessen Tod. Zugleich sprach er den Mördern das Menschsein nicht ab, diagnostizierte aber die Verbohrtheit von „jungen verirrten Menschen" (S. 270). Schließlich warnte er vor der unterschiedslosen Diffamierung selbst derjenigen, die auf der Menschenwürde der terroristischen Täter bestanden.

Die Umweltschutzpolitik, die in den Freiburger Thesen der FDP von 1971 eine prominente Rolle spielten, griff Scheel in seiner Rede zur Einführung seines Amtsnachfolgers 1979 auf. Wie generell, so wünschte er auch ökologisch keine Politik, die den vermeintlichen Bedenken der Bürger hasenfüßig hinterherläuft. Zur Erläuterung griff er auf den Fall der Energiekrise 1973 zurück, als die arabischen Ölstaaten die Ölförderung drosselten, um letzten Endes Israel zu schaden. Auf das schlagartig deutlich werdende Problem der Rohstoffknappheit reagierte die sozialliberale Bundesregierung mit einem allgemeinen Fahrverbot an vier Sonntagen. Proteste der Bevölkerung blieben aus, vielmehr wurden die Autobahnen zu Ausflügen mit dem Fahrrad genutzt. Scheel arbeitete die exemplarische Bedeutung dieses Vorgangs heraus. Bürger seien zu Einschränkungen bereit, wenn ihnen die Gründe hinreichend plausibel gemacht würden, und sie änderten darüber hinaus ihr Verhalten. Scheel widersetzte sich der Froschperspektive auf die nächste Wahl. Er warnte in der Rede zu seinem Amtsantritt 1974, wirtschaftlicher Wohlstand, der in Raubbau umschlage, gefährde die Lebensgrundlagen kommender Generationen. Diese Diagnose wird durch den sich jährlich verschlechternden ökologischen Fußabdruck dramatisch bestätigt.

Auch ein anderes Thema betrifft uns heute, die Zuwanderung. Scheel griff in seiner Weihnachtsansprache 1976 die Vorurteile gegen Gastarbeiter und Fremde generell auf, um zur gemeinsamen europäischen Zukunft, zur Solidarität Europas, aber auch zur Solidarität mit den armen Völkern der „Dritten Welt" aufzurufen. Sein Schlüsselsatz lautet: „Zur deutschen Nation gehört, wer das Bewußtsein hat, dieser Nation anzugehören und den Willen, für eine gemeinsame Zukunft zu wirken" (S. 224).

Die Auswahl von Scheels Reden zeigt einen Politiker, der selbstständig strategisch dachte und sich für die einmal erkannten Lösungsmöglichkeiten vehement einsetzte, wobei er Risiken nicht scheute. Erforderlichenfalls setzte er sich in Gegensatz zu Mehrheitsmeinungen, auch zur öffentlichen Meinung, die damals von der Springer-Presse wesentlich geprägt wurde. In scheinbar ausweglosen Konstellationen suchte er nach kreativen Lösungen. Generell forderte er die Entwicklung politischer Ideen statt der Unterwerfung unter angebliche Sachzwänge. Er mobilisierte die Kraft der Vernunft, die auch in dramatischen Situationen auf differenzierte Urteile baut. Und er übernahm immer persönlich die Verantwortung. Diese Haltung übertrug sich auf seinen Stil. Scheel sprach zwar gelegentlich polemisch, überschritt aber niemals die Grenze zur persönlichen Verleumdung.

Horst Sassin, Solingen

Bisher wurden in der Zeitschrift des Bergischen Geschichtsvereins keine digitalen Ausstellungen besprochen. In der Regel sind Ausstellungen zeitlich begrenzt, und wenn die Präsentation beendet ist, lässt sich bestenfalls noch auf einen Katalog zurückgreifen, der einen bleibenden Wert hat. Bei digitalen Ausstellungen ist dies anders. Analog zu Büchern existieren solche Ausstellungen über einen längeren Zeitraum hinweg und können immer wieder überarbeitet und aktualisiert werden. Über eine „feste Adresse" im Internet, den URL (Uniform Resource Locator), können sie zudem immer wieder aufgefunden werden. Obwohl Online-Ausstellungen weltweit abrufbar sind, führen sie doch oft eher ein Schattendasein, da sie von Suchmaschinen selten an vorderster Stelle angezeigt werden. Nachfolgend sollen zwei Online-Ausstellungen, die historische Aspekte des Bergischen Landes aufgreifen, näher vorgestellt werden.

Hier ist meine Heimat. Jüdisches Leben im Kreis Mettmann, online-Ausstellung des Kreisarchivs Mettmann im Rahmen des deutschlandweiten Projektes #2021 – JLID – Jüdisches Leben in Deutschland
https://ausstellungen.deutsche-digitale-bibliothek.de/juedischesleben-kreismettmann/#s0

Diese digitale Ausstellung, erstmals veröffentlicht 2021, wurde von den Archiven des Kreises Mettmann unter Federführung des Kreisarchivs konzipiert. Die Archive stellten zahlreiche Fotos und Dokumente zur Verfügung. Für die Umsetzung der Ausstellung – inhaltlich und gestalterisch – konnte die Historikerin Andrea Niewerth gewonnen werden, die eine versierte und ausgewiesene Kennerin der Thematik ist. Die Ausstellung sollte eigentlich als eine Wanderausstellung präsentiert werden, aber corona-bedingt war dies nicht möglich. „Geboren aus der Not der Corona-Pandemie, aber vielleicht ein probates Mittel für die Zukunft" – so ist es in der Auftakt-Seite nachzulesen.

Der Ausgangspunkt für die einzelnen Themenbereiche ist „jüdische Leben heute", verliert aber das Jahr 321 als Bezugspunkt nicht aus den Augen. Organisatorische Aspekte wie das Verhältnis zwischen dem Zentralrat der Juden, den Landesverbänden und den Gemeinden, die Entwicklung der Mitgliederzahlen seit „der Wende" 1990, die für Juden aus den ehemaligen Staaten der Sowjetunion die Möglichkeit einräumte, als „Kontingentflüchtlinge" nach Deutschland zu kommen, jüdische Sitten und Gebräuche, Feiertage und Speisegebote („Was ist koscher"?) werden in kurzen Texten, die von gelungenen Abbildungen begleitet werden, prägnant und informativ vorgestellt.

Ein weiterer großer Bereich widmet sich historischen Aspekten vom 4. bis zum 18. Jahrhundert. Hier wird auch auf den Ausgangspunkt des Jubiläums Bezug genommen: 321 gestatte Konstantin der Große die Berufung von Juden in Ämter der Stadtverwaltung des spätantiken Köln. Dieses Edikt gilt heute als der älteste Hinweis für die Anwesenheit von Juden im Bereich des späteren Deutschland überhaupt.

Das Ringen um Emanzipation und rechtliche Gleichstellung im 19. Jahrhundert und die Stellung der Juden in der Gesellschaft vor allem auch in der Rheinprovinz sind weitere thematische Aspekte. So existierten um 1820 bereits drei Synagogen in der Region um

Mettmann: in Düsseldorf, Ratingen, Langenberg und darüber hinaus ein Bethaus in Kettwig vor der Brücke.

Weiter wird fundiert über die Verfolgung, Vertreibung und Ermordung der Juden im Nationalsozialismus informiert, umrahmt von der Fragestellung: „Was ist eigentlich Antisemitismus und warum wurde ausgegrenzt und verfolgt?" Unter der Überschrift „Post Mortem" werden der schwierige Neuanfang der jüdischen Gemeinden nach 1945 knapp skizziert und die Synagogen Düsseldorf und Wuppertal kurz vorgestellt.

Den einzelnen Städte des Kreises Mettmann – Haan und Erkrath, Heiligenhaus, Hilden, Langenfeld, Mettmann, Monheim am Rhein, Ratingen und Velbert – sind sehr gelungene Präsentationen der jüdischen Geschichte gewidmet.

Ein Aufruf „Ich #stehauf GEGEN JUDENHASS" ist am Ende der virtuellen Ausstellung platziert.

Technisch lässt sich durch Scrollen und Klicken leicht durch die Ausstellung navigieren. Die Autoren- und Quellentexte müssen, wenn sie länger sind, in den Lesefeldern gesondert angesteuert werden. Auf diese Weise lassen sich Informationen gut unterbringen, ohne dass die durch Fotos und Grafiken gut gestalteten Seiten visuell gestört werden. Die Ausstellung wird über das Portal der Deutschen digitalen Bibliothek präsentiert – auf welcher es bereits zahlreiche weitere digitalen Ausstellungen anzuschauen gibt. Sie ist nicht von kommunalen Servern abhängig, was vorteilhaft für die Kontinuität sein kann. Die Ausstellung kann auch als App auf ein mobiles Gerät heruntergeladen werden, sicherlich ein wichtiger Aspekt für Schülerinnen und Schüler.

Probleme gab es mit der Browseranzeige mit Edge und auch mit Firefox; es brechen manchmal Texte weg, oder Bildanzeigen sind nicht vollständig. Ein verlässlicher Betrieb gelang nur mit Chrome. Diese kleinen Einschränkungen mindern aber den Wert dieser virtuellen Ausstellung keineswegs. Im Gegenteil – gerade die kommunalen Archive, die vielfach als Orte der historischen Bildungsarbeit durch die Schulen genutzt werden, sollten ermuntert werden, sich zu vernetzen und diesen Weg weiter zu beschreiten. Durch Corona hat das digitale Lernen, Vermitteln und Kommunizieren einen großen Aufschwung genommen. Daran sollte in Zukunft angeknüpft werden.

Erika Münster-Schröer, Essen

Digitale Ausstellung: Landhäuser im Wandel. Eberhard Karls Universität Tübingen, Seminar für Neuere Geschichte an der Universität Tübingen
https://www.dithodesign.de/landhauser-im-wandel

Die digitale Ausstellung aus dem Jahr 2021 richtet sich an ein breiteres Publikum. Sie wurde im Rahmen des seit 2018 laufenden Forschungsprojekts der Universität Tübingen „Landhäuser im Wandel" erarbeitet. In Romerike Berge 71 (2021), Heft 3, S. 34–39, wurden das Projekt und auch die Konzeption der Ausstellung von Kira Keßler und Anne Sophie Overkamp bereits ausführlich vorgestellt, weshalb ich hier darauf verzichte und stattdessen einzelne Aspekte der Ausstellungspräsentation in den Vordergrund stelle.

Die Ausstellung kann wahlweise in Deutsch, Englisch oder leichter Sprache rezipiert werden. Auf der Startseite wird der Begriff „Landhaus" unter Einbezug des Verbreitungsgrads, der Bauweise, regional variierender Bezeichnungen und heutiger Nutzungen kurz erläutert. Als eines der Beispiele fungiert etwa das Schloss Ehreshoven in Engelskirchen, in welchem heute u.a. die Vereinigten Adelsarchive sowie ein Hotel untergebracht sind – eine typische Nutzung eines Landhauses in der Gegenwart.

Um das exemplarische Landhaus der Online-Ausstellung zu entdecken, kann man auf einem übersichtlich und farbig gestalteten Grundriss unterschiedliche Räume wie Halle, Küche, Schlafzimmer oder Scheue auswählen und sich so durch das Haus „klicken". Alternativ wird auch ein Zugang unter den Themenbereichen „Herrschen, Wirtschaften, Arbeiten" angeboten, der durch drei Buttons an der Seite erfolgt.

In jedem Raum des Hauses wird neben einer Innenansicht auch ein typisches Geräusch angeboten, das manchmal sehr gelungen ist, an manche Stellen aber auch arg unnütz erscheint. Die jeweiligen Unterseiten zu den Hauptseiten sind übersichtlich nach dem gleichen Schema aufgebaut. Sie umfassen die Zeiträume 1780–1830, 1880–1930 und 1945–1990 und entsprechen den Schwerpunkten innerhalb des Tübinger Forschungsprojekts, das den Strukturwandel um 1800, die Industrialisierung, die Urbanisierung, die Mechanisierung der Landwirtschaft um 1900 sowie die Nutzung von Landhäusern in den 1960er Jahren auch in der damaligen DDR in den Blick nimmt.

Die Beiträge zu den einzelnen Zeitabschnitten, bezogen auf die Räume des Hauses, sind knappe, informative Texte, Quellenauszüge, Bilder und Fotos sowie kurze Videosequenzen. Zwei Videobeiträge von Anne Sophie Overkamp fallen als besonders gelungen auf: Einmal die Erläuterung dessen, wer im 18. Jahrhundert über das dort logierende Ehepaar hinaus noch das Schlafzimmer nutzte, welche Funktion es somit im damaligen Sinn hatte, und auch der Verweis auf das, was aus den Quellen gar nicht hervor geht und somit unbekannt bleibt. Und zum anderen die Beschreibung der Küche oder die Art der Ernährung in Zusammenhang mit der sozialen Stellung (Herrschaft, Dienstboten). Rechnungsbücher von Schloss Dyck (heute Jüchen) oder der Grafen von Spee auf Schloss Heltorf (heute Düsseldorf-Angermund) konnten dazu wichtige Anhaltspunkte bieten.

Wer sich wissenschaftlich mit dem Thema befassen will, findet auf einer Unterseite einige Literaturhinweise sowie Links zu internationalen Webseiten, die der „Country-House-Forschung" gewidmet sind. Das Zusammenspiel von Geschichte, Kunstgeschichte, Archäologie und Denkmalpflege hat in dieser einen zentralen Stellenwert.

Technisch ist die Ausstellung übersichtlich gestaltet und durch Scrollen oder Klicken leicht zu bedienen. Probleme gibt es, je nach Browser, mit der Anzeige der Seiten: Bei der Nutzung vor allem von Edge, aber auch von Firefox, bricht oftmals der Text mitten im Satz ab, während es mit Chrome keine Probleme gibt. Die oben in Klammern angegebene URL, die für das dauerhafte Auffinden der Seite wichtig ist, leitet zunächst auf die Seite der Firma, die diese digitale Ausstellung erstellt hat. Dort findet sich dann ein Link zur eigentlichen Präsentation.

Insgesamt ist dieses Online-Angebot eine ansprechende, informative und abwechslungsreiche Präsentation, der es sehr gut gelingt, verschiedene Forschungsfelder und aktuelle Debatten einem breiteren geschichtsinteressierten Publikum zu vermitteln.

Erika Münster-Schröer, Essen

Der Bergische Geschichtsverein trauert um seine in den Jahren 2019–2021 verstorbenen Mitglieder

Eberhard Backmann, Hückeswagen
Heidi Banniza, Haan
Peter Bau, Wuppertal
Lotte Bauer, Oberberg
Johann Peter vom Baum, Wuppertal
Lothar Bendzulla, Leverkusen
Claus Berke, Rhein-Berg
Rahel Betz, Radevormwald
Hans-Erhard Bickenbach, Wuppertal
Sigurd Bickenbach, Solingen
Graham Thomas Biddis, Rhein-Berg
Karl-Heinz Bleikamp, Solingen
Theodor Boddenberg, Hückeswagen
Wilhelm Boeddinghaus, Wuppertal
Else Boos, Rhein-Berg
Andreas Born, Leverkusen
Hans Josef Bosbach, Overath
Heinz Bosbach, Erkrath
Bernd Braches, Wuppertal
Ulrich Braun, Velbert
Eva-Maria Breuer, Solingen
Ulrich Broichhaus, Wermelskirchen
Heinz Brombach, Solingen
Josef Bruchhausen, Leverkusen
Hans Jürgen Bücken, Monheim
Otto Bürger, Velbert
Eva Butzmühlen, Solingen
Uwe Christians, Solingen
Otto Cords, Radevormwald
Gerd Court, Rhein-Berg
Günter Dahl, Hückeswagen
Winfried Dahl, Hückeswagen
Heinz Dick, Bergisch Gladbach
Günther H. Diel, Solingen

Hans Diekmann, Solingen
Georg Dohm, Rhein-Berg
Hans Dürhager, Radevormwald
Heinrich Effertz, Rhein-Berg
Reinhold Eisenbart, Solingen
Armin Eisermann, Velbert
Günter Engstfeld, Radevormwald
Georg Erntges, Solingen
Gudrun Fennel, Hückeswagen
Heinz Fincke, Oberberg
Hans-Gustav Fleischner, Oberberg
Kurt Florian, Wuppertal
Regina Fuesers, Solingen
Franz Gabriel, Overath
Lieselotte Geistrot, Rhein-Berg
Gerhard Geurts, Rhein-Berg
Maria Gielnik, Overath
Herr Gigold, Velbert
Bertold Gladbach, Rhein-Berg
Otto Goehl, Velbert
Karl Grafweg, Solingen
Peter Gros, Stuttgart
Hans-Peter Hannemann, Wuppertal
Klaus-Dieter Hartmann, Leichlingen
Karin Hastenrath, Leverkusen
Ruth Hartmann, Hückeswagen
Cäcilia Hehnen, Rhein-Berg
Herbert Heidemeyer, Wermelskirchen
Rolf Heimann, Solingen
Hermine Helten, Solingen
Hans Henin, Wuppertal
Hans Hennecke, Leverkusen
Doris Hilbert, Wuppertal
Friedhelm Hillbrecht, Wuppertal
Barbara Hollmann, Radevormwald
Eva-Maria Huhn, Solingen
Günter Jacobi, Oberberg/Rhein-Berg
Anneliese Jansen, Rhein-Berg
Eberhard Janz, Wuppertal
Ernst Jötten, Radevormwald

Renate Kabelitz, Solingen
Gerhard Kaufmann, Oberberg
Eberhard Kaul, Oberberg
Maritta Kirschbaum, Solingen
Siegfried Kley, Velbert
Günter Kolf, Rhein-Berg
Günter Konrad, Wuppertal
Christian Korpiun, Velbert
Werner Kosch, Solingen
Jürgen Krampe, Solingen
Paul Krampe, Velbert
Klaus Krebs, Solingen
Gerd Kritzler, Oberberg
Wolfgang Krumm, Solingen
Hans Kürten, Leverkusen
Herr Kurth, Velbert
Siegfried Leister, Leichlingen
Ulrich Lünenborg, Haan
Hans-Peter Lütgenau, Leverkusen
Anneliese Mehlau, Oberberg
Rita Mehlis, Solingen
Helga Meisen, Leichlingen
Jürgen Meyer, Solingen
Geradl Mieth, Oberberg
Harald Minn, Leichlingen
Hans Dieter Miss, Wuppertal
Peter Michael Mombaur, Solingen
Maren Morsbach, Solingen
Rolf Müller, Leverkusen
Detlef Muthmann, Haan
Edith Niemeyer, Solingen
Hans-Gerd Nowoczin, Hamm
Helgard Nünninghoff, Oberberg
Friedrich Wilhelm Nußbaum, Wermelskirchen
Benjamin Obermüller, Solingen
Norbert Olbrisch, Solingen
Peter Ollig, Rhein-Berg
Gerd-Michael Petruck, Erkrath
Harald Pflitsch, Hückeswagen
Horst Pindur, Haan

Manfred Podschunik, Monheim
Rudolf Pohlmann, Monheim
Manfred Polley, Solingen
Christel Pottkämper, Leverkusen
Ulrich Püngel, Wuppertal
Monika Raimann, Overath
Wieland Rauh, Solingen
Herr Rees, Velbert
Ralf Reetz, Wermelskirchen
Horst Reimers, Solingen
Doris Reinemann, Solingen
Elsbeth Reinhold, Oberberg
Günter Richartz, Solingen
Marlies Riege, Solingen
Arno Saage, Radevormwald
Pedro Schaedel, Rhein-Berg
Borislawa Schäfer, Hückeswagen
Dieter Schaich, Haan
Ute Scharre, Solingen
Wolfgang Schartau, Monheim
Heinz Schemken, Velbert
Christel Schmidt, Solingen
Jürgen Schmidt, Hückeswagen
Sigrid Schmidt, Oberberg
Gertrud Schmitz, Hückeswagen
Frank-Felix von Schroeder, Wuppertal
Margareta Schumacher, Velbert
Brigitte Schuster, Erkrath
Roderich Schusters, Overath
Hans Stahlberg, Leverkusen
Hubert Staratschek, Radevormwald
Günther vom Stein, Wermelskirchen
Martin vom Stein, Wermelskirchen
Peter Stöcker, Solingen
Herr Sträßer, Velbert
Manfred Stuckmann, Langenfeld
Klaus Tessmann, Oberberg
Elke Tiedtke, Rhein-Berg
Helmut Trott, Rhein-Berg
Wolfram Uhlenbrock, Oberberg

Ulrich Uibel, Solingen
Friedhelm Viehbahn, Oberberg
Heinrich-Josef Viehoff, Leverkusen
Peter Vinzelberg, Leverkusen
Ema Vogel, Overath
Ruth Vogeno, Rhein-Berg
Dieter Volkmann, Wuppertal
Siegfried Vossig, Haan
Irmgard von Warburg, Oberberg
Klaus Wasserloos, Solingen
Robert Wehn, Wermelskirchen
Gerhard Wichelhaus, Wuppertal
Georg Wild, Velbert
Hermann Wilke, Hückeswagen
Herbert Willms, Solingen
Elke Wollschläger, Wuppertal
Hildegard Woschei, Rhein-Berg
Josef Zähl, Rhein-Berg
Heinz Zumholz, Velbert

A. Berichte des Vorsitzenden über die Arbeit des Geschäftsführenden Vorstands für die Jahre 2019–2021

Bericht für die Jahre 2019 und 2020

Mitgliederentwicklung

Mit 3.726 Mitgliedern hat der Bergische Geschichtsverein im Jahre 2020 insgesamt 90 Mitglieder also rd. 2,4 % weniger als im Jahr zuvor. Die Zahlen beruhen auf den Jahresberichten der Abteilungen und den eingegangenen Mitgliedsbeiträgen an den Gesamtverein.

Sitzungen des Vorstandes

Insgesamt fanden acht Sitzungen des geschäftsführenden Vorstandes statt, im Jahr 2020 wurden alle Sitzungen aufgrund der Pandemielage in digitaler Form als Videokonferenzen durchgeführt. Darüber hinaus wurden in beiden Jahren vier Gesamtvorstandssitzungen durchgeführt, die beiden Sitzungen des Jahres 2020 ebenfalls als Videokonferenz.

Engelstagung vom 6. bis 7. März 2020

Die einzige Veranstaltung des Gesamtvereins, die im Jahr 2020 durchgeführt werden konnte, war die wissenschaftliche Tagung „Friedrich Engels – Neue Historische Perspektiven“ anlässlich des 200. Geburtstages von Friedrich Engels am 6. und 7. März im Tagungszentrum „Heiliger Berg“ der Kirchlichen Hochschule in Wuppertal. Die Tagung wurde finanziell durch die Dr. Werner Jackstädt-Stiftung Wuppertal sowie durch die Landschaftsverbände Rheinland und Westfalen-Lippe unterstützt.

Romerike Berge

Die Romerike Berge erschien in ihrem 69. und 70. Jahrgang (2019 / 2020) wieder mit jeweils drei Heften. Die Zeitschrift bietet damit dreimal im Jahr einen direkten Weg zu den Mitgliedern. Eine Übersicht der Veröffentlichungen der Abteilungen findet sich nun immer in Heft 1 des Jahres.

Dank an alle Beteiligten für das Nachbearbeiten von Mitgliederdateien, das Korrekturlesen der Texte, für die Auswahl der Abbildungen und die vielen Abstimmungsgespräche, die das Herausgeben der Zeitschrift erfordern. Insgesamt wurden 8 Redaktionssitzungen telefonisch oder digital durchgeführt. Der Landschaftsverband Rheinland unterstützt die Romerike Berge mit einem Druckkostenzuschuss. Auch der Druck der ZBGV wird durch einen Druckkostenzuschuss des Landschaftsverbandes gefördert.

Druckkostenzuschüsse für die Abteilungen

Auch im letzten Jahr konnten wir wieder jeweils 10.000 Euro an die einzelnen Abteilungen zur Unterstützung ihrer Publikationen ausschütten. Der Landschaftsverband stellt uns diesen Betrag auf Antrag zur Verfügung.

Weitere Projekte des Gesamtvereins

Das Projekt „Sicherung des Kulturgutes" wurde 2017 begonnen und in den Jahren 2019 und 2020 weitergeführt. Die durch das Projekt erfassten und katalogisierten Bestände sind über die Plattform „Museum digital" einsehbar. Bei dieser Plattform handelt es sich um einem vom Museumsverband Sachsen-Anhalt initiiertes Projekt, das es insbesondere kleinen Museen und Vereinen ermöglichen soll, ihre Objekte auf einer digitalen Plattform zu präsentieren und für die Weiternutzung zur Verfügung zu stellen. Zugriff auf die Sammlungen des BGV ist über folgende URL möglich:

https://nat.museum-digital.de/institution/692

Insgesamt wurden 1400 Objekte und 2700 Archivalien erfasst. Das Projekt wurde durch den Landschaftsverband Rheinland mit einer Fördersumme von 207.000 € finanziert. Ein gedruckter Katalog ist in Vorbereitung.

Ein zweites Projekt des BGV befasst sich mit den „Beständen des Röntgenmuseums". Begonnen wurde die Erschließung der Museumsbestände mit der Fotosammlung mit ca. 800 Positionen. Ein Objektkatalog ist ebenfalls auf der Plattform „Museum digital" veröffentlicht unter über die folgende URL zu erreichen:

https://nat.museum-digital.de/institution/579

Die Arbeit an diesem Projekt, das durch den LVR mit 138.000 € finanziert wurde, konnte bis auf kleinere Restarbeiten im Jahr 2020 abgeschlossen werden.

Beide Projekte haben die Funktion, die Bestände des Vereins sichtbar zu machen und wissenschaftliche Forschung zu ermöglichen.

Insgesamt war die Arbeit des Gesamtvereins durch die Corona-Pandemie im Jahr 2020 sehr eingeschränkt. Zwar konnten Vorträge und Sitzungen digital per Videokonferenz durchgeführt werden, einen gleichwertigen Ersatz für die persönliche Begegnung können diese virtuellen Zusammenkünfte jedoch nicht bieten.

Thomas G. Halbach, erster Vorsitzender

Bericht für das Jahr 2021

Mitgliederentwicklung

Mit 3.637 Mitgliedern hat der Bergische Geschichtsverein im Jahre 2021 insgesamt 89 Mitglieder also rd. 2,4 % weniger als im Jahr 2020. Insbesondere die Corona-Pandemie führte zu einem beschleunigten Mitgliederschwund. Basis der Zahlen sind die Jahresberichte, wo diese nicht vollständig vorliegen, wurden die eingegangenen Mitgliedsbeiträge an den Gesamtverein als Grundlage genommen. Im Jahr 2021 haben wir damit den Mitgliederzuwachs durch die Integration unserer 15. Abteilung „Rechtsrheinisches Köln" im Jahre 2017 fast wieder vollständig verloren.

Sitzungen des Vorstandes

Insgesamt wurden fünf geschäftsführende Vorstandssitzungen per Videokonferenz durchgeführt. Auch die beiden Sitzungen des Gesamtvorstands im März und September wurden virtuell durchgeführt.

Romerike Berge

Die Romerike Berge erschien in ihrem 71. Jahrgang (2021) wieder mit jeweils drei Heften. Das Redaktionsteam bildeten im Jahr 2021 Gregor Ahlmann (Schlossbauverein), Jörg Holtschneider und Thomas Halbach. Jörg Holtschneider war für die Koordination zwischen dem Redaktionsteam, den Autoren und der Druckerei zuständig. Insgesamt wurden 4 Redaktionssitzungen telefonisch oder digital durchgeführt. Der Landschaftsverband unterstützte die Romerike Berge mit einem Betrag von 2.750 Euro. Im Jahr 2022 soll das Redaktionsteam erweitert werden. Herr Podporowski aus der Abteilung Erkrath und Herr Dr. Sassin aus der Abteilung Solingen werden das Redaktionsteam ergänzen.

Druckkostenzuschuss für die Abteilungen

Auch 2021 konnten wieder jeweils 10.000 Euro an die einzelnen Abteilungen zur Unterstützung ihrer Publikationen ausschüttet werden. Der Landschaftsverband stellt uns diesen Betrag auf Antrag zur Verfügung.

Projekte des Gesamtvereins

Das Projekt „Sicherung des Kulturgutes des Bergischen Geschichtsvereins" wurde im Jahr 2021 beendet. Das Projekt musste nochmals verlängert werden, da sich einige abschließende Arbeiten durch die Pandemielage verzögert hatten. Die Arbeiten am Sammlungskatalog konnten weitgehend abgeschlossen werden, dieser soll 2022 in der Reihe „Bergische Forschungen" publiziert werden. Die Präsentation der Objekte auf der Plattform „Museum digital" soll dauerhaft weitergeführt werden, um Ausleihen zu ermöglichen, aber auch künftige Bestandsergänzungen zu dokumentieren. Ein Abschlussbericht ist für das Jahr 2022 in Vorbereitung.

Das Projekt zu Erfassung der Bestände des „Deutschen Röntgen-Museums" wurde 2021 abgeschlossen, ein Abschlussbericht ist ebenfalls für das Jahr 2022 in Vorbereitung. Nachfolgeprojekte wird der Freundeskreis des Museums durchführen.

Ein wichtiges offenes Projekt betrifft die Bibliothek des Vereins. Geplant ist, die Bibliothek in den WebOPAC der Stadtbibliothek Wuppertal zu integrieren. Derzeit sind bereits ca. 8500 Bände im WebOPAC über die Stadtbibliothek Wuppertal mit der Signatur „BGV" recherchierbar, fast 20.000 Titel fehlen noch. Dieser Teil ist teilweise über einen Zettelkasten erschlossen und nicht online abrufbar.

Thomas G. Halbach, erster Vorsitzender

B. Berichte der Abteilungen für die Jahre 2019–2021

Abteilung Burscheid

Erste/r Vorsitzende/r	Dr. Anne Marie Frese (bis 21.2.2019) Dr. Karl Ulrich Voss (ab 21.2.2019) Axel Riemscheid (ab Februar 2021)
Stellvertreter Vorsitzender	Dipl.-Ing. Rolf Engelhardt (bis 27.2.2020) Axel Riemscheid (ab 27.2.2020)
Schatzmeisterin	Brigitte Thielen
Schriftführerin	Sabine Rusch-Witthohn (ab 21.2.2019)
Mitgliederzahl	2019: 70, 2020: 67

Veranstaltungen, Studienfahrten und Exkursionen

21.2.2019	Jahreshauptversammlung, Haus der Kunst, Burscheid
25.5.2019	„Amazonas des Ruhrgebiets“ – Bootsfahrt auf dem Baldeneysee und der Ruhr
20.6.2019	Besuch der Villa Hügel mit Führung
8.10.2019	Besuch der Römervilla in Ahrweiler und des dortigen Regierungsbunkers mit jeweiliger Führung
21.11.2019	gemeinsam mit dem Kulturverein: Führung von Sabine Wurmbach über die Friedhöfe in Burscheid
11.1.2020	Neujahrestreffen des Vereins in der Burscheider Lambertsmühle mit Vortrag des Vorsitzenden „1812, ein Schicksalsjahr – für die Musik und für das Bergische“
23.1.–14.2.2020	Ausstellung zum Projekt „Verschwundene Häuser“ in der Stadtbücherei
27.2.2020	Jahreshauptversammlung im Kultur-Badehaus Burscheid, sodann Vortrag des Historikers Dr. Gregor Ahlmann, wiss. Referent auf Schloss Burg, „Schloss Burg, Sitz der Grafen von Berg. Die Geschichte der Burg von den Anfängen im 12. Jahrhundert bis heute“.

Abteilung Erkrath

Erster Vorsitzender	Dr. Hans-Joachim Dietz
Zweiter Vorsitzender	Johannes Podporowski
Schatzmeister	Manfred Jansen
Schriftführer	Horst Ostmann
Mitglieder	2019: 69, 2020: 72, 2021: 75
Beirat	Dr. med. Roland Koschmieder, Karl-Heinz Kieckers

Veranstaltungen, Studienfahrten und Exkursionen:

März 2019	Bonn, Rheinisches Landesmuseum, Ausstellung „Europa in Bewegung. Lebenswelten im frühen Mittelalter“
13.4.2019	Köln: Sankt Gereon
18.5.2019	Haan: Dorf Gruiten
15.5.2019	Windeck-Öttershagen: Besucherbergwerk Grube Silberhardt
13.7.2019	Duisburg-Ruhrort: Hafenrundfahrt
14.09.2019	Lembeck: Schloss und Heimatmuseum.
11.7.2020	Wülfrath: Stadtführung
2.10.2021	Jubiläumsfeier 60 Jahre BGV Erkrath im Lokschuppen des Eisenbahn- und Heimatmuseums Erkrath-Hochdahl

Abteilung Haan

Erster Vorsitzender	Paul Zimmermann
Zweiter Vorsitzender	Wolfgang Hentschel
Schriftführerin	Ursula Eicker
Stellvertr. Schriftführer	Erhard Horstmann
Schatzmeister	Karl-Heinz Selbach
Mitglieder:	2019: 104, 2020: 99

Veranstaltungen, Studienfahrten und Exkursionen

11.3.2020	Jahreshauptversammlung
26.9.2020	Stadtspaziergang durch Unterhaan auf den Spuren vergangener Industrie
10.10.2020	Exkursion zu Baudenkmälern in der Hildener Heide, Leitung: Reinhard Gaida

Abteilung Hückeswagen

Erste Vorsitzende	Iris Kausemann
Zweiter Vorsitzender	Fritz Matschureit
Schriftführerin	Anita Belenguer (bis 2019)
Schatzmeisterin	Steffi Wolter
Mitglieder:	2019: 120, 2020: 123, 2021: 119

Veranstaltungen, Studienfahrten und Exkursionen

23.3.2019	Tagesfahrt Köln St. Andreas / Höhenhaus
18.5.2019	Tagesfahrt Ordensburg Vogelsang / Monschau
15.6.2019	Ausflug nach Beyenburg mit Stadtführung
20.7.2019	Ausflug ins Asiatischen Museums Radevormwald mit Führung
17.8.2019	Tagesfahrt Ratingen
07.9.2019	Halbtagesfahrt Clemenshammer/Steffenshammer Remscheid
15.8.2020	Spaziergang mit Hans und Christian Hardt: Die Geschichte unseres Waldes und ökologische, nachhaltige Aufforstung

Abteilung Niederwupper

Erster Vorsitzender	Reinhold Braun
Zweite/r Vorsitzende/r	Hans-Josef Rupprecht (bis März 2019) Ellen Lorentz (bis April 2019) Eduard Fuchs (ab März 2019) Rainer Nau (ab September 2020)
Schriftführer/in	Manuel de Montigny (bis Mai 2019) Angela Breitrück (ab Mai 2019)
Stellvertr. Schriftführer	Klaus Peters
Schatzmeister	Klaus Nadolski (bis Mai 2019) Wolfgang Schaeffer (ab Mai 2019)
Stellvertr. Schatzmeister	Günter Junkers
Mitglieder:	2019: 249, 2020: 246, 2021: 251
Beirat:	Christine Blasberg, Markus Danner, Eduard Fuchs (bis 2020), Klaus-Dieter Hartmann (bis 2020), Jörg Herrmann, Gabriele John, Klaus Nadolski, Rainer Nau (bis 2020), Gabriele Nebelin, Gabriele Pelzer, Friedrich Prinz

Veranstaltungen, Studienfahrten und Exkursionen

10.03.2019	Ellen Lorentz: Stadtführung „Bahnhöfe und Bahnlinien"
19.3.2019	Mitgliederversammlung
März – Juni	Stadtführungen/Gästeführerausbildung, Ellen Lorentz, VHS-LEV und BGV
7.4.2019	Ellen Lorentz: Stadtführung „Viel Zündstoff aus Leverkusener Sprengstofffabriken"
2.5.2019	Spurensuche in Leverkusen, Schloss Morsbroich
9.5.2019	Ellen Lorentz: Stadtführung „Das Leben in der Bayer Beamten-Kolonie"
12.5.2019	Ellen Lorentz: Stadtführung „Wiesdorf boomt: Das Bayerwerk und die Kolonien
4.6.2019	Ellen Lorentz: Stadtführung „Das Leben in den Kolonien Anna und Johanna", Koop. mit Frauenring LEV
30.6.2019	Ellen Lorentz: Stadtführung Leben und Arbeiten am Fluss: Von Wiesdorf nach Hitdorf
Sept. – Nov.	Stadtführungen/Gästeführerausbildung, Ellen Lorentz, VHS-LEV und BGV
12.10.2019	Mit Bayer Junior zum Westende, Ausflug nach Wuppertal
22.1.2020	Farben und Färben: Koordinationsveranstaltung für Schüler mit dem Chempark Wiesdorf und dem Freiherr-vom-Stein-Gymnasium Schlebusch
1.3.2020	Seminar Ellen Lorentz: „So lebten die Menschen in der Frühzeit/Mittelalter und Neuzeit im Leverkusener Raum"
22.9.2020	Mitgliederversammlung (Jahreshauptversammlung)
25.9.2020	Historischer Stadtspaziergang durch Monheim mit Stadtarchivar Michael Hohmeier
10.10.2020	Historischer Spaziergang durch Altenberg mit Randolf Link
31.10.2020	Historischer Spaziergang durch die Klinik Roderbirken in Leichlingen
18.9.2021	Historischer Spaziergang um die Diepental-Sperre
29.9.2021	Mitgliederversammlung (Jahreshauptversammlung)

Oberbergische Abteilung

Ehrenvorsitzender	Alexander Rothkopf
Erster Vorsitzender	Markus Dräger
Zweiter Vorsitzender	Uwe Bathe
Schriftführer	Harald Meißner
Stellvertr. Schriftführer	Hans Gerd Menne
Schatzmeister	Volker Lang
Mitglieder:	2019: 354, 2020: 342, 2021: 339
Beirat	Axel Bayer (bis 2020), Dieter Forst, Jutta Funke-Heuser, Dirk Johanns (bis 2020), Michael Herbstritt-Jungbluth (ab 2020), Elisabeth Klinkert, Christian Bürgin (bis 2020)

Veranstaltungen, Studienfahrten und Exkursionen:

15.3.2019	Besuch der Akademie Brasil-Europa in Gummersbach-Dieringhausen
16.3.2019	Besuch des Deutschen Raiffeisen-Museums in Hamm/Sieg
30.03.2019	Jahreshauptversammlung der Oberbergischen Abteilung im Heimatmuseum Bergneustadt
4.4.2019	Besuch im Joseph-Haydn-Institut in Köln
27.4.2019	Tagesfahrt in den Braunkohletagebau Garzweiler und nach Jüchen
4.5.2019	Ländliche Web- und Wohnkultur – Besuch in Reichshof-Heischeid
18./19.5.2019	Zweitagesfahrt in die deutsche Kleinstaaterei (Bad Arolsen, Burg Waldeck, Bad Wildungen)
29.6.2019	Besuch der ev. Kirche in Hülsenbusch
12.7.2019	Besuch der Diaspora-Kapelle in Gummersbach-Berghausen
26.7.2019	Besuch im Bergischen Drehorgelmuseum in Marienheide-Kempershöhe
17.8.2019	Besuch des ehem. Hüttenwerks Wendener Hütte
20.–23.9.2019	Dreitagesfahrt nach Thüringen (Schwarzburg u. Weimar)
11.10.2019	Ortsrundgang in Eckenhagen, Besuch des Bauernhof-Museums „Isenhardts Hoff“
16.11.2019	Jahresabschluss im AWO-Heim Schladerner Str. in Waldbröl
19.10.2019	Tagesfahrt nach Krefeld (Haus Esters und Lange, Schütte-Pavillon, Burg Linn)
12.9.2021	Besichtigung Villa Kohlgrüber in Gummersbach
2.10.2021	Mitgliederversammlung in Wallefeld

Abteilung Overath

Erste Vorsitzende	Ulla Gote
Zweiter Vorsitzender	Manfred Weber
Schriftführer	Carl D. Hast
Schatzmeisterin	Ilse Brenner
Mitglieder	2019: 209, 2020: 208
Beisitzer	Karl Schiffbauer, Walter Schneider, Roderich Schuster, Hartwig Soicke (bis 2019)

Veranstaltungen, Studienfahrten und Exkursionen:

30.4.2019	Hartwig Soicke: Geschichte erleben, Natur erfahren. Besuch des internationalen Platzes „Vogelsang
21.5.2019	Manfred Weber: Fluch und Segen – Thema Wasser. Geschichte eines besonderen Flusses – und Römertherme Zülpich
23.–28.6.2019	Ilse Brenner: Studienfahrt: Der Bodensee. Einblicke in eine faszinierende Welt. Besuch der Städte Bregenz, Friedrichshafen, Meersburg, Lindau, die UNESCO-Welterbeinsel Reichenau und die Pfahlbauten in Unteruhldingen
20.7.2019	KennenLernenNachbarn. Besuch der Nachbarstadt Lohmar – Ziele, Geschichte und Naturschutz
22.8.2019	Ulla Gote: Freilichtmuseum Kommern – historische Gebäude, Marktplatz Rheinland und eine Kirche aus Overath
21.9.2019	Ilse Brenner: Stadt Blankenberg und Kreisstadt Siegburg. Rundgang durch eine historische und eine moderne Stadt

Abteilung Radevormwald

Erster Vorsitzender	Hans Golombek
Zweiter Vorsitzender	Bernhard Priggel
Schriftführer	Dietmar Wendel
Stellvertr. Schriftführerin	Gudrun Hagemann-Henseler
Schatzmeister	Engelbert Frielingsdorf
Mitglieder	2019: 85, 2020: 84, 2021: 82
Beisitzer	Ulrich Haldenwang, Wolfgang Motte

Veranstaltungen, Studienfahrten und Exkursionen:

23.3.2019	Romanische Kirchen Köln / Baugeschichte eines Kölner Stadtteils
18.5.2019	Geschichte in der Eifel: NS-Ordensburg Vogelsang-Monschau
17.8.2019	Ratingen: Bergische Festungsstadt und Ausgangspunkt der kontinentaleuropäischen Industrialisierung
7.9.2019	Remscheid: Clemenshammer – Steffenshammer

Abteilung Rechtsrheinisches Köln

Erster Vorsitzender	Henning Schützendorf
Zweiter Vorsitzender	Ulrich Meier
Schriftführer	Heinz R. Steinmetz
Schatzmeister	Heribert Schüller
Mitglieder	2019: 286, 2020: 286, 2021: 251

Veranstaltungen, Studienfahrten und Exkursionen:

3.6.2019	Führung über den alten Jüdischen Friedhof in Köln-Deutz
9.6.2019	Einladung durch die Abteilung Rhein-Berg des Bergischen Geschichtsvereins zu einem Gang „Rund um das alte Schloss"

	in Bensberg mit anschließendem Kaffeetrinken
22.9.2018	Besichtigung der Sünner-Brauerei in Köln-Kalk
11.2.2020	Führung durch die Ausstellung „Inside Rembrandt" im Wallraf-Richartz-Museum Köln

Abteilung Remscheid

Erster Vorsitzender	Alfons Ackermann
Zweite Vorsitzende	Claudia Holtschneider
Schriftführer	Hans Schmidt
Stellvertr. Schriftführer	Johannes Kessler
Schatzmeister	Kai Bieker
Stellvertr. Schatzmeister	Jürgen Brüninghaus
Mitglieder	2019: 288, 2020: 260, 2021: 259
Beisitzer	Ulrich Haldenwang, Wolfgang Motte
Beirat	Jörg Holtschneider, Urs Diederichs, Viola Meike, Stephanie Licciardi, Thomas Halbach

Veranstaltungen, Studienfahrten und Exkursionen:

12.3.2019	Fahrt zum EL-DE Haus Köln. Führung durch die Gedenkstätte/Mitgl. u. EMA-Schüler
19.3.2019	Mitgliederversammlung
7.–10.7.2019	Studienfahrt Leipzig – Wittenberg – Naumburg
30.7.2019	Wege der Jakobspilger im Rheinland /Pilgerfest Lennep in Kooperation mit Lennep Offensiv e.V.
3.3.2020	Mitgliederversammlung

Abteilung Rhein-Berg

Erster Vorsitzender	Michael Werling (bis 9.10.2021) Lothar Eschbach (seit 9.10.2021)
Zweiter Vorsitzender	Peter Lückerath (bis 9.10.2021) Stefan Knecht (seit 9.10.2021)
Schriftführer/in	Uwe Schwarz/Eva Michels-Schwarz (2019) Heinz-Berg Padberg (bis 9.10.2021) Eva Michels-Schwarz (seit 9.10.2021)
Stellvertr. Schriftführer	Ferdinand Peter Moog
Schatzmeister	Michael Müller
Mitglieder	2019: 473, 2020: 448
Beirat	Wolfgang Aretz (bis 9.10.2021), Albert Böcker, Bärbel Bosbach (ab 9.10.2021), Rainer Brandenburg, Heribert Cramer, Manfred Dasbach (bis 9.10.2021), Albert Eßer, Arno Grüttner (ab 9.10.2021), Udo Harler (bis 9.10.2021), Helmut Höher (bis 9.10.2021),

Alexander Kirdorf (ab 9.10.2021), Thomas Klostermann, Hans Mittler, Max Morsches (ab 9.10.2021), Heinz-Bernd Padberg (ab 9.10.2021), Herbert Ommer (bis 9.10.2021), Thomas Schwabach (ab 9.10.2021), Uwe Schwarz (ab 9.10.2021), Lothar Speer, Max vom Hofe (ab 9.10.2021), Roswitha Wirtz

Veranstaltungen, Studienfahrten und Exkursionen:

23.3.2019	Jahreshauptversammlung
4.5.2019	Informations- und Diskussionsreihe: „Denkmalschutz in unserer Stadt“. Zwischen Verdichtung und Neubau – Was wird aus Bergisch Gladbachs Nachkriegssiedlungen?
8.9.2019	Tag des offenen Denkmals 2019: „Modern(e)“ Umbrüche in Kunst und Architektur. Vortragsreihe im Bergischen Museum für Bergbau, Handwerk und Gewerbe
8.11.2019	Großer Mundart Abend im VHS-Gebäude
24.11.2019	Jahresabschlussfeier
18.1.2020	Böhm 100 – Böhm im Bergischen – Erinnerungen und Essays zum 100. Geburtstag von Gottfried Böhm
31.1.2020	Michael Werling: Das Bethanien Kinderdorf, Vortrag und Führung
9.3.2021	Jahreshauptversammlung

Abteilung Solingen

Erste Vorsitzende	Beate Battenfeld
Zweiter Vorsitzender	Ralf Rogge
Schriftführer	Horst Sassin
Schatzmeister	Stefan Schmidt
Mitglieder	2019: 405, 2020: 397, 2021: 379
Beisitzer	Alexandra Clauberg, Michael Kiekenap, Jutta Schreiber-Lenz (2019)

Veranstaltungen, Studienfahrten und Exkursionen:

08.2.2020	RIM, Gesenkschmiede Hendrichs
10.4.2020	Schloss Burg
7.5.2020	Forum Vogelsang IP
13.6.2020	Essen-Werden
24.7.2020	Bundeskunsthalle Bonn
22. 8.2020	Dorsten und Schloss Lembeck

Abteilung Velbert

Erste/r Vorsitzende/r	Jutta Scheidsteger (bis 2020) Jürgen Lohbeck (ab 2021)
Zweiter Vorsitzender	Ulrich Morgenroth
Schriftführer	Günter Grajetzky (bis 2020) Christoph Schotten (ab 2021)
Stellvertr. Schriftführer	Christoph Schotten (bis 2020) Günter Grajetzky (ab 2021)
Schatzmeister	Udo Neblung
Stellvertr. Schatzmeister	Henri Schmidt
Mitglieder	2021: 223
Beirat	Tobias Glittenberg (seit 2020), Gerhard Haun, Ulrich Braun, Jürgen Lohbeck, H.-J. Lünenschloß, Michael Reinhardt, Klaus Saeger, Martin Sanner, Jutta Scheidsteiger (ab 2021), Herbert Schmidt, Nobert Stevens

Abteilung Wermelskirchen

Erster Vorsitzender	Volker Ernst
Zweiter Vorsitzender	Burkhard Stock
Schriftführerin	Marret Wischow
Mitglieder	2019: 119, 2020: 125, 2021: 125
Beirat	Michaela Böllstorf, Ulrich Broichhaus, Hans Arno Engels, Michael Faubel, Gerd Werner Gries, Axel Heumann

Veranstaltungen, Studienfahrten und Exkursionen

9.5.2019	Die alte Heimindustrie der Bandwirker. Beide Teile des 1975 gedrehten Dokumentarfilms
4.9.2019	Brotbacktag – Führung in der Neuemühle. Geschichte, Technik und Besonderheiten der Mühle und ihrer Umgebung
8.9.2019	Tag des offenen Denkmals: „Moderne“: Umbrüche in Kunst und Architektur. 2019 jährt sich die Gründung des Bauhauses zum 100. Mal. Expedition Heimat
4.10.2019	Scharfe Kanten – Feilenherstellung im Bergischen Land. Der Film als Ergänzung zu Vortrag und Führung zur Feilenfabrik Ehlis im Februar 2018
11.11.2019	Eröffnung Karikaturenausstellung: „Wir sind ein Volk“. 30 Jahre Mauerfall und deutsche Einheit
14.12.2019	„Chresdach und Neujohr – Wie dat fröher war“. Weihnachtsfeier mit den Mundartfreunden. Zeitreise mit Gedichten und Vertällchen in festlicher Atmosphäre

19.12.2019	Lebendiger Adventskalender im Dezember 2019. Auf Spurensuche zur Familie oder Nachbarschaft beim offenen Archiv des BGV
8.3.2020	Archivöffnung zum Tag der Archive
19.9.2021	Führung über den Stadtfriedhof

Abteilung Wuppertal

Erster Vorsitzender	Jochen Johrendt
Zweite Vorsitzende	Folke Obermark-Stiller
Schriftführer	Maximilian Berkel
Schatzmeister	Axel Jütz (bis 2019) Björn Sadowski (ab 2020)
Mitglieder	2019: 759, 2020: 787, 2021: 769
Beirat	Lars Bluma, Uwe Eckardt, Wolfgang Heinrichs, Sigrid Lekebusch, Cordula Nötzelmann, Michael Okroy, Reiner Rhefus, Susanne Roberts, David Schnapka (seit 2020), Martin Szameitat

Veranstaltungen, Studienfahrten und Exkursionen

13.6.2019	Schlösser im Münsterland (Herr Esser)
22.8.2019	Elberfeld und seine Rathäuser (Frau Dr. Lekebusch)
19.10.2019	Der römisch-germanische Krieg, der erste Dreißigjährige Krieg auf deutschem Boden (Herr Heidel)
6.11.2019	Die Geschichte des Opernhauses (Herr Okroy)

C. Vorträge in den Abteilungen 2019, 2020 und 2021

3.1.2019	Bernd Weiß: Bürgermeister Theodor Drexel. Leben und Wirken des Wermelskirchener Bürgermeisters von 1925 bis 1937 (Abt. Wermelskirchen)
15.1.2019	Roland Koschmieder: Medizin und Ärzte in Erkrath 1800 bis 1945 (Abt. Erkrath)
17.1.2019	Georg Mölich: Anfänge der Weimarer Republik im Westen. Rahmenbedingungen, Herausforderungen und Chancen (Abt. Overath)
7.2.2019	Karlheinz Bareiß: Mecklenburgische Residenzen (Abt. Rhein-Berg)
7.2.2019	Achim Stillger: Eschbachtalsperre. Die Remscheider Talsperre und wie es zum Bau der ersten Trinkwassertalsperre kam (Abt. Wermelskirchen)
7.2.2019	Gerhard Engel / Olaf Reitz: Werner Möller Revolution vor Ort – Revolution hautnah (Abt. Wuppertal)
14.2.2019	Axel Meyer: 1848 – eine gescheiterte Revolution (Abt. Erkrath)
15.2.2019	Peter Nöthen: Gerhard Ebeler – Der „Altvater“ des Kölner Karnevals (Abt. Rhein-Berg)
19.2.2019	Toni Blankerts: Zu Gast in Opladen gestern und heute (Abt. Niederwupper)
21.2.2019	Axel Kolodziej: 1225–1348: Neues über das Limburger Herrschergeschlecht im Bergischen (Abt. Burscheid)
21.2.2019	Barbara Schock-Werner: Und fertig wird er doch! Vollendung des Kölner Doms im 19. Jahrhundert (Abt. Overath)
21.2.2019	Reiner Rhefus: Die Gründung des kommunalen Arbeitsamtes und der Volkshochschule – Nachwirkungen der Revolution in den Kommunen Elberfeld und Barmen (Abt. Wuppertal)
26.2.2019	Urs Diederichs: Soziale Konflikte um 1900 im Spiegel der zeitgenössischen Literatur: Walter Bloems Roman „Der Paragraphenlehrling“ (Abt. Remscheid)
7.3.2019	Ellen Lorentz: Frauen vor 100 Jahren – Fräulein zum Diktat! (Abt. Niederwupper)
7.3.2019	Petra Bohlig: Maria Zanders (Abt. Rhein-Berg)
7.3.2019	Volkmar Wittmütz: Dreißigjähriger Krieg im Bergischen Land. Die Auswirkungen auf unsere Region als Aufmarsch-, Rückzugs- und Versorgungsgebiet (Abt. Wermelskirchen)
7.3.2019	Sigrid Lekebusch: Freie deutsche Frau! Auf zur Wahlurne! (Abt. Wuppertal)
15.3.2019	Sigrid Lekebusch: 100 Jahre Frauenwahlrecht (Abt. Hückeswagen)
15.3.2019	Michael Werling: Altenberg und die Architektur der Zisterzienser (Abt. Rhein-Berg)
22.3.2019	Bernhard Priggel: Die Ennepe-Talsperre in Radevormwald. Ein Bauprojekt von europäischen Dimensionen zu Beginn des 20. Jahrhunderts (Abt. Radevormwald)
26.3.2019	Karlheinz Meermagen: Von der Varusschlacht zum Nibelungenlied. Der Cheruskerfürst Arminius als Vorbild der Siegfriedsgestalt (Abt. Remscheid)

30.3.2019	Schloss Burg. Der umgestaltete Bergfried und die neuen Räume im Grabentorgebäude. Präsentation der nach modernen Gesichtspunkten und mit aktueller Technik gestalteten Ausstellungsräume (Abt. Wermelskirchen)
4.4.2019	Albert Eßer: Zeitschriften in NRW-Kommunalarchiven (Abt. Rhein-Berg)
4.4.2019	Jürgen Reulecke: „Geschichte vor Ort“: Historische Neuorientierungen seit den 1960er Jahren und Wolfgang Köllmann (Köllmann-Vortrag) (Abt. Wuppertal)
5.4.2019	Rolf Bonekämper: Sportstadt Radevormwald (Abt. Radevormwald)
19.4.2019	Ellen Lorentz: Buchvorstellung „Spurensuche in Leverkusen“ (Abt. Niederwupper)
23.4.2019	Dorothee Kotthaus Haack: Küche – Kappes – Kartoffel. Lesung aus dem gleichnamigen Buch (Abt. Remscheid)
30.4.2019	Doris Wehrheid: Gefährliche Lieder. Unangepasste Jugend im Rheinland 1933–1945 (Abt. Remscheid)
2.5.2019	Lothar Speer: „Luca de Tolenti“ – ein päpstlicher Nuntius am Burgundischen Hof (2. Hälfte 15. Jahrhundert) (Abt. Rhein-Berg)
9.5.2019	Reinhard Köpf: Denkmal – Pflege – Glas. Zum Umgang mit Glasfenstern in der Denkmalpflege am Beispiel Wuppertaler Kirchen (Abt. Wuppertal)
14.5.2019	Karl-Heinz Hennen: Monheim zur Zeit der Weimarer Republik (Abt. Niederwupper)
17.5.2019	Heinz-Werner Putke: Beyenburg (Abt. Hückeswagen)
17.5.2019	Josef Heinrich: Heidkamp – Sand – Herkenrath – Herrenstrunden. Bergisch Gladbacher Ortsteile im Wandel der Zeit (Abt. Rhein-Berg)
28.5.2019	Horst A. Wessel: Mannesmanntürme. Bergischer Geschichte auf der Spur (Abt. Remscheid)
4.6.2019	Meinhard und Simon Felbick: Braukunst im Allgemeinen und deren Tradition in Wermelskirchen (Abt. Wermelskirchen)
6.6.2019	Thomas Klostermann: Emilie Schmitz, Wohltäterin für Bensberg (Abt. Rhein-Berg)
6.6.2019	Vera Eiteneuer: Die Zisterzienserabtei Altenberg zwischen Orden und Stifterfamilie (Abt. Wuppertal)
18.6.2019	Reinhold Braun / Günter Junkers / Marc Sievert: Geschichte der Diepentalsperre (Abt. Niederwupper)
21.6.2019	Max Morsches: Die Vorfahren des David von Zweiffel zu Wahn (Abt. Rhein-Berg)
25.6.2019	Wiederholung des Vortrags Diepental vom 18.6.2019 (Abt. Leverkusen)
26.6.2019	Christian Wüster: Originale Remscheider Gesichter und andere Gesellen (Abt. Remscheid)
4.7.2019	Peter Lückerath / Michael Werling: Siedlung „Im Erlenhof“ in Moitzfeld (Abt. Rhein-Berg)
4.7.2019	Meinhard und Simon Felbick: Braukunst im Allgemeinen und deren Tradition in Wermelskirchen (Abt. Wermelskirchen)
5.7.2019	Ulrich Haldenwang: Die Entwicklung der Textilindustrie im Tal der Wupper in Radevormwald im 19. Jahrhundert nach englischem Vorbild (Abt. Radevormwald)

28.8.2019	Zertifikatsübergabe Gästeführer/-innen, Ellen Lorentz, VHS-LEV und BGV (Abt. Niederwupper)
5.9.2019	Hans Mittler: Gronauer Schlachthof und Haus Feiber in Gronau (Abt. Rhein-Berg)
5.9.2019	Beate Battenfeld: Ziegeleien im Mittelbergischen. Spannendes über die früher bedeutende Industrie in unserem Raum (Abt. Wermelskirchen)
5.9.2019	Georg Fülberth: Der Wohlklang der Zweiten Violine – Friedrich Engels' Beitrag zum Werk von Karl Marx (Abt. Wuppertal)
20.9.2019	Wilfried Egerland: Philipp Melanchthon (Abt. Hückeswagen)
20.9.2019	Peter Lückerath: Die bauliche Entwicklung der Bergisch Gladbacher Hauptstraße (Abt. Rhein-Berg)
24.9.2019	H-W. Putzke: Beyenburg – Sitz eines Bergischen Amtes. Ein virtueller Rundgang (Abt. Remscheid)
8.10.2019	Klaus Peters: Dynastengeschichte Herzogtum Berg (Abt. Niederwupper)
10.10.2019	Roswitha Wirtz: Die Schwiegertöchter von Maria Zanders (Abt. Rhein-Berg)
10.10.2019	Maximilian Berkel / Folke Obermark-Stiller: Persönlichkeiten des BGV: Otto Schell (Abt. Wuppertal)
11.10.2019	Filmvorführung „Bandwirker im Bergischen Land" (Abt. Hückeswagen)
17.10.2019	Roland Koschmieder: Die Familie Burchartz – Ein Stück Erkrather Industrie-, Musik- und Kunstgeschichte (Abt. Erkrath)
18.10.2019	Die Jagd – adeliges Vergnügen oder Bürgerrecht? (Abt. Radevormwald)
22.10.2019	Georg Mölich: Die Anfänge der Weimarer Republik im Westen (Abt. Remscheid)
29.10.2019	Günter Junkers / Reinhold Braun: Geschichte der Firma AGFA (Abt. Niederwupper)
7.11.2019	Wiederholung des Vortrags Diepental vom 18.6.2019 (Abt. Niederwupper)
7.11.2019	Peter Lückerath / Michael Werling: Der Laurentius-Friedhof (Rhein-Berg)
7.11.2019	Sabine Lepsky: Altenberger Dom. Neue Erkenntnisse zur gotischen Architektur und Bauweise des 13. und 14. Jahrhunderts (Abt. Overath)
7.11.2019	Gregor Ahlmann: Schloss Burg – Sitz der Grafen von Berg an der Wupper. Die Geschichte der Burg von den Anfängen im 12. Jahrhundert bis heute (Abt. Wermelskirchen)
7.11.2019	Ralf-Peter Fuchs: Erbfolgestreit und Landeskrise im Dreißigjährigen Krieg. Das Herzogtum Berg 1618–1648 (Abt. Wuppertal)
8.11.2019	Dieter Jeschke: Beim Pastor ist noch Licht an. Die Kulturgeschichte des evangelischen Pfarrhauses seit Zwingli und Luther (Abt. Radevormwald)
9.11.2019	Johannes Kessler: Der Aufstieg des Nationalsozialismus in der Region – Das Beispiel Schaumburg-Lippe und dessen revolutionäre Ausbreitung im Reich (Abt. Remscheid)
12.11.2019	Rolf Dieter Müller: Bahnbetrieb auf der Rheinschiene (Abt. Niederwupper)
14.11.2019	Sabine Wurmbach: 100 Jahre Frauen im Rat der Stadt Burscheid (Abt. Burscheid)
15.11.2019	Ferdinand Peter Moog: Carolus Rex – Aus dem Leben eines Kriegerkönigs (Abt. Rhein-Berg)

19.11.2019	Karl-Heinz Kieckers: Die Bataver – Söldner und Rebellen vom Niederrhein (Abt. Erkrath)
20.12.2019	Kolloquium: Aktuelle Forschungen in der Rheinischen und Bergischen Regionalgeschichte (Abt. Rhein-Berg)
22.11.2019	Manfred Stuckmann: Langenfeld – Gestern und Heute (Abt. Niederwupper)
30.11.2019	Karl Georg Emmels: St. Anna Kapelle in Lev. Lützenkirchen, mit Orgelspiel von André Stamm, anschließend Kaffeetrinken (Abt. Niederwupper)
13.12.2019	Winfried Bönig: Die Orgeln im Kölner Dom, mit Orgelspiel (Abt. Niederwupper)
4.1.2020	A. Meyer: 71 Jahre deutsches Grundgesetz (Abt. Erkrath)
9.1.2020	Sascha Kempf: An der Geschichte schrauben – Wie der Nationalsozialismus versuchte, die Antike auszuschlachten. „Fake news" im Dritten Reich (Abt. Wermelskirchen)
15.1.2020	Volkmar Wittmütz: Friedrich Engels und das Bergische Land (Abt. Haan)
16.01.2020	Jan Henrick Stens: Kölner Glockengießer am Ausgang des Mittelalters. Die Werkstatt derer van Overroide von Coellen (Abt. Overath)
27.1.2020	Gregor Ahlmann: Schloss Burg (Abt. Solingen)
28.01.2020	Christoph Engels: Die evangelische Johanneskirche in Leverkusen-Manfort, mit Orgelspiel (Abt. Niederwupper)
6.2.2020	Rudolf Conrads: Vom Lahnmarmor (Abt. Rhein-Berg)
6.2.2020	Sigrid Lekebusch: 100 Jahre Frauenwahlrecht (Abt. Wermelskirchen)
11.02.2020	Regina Schleheck: Krimi-Lesung „Abgründig Bergisch" (Abt. Niederwupper)
13.2.2020	U. Brzosa: Entstehung des Unterbacher Sees (Abt. Erkrath)
13.2.2020	Georg Mölich: Fotografie in der Weimarer Republik (Abt. Solingen)
14.2.2020	Bernhard Priggel: Landwehren in Radevormwald (Abt. Radevormwald)
20.2.2020	Otto Knoke: 30 Jahre Wiedervereinigung – Persönliche Erfahrungen zur Wendezeit (Abt. Haan)
25.2.2020	Urs Diederichs: Werkzeugdarstellung im 19. Jahrhundert: Die Eßlinger Bilderbögen von Werkstätten und Handwerkern (Abt. Remscheid)
27.2.2020	Gregor Ahlmann: Schloss Burg, Sitz der Grafen von Berg. Die Geschichte der Burg von den Anfängen im 12. Jahrhundert bis heute (Abt. Burscheid)
5.3.2020	Uwe Schwarz: Alexander von Humboldt (Abt. Rhein-Berg)
11.8.2020	Ingelore Spieß: Bergische Unternehmer – von „Die pädsgnaue Kalkulatzigoan" bis „Die Kottenprinzeß" (Abt. Erkrath)
1.10.2020	Klaus Goebel: Engels' Erfolg – Brünings Misslingen (Die kleine, mühselige Welt des jungen Hermann Enters) (Abt. Wuppertal)
13.10.2020	Das Neandertal als Schauplatz nationalsozialistischen Unrechts (Abt. Erkrath)
5.11.2020	Folke Obermark-Stiller / Maximilian Berkel: Persönlichkeiten des BGV – Der Gründungsmythos (Abt. Wuppertal)
4.2.2021	Wolfgang Heinrichs: Friedrich Engels – Religion und Revolution (Abt. Wuppertal)
4.3.2021	Vera Eiteneuer: Ein Adeliger kommt selten allein – Adolf I. von Berg und sein Netzwerk (Abt. Wuppertal)

8.4.2021	Reinhard Köpf: Denkmal – Pflege – Glas. Zum Umgang mit Glasfenstern in der Denkmalpflege am Beispiel Wuppertaler Kirchen (Abt. Wuppertal)
17.6.2021	Michael Schellhorn: Im ‚steten Kampf mit Feinden aus einer anderen barbarischen Welt'. Alfred Hugenberg im Nachkriegsdeutschland und sein Umgang mit der eigenen Vergangenheit (1945–1951) (Abt. Wuppertal)
5.8.2021	Klaus-Jürgen Bemm: 150 Jahre Deutsch-Französischer Krieg 1870/71 (Oberbergische Abteilung)
17.8.2021	Sven Polkläser / Jürgen Stecher: Absturz eines Halifax-Bombers Anfang 1945 im Stinderbachtal bei Erkrath (Abt. Erkrath)
2.9.2021	Klaus Goebel: Hermann Enters wandert aus (Abt. Wuppertal)
16.9.2021	Volker Ernst: Die Geschichte des Stadtfriedhofs (Abt. Wermelskirchen)
6.10.2021	Eduard Fuchs: Klinik Roderbirken Leichlingen – Von der Nervenheilstätte zur Herz-Reha-Klinik (Abt. Niederwupper)
7.10.2021	Ulrike Schrader: Vor 75 Jahren: Die Anfänge der jüdischen Gemeinde in Wuppertal (Abt. Wuppertal)
4.11.2021	Folke Obermark-Stiller / Maximilian Berkel: Persönlichkeiten des BGV: Friedrich Wilhelm Kernekamp (1859–1924) (Abt. Wuppertal)
10.11.2021	Kunstakademie und Malerschule in Düsseldorf (Abt. Niederwupper)
14.10.2021	Olaf Link: Hexenglaube im Bergischen Land (Abt. Erkrath)
16.11.2021	Heinz-Werner Putzke: Spuren von Friedrich Engels in Wuppertal-Barmen (Abt. Erkrath)
17.11.2021	Reinhold Braun: Von der Bürgermeisterei Küppersteg 1889 zur Bürgermeisterei / Stadt Wiesdorf 1920/21 (Abt. Niederwupper)
18.11.2021	Frank Schopphoff: Freizeitpark Eifgen (Abt. Wermelskirchen)
11.12.2021	Führung im Altenberger Dom mit Orgelspiel (Abt. Niederwupper)

Abkürzungen

Abt.	Abteilung
Bd./Bde.	Band/Bände
Hg./hg.	Herausgeber/herausgegeben
MEGA	Karl Marx / Friedrich Engels, Gesamtausgabe, hg. v. der Berlin-Brandenburgischen Akademie der Wissenschaften, Abteilungen I–IV, Berlin 1975ff. (noch nicht abgeschlossen)
MEW	Karl Marx / Friedrich Engels, Werke (39 Bde.), hg. v. Institut für Marxismus-Leninismus beim Zentralkomitee der SED, Berlin 1956–1968; Bde. 40–44 als Nachtrag 1968–1999
NRhZ	Neue Rheinische Zeitung
RB	Romerike Berge
ZBGV	Zeitschrift des Bergischen Geschichtsvereins

Beiträger zu diesem Band

Wolfgang Baumann, Wuppertal	baumann@wiwi.uni-wuppertal.de
Gisela Diewald-Kerkmann, Bielefeld	diewald-kerkmann@gdk-online.com
Georg Eckert, Freiburg/Wuppertal	geckert@uni-wuppertal.de
Albert Eßer, Köln	esseregenolf@aol.com
Bastian Fleermann, Düsseldorf	bastian.fleermann@duesseldorf.de
Ralf-Peter Fuchs, Essen	ralf-peter.fuchs@uni-due.de
Stefan Gorißen, Troisdorf	stefan.gorissen@uni-bielefeld.de
Ewald Grothe, Gummersbach	ewald.grothe@freiheit.org
Tristram Hunt, London	
Christina Morina, Bielefeld	christina.morina@uni-bielefeld.de
Erika Münster-Schröer, Ratingen	erika.muenster-schroeer@uni-due.de
Wilfried Nippel, Berlin	nippelwi@hu-berlin.de
Anne Sophie Overkamp, Tübingen	anne-sophie.overkamp@uni-tuebingen.de
Stefan Pätzold, Mülheim/Ruhr	stefan.paetzold@muelheim-ruhr.de
Horst Sassin, Solingen	h.sassin@fritzgraebe.de
Michael Schäfer, Leipzig	misc57@hotmail.com
Jürgen Schmidt, Trier	juergen.schmidt@fes.de
Felicitas Schmieder, Hagen	felicitas.schmieder@fernuni-hagen.de
Detlef Vonde, Wuppertal	detlef.vonde@googlemail.com
Georg Maximilian Weiermüller, Düsseldorf	gregor@weiermueller.eu
Michael Wiescher, Newland Hall (USA)	michael.c.wiescher.1@nd.edu

Bergische Forschungen

Bd. 1: Hans Förster, **Engelbert von Berg der Heilige**, Elberfeld 1925 (vergriffen).

Bd. 2: Karl Heckmann, **Die Reformation in der Herrschaft Homburg an der Mark**, Wuppertal 1934 (vergriffen).

Bd. 3: Edmund Strutz, **Die Ahnentafeln der Elberfelder Bürgermeister und Stadtrichter 1708–1808**, Neustadt/Aisch 2. Aufl. 1963 (2,– €).

Bd. 4: Walter Dietz, **Die Wuppertaler Garnnahrung**. Industrie und Handel in Elberfeld und Barmen 1400–1800, Neustadt/Aisch 1957 (vergriffen).

Bd. 5: Franz Overkott, **In Rußland Vermißte aus Rheinland und Westfalen in Napoleons Großer Armee**, Neustadt/Aisch 1963 (vergriffen).

Bd. 6: Kurt Schmitz, **Der Rheinische Provinziallandtag 1875–1933**, Neustadt/Aisch 1967 (2,– €).

Bd. 7: Hans-Joachim Oehm, **Die Rheinisch-Westindische Kompagnie**, Neustadt/Aisch 1968 (vergriffen).

Bd. 8: Renate Leffers, **Die Neutralitätspolitik des Pfalzgrafen Wolfgang Wilhelm 1636–1643**, Neustadt/Aisch 1971 (vergriffen).

Bd. 9: Siegfried Quandt, **Sozialgeschichte der Stadt Langenberg und der Landgemeinde Hardenberg-Neviges 1850–1914**, Neustadt/Aisch 1971 (2,– €).

Bd. 10: Jürgen Reulecke, **Die wirtschaftliche Entwicklung der Stadt Barmen 1910–1925**, Neustadt/Aisch 1973 (vergriffen).

Bd. 11: Otto Weise: **Sozialgeographische Gliederung und innerstädtische Verflechtungen in Wuppertal**, Neustadt/Aisch 1973 (2,– €).

Bd. 12: Hermann Herberts, **Alles ist Kirche und Handel ...** Das Wuppertal im Vormärz und in der Revolution 1848/49, Neustadt/Aisch 1980 (vergriffen).

Bd. 13: Horst Gründer, **Walter Simons als Staatsmann, Jurist und Kirchenpolitiker**, Neustadt/Aisch 1975 (2,– €).

Bd. 14: Kurt Niederau, **Zur Geschichte des Bergischen Adels.** Die von dem Bott- lenberg, Neustadt/Aisch 1976 (vergriffen).

Bd. 15: Gerhard Huck, Jürgen Reulecke (Hg.), **... und reges Leben ist überall sichtbar!** Reisen im Bergischen Land um 1800, Neustadt/Aisch 1978 (vergriffen).

Bd. 16: Thomas R. Kraus, **Die Entstehung der Landesherrschaft der Grafen von Berg bis zum Jahre 1225**, Neustadt/Aisch 1980 (vergriffen).

Bd. 17: Rainer Walz, **Stände und frühmoderner Staat.** Die Landstände von Jülich-Berg im 16. und 17. Jahrhundert, Neustadt/Aisch 1982 (2,– €).

Bd. 18: Eberhard Illner, **Bürgerliche Organisierung in Elberfeld 1775–1850**, Neustadt/Aisch 1982 (2,– €).

Bd. 19: Jürgen Reulecke, Burkhard Dietz (Hg.), **Mit Kutsche, Dampfroß, Schwebebahn.** Reisen im Bergischen Land 1750–1910, Neustadt/Aisch 1984 (vergriffen).

Bd. 20: Erich Philipp Ploennies, **Topographia Ducatus Montani (1715)**, Neustadt/Aisch 1988 (vergriffen).

Bd. 21: Knut Soiné, **Johann Peter Hasenclever. Ein Maler im Vormärz**, Neustadt/Aisch 1990 (3,– €).

Bd. 22: Wolfgang E. Wicht, **Glanzstoff.** Geschichte der Chemiefaser, eines Unternehmens und seiner Arbeiterschaft, Neustadt/Aisch 1992 (vergriffen).

Bd. 23: Helmut Krieg, **Uhrmacher im Bergischen Land.** Die Meister und ihre Werke, Köln 1994 (vergriffen).

Bd. 24: Burkhard Dietz, **Erich Philipp Ploennies (1672–1751).** Leben und Werk eines mathematischen Praktikers der Frühaufklärung, Neustadt/Aisch 1996 (5,– €).

Bd. 25: Karl-Hermann Beeck (Hg.), **Bergische Unternehmergestalten im Umbruch zur Moderne**, Neustadt/Aisch 1996 (3,– €).

Bd. 26: Hanna Eggerath, **Im Gesteins.** Das ursprüngliche Neandertal in Bilder des 19. Jahrhunderts, Köln 2. Aufl. 1996 (19,80 €).

Bd. 27: Charles Schmidt, **Das Großherzogtum Berg.** Französische Vorherrschaft in Deutschland unter Napoleon I., Neustadt/Aisch 1999 (15,– €).

Bd. 28: Stefan Ehrenpreis (Hg.), **Der Dreißigjährige Krieg im Herzogtum Berg und in seinen Nachbarregionen**, Neustadt a. d. Aisch 2002 (vergriffen).

Bd. 29: Axel Kolodziej, **Herzog Wilhelm I. von Berg 1380–1409**, Neustadt/Aisch 2005 (10,– €).

Bd. 30: Bastian Fleermann, **Marginalisierung und Emanzipation.** Jüdische Alltagskultur im Herzogtum Berg 1779–1847, Neustadt/Aisch 2007 (21,– €).

Bd. 31: Stefan Gorißen, Horst Sassin, Kurt Wesoly (Hg.), **Geschichte des Bergischen Landes**, Bd. 1: Bis zum Ende des alten Herzogtums 1806, Bielefeld 2. Aufl. 2016 (vergriffen).

Bd. 32: Stefan Gorißen, Horst Sassin, Kurt Wesoly (Hg.), **Geschichte des Bergischen Landes**, Bd. 2: Das 19. und 20. Jahrhundert, Bielefeld 2016 (39,– €).

Bd. 33: Stefan Gorißen / Stephen Pielhoff / Vanessa Walter (Bearb.), **Geschichte des Bergischen Landes**, Bd. 3: Register, Bielefeld 2023 (14,– €).

Bd. 34: Albrecht Brendler: **Auf dem Weg zum Territorium.** Verwaltungsgefüge und Amtsträger der Grafschaft Berg 1225–1380, Bielefeld 2020 (39,– €).

Bergischer Geschichtsverein

Hofaue 55, 42103 Wuppertal — info@bgv-gesamtverein.de
www.bergischer-geschichtsverein.de
(Preise zuzüglich Versandkosten)

Zeitschrift des Bergischen Geschichtsvereins

Band 106